UTB **3404**

Eine Arbeitsgemeinschaft der Verlage

Böhlau Verlag · Köln · Weimar · Wien
Verlag Barbara Budrich · Opladen · Farmington Hills
facultas.wuv · Wien
Wilhelm Fink · München
A. Francke Verlag · Tübingen und Basel
Haupt Verlag · Bern · Stuttgart · Wien
Julius Klinkhardt Verlagsbuchhandlung · Bad Heilbrunn
Lucius & Lucius Verlagsgesellschaft · Stuttgart
Mohr Siebeck · Tübingen
Nomos Verlagsgesellschaft · Baden-Baden
Orell Füssli Verlag · Zürich
Ernst Reinhardt Verlag · München · Basel
Ferdinand Schöningh · Paderborn · München · Wien · Zürich
Eugen Ulmer Verlag · Stuttgart
UVK Verlagsgesellschaft · Konstanz
Vandenhoeck & Ruprecht · Göttingen · Oakville
vdf Hochschulverlag AG an der ETH Zürich

STEFAN ALKIER

Neues Testament

A. Francke Verlag Tübingen und Basel

Prof. Dr. *Stefan Alkier* ist Professor für Neues Testament und Geschichte der Alten Kirche am FB Evangelische Theologie der Johann-Wolfgang-Goethe-Universität Frankfurt.

Bibliografische Information der Deutschen Nationalbibliothek

Die Deutsche Nationalbibliothek verzeichnet diese Publikation in der Deutschen Nationalbibliografie; detaillierte bibliografische Daten sind im Internet über http://dnb.d-nb.de abrufbar.

© 2010 · Narr Francke Attempto Verlag GmbH + Co. KG
Dischingerweg 5 · D-72070 Tübingen
ISBN 978-3-7720-8367-9

Das Werk einschließlich aller seiner Teile ist urheberrechtlich geschützt. Jede Verwertung außerhalb der engen Grenzen des Urheberrechtsgesetzes ist ohne Zustimmung des Verlages unzulässig und strafbar. Das gilt insbesondere für Vervielfältigungen, Übersetzungen, Mikroverfilmungen und die Einspeicherung und Verarbeitung in elektronischen Systemen.

Gedruckt auf chlorfrei gebleichtem und säurefreiem Werkdruckpapier.

Internet: http://www.francke.de
E-Mail: info@francke.de

Einbandgestaltung: Atelier Reichert, Stuttgart, unter Verwendung einer Fotografie von Ernst Barlach, Der Lesende
Satz: Arnold & Domnick, Leipzig
Druck und Bindung: CPI – Ebner & Spiegel, Ulm
Printed in Germany

ISBN 978-3-8252-3404-1 (UTB-Bestellnummer)

Für Kristina Dronsch und Michael Schneider

Vorwort

Als ich zum Sommersemester 2001 meine Lehrtätigkeit auf der Professur für Neues Testament und Geschichte der Alten Kirche am Fachbereich Evangelische Theologie der Johann-Wolfgang-Goethe-Universität aufnahm, hatte ich das große Glück, eine Assistentin und eine studentische Hilfskraft an meiner Seite zu haben, die sich bald schon als selbstständige und kreative Mitarbeiter erwiesen. Mehr und mehr wuchsen wir zu einem Team zusammen. Aus der jahrelang verwaisten Professur wurde ein lebendiges und ergebnisreiches Gemeinschaftsunternehmen, zu dem dann auch aufgrund des Erreichten weitere Mitarbeiter und Hilfskräfte hinzustoßen konnten. Die Herausgabe der Zeitschrift für Neues Testament (ZNT), mehrere internationale Tagungen, Buchveröffentlichungen und Forschungsprojekte und nun seit 2008 auch die Herausgeberschaft des neutestamentlichen Teils von www.wibilex.de (Wissenschaftliches Lexikon im Internet in Zusammenarbeit mit der Deutschen Bibelgesellschaft) waren und sind nur möglich, weil wir die Frankfurter Professur für Neues Testament als ein Teamprojekt gestaltet haben.

Daher sei dieses Buch Dr. Kristina Dronsch und Dr. Michael Schneider in dankbarer Anerkennung ihrer Verdienste um das Fach Neues Testament am Frankfurter Fachbereich Evangelische Theologie gewidmet.

Wichtige Einsichten und Erkenntnisse, die nun in dem vorliegenden Band zu einem Gesamtkonzept neutestamentlicher Lehre zusammengefügt wurden, entstanden in der Diskussion im Team und auch durch die Rückfragen kluger Studierender in unseren Lehrveranstaltungen. Mein Dank gilt daher allen, die seit 2001 dieses gemeinsame Lernen ermöglichten. Ausdrücklich möchte ich allen Studierenden danken, die sich so intensiv an den Frankfurter Lehrveranstaltungen des Faches Neues Testament beteiligten und beteiligen – auch denjenigen, die aus Gießen oder Mainz eigens dafür anreisen.

Viele Anregungen und die Vermeidung so manchen Fehlers habe ich den folgenden Kolleginnen und Kollegen zu danken, die einzelne Kapitel des Buches vorab gelesen haben bzw. das Gesamtkonzept mit mir diskutierten: Prof. Dr. Dr. h.c. Richard B. Hays, Prof. Dr. Werner Kahl, Prof. Dr. Melanie Köhlmoos, Prof. Dr. Hartmut Leppin, Prof. Dr. Eckart Reinmuth, Prof. Dr. Manuel Vogel. Auch den studentischen Testlesenden danke ich für ihre wertvollen Hinweise. Dass sie das Gelesene als gut verstehbar befanden, hat mich im Schreibprozess sehr ermutigt. Alle sachlichen Fehler und problematischen Positionen, die kritische Leserinnen und Leser des Buches sicher finden werden, habe selbstverständlich ich allein zu verantworten.

Danken möchte ich dem Francke Verlag für die stets gute Zusammenarbeit. Lektorin Susanne Fischer hat nicht nur gründlich Korrektur gelesen, sondern mit ihren beharrlichen Fragen nach dem Stand des Geschriebenen zur Fertigstellung des Buches erheblich beigetragen.

Auch meinen studentischen Hilfskräften Anne Rachut und Karen Einloft, meiner wissenschaftlichen Mitarbeiterin Dr. Sylvia Usener und meiner Sekretärin Roswitha Gärtner danke ich für ihre vielfältige Mitwirkung an diesem Band. Ida Meyer und Dr. Michael Schneider danke ich für die kreative Gestaltung und Einrichtung der *website* zu diesem Buch. Mein besonderer Dank geht an meinen wissenschaftlichen Mitarbeiter Michael Rydryck, der nicht nur zusammen mit Dr. Kristina Dronsch das Manuskript erstellt hat, sondern ebenso – wie zuvor schon Dr. Dronsch und Dr. Schneider – mit seinen fachlichen Kompetenzen maßgeblich zu diesem Buch beigetragen hat.

Nicht zuletzt danke ich meinen Söhnen Max, Florian und Julian und meiner Frau Stefanie Alkier-Karweick für die Langmut, mit der sie der zeitraubenden Arbeit an diesem Lehrbuch begegnet sind. Dass sie meine Arbeit aber nicht nur dulden, sondern ihr vielmehr Interesse entgegenbringen, empfinde ich als großes Glück.

Stefan Alkier   Bochum und Frankfurt/Main, den 18. Juli 2010

Inhaltsverzeichnis

1	**Einleitung**	1
1.1	Was das Arbeitsbuch kann (und was nicht): eine Gebrauchsanweisung	1
1.2	Exegese im Kontext von Literaturwissenschaft, Geschichtswissenschaft, Religionswissenschaft und Theologie	5
1.3	Exegese, Hermeneutik und Kritik: Wozu Wissenschaft gut ist (und wozu nicht)	10
2	**Die Bibel – Wissenswertes über einen Bestseller**	13
2.1	Seit wann es Bibeln gibt und warum nicht alle dieselbe Bibel haben: der christliche Kanon	14
2.1.1	Die Heiligen Schriften des antiken Judentums	15
2.1.2	Die Entstehung des christlichen Kanons	17
2.1.3	Schlaglichter der Kanongeschichte im Mittelalter	23
2.1.4	Ein neuer Kanon entsteht: die Reformation und ihre Folgen	26
2.1.5	Deutsche Bibelübersetzungen der Gegenwart	30
2.2	Abschriften ohne Originale: Was die Textkritik leistet	34
2.3	Ohne Altes kein Neues Testament, ohne Neues kein Altes Testament: vom Zusammenhang der biblischen Schriften	39
2.3.1	Die selektive Transposition frühchristlicher Literatur in den Kanon	39
2.3.2	*Scriptio sui interpres*	40
2.3.3	Die Kanonkritik im Zeichen der Aufklärung	41
2.3.4	Die Wiederentdeckung der theologischen Leistungsfähigkeit des Kanonkonzeptes	44
2.3.5	Biblische Intertextualität	46

2.4	Biblische Poetik: die narrative Grundstruktur christlicher Bibeln und die Dialogizität ihrer Stimmen	51
2.4.1	Was das Alte Testament erzählt	52
2.4.2	Das Wort vom Kreuz als Fortsetzung und Interpretation der großen Erzählung Israels.......	55
2.5	Was nicht im Neuen Testament steht: neutestamentliche Apokryphen und die Schriften der Apostolischen Väter	57
2.6	Gegenprobe: das fundamentalistische Zerrbild der Bibel...............................	61
3	**Die Bibel heute**	64
3.1	Bibel und Interesse.............................	67
3.2	Die Grund-legende Bedeutung der Bibel für Glaube und Kirche	72
3.3	Die Bibel im Dialog der Religionen	74
3.4	Biblische Texte in Medien der Gegenwartskultur(en)...........................	80
3.4.1	Von der Synästhesie der Zeichen	80
3.4.2	Exegese im Kino	85
4	**Methoden der Bibelauslegung**	104
4.1	Wozu Methoden?..............................	107
4.2	Die gemeinsame interpretationsethische Grundposition historisch-kritischer und semiotisch-kritischer Exegese	111
4.3	Grundannahmen, Ziele und Methoden historisch-kritischer Exegese.....................	113
4.3.1	Literarkritik / Quellenkritik	119
4.3.2	Formgeschichte bzw. Formkritik	129
4.3.3	Redaktionsgeschichte bzw. Redaktionskritik bzw. Kompositionskritik........................	135
4.4	Grundannahmen, Ziele und Methoden semiotisch-kritischer Exegese	139
4.4.1	Zeichen – Text – Kultur: Zeichentheoretische Grundannahmen semiotisch-kritischer Exegese....	143
4.4.2	Intratextuelle Interpretation.....................	149
4.4.3	Intertextuelle Interpretation....................	162
4.4.4	Extratextuelle als intermediale Interpretation	175

5	**Herrscher, Reiche, Religionen: Historische Kontexte der neutestamentlichen Schriften**	185
5.1	Politische Kontexte	190
5.1.1	Hellenismus: Alexander der Große und die Diadochenreiche	190
5.1.2	Imperium Romanum: Augustus und die römische Kaiserzeit	198
5.1.3	Das nachexilische Judentum bis Herodes	217
5.1.4	Der jüdisch-römische Krieg, die Diasporaaufstände, der Bar-Kochba-Aufstand und die Folgen	229
5.2	Wirtschafts- und sozialgeschichtliche Kontexte	236
5.3	Religionsgeschichtliche Kontexte	244
5.3.1	Der Tempelkult in Jerusalem	247
5.3.2	Religionen im Hellenismus	250
5.3.3	Religionen im Römischen Reich	255
6	**Auf dem Weg zu einer Theologie des Neuen Testaments**	259
6.1	Die historische Verortung der neutestamentlichen Schriften	263
6.2	Die theologische Interpretation des Neuen Testaments	283
6.2.1	Das Wort vom Kreuz als Ausgangspunkt und Zusammenhang der Theologie des Neuen Testaments	283
6.2.2	Der Gott der Heiligen Schriften Israels als intertextuelle Voraussetzung der Theologie des Neuen Testaments	288
6.2.3	Das Wirken des Geistes Gottes als Selbstinterpretation christlichen Glaubens	292
6.2.4	Die Vergegenwärtigung des Wortes vom Kreuz im Abendmahl	294

Glossar	299
Sach- und Personenregister	306

Einleitung | 1

Inhalt

1.1	Was das Arbeitsbuch kann (und was nicht): eine Gebrauchsanweisung	1
1.2	Exegese im Kontext von Literaturwissenschaft, Geschichtswissenschaft, Religionswissenschaft und Theologie...................................	5
1.3	Exegese, Hermeneutik und Kritik: Wozu Wissenschaft gut ist (und wozu nicht)	10

Was das Arbeitsbuch kann (und was nicht): eine Gebrauchsanweisung | 1.1

Das vorliegende Arbeitsbuch soll einen umfassenden und zugleich elementarisierten Einblick in den Gegenstand und die Arbeitsfelder des Faches Neues Testament geben. Es setzt keine bibelwissenschaftlichen Kenntnisse voraus. Es bietet einen Leitfaden insbesondere im modularisierten Studienbetrieb für Studiengänge und Module ohne Griechischkenntnisse, die die notwendigen historischen, literaturwissenschaftlichen, hermeneutischen und theologischen Grundlagenkenntnisse in einer einführenden Lehrveranstaltung vermitteln sollen.

Um die flüssige Lesbarkeit des Buches zu gewährleisten, habe ich weitgehend die sprachlich konventionelle maskuline Personalform verwendet, in der Hoffnung, dass sich Leserinnen dieses Buches dadurch nicht ausgeschlossen fühlen. Sollte diese Sprachregelung Leserinnen dennoch irritieren, bitte ich dafür um Entschuldigung.

die Ausgangssituation

Stellen wir uns Folgendes vor: Ein Abiturient entschließt sich zum Theologiestudium. Er geht in eine Buchhandlung und möchte eine Bibel kaufen, in der berechtigten Annahme, als Theologiestudent sollte man eine eigene Bibel zur Hand haben. Die Vielfalt aber der Bibeln, die im Regal der gut sortierten Fachbuchhandlung steht, verwirrt den Käufer. Warum gibt es so viele verschiedene Ausgaben der Bibel? Darüber informiert *das zweite Kapitel*, das in den Gegenstand neutestamentlicher Wissenschaft, nämlich das Neue Testament als Teil des biblischen Kanons, einführt. Dieser Ausgangspunkt bildet die mediale Realität und die theologische Bedeutung der biblischen Texte ab, die nicht als separate Einzeltexte, sondern als Bücher der Bibel die Grundlage evangelischen Glaubens und gleichermaßen einen maßgebenden Grundbestand unserer Kultur bilden. Die Bibel ist nach wie vor ein Bestseller. Seit wann aber gibt es überhaupt Bibeln, und warum haben nicht alle Christen dieselbe Bibel? Gibt es eigentlich Originale der biblischen Bücher? Auf welcher Basis werden sonst die verschiedenen Bibelausgaben erstellt? Wie verhalten sich Altes und Neues Testament zueinander? Und was ist mit den Widersprüchen in der Bibel? Redet die Bibel mit einer Stimme oder hören wir verschiedene Stimmen? Wie ist diese Pluralität dann theologisch zu beurteilen? Und was ist mit den Büchern, die nicht in der Bibel stehen, aber dennoch zum Entstehen des Frühchristentums und der Ausbildung der Alten Kirche Wichtiges beigetragen haben? Macht es Sinn, diese Apokryphen auch zu berücksichtigen?

Nachdem der angehende Theologiestudent sich über diese Fragen informiert hat und sich darüber klar geworden ist, dass er besser mehrere Bibelausgaben besitzen sollte, fällt ihm auf, wie häufig die Bibel in unserer Kultur vorkommt. Deshalb möchte *das dritte Kapitel* einen knappen Überblick über die kulturelle, politische und theologische Bedeutung der Bibel als in unserer Gegenwart gelesenes, benutztes, kontrovers verstandenes und beurteiltes Buch geben. Jede Bibellektüre findet im Kontext der Lektüre anderer Texte und anderer kultureller Zeichen statt und ist von je eigenen Interessen geprägt. Weder die Kirchen als Institutionen und nicht einmal Christen als Glaubenssubjekte besitzen ein Monopol auf die Auslegung der Bibel. Biblische Texte werden auch gegen den Strich gelesen, für Werbespots benutzt, in Popsongs frei verarbeitet und verfilmt. Die Bibel ist ein Buch der gegenwärtigen pluralen Gesellschaft. Für den christlichen Glauben hat sie dabei nach wie vor Grund-legende Bedeutung. Das erweist sich auch im Dialog der Religionen, wenn darüber debattiert wird, wie sich ihre heiligen Schriften zueinander verhalten. Die Bibel ist ein Buch des Plurals in einer pluralen Gesellschaft.

Genau diese Vielfältigkeit der Bibelinterpretation und des Bibelgebrauchs führt zu der Frage, ob es plausible Regeln dafür gibt, wie die Bibel ausgelegt werden soll. *Das vierte Kapitel* befasst sich deshalb mit methodischen Fragen. Was sind überhaupt Kennzeichen und Vorzüge einer methodischen Bibelauslegung? Warum gibt es verschiedene Methoden? Genauer sollen dann zunächst die historisch-kritischen Methoden dargestellt werden, die seit gut 200 Jahren die Bibelauslegung im deutschsprachigen Bereich dominieren. Zudem wird die semiotisch-kritische Methodik vorgestellt, die international in verschiedener Ausformung seit den 70er Jahren des 20. Jh.s zu einem alternativen Konzept der Bibelauslegung im Zeichen des *linguistic* bzw. *cultural turn* ausgearbeitet wurde.

Die Beschäftigung mit diesen methodischen Konzepten der Bibelauslegung macht unserem Theologiestudenten klar, dass er sich unbedingt historische Kenntnisse über die Entstehungszeit der biblischen Schriften aneignen muss. Deshalb zeigt *das fünfte Kapitel* politische, wirtschaftliche, religiöse und andere kulturelle Zusammenhänge auf, in denen die neutestamentlichen Schriften entstanden sind. Damit sollen die Enzyklopädien in den Blick geraten, also das jeweilige konventionalisierte kulturelle Wissen. Auf der Basis dieser Enzyklopädien wurden die neutestamentlichen Schriften in Fortführung, Veränderung und Kritik des Vorgegebenen abgefasst.

Mit kanongeschichtlichen, gegenwartsorientierten, methodischen und historischen Kenntnissen ausgestattet, begibt sich der Theologiestudent nun an die intensive Lektüre der 27 neutestamentlichen Bücher. *Das sechste Kapitel* stellt als Lektürehilfe dafür Aufbau, Inhalt und ästhetische bzw. rhetorische Charakteristika zentraler neutestamentlicher Schriften vor. Die Einleitungsfragen bezüglich Abfassungszeit und -ort und die Verfasserfragen der einzelnen Schriften werden aufgeführt, um sie so in ihren Entstehungskontext einzeichnen zu können. Darüber hinaus werden ihre theologischen Grundanliegen skizziert.

Abschließend werden übergreifende theologische Grundaussagen des Neuen Testaments in seiner Verbindung mit dem Alten Testament herausgestellt. Dabei lautet die grundlegende exegetische und theologische These, dass die vom Zusammenhang von Kreuz und Auferweckung ausgehende Jesus-Christus-Geschichte den roten Faden des Neuen Testaments bildet. Diese kann nur in ihrer intertextuellen Verbindung mit dem Alten Testament theologisch angemessen verstanden werden.

> **Infobox**
>
> **Die Jesus-Christus-Geschichte**
> Der Ausdruck „Jesus-Christus-Geschichte" wurde von dem Rostocker Neutestamentler Eckart Reinmuth geprägt. Er macht darauf aufmerksam, dass in der Perspektive der neutestamentlichen Schriften vom Menschen Jesus deshalb die Rede ist, weil er als der Christus Gottes geglaubt wurde. In der Darstellung des Neuen Testaments sind mit Blick auf Jesus Christus folglich historische, narrative, rhetorische und theologische Betrachtungsebenen untrennbar miteinander verwoben. Die Jesus-Christus-Geschichte ist kein Mythos, weil ihre Erzählung vom Lebensweg und der Hinrichtung eines konkreten Menschen zu einer bestimmten Zeit an einem bestimmten Ort spielt. Sie geht aber auch nicht in empirisch-historischer Faktizität auf, weil aus der Perspektive der Überzeugung von der Auferweckung des Gekreuzigten der Wirklichkeitsbereich des Faktischen durch Gottes Handeln durchkreuzt wird. Der Begriff „Jesus-Christus-Geschichte" bietet das Konzept einer theologischen Textinterpretation, die interdisziplinär diskursfähig ist.

Arbeitsaufgaben

Das vorliegende Arbeitsbuch wird zur Basis der Erarbeitung neutestamentlichen Wissens, wenn es gründlich studiert und diskutiert wird. Dazu sollten die *Arbeitsaufgaben*, die sich jeweils am Ende der Hauptabschnitte finden, sorgfältig und in aller Regel schriftlich ausgearbeitet werden. Die (sehr) sparsam ausgewählte Literatur sollte ebenfalls zur Vertiefung herangezogen werden. Nur so kann die Arbeit mit diesem Buch in die komplexe und kontroverse Wissens- und Diskussionslage des Faches gleichermaßen einführen und die Basis für eine selbstständige und individuelle Weiterarbeit legen.

Infoboxen

Infoboxen geben elementarisierende Überblicke zu komplexen Themen, die für das Gesamtverständnis des Faches Neues Testament zu bedenken sind. Die *Stichworte am Seitenrand* sind als gliedernde Lesehilfen gedacht. Das *Glossar* am Ende des Buches bietet eine weitere Lesehilfe an, indem es Fremdworte übersetzt bzw. Fachterminologie knapp erläutert. Die im Glossar erklärten Begriffe werden im Text mit einem Asterisk gekennzeichnet.

Im Internet finden sich darüber hinaus unter der Adresse www.NTBasics.de vertiefende Informationen, weitere Arbeitsaufgaben und ihre Lösungen, Literaturhinweise und Grafiken.

Das Arbeitsbuch kann nicht ohne die gleichzeitige und andauernde eigene, mitdenkende Bibellektüre sein Ziel erreichen. Es kann gerade nicht das je eigene Bibelstudium ersetzen. Es kann nicht das je eigene Fragen, Denken und Interpretieren übernehmen. Es will vielmehr die Notwendigkeit vor Augen führen, selbst exegetisch zu arbeiten und theologisch zu denken. Ich wünsche allen „usern" dieses Arbeitsbuches vor allem eines: die Entdeckung, wie spannend und erkenntnisreich eigenes Bibellesen sein kann, wenn man sich selbst als Exeget ebenso ernst nimmt wie die biblischen Texte als Äußerungen anderer, die uns vielleicht etwas sagen, das wir uns nicht selbst sagen können.

vertieftes Lernen im Internet

nur eigenes Bibellesen bildet

Exegese im Kontext von Literaturwissenschaft, Geschichtswissenschaft, Religionswissenschaft und Theologie

| 1.2

Es gibt viele gute Gründe, die Bibel zu lesen. Die Bibel ist ein spannendes, höchst abwechslungsreiches Buch. Sie ist nicht nur ein Teil der Weltliteratur, vielmehr hat sie diese in den letzten 2000 Jahren maßgeblich mitgeprägt, ja zu einem großen Teil sogar veranlasst. Biblische Stoffe bilden bis heute den Ausgangspunkt von Romanen, phantastischer Literatur, Science Fiction, Pop Songs, Werbespots etc. Die Bibel als literarisches Werk erster Güte mit unerreichter Wirkkraft gehört unter rein literaturwissenschaftlichen Gesichtspunkten zum kulturellen Kernbestand der Menschheit. Literaturwissenschaftler ohne Bibelkenntnisse und ohne Kenntnisse über ihre Rezeptionsgeschichte sind inkompetente Literaturwissenschaftler. Zu Recht sagte Umberto Eco in einem Interview am 28.12.2009: „Grob geschätzt lassen sich drei Viertel der westlichen Kunst nicht verstehen, wenn man nicht weiß, was Altes und Neues Testament und die Heiligengeschichten erzählen" (zit. nach WAZ, Ausgabe vom 29.12.2009, S. 1).

Gleichermaßen werden Exegeten ohne literaturwissenschaftliches *know-how* ihrem Auslegungsgegenstand nicht gerecht. Die

Kontext Literaturwissenschaft

biblischen Texte als *Texte* zu lesen und nach ihren literarischen und rhetorischen Strukturen und Funktionsweisen, nach ihrer Ästhetik, Rhetorik und Poetik zu fragen ist kein Zusatz zur „eigentlichen" Exegese, sondern Grundbedingung exegetischen Verstehens. Daher hat sich die Exegese im Zuge des *linguistic turn* (seit etwa 1965) und etwas später des *cultural turn* (seit etwa 1980) international auf Fragen der Textlinguistik, der Narratologie, der Rhetorik, der Metapherntheorie, der Intertextualität, der Rezeptionsästhetik und der allgemeinen Poetik eingelassen. Sie partizipiert an diesen allgemeinen literaturwissenschaftlichen Forschungen auch mit eigenen Beiträgen.

Kontext Geschichtswissenschaft

Die historisch-kritische Forschung hat schon seit ihren Anfängen im 18. Jh. mit ihrem literaturgeschichtlichen Methodenrepertoire die Entstehung der biblischen Texte untersucht. Literarkritik, Formgeschichte und Redaktionsgeschichte als historisch-kritische Basismethoden versuchen die Genese biblischer Schriften im Kontext antiker Literaturgeschichte zu verstehen. Die historisch-kritische Exegese ist im Wesentlichen ein literaturgeschichtliches Programm, das sowohl die Mikrogattungen (z. B. Wundergeschichten, Gleichnisse, Streitgespräche) als auch die Makrogattungen (Evangelien, Apostelgeschichte, Briefe, Apokalypse) im Kontext antiken Kulturschaffens begreifen will.

Mit diesem literaturgeschichtlichen Interesse auf das Engste verbunden war ebenfalls von Beginn an die Erforschung der politischen Geschichte, die für die Entstehung der neutestamentlichen Schriften relevant ist. Das antike Judentum gehört ebenso wie das sich Schritt für Schritt etablierende frühe Christentum bis hin zur Konstantinischen Wende zu den prägenden Faktoren antiker Geschichte. Ohne die solide Kenntnis des antiken Judentums und Christentums kann man nicht Althistoriker sein. Und ohne Kenntnisse der politischen, sozialen, wirtschaftlichen und rechtlichen Gegebenheiten der Entstehungskulturen des frühen Christentums fehlen dem Exegeten Grundkompetenzen seines Faches. Die frühchristliche Literatur wurde nicht in einem luftleeren Raum produziert und rezipiert, sondern mitten im Chaos des Lebens. Sie partizipiert an gesellschaftlichen Prozessen, kommentiert, kritisiert, etabliert diese und wird dadurch selbst zu einem einflussreichen gesellschaftlichen und politischen Faktor.

Zu den maßgeblichen kulturellen Formatierungsprozessen tragen in der Antike wie in unserer Gegenwart die Religionen erheblich bei. Neben der Literaturgeschichte befasst sich die historisch-kritische Exegese vor allem mit der vergleichenden Religionsgeschichte. Aus dieser exegetischen Forschung heraus etablierte sich dann im zweiten Drittel des 19. Jh.s in den Bibelwissenschaften die Religionsgeschichtliche Schule. Wie die historisch-kritische Exegese überhaupt ist auch die religionsgeschichtliche Forschung zum Neuen Testament hauptsächlich eine Erforschung der kulturgeschichtlichen Zusammenhänge der Entstehung biblischer Schriften. Fragt die Literaturgeschichte vornehmlich nach den literarischen Einflüssen bzw. Zusammenhängen der Entstehung der einzelnen frühchristlichen Schriften mit vor- bzw. außerchristlichem Literaturschaffen, so ist die religionsgeschichtliche Forschung an der Verortung des Christentums als einer Religion neben anderen bzw. der verschiedenen christlichen Gruppierungen als religiösen Phänomenen neben anderen in der allgemeinen antiken Religionsgeschichte interessiert; sie versucht, bestimmte religiöse Vorstellungen und Überzeugungen, die sich in frühchristlichen Schriften finden, aus ihren Zusammenhängen mit anderen Religionen zu erklären.

<small>Kontext Religionswissenschaft</small>

Exegese im Kontext konfessionell bestimmter Theologie kann es sich nicht leisten, auf eine dieser Perspektiven der Erforschung biblischer Texte zu verzichten. Ihre spezifische Aufgabe besteht nun darin, die Vielfalt der Perspektiven mit Blick auf ihren Beitrag zur Theologie, also für die theoretische Reflexion der Praxis des Glaubens in Kirche, Schule und Gesellschaft zu gewichten. Deshalb fragt sie danach, was aus der Vielfalt des exegetisch Wiss- bzw. Erforschbaren theologisch notwendig ist, um im Rahmen der jeweiligen Kirche bzw. des konfessionell bestimmten Religionsunterrichts die theologische Botschaft der neutestamentlichen Schriften in ihrem Zusammenhang mit den alttestamentlichen Schriften unter den Bedingungen gegenwärtigen Weltwissens in den pluralen, gesamtgesellschaftlichen Wissensdiskurs einbringen zu können. Konfessionell bestimmte Theologie dient der Praxis. Anders als Literaturwissenschaft, Geschichtswissenschaft, Religionswissenschaft, die sich nicht darum zu kümmern brauchen, ob ihre Ergebnisse Perspektiven für die Praxis des Lebens anbieten, ist gerade dies das leitende Interesse exe-

<small>Kontext Theologie</small>

getischer Forschung im Kontext evangelischer Theologie. Weil neutestamentliche Wissenschaft auf die Praxis des Lebens zielt, stellt sie die Wahrheitsfrage radikal und das heißt unter den Bedingungen gegenwärtigen Weltwissens: positionell, aus der Perspektive ihrer Konfession, die damit selbst immer in Frage gestellt wird, und im Wissen darum, dass es andere argumentationsfähige Perspektiven gibt.

historische Perspektive

Mit Bezug auf die Entstehungskultur(en) der neutestamentlichen Texte ist es daher notwendig, neben der politischen Geschichte und der Sozial- und Wirtschaftsgeschichte auch die antike Religions-, Literatur-, Kunst- und Mediengeschichte insbesondere im Rahmen jüdischer, hellenistischer und römischer Kultur zu berücksichtigen. Gleichermaßen muss aber auch die Gegenwartskultur differenziert wahrgenommen werden, und gerade auch die Phänomene gelebter Religion müssen theologisch und religionswissenschaftlich in den Blick geraten, um die Rezeptionsbedingungen gegenwärtiger Bibellektüre in Schule, Kirche und Gesellschaft zu untersuchen.

Der Schwerpunkt der historischen Studien liegt auf der Fragestellung, wie die religiösen, politischen, rechtlichen, wirtschaftlichen, sozialen, ästhetischen und medialen Strukturen als bestimmende kulturelle Faktoren zur Konstruktion von Plausibilitätsstrukturen beigetragen haben, die die neutestamentlichen Schriften setzen und voraussetzen. Die neutestamentlichen Schriften müssen dazu literaturwissenschaftlich im Rahmen der antiken Textproduktion untersucht werden. Das erfordert die Weiterarbeit an den klassischen Einleitungsfragen, gattungs-, formkritische und rhetorische Untersuchungen und ebenso die Erforschung produktionsorientierter Intertextualität. Notwendig dazu ist aber auch eine kulturwissenschaftlich ausgerichtete neutestamentliche Archäologie und Kunstgeschichte, die die sogenannte materielle Kultur der Antike und ihren Mediengebrauch erforscht. Ziel ist es, frühchristliche Praxis und Theologie(n) im Rahmen ihrer Entstehungskultur zu rekonstruieren.

rezeptionsorientierte Perspektive

Das Fach Neues Testament darf aber nicht nur diese historische Perspektive mit Blick auf die Entstehungsbedingungen der neutestamentlichen Schriften einnehmen, sondern muss ebenso die Frage nach den Rezeptionsbedingungen biblischer Schriften unter den kulturellen Bedingungen der Gegenwart bearbeiten, da die Frage nach der Relevanz biblischer Schriften für die gegen-

> **Infobox**
>
> **Urchristentum – Frühchristentum – Alte Kirche**
> Sprache ist kein neutrales Instrument, um Sachverhalte lediglich zu bezeichnen. Sie verdichtet vielmehr Weltsichten und strukturiert das Denken mit. Das sieht man besonders gut an der historischen Terminologie, die Geschichte gliedern soll. Der Begriff des *Urchristentums* entstand erst im 18. Jh. und setzte sich im Zuge eines romantischen Ursprungsdenkens durch, das behauptete, am Anfang einer historischen Erscheinung liege ihr Wesen rein und unschuldig vor. Deshalb wird hier nicht mit diesem Begriff gearbeitet, sondern mit dem des *Frühchristentums*. Auch dieser Begriff ist nicht unproblematisch, stellt sich doch die Frage, wann etwa vom „Spätchristentum" zu sprechen wäre. Allerdings scheint er gerade in der Gegenwart nützlich zu sein, in der darüber diskutiert wird, ob wir nicht bereits im „postchristlichen Zeitalter" leben. *Frühchristentum* meint das Christentum der ersten drei Generationen, in denen noch Zeitzeugen der Verkündigung Jesu von Nazareth lebten.
> *Alte Kirche* hingegen bezeichnet den sich anschließenden Zeitraum, in dem überregionale Organisationsformen des Christentums etabliert wurden, bis hin zu den großen *ökumenischen Konzilen des 4. und 5. Jh.s (Nicäa 325, Konstantinopel 381, Chalcedon 451). Auch der Begriff Alte Kirche impliziert Verstehensvorgaben. Er betont die ideelle und organisatorische Einheit des Christentums der ersten Jahrhunderte und vernachlässigt die enorme konfliktgeladene Pluralität, ja sogar Verfeindung christlicher Gruppierungen in diesem Zeitabschnitt. Demgegenüber ist festzuhalten: Das Christentum war stets plural und konfliktträchtig. Eine Einheit des Christentums hat es weder organisatorisch noch theologisch jemals gegeben. Der Begriff der *Alten Kirche* hat aber den Vorzug, die Abhängigkeit gegenwärtiger kirchlicher Grundentscheidungen von der Formatierung christlicher Glaubens- und Organisationsformen der ersten vierhundert Jahre trefflich anzuzeigen. So sind die neutestamentlichen Schriften Produkte des Frühchristentums, der biblische Kanon aber das wohl bedeutendste Produkt der Alten Kirche.

wärtigen Lebenszusammenhänge im schulischen Religionsunterricht und in der kirchlichen Praxis aus evangelisch-theologischer Perspektive vornehmliche Aufmerksamkeit verdient. Wie werden gegenwärtige Plausibilitätsstrukturen konstruiert und was geschieht, wenn diese auf diejenigen biblischer Schriften treffen? Hierzu bedarf es des interdisziplinären Gesprächs mit der Religionspädagogik, den Religions- und Sozialwissenschaften, der philosophischen Erkenntnistheorie und *Hermeneutik sowie der literaturwissenschaftlichen Hermeneutik und der Medien- und Rezeptionsforschung.

Unter einer rezeptionsorientierten Perspektive auf das Fach Neues Testament erweitern sich die stofflichen und medialen Anforderungen. Neutestamentliche Wissenschaft hat es dann nicht mehr ausschließlich mit den neutestamentlichen Schriften zu tun, sondern auch mit der kritischen Begleitung ihrer Rezeption bis in die Gegenwart hinein in Literatur, Kinderbibeln, Malerei, bildender Kunst, Musik, Videoclips, Filmen und Neuen Medien.

Leitziel neutestamentlicher Wissenschaft als theologischer Wissenschaft von der Produktion und Rezeption frühchristlicher Zeichenzusammenhänge ist es, die theologisch sachgemäße Lektüre biblischer Schriften als eine unverzichtbare Stimme im Konzert pluraler Wahrheitskonzeptionen und kultureller Identifikationsangebote der Gegenwart zu erhalten und zu fördern und damit gleichermaßen zur kommunikativen Erschließung der Welt und zur Gestaltung kirchlicher und schulischer Praxis beizutragen.

1.3 | Exegese, Hermeneutik und Kritik: Wozu Wissenschaft gut ist (und wozu nicht)

Exegese

Das Fach Neues Testament hat es mit der *Exegese*, also mit der methodischen Auslegung neutestamentlicher Schriften zu tun. Entsprechend der Komplexität seines Gegenstandes ist es als textorientierte theologische und kulturwissenschaftliche Disziplin angelegt, die die intra-, inter- und extratextuellen Beziehungen der neutestamentlichen Schriften zur Erschließung religiöser Kommunikation untersucht. Die kulturellen Produktionsbedingungen der biblischen Schriften auf der einen und die Rezeptionsbedingungen der Kulturen, in der biblische Texte jeweils gelesen bzw. verarbeitet werden, auf der anderen Seite markieren die Brennpunkte einer am Paradigma der Kommunikation ausgerichteten bibelwissenschaftlichen *Hermeneutik.

Hermeneutik und Kommunikation(stheorie)

Die *Hermeneutik* bedenkt die Bedingungen und Ziele des Verstehens. Die Kommunikationstheorie bringt die Erkenntnis ein, dass alle Verstehensprozesse Zeichenprozesse sind. *Semiotik*, die Wissenschaft von den Zeichen, klärt die formalen und deshalb unhintergehbaren Bedingungen jedes Zeichengebrauchs und jedes Wirkens von Kommunikationsprozessen. Die *historisch-kritische Hermeneutik* hält die Einsicht wach, dass alle Verstehensprozesse geschichtlich verortet sind und deshalb immer Stellung beziehen zu Prozessen, die nicht abgeschlossen sind. Wissenschaftliche

Exegese wird diese kommunikativen und geschichtlichen Bedingungen des Verstehens gleichermaßen bedenken, um kritisch zwischen dem Ausleger und dem Auslegungsgegenstand unterscheiden zu können und die jeweilige Reichweite jeglichen Verstehens auszumessen.

Die *Kritik* zielt gerade auf diese Unterscheidung des Auslegers vom Gegenstand der Auslegung. Die gültige Einsicht historisch-kritischer Exegese in die Unterschiedlichkeit der Wirklichkeitsannahmen verschiedener Zeiten und Kulturen und die spätestens nach Auschwitz unverzichtbare ethische Forderung, den Anderen als Anderen in den Blick zu nehmen und zu respektieren, macht es erforderlich, auch die biblischen Schriften als Äußerungen Anderer zu interpretieren. *Aufgabe der Kritik*

Die Fremdheit der biblischen Schriften und der Kulturen, die sie hervorgebracht haben, wahrzunehmen, eröffnet die Möglichkeit, Anderes – vielleicht sogar Neues – zu erfahren und nicht lediglich bestätigt zu finden, was die Leser selbst immer schon dachten. Nur so werden die biblischen Schriften zu einem kritischen Gegenüber der Auslegenden, und so können sie ihre eigene Kraft entfalten, so können die Ausleger die Welt und sich selbst versuchsweise mit anderen Augen sehen lernen. Durch die kommunikativ und geschichtlich gebotene und theologisch und interpretationsethisch notwendige kritische Grundhaltung in beide Richtungen – Text und Interpret – wird neutestamentliche Wissenschaft zu einem der Komplexität ihres Gegenstandes und ihrer eigenen Tätigkeit angemessenen Unternehmen, das die fremden Welten biblischer Texte erschließt und dadurch die Interpretierenden selbst beständig irritierend in Frage stellt.

Menschen verfügen aber nicht über die Fähigkeit, unfehlbare Urteile über sich, über die Äußerungen anderer und über die Welt als Ganze zu formulieren. Es ist der fundamentalistische Fehler schlechthin, die Verstehensfähigkeit des Menschen zu über- und die fruchtbringende Pluralität plausibler Interpretationen zu unterschätzen. Wer von der Wissenschaft letzte Antworten erwartet, wird enttäuscht werden. Wissenschaftliches Arbeiten besteht nicht zuletzt in der Akzeptanz der Grenzen des Verstehens. Unfehlbarkeitsansprüche jeder Art – wissenschaftlich, politisch, religiös usw. – werden weder den kommunikativen noch den geschichtlichen Bedingungen menschlichen Lebens gerecht. Sie führen immer wieder zu struktureller oder *Grenzen menschlichen Denkens* auch physischer Gewalt gegen anders Denkende, anders Glaubende, anders Fühlende. Wissenschaft ist die Absage an die Verleugnung der kommunikativen und geschichtlichen Grenzen menschlichen Wahrnehmens und Denkens. Gerade deshalb vermag Wissenschaft begründete und plausible Urteile zu fällen. Sie kann Wirklichkeit ausschnitthaft, perspektivisch und hypothetisch erschließen. Das ist viel und trägt zur Orientierung und Ortsbestimmung des eigenen und des gesellschaftlichen Lebens bei. Das Geheimnis der Welt, letzte Wahrheit, für alle und jeden gültige Antworten kennt die Wissenschaft nicht und kann sie nicht kennen. Wissenschaft partizipiert an der menschlichen Erschließung der Welt und der allen menschlichen Tätigkeiten gesetzten Grenzen.

Mit dieser sachgemäßen Bescheidenheit eröffnet Wissenschaft aber zugleich einen faszinierenden Freiraum des Denkens. Sie erlaubt es, Gedanken als Hypothesen zu erforschen und auf diese Weise ganz neue Zugänge zu ihren jeweiligen Gegenständen zu betreten. Sie fragt nach der argumentativen Tragfähigkeit von Fremd- und Selbstinterpretationen und erschließt damit neue Welten. Wissenschaft ist ein faszinierendes Abenteuer, wenn man sich auf ihre Regeln einlässt und mitdenkt. Das Ziel dieses Buches besteht daher nicht zuletzt darin, in wissenschaftliches Denken und Argumentieren überhaupt einzuführen und damit einen Beitrag zu einer pluralen Welt zu leisten, in der Konflikte argumentativ und mit Respekt vor der Position des Anderen ausgetragen werden.

Die Bibel – Wissenswertes über einen Bestseller | 2

	Inhalt	
2.1	Seit wann es Bibeln gibt und warum nicht alle dieselbe Bibel haben: der christliche Kanon.......	14
2.1.1	Die Heiligen Schriften des Antiken Judentums....	15
2.1.2	Die Entstehung des christlichen Kanons..........	17
2.1.3	Schlaglichter der Kanongeschichte im Mittelalter.	23
2.1.4	Ein neuer Kanon entsteht: die Reformation und ihre Folgen	26
2.1.5	Deutsche Bibelübersetzungen der Gegenwart.....	30
2.2	Abschriften ohne Originale: Was die Textkritik leistet	34
2.3	Ohne Altes kein Neues Testament, ohne Neues kein Altes Testament: vom Zusammenhang der biblischen Schriften	39
2.3.1	Die selektive Transposition frühchristlicher Literatur in den Kanon...........................	39
2.3.2	Scriptio sui interpres	40
2.3.3	Die Kanonkritik im Zeichen der Aufklärung	41
2.3.4	Die Wiederentdeckung der theologischen Leistungsfähigkeit des Kanonkonzeptes	44
2.3.5	Biblische Intertextualität	46
2.4	Biblische Poetik: die narrative Grundstruktur christlicher Bibeln und die Dialogizität ihrer Stimmen	51
2.4.1	Was das Alte Testament erzählt	52

2.4.2	Das Wort vom Kreuz als Fortsetzung und Interpretation der großen Erzählung Israels......	55
2.5	Was nicht im Neuen Testament steht: neutestamentliche Apokryphen und die Schriften der Apostolischen Väter	57
2.6	Gegenprobe: das fundamentalistische Zerrbild der Bibel	61

2.1 | Seit wann es Bibeln gibt und warum nicht alle dieselbe Bibel haben: der christliche Kanon

die Bibel: ein Buch der Bücher

Seit dem Kirchenvater Johannes Chrysostomos (um 349–407), der wohl einflussreichste Prediger und Theologe der Ostkirche, wird die Sammlung von grundlegenden Schriften, die als Kanon, d. h. als Richtschnur christlichen Glaubens im Gottesdienst verlesen und ausgelegt werden, „die Bücher" genannt. Der griechische Plural *tá biblía* lässt erkennen, was das im Singular stehende deutsche Wort „Bibel" verdeckt: die Bibel ist ein Buch der Bücher. Die Bücher, die sie enthält, wurden nicht für diese Sammlung geschrieben. Sie stammen von ganz verschiedenen Verfassern aus unterschiedlichen Zeiten, Räumen und Kulturen. Sie wurden bereits in verschiedenen Sprachen geschrieben und in viele weitere Sprachen übersetzt, bevor sie dann von Christen für das Buch der Bücher ausgewählt und zusammengestellt wurden.

Kanon als Richtschnur

Aber nicht erst das deutsche Wort Bibel führt den Singular ein, sondern schon die griechische und die lateinische Kirche des frühen Mittelalters verwendeten ihn. Im Griechischen wird die Sammlung auch liebevoll als *biblíon*, Büchlein, bezeichnet. Singular und Plural bringen erst gemeinsam sachgemäß zum Ausdruck, worum es sich bei der Bibel handelt: um eine Sammlung von Büchern, die durch ihre geordnete Zusammenstellung ein neues Sinnganzes bieten. Erst mit der Einfügung der als Einzelschriften entstandenen frühchristlichen Schriften in den Kanon werden diese zu *neutestamentlichen* Schriften, denen *alttestamentliche* Schriften gegenüberstehen, mit denen sie gemeinsam gelesen werden sollen. Der Kanon ist eine Leseanweisung und verändert damit das Sinnpotential der in ihn eingefügten Schriften.

Das Konzept dieser Sammlung entstand in einem langwierigen und komplexen Prozess, der nicht mehr vollständig rekonstruierbar ist. Die Kontroversen über die Ausgestaltung der biblischen Sammlung, insbesondere über ihren Umfang, ihre Textgrundlage und ihre angemessenen Übersetzungen halten bis heute an.

Dieser Sachverhalt soll im Folgenden näher beleuchtet werden.

> **Merksatz**
>
> **MERKE:** Eine einheitliche christliche Bibel, die als in sich konsistentes, widerspruchsfreies und unfehlbares Fundament christlichen Glaubens dienen könnte, gibt es nicht und hat es nie gegeben. Es gibt zwar ein grundlegendes kanonisches Konzept mit einem weit reichenden Grundbestand biblischer Bücher, nicht aber „die" Bibel, sondern verschiedene christliche Bibeln.

Die Heiligen Schriften des antiken Judentums | 2.1.1

Jesus und seine Anhänger waren Juden und als solche lasen sie die jüdischen heiligen Schriften als Gottes Worte. Einen „Kanon des Alten Testaments" hatten sie nicht. Weder die Anzahl der hebräischen, noch die der griechischen heiligen Schriften des antiken Judentums war genau festgelegt. Vor allem aber gab es weder ein Kanonkonzept noch den Begriff des Kanons. Der Begriff des Kanons entstand erst in der Alten Kirche und zwar als innerchristliches Konzept.

Was für pharisäische Juden Heilige Schrift war, war es noch lange nicht für samaritanische und was für alexandrinische Juden als Heilige Schrift galt, akzeptierten essenische Juden nicht. Erste Begrenzungen, die aber nicht das vielfältige Judentum repräsentieren, finden sich im letzten Drittel des 1. Jh.s bei dem jüdischen Geschichtsschreiber Josephus, in seiner Schrift *Contra Apionem I, 39–41*, und in der aus späterer Sicht *apokryphen Schrift *4 Esra 14*.

Entstehung des Kanons im antiken Judentum

Diese offene Grundsituation gilt es allerdings historisch zu differenzieren. In der Erforschung der Kanongeschichte der sogenannten Hebräischen Bibel hat sich weitgehend die These einer sukzessiven Entstehung des Kanons als plausibel erwiesen. Ihr zufolge entstand zunächst die Sammlung der *Tora*, also die fünf Bücher Mose, und dann die der prophetischen Bücher, die im He-

Hebräische Bibel

bräischen als *Nebiim* bezeichnet werden. Insbesondere der dritte Teil der Hebräischen Bibel, der später als *Ketubim* („Schriften") zusammengefasst wurde und unter anderem die Psalmen und das Hiobbuch umfasst, war im 1. Jh. n. Chr. noch offen.

> **Infobox**
>
> Der Terminus *Hebräische Bibel* ist eine anachronistische Bezeichnung aus christlicher Sicht für die von Juden selbst als Tanach bezeichneten jüdischen Heiligen Schriften. Das Wort Tanach ist ein Akronym aus den hebräischen Bezeichnungen Tora (5 Bücher Mose), Nebiim (Prophetenbücher) und Ketubim (poetische Bücher). Der Ausdruck Hebräische Bibel wurde von der von christlichen Theologen edierten hebräischen Fassung des Alten Testaments, der *Biblia Hebraica, auf den Tanach des antiken Judentums übertragen.

Septuaginta

Nicht weniger komplex stellt sich die Entstehungsgeschichte der von den *Kirchenvätern so benannten *Septuaginta* (abgekürzt: LXX; benannt nach den 72 legendarischen Übersetzern), der griechischen Version der Heiligen Schriften Israels, dar. Der *Aristeasbrief*, eine jüdische Schrift aus dem 1. Jh. v. Chr., erzählt in legendarischer Form, dass auf Wunsch des ägyptischen Pharaos Ptolemaios II. Philadelphos (282–246 v. Chr.) die fünf Bücher Mose ins Griechische übersetzt wurden, was durchaus als historisch wahrscheinlich gelten kann. Für die weitere Rekonstruktion der Entstehung der Septuaginta sind wir auf Nachrichten und Textausgaben der Kirchenväter angewiesen, da sie im Judentum ab dem 2. Jh. n. Chr. nicht mehr überliefert wurde. Die christliche Septuagintaüberlieferung lässt aber keinen sicheren Rückschluss auf den Umfang einer jüdischen Septuaginta zu: „Nicht was die

Infobox

Die Septuaginta	
Pentateuch	Genesis, Exodus, Levitikon, Arithmoi, Deuteronomion
Die Vorderen Geschichtsbücher (Jos-2 Esdr)	Jesus, Kritai, Ruth, Basileion I, Basileion II, Basileion III, Basileion IV, Paraleipomenon I, Paraleipomenon II, Esdras I, Esdras II
Erzählwerke und jüngere Geschichtsbücher (Est-4 Makk)	Esther, Judith, Tobit, Makkabaion I, Makkabaion II, Makkabaion III, Makkabaion IV
Psalmen und Oden	Psalmoi, Odai, Psalmoi Solomontos
Weisheitsbücher	Paroimiai, Ekklesiastes, Asma, Job, Sophia Salomonos, Sophia Sirach
Prophetische Bücher	Osee, Amos, Michaias, Joel, Abdiu, Jonas, Naum, Ambakum, Sophonias, Aggaios, Zacharias, Malachias, Esaias, Jeremias, Baruch, Threnoi, Epistole Jeremiu, Jezekiel, Susanna, Daniel, Bel kai Drakon

*Kirchenväter in der Septuaginta fanden, galt ihnen als kanonisch, sondern was ihnen als kanonisch galt, das kam in die Septuaginta." (Haag, Buchwerdung, 377)

Die Hypothese eines frühen alexandrinischen Kanons, der die gesamte Hebräische Bibel in griechischer Übersetzung und Erweiterung sowie die Septuagintazusätze enthielt, hat sich als unhaltbar erwiesen. Auch die Hypothese einer autoritativen Festlegung des hebräischen Kanons auf der fälschlich sogenannten „*Synode" von Jabne bzw. Jamnia durch die Rabbinen des frühen 2. Jh. n. Chr. findet kaum mehr Zuspruch.

Das Fehlen eines geschlossenen Kanons im Judentum des 1. Jh.s n. Chr. zeigt sich auch am Zitatenbefund der später so benannten neutestamentlichen Schriften, wie er im Verzeichnis der Zitate und Anspielungen (*loci citati vel allegati*) des *Nestle-Aland*, der Standardausgabe des griechischen Neuen Testaments, aufgeführt wird. Dort finden sich nicht nur Zitate aus einigen Septuaginta-Apokryphen, sondern auch andere Texte werden als Heilige Schriften zitiert, die dann nicht den Eingang in den hebräischen Kanon und auch nicht in die Septuaginta fanden.

Geht man den Zitatenbestand der einzelnen neutestamentlichen Schriften durch, so bestätigt der Befund, dass im Judentum und im Christentum des 1. Jh.s sowohl hebräische als auch griechische Texte als Heilige Schrift(en) gelesen wurden und es noch keine allgemeingültigen kanonischen Grenzziehungen gab. Die Vielfalt Heiliger Schriften stellte für das Christentum zunächst kein Problem dar.

Die Entstehung des christlichen Kanons 2.1.2

Die Entstehung des neutestamentlichen Kanons vollzog sich in verschiedenen Schritten: Zunächst mussten christliche Schriften überhaupt erst einmal abgefasst werden. Dann erlangten sie den Status Heiliger Schriften und wurden als solche gesammelt. Diesen Status erreichten sie durch den gottesdienstlichen Gebrauch. Welche Schriften als Quellen der Offenbarung Gottes im Gottesdienst Verwendung fanden, unterschied sich aber von Anfang an und von Ort zu Ort zum Teil beträchtlich. Der dritte Schritt, aus den verschiedenen kanonischen Sammlungen und Listen *einen* Kanon für *alle* Kirchen zu bestimmen, wurde daher zwar immer wieder angestrebt, aber *de facto* nicht erfolgreich vollzogen.

Frühe Sammlungen

Die Idee eines christlichen Kanons, der als begrenzte Sammlung die *normative Quelle der Offenbarung Gottes darstellen sollte, wurde im Verlauf des 2. Jh.s n. Chr. entwickelt. Voraus gingen bereits die Sammlung der Paulusbriefe, die u. a. in 2Petr 3,15f. belegt ist, und die Zusammenstellung der vier Evangelien des Matthäus, Markus, Lukas und Johannes zum sogenannten *Vierevangelien-Kanon.

Dieser Vierevangelien-Kanon wurde aber keineswegs überall akzeptiert. Das *Diatessaron*, die *Evangelienharmonie des Tatian (um 120–ca. 180), eines zum Christentum übergetretenen syrischen Philosophen, blieb bis ins 5. Jh. hinein das Evangelienbuch in Syrien. Auch die Sammlungen der Paulusbriefe hatten verschiedenen Umfang. Heftig umstritten war immer wieder der Hebräerbrief. Der 3. Korintherbrief aus den Paulusakten, eine aus heutiger Sicht *apokryphe Apostelgeschichte des Paulus, galt wiederum in Syrien als echter Paulusbrief. Der Laodicenerbrief, der ebenfalls vielen als echter Paulusbrief galt, fand sich bis ins 15. Jh. (!) in zahlreichen Vulgata-Ausgaben und ist Bestandteil al-

> **Infobox**
>
> Die **Vulgata** ist die lateinische Fassung der Bibel, die der römisch-katholischen Kirche als Normtext gilt. Sie umfasst folgende Schriften:
>
> | Vetus Testamentum | |
> |---|---|
> | *Pentateuchus* | Genesis, Exodus, Leviticus, Numeri, Deuteronomium |
> | *Libri historici* | Liber Iosue, Liber Iudicum, Liber Ruth, I-IV Reges (= 1/2 Reges, 1/2 Samuelis), I/II Liber Paralipomenon, Liber Ezrae (I Ezrae), Liber Nehemia id est II Ezrae, Liber Tobiae, Liber Iudith, Liber Esther |
> | *Libri didactici* | Liber Iob, Liber Psalmorum, Liber Proverbiorum, Liber Ecclesiastes, Canticum Canticorum, Liber Sapientiae Salomonis, Liber Iesu Filii Sirach |
> | *Libri prophetici* | Liber Isaiae, Liber Ieremiae, Lamentationes, Liber Baruch, Prophetia Ezechielis, Prophetia Danielis, Prophetia Osee, Prophetia Ioel, Prophetia Amos, Prophetia Abdadia, Prophetia Ionae, Prophetia Michaeae, Prophetia Nahum, Prophetia Habacuc, Prophetia Sophoniae, Prophetia Aggaei, Prophetia Zachariae, Prophetia Maleachiae, Liber I Maccabaeorum, Liber II Maccabaeorum |
> | **Novum Testamentum** | |
> | Evangelium secundum Matthaeum, Evangelium secundum Marcum, Evangelium secundum Lucam, Evangelium secundum Ioannem, Actus Apostolorum, Epistula ad Romanos, Epistula ad Corinthios I, Epistula ad Corinthios II, Epistula ad Galatas, Epistula ad Ephesios, Epistula ad Philippenses, Epistula ad Colossenses, Epistula ad Thessalonicenses I, Epistula ad Thessalonicenses II, Epistula ad Timotheum I, Epistula ad Timotheum II, Epistula ad Titum, Epistula ad Philemonem, Epistula ad Hebraeos, Epistula Iacobi, Epistula Petri I, Epistula Petri II, Epistula Ioannis I, Epistula Ioannis II, Epistula Ioannis III, Epistula Iudae, Apocalypsis Ioannis | |

ler 18 deutschen Bibeldrucke, die vor der Lutherbibel produziert wurden.

In der Forschung ist es umstritten, wem die *Idee* eines christlichen Kanons mit festen Grenzen zu verdanken ist. David Trobisch rechnet mit einer gezielten christlichen Publikationsstrategie und stellt damit der sonst vertretenen Grundauffassung, die Kanongeschichte sei von Anfang an ein anonymer und kollektiver Prozess gewesen, eine andere Sicht entgegen. Er erarbeitet seine Hypothese ohne Berücksichtigung der Kanondiskussion in der Alten Kirche und unter alleiniger Auswertung der Textüberlieferung der neutestamentlichen Schriften. Dabei kommt er hinsichtlich auffälliger Gestaltungsparallelen der einzelnen Schriften zu interessanten Beobachtungen, die für eine kanonorientierte Theologie des Neuen Testament sehr förderlich sind. Seine historische Hypothese einer vor aller Kanondiskussion bewusst gestalteten Erstausgabe vermag hingegen dennoch nicht zu überzeugen, weil die von Trobisch aus methodischen Gründen unberücksichtigte altkirchliche Kanondiskussion mit ihr nicht zu vermitteln ist. Trobischs Anliegen, die Textgeschichte für die Kanongeschichte stärker als bisher zu berücksichtigen, verdient allerdings Gehör.

die Idee des Kanons

Sicher ist, dass Markion (um 85–ca. 160), ein Reeder und Seehändler aus Pontus am Schwarzen Meer, nach seinem Eintritt in eine christliche Gemeinde in Rom um die Mitte des 2. Jh.s einen geschlossenen Kanon vorlegte, bestehend aus einem Lukasevangelium ohne alttestamentliche Zitate und zehn Paulusbriefen, die ebenfalls in antijüdischer Perspektive überarbeitet worden waren. Schriften des Alten Bundes fanden keinen Eingang in Markions Kanon, denn sie zeugten ihm zufolge nicht von dem guten Gott, den Jesus Christus verkündet hat, sondern von dem unbarmherzigen Schöpfer- und Richtergott, der auch Jesu Tod verlangt habe. Schon bald geriet Markion wegen seiner dualistischen Lehren in heftige Auseinandersetzungen mit den römischen Christen und gründete daraufhin mit großem Erfolg seine eigene Kirche, die Markioniten.

Markion

Offen ist es, ob Markion den Prozess der christlichen Kanonbildung lediglich beschleunigt hat (W.G. Kümmel, B.M. Metzger) oder ob die Kanonbildungen der Alten Kirche(n) als Reaktionen auf Markion zu verstehen sind (A. v. Harnack, H. v. Campenhausen). Als Konsens gilt, dass Markions Ausgrenzung der Schriften des Alten Bundes und seine Beschränkung auf eine konsequente, in sich stimmige *exklusive* Position – die des Paulus im Verständnis des Markion – auf breite Ablehnung stieß und zur Klärung einer Position zwang, die Katholizität, also überregionale Geltung für die allgemeine Christenheit beanspruchen konnte.

> **Infobox**
>
> **Der christliche Kanon: Produkt eines Einzelnen oder anonymer geschichtlicher Prozess?**
> *Zwei Thesen* stehen sich gegenüber, die jeweils in zwei gegenläufigen Tendenzen vertreten werden:
> 1. *Die Kanonisierung des Neuen Testaments war die Tat eines Einzelnen*, nämlich
> a) Marcions. Der „orthodoxe" Kanon erfolgte als Reaktion darauf. (Harnack, Campenhausen)
> b) eines unbekannten christlichen Publizisten, dessen redaktionell durchdachtes Werk der Kanon des NT mit 27 Schriften ist. (Trobisch)
> 2. *Die Kanonisierung des Neuen Testaments war ein anonymer geschichtlicher Prozess*, der gewertet wird als
> a) theologisch notwendige Formatierung innerhalb der Kirche. (Kümmel, Oeming)
> b) dogmatisches Zwangskonstrukt der Alten Kirche. (Wrede, Aichele)

Neben der restriktiven Begrenzung der kanonischen Schriften auf lediglich 10 Schriften durch Markion entstand etwa in gnostischen Kreisen stetig weitere christliche Offenbarungsliteratur. Der christliche Kanon, wie wir ihn heute in seinen verschiedenen Ausprägungen kennen, verdankt sich demgegenüber einem mittleren Kurs zwischen markionitischer Einseitigkeit und gnostischer Unbegrenztheit. Diese Katholizität beanspruchende Position kann als moderater Pluralismus charakterisiert werden, der verschiedenen Traditionen Raum gibt, diesen Raum aber vor einer maßlosen Beliebigkeit schützt.

Seit dem Ende des 2. Jh.s verstärkten sich Bestrebungen, christlichen Glauben und Handeln *normativ zu bestimmen. Solche mit überregionalen Geltungsansprüchen versehene Lehren und Praktiken wurden dann mit dem lateinischen Begriff der *regula fidei* bzw. dem griechischen Ausdruck *kanón tés písteos* (*Kanon des Glaubens*) bezeichnet. In Übereinstimmung mit diesen normativ behaupteten Glaubensregeln wurde zum gewichtigsten Kriterium für die Kanontauglichkeit einer Schrift ihr allgemeiner, überregionaler Gebrauch im christlichen Gottesdienst als Quelle der Offenbarung Gottes. Solche Schriften wurden dann auf ihre Verfasserschaft durch einen Apostel hin befragt, was als wichtiges Kriterium der Kanontauglichkeit galt.

Gottesdienstliche Verwendung fanden weit mehr als 27 Schriften für das Neue Testament, von der Unbestimmtheit der Anzahl der Schriften des Alten Testaments ganz zu schweigen. Um angesichts der sich selbst als christlich verstehenden, aber von der Mehrheit als vom christlichen Glauben abweichend betrachteten Strömungen wie der Markioniten oder der christlichen *Gnosis, dennoch eine große Vielfalt der unterschiedlichen lokalen Traditionen zu ermöglichen, setzte sich eine hierarchische Klassifizierung christlicher Schriften durch. Sie findet sich schon bei Origenes (um 185–ca. 254), einem der bedeutendsten Theologen der Alten Kirche, und dann in der *Kirchengeschichte* (lat. *Historia ecclesiastica*) des Euseb (vor 265–ca. 340), des Bischofs von Cäsarea in Palästina: 1. von allen anerkannte Schriften, 2. Schriften, die nur von einigen anerkannt werden, 3. zu verwerfende Schriften. Nur die erste Kategorie sollte im Gottesdienst als Heilige Schrift verwendet werden, die zweite Kategorie konnte außerhalb des Gottesdienstes gelesen werden. Die verschiedenen Umfangsbestimmungen des Kanons lassen sich größtenteils damit erklären, dass diese Frage immer von der je eigenen lokalen Tradition und Perspektive her beantwortet wurde.

Kanongrenzen

Bei aller Verschiedenheit gab es bereits seit dem Ende des 2. Jh.s weitgehende Übereinstimmungen im Konzept der christlichen Bibel, die aus einem Alten und einem Neuen Testament bestehen sollte. Auch über den größeren Teil des Umfangs beider Teile bildete sich bereits gegen Ende des 3. Jh.s ein überregionaler Konsens – von einer vollen Übereinstimmung oder gar einem Abschluss der Kanonbildung kann dennoch nicht die Rede sein.

Man kann die Kirchengeschichte des Euseb von Cäsarea als den Versuch einer Bestandsaufnahme der verschiedenen Bestimmungen des Kanons lesen, aber keine der von ihm aufgeführten Listen nennt für das Neue Testament genau die 27 Schriften, die heute in den meisten christlichen Bibeln und auch in der griechischen Standardausgabe, dem Nestle-Aland, den neutestamentlichen Kanon ausmachen.

Erst Athanasius (um 299–373), der höchst einflussreiche Bischof von Alexandrien, führt diese in seinem 39. Fastenbrief für das Jahr 367 als „die kanonisierten, überlieferten und als göttlich bestätigten Schriften" auf, die allein als „Quellen des Heils" gelten können. (Dieser Brief des Athanasius findet sich in deutscher

39. Fastenbrief von Athanasius

Übersetzung in W. Schneemelcher, Neutestamentliche Apokryphen I., 6. Aufl., Tübingen 1990, 39f.)

Durch die Vermittlung des großen Gelehrten Hieronymus (um 347–ca. 420), der im Auftrag das Papstes Damasus I. (um 305–384) die bedeutendste lateinische Übersetzung schuf, nämlich die *Vulgata*, fand der neutestamentliche Kanon des Athanasius auch in der lateinischen Kirche Akzeptanz. Davon zeugen die *Synoden von Hippo (393) und Karthago (397). Dass man dennoch nur von einer lokalen Bedeutung dieser Synoden und nicht von einem gemeinsamen Kanonentscheid *der* Alten Kirche sprechen kann, zeigt u. a. der äthiopische Kanon, der bis heute 35 neutestamentliche Bücher umfasst. Auch im griechischen Osten und im lateinischen Westen stand die Zahl der 27 neutestamentlichen Schriften über das 4. Jh. hinaus keineswegs fest. Der Hebräerbrief und die Apokalypse des Johannes blieben weiterhin unsichere Kandidaten. Die Johannesapokalypse wurde in der griechischen Kirche erst im Verlauf des 10. Jh.s im Kanon fest verankert, und es wurden auch weiterhin Schriften als Heilige Schriften gelesen und verbreitet, die nicht zu den 27 kanonischen neutestamentlichen Schriften des Athanasius zählen. Keine der vier ältesten Vollbibeln, die Altes und Neues Testament enthalten – Codex Sinaiticus (4. Jh.), Codex Alexandrinus (5. Jh.), Codex Vaticanus (4. Jh.), Codex Ephraemi rescriptus, (5. Jh.) –, folgt der von Athanasius anempfohlenen Liste der 27 neutestamentlichen Schriften.

alttestamentlicher Kanon

Keine Einigkeit wurde in der Alten Kirche darüber erzielt, ob das Alte Testament den Schriftenumfang der Septuaginta oder den der Hebräischen Bibel umfassen sollte. Im Osten herrschte der Umfang der Hebräischen Bibel vor, während im Westen der umfangreichere Kanon der (christlichen) Septuaginta stärkeres Gewicht hatte, wovon eindrücklich die Auseinandersetzung zwischen Hieronymus und Augustin zeugt. Während die Synode von Laodicea (zwischen 343 und 381) eine griechische Fassung im Umfang der Hebräischen Bibel kanonisierte, votierte die Synode von Rom (382) und im Anschluss daran die Synoden von Hippo (393) und von Karthago (397 und 419), für den breiteren Kanon unter Einbeziehung von Septuagintazusätzen. Die nichtgriechischen Kirchen des Ostens sind hier nochmals andere Wege gegangen. So finden sich etwa im äthiopischen Alten Testament bis auf den heutigen Tag das Buch Henoch und die Esra-Apokalypse,

Bücher also, die weder der hebräische Kanon noch die griechische Septuaginta enthalten.

Schlaglichter der Kanongeschichte im Mittelalter | 2.1.3

Alle altkirchlichen *Synoden, die sich mit der Kanonfrage befassten, hatten lokale Bedeutung. Die großen *ökumenischen Konzile, die sich mit komplexen theologischen Fragen befassten, sahen keinen Grund, Kanonfragen zu diskutieren. Kann man schon für die westliche Kirche nicht von einem wirklichen Abschluss der Kanonfrage im 4. oder 5. Jh. sprechen, so erst recht nicht, wenn man die Entwicklung in allen christlichen Kirchen im Auge behält. Die Kanondiskussionen verliefen in den Ostkirchen anders als im Westen und in den griechischsprachigen nochmals anders als in den nicht-griechischsprachigen Kirchen des Ostens.

Das nach seinem Tagungsort, *Trullus*, einem Saal des kaiserlichen Palastes in Konstantinopel, benannte Zweite Trullanum (692), ergänzte das 5. und das 6. Ökumenische Konzil (daher auch benannt als *Concilium quintisextum*). Erst dieses Konzil befasste sich ausdrücklich mit Kanonfragen. Der diesbezügliche Beschluss lautet: „Es hat der heiligen Synode gefallen, daß von jetzt an für die Behandlung der Seele und die Heilung der Leidenschaft die von den heiligen und seligen Vätern vor uns akzeptierten und genehmigten, uns auch im Namen der heiligen und berühmten Apostel überlieferten 85 Kanones gewiß und sicher bleiben sollen ... aber auch die [Kanones] von Laodicea in Phrygien ... dazu die [Kanones] von Karthago ... sowie die von Athanasius, dem Erzbischof von Alexandria ... Gregorius dem Theologen, Amphilochius von Ikonium usw." (Meurer, Apokryphenfrage, 37.)

Kanonfrage in der Westkirche

Das Zweite Trullanum bietet nicht *eine* alle anderen ausgrenzende Kanonliste, sondern führt diejenigen überlieferten und gelebten lokalen Kanonlisten auf, die als Quelle der Offenbarung Gottes angesehen werden konnten, auch wenn sie sich im Umfang widersprachen, wie das etwa bei dem Kanon von Laodicea und dem von Karthago der Fall war. Das 7. Ökumenische Konzil (787) bestätigte ausdrücklich die Beschlüsse der vorausgegangenen ökumenischen Konzile. Es bot ebenfalls keine für alle lokalen Kirchen verbindliche Kanonliste und sah sich nicht gezwungen, der relativen Akzeptanz der Vielfalt christlicher Bibeln durch das Trullanum zu widersprechen.

Diese ökumenische Weite in der Kanonfrage war von der Sensibilität für lokale Traditionen und dem Vertrauen getragen, dass die verzeichneten Kanonlisten sich zwar im Umfang, nicht aber im Geist widersprechen. Eine maßlose Beliebigkeit wurde damit nicht befürwortet: Der Aufnahme weiterer Schriften in den neutestamentlichen Kanon, die im Verlauf der Jahrhunderte in erheblichem Ausmaß produziert wurden, sowie der immer wieder aufkommenden Bestreitung der kanonischen Geltung des Alten Testament wurde durch den Beschluss eine deutliche Absage erteilt.

Kanonfrage in der Ostkirche

Länger als in der westlichen Kirche blieb im Laufe der Zeit die Kanonfrage in den Kirchen des Ostens offen. Noch Nikephorus, der von 806–815 Patriarch von Konstantinopel war, bestritt ausdrücklich die Kanonizität der Offenbarung des Johannes und verweigerte auch in alter ostkirchlicher Tradition den Septuagintazusätzen die kanonische Geltung. Zu Kirchenspaltungen hat die Kanondiskussion aber nicht geführt.

Durch den überregionalen Erfolg der *Libri quattuor de doctrina christiana* (deutsch: Vier Bücher über die christliche Wissenschaft), der *Hermeneutik des wohl bedeutendsten Theologen der westlichen Kirche, Augustinus (354–430), kam der Kanonentscheid der nordafrikanischen Kirche, wie er unter Mitwirkung Augustinus auf den *Synoden von Hippo und Karthago festgelegt worden war, in der lateinischen Kirche zu weitestgehender Anerkennung.

Vulgata

Auch die auf Hieronymus zurückgehende Vulgata trug dazu – entgegen der Intention des Hieronymus – entscheidend bei. Nachdem er die hebräischen Bücher des Alten Testaments aufgeführt hat, erklärt Hieronymus, der von Augustinus schwer gerügte Verfechter der *veritas *hebraica*, in der Vorrede zu den Samuelbüchern, dem *Prologus galeatus*, dass die Septuagintazusätze nicht den kanonischen Wert der hebräisch überlieferten Schriften haben könnten. Obwohl die meisten Vulgata-Ausgaben die Vorreden des Hieronymus enthalten, wurde nicht zuletzt durch den Einfluss von *Libri quattuor de doctrina christiana* II, 8,12f. die Vulgata mit ihren Septuagintazusätzen als kanonisch angesehen und für den Gottesdienst verwendet. Doch die Diskussionen um diese Zusätze blieben durch die Vorreden des Hieronymus der kirchlichen Schrifttradition eingeschrieben.

Die Vulgata des Hieronymus ersetzte die alten lateinischen Bibelausgaben nicht von einem Tag auf den anderen. Sie blieben zum Teil noch bis ins Hochmittelalter im Gebrauch.

Erst ab dem 7. Jh. galt die Vulgata als *die* Bibel der lateinischen Kirchen. Dabei erfuhr die auf Hieronymus zurückgehende Vulgata, die Papst Damasus I. in Auftrag gegeben hatte, um die unterschiedlichen lateinischen Bibelausgaben zu ersetzen, selbst im Laufe der Jahrhunderte so zahlreiche Bearbeitungen, dass Kaiser Karl der Große (748–814) eine vereinheitlichende Ausgabe der Vulgata für nötig hielt. Die in seinem Auftrag von dem großen Gelehrten Alkuin (um 735–804) zu Beginn des 9. Jh.s besorgte überarbeitete Vulgata wurde dann bis zur erneuten Überarbeitung 1590 bzw. 1592 zu *dem* kanonischen Bibeltext der lateinischen Kirchen.

Trotzdem blieb aber auch in der lateinischen Kirche der Umfang des Kanons nicht konstant. Der aus heutiger Perspektive *apokryphe Laodicenerbrief erscheint auch in einigen Vulgata-Ausgaben als Paulusbrief, und seine Authentizität wurde noch im 16. Jh. von so berühmten Theologen wie Jakobus Faber Stapulensis (um 1455–1536) verteidigt. Umstritten blieb während des gesamten Mittelalters der Hebräerbrief. Auch die Frage der kanonischen Geltung der Septuagintazusätze wurde mit Verweis auf den *Prologus galeatus* des Hieronymus immer wieder diskutiert.

Zu einer entscheidenden Frage wurde der durchaus unterschiedlich bestimmte Umfang des biblischen Kanons im lateinischen Mittelalter aber nicht. Für das Hoch- und Spätmittelalter hat Hermann Schüssler gezeigt, dass nicht der Umfang des Kanons, sondern das Verhältnis der Autoritäten *Schrift*, *Kirchenväter*, *Konzil* und *Papst* die durchgehende schrifttheologische Frage darstellte. *Der Primat der Heiligen Schrift* wurde gegenüber der Theorie der Inspiriertheit der Kirchenväter, der Konzilsentscheidungen und des Papstes als *relatives sola scriptura* (allein die Schrift) bedacht – erfuhr dabei aber recht widersprüchliche Bestimmungen. Gerade diese Unsicherheiten in den Verhältnisbestimmungen trugen entscheidend zu dem Gewissheitsproblem bei, das Luther mit dem *absoluten sola scriptura* zu lösen gedachte.

<small>Primat der Heiligen Schrift</small>

Erst im Zuge dieses Autoritätsproblems wurde dann auf dem Konzil von Florenz (1439–1443) die Duldung verschiedener Kanonumfänge dogmatisch auf die Vulgata mit ihren Septuagintazusätzen, aber ohne den Laodicenerbrief beschränkt.

<small>dogmatische Begrenzung des Kanons</small>

Doch auch die Entscheidung von Florenz konnte die Kanondiskussion nicht zum Stillstand bringen. Sie erlebte vielmehr eine neue Dimension durch den Humanismus, namentlich durch

Johannes Reuchlin und Erasmus von Rotterdam und mehr noch durch die Reformation.

2.1.4 Ein neuer Kanon entsteht: die Reformation und ihre Folgen

Beitrag des Humanismus

Es ist das Verdienst des Gräzisten und Hebraisten Johannes Reuchlin (1455–1522), eine wissenschaftliche Hebraistik und Gräzistik in die deutsche universitäre Gelehrsamkeit eingebracht und der bereits von Hieronymus propagierten *hebraica veritas* wieder Gehör verschafft zu haben. Einen Streit um den kirchlichen Kanon wollte er damit nicht anzetteln. Seine Leidenschaft galt dem hebräischen Alten Testament – ein Reformator war Reuchlin jedoch nicht. Gleichwohl schuf er die linguistischen Voraussetzungen für die reformatorische Kanonentscheidung zugunsten der Hebräischen Bibel.

Erasmus

Auch Desiderius Erasmus von Rotterdam (1466–1536) war kein Reformator der Kirche. Seine philologische Kompetenz führte dennoch zur Belebung der Kanondebatte und seine 1516 erschienene griechische Textausgabe des Neuen Testaments, der er eine eigene lateinische Übersetzung beifügte, zur Förderung des Studiums der neutestamentlichen Texte in ihrer Originalsprache.

Die Impulse des Erasmus für die Kanondiskussion waren vielfältiger Art. Seine philologische Kritik verabschiedete den Laodicenerbrief endgültig aus dem neutestamentlichen Kanon des Abendlandes. Mit derselben Klarheit bestritt Erasmus die apostolische Verfasserschaft des Hebräerbriefes, des 2. und 3. Johannesbriefes, des Judasbriefes und der Johannesapokalypse. In uneingeschränkter Offenheit veröffentlichte er diese Urteile in den Einleitungen zu den entsprechenden Schriften in dem von ihm herausgegebenen griechischen Neuen Testament (1516). Für diese Schriften zog er gleichwohl nicht dieselbe Konsequenz wie für den Laodicenerbrief, denn Erasmus stellte über seine philologischen Einsichten bewusst und mit zunehmendem Alter immer entschiedener den Kanonentscheid der römisch-katholischen Kirche.

Erasmus hatte die in der Alten Kirche vorgebrachten Einwände gegen die besagten neutestamentlichen Schriften gesammelt, sie philologisch überprüft und untermauert. Den Ausgleich zwischen seinem philologischen Urteil und seiner klaren Position in der mittelalterlichen Autoritätenfrage zugunsten der Autorität der Kirche gegenüber derjenigen der Schrift ermöglichte ihm seine theologische Idee der *ordo auctoritatis*, der abgestuften Autorität biblischer Schriften. Erasmus gewichtete die unbestrittenen neutestamentlichen Schriften stärker als die umstrittenen, ohne letzteren die Kanonizität abzusprechen.

Wie groß der Einfluss humanistischer Gelehrsamkeit auf die beginnende Reformation gerade auch in der Kanonfrage war, wird ersichtlich, wenn man die erste reformatorische Abhandlung zur Kanonfrage aus dem Jahr 1520 liest. Es handelt sich um Karlstadts Schrift *De Canonicis libris libellus* (deutsch: Büchlein über die kanonischen Bücher), der er im Jahr darauf eine deutschsprachige popularisierte Fassung folgen ließ. Andreas Rudolf Bodenstein von Karlstadt (1486–1541) trat darin entschieden für den hebräischen Kanon ein, nahm Stellung gegen den Laodicenerbrief und plädierte wie schon Erasmus für eine abgestufte Autorität der biblischen Bücher. Auch dem sekundären Markusschluss (Mk 16,9-20) verweigerte er mit literarkritischen Argumenten die Kanonizität.

Karlstadt

Die Schriftautorität hingegen stand für ihn anders als etwa bei Erasmus deutlich über der der Kirche. Das absolute *sola scriptura* Martin Luthers (1483–1546) vertrat er dennoch nicht, denn den Umfang des Kanons sah er durch die kirchliche Tradition garantiert.

Ohne Luther zu nennen, wies er dessen Kritik des Jakobusbriefes zurück. Im Ganzen liegt Karlstadts historisch-philologische Kanonschrift näher bei Erasmus als bei Luther. Der spätere Bruch zwischen Luther und Karlstadt war in diesen Sachfragen der Kanonauffassung zumindest mitbegründet.

Karlstadts Kanonschrift fand unter dem Eindruck der deutschen Übersetzung des Neuen Testaments von Martin Luther aus dem Jahr 1522, des sogenannten September-Testaments, insgesamt nur wenig – gemessen an ihrer Gelehrsamkeit und argumentativen Stringenz zu wenig – Beachtung. Es ist denn auch weniger der Kanon des Alten als der des Neuen Testaments, in dem Karlstadt und Luther andere Wege gingen.

Gerade die Hinwendung zur Hebräischen Bibel als gültigem Maßstab in der Kanonfrage hatte Karlstadt und Luther zu Weggefährten gemacht. Der reformatorische Entscheid zugunsten der *veritas* *hebraica* unter ausdrücklicher Aufnahme der Position des Hieronymus stand deutlich im Zeichen des humanistischen Mottos *ad fontes*. Luther teilte mit allen Verfechtern des hebräischen

Luther

Kanons seit den Zeiten der Alten Kirche nicht ein inhaltlich-theologisches, sondern das formale Argument der größeren Ursprünglichkeit des Hebräischen.

Luthers revolutionäre Kanonauffassung wird erst von seiner Stellung zum Neuen Testament aus sichtbar. Er brach infolge seines absolut verstandenen *sola scriptura mit der gesamten kirchlichen Kanontradition. Auch seine Umstellung der Reihenfolge der alttestamentlichen Bücher wird von da aus verstehbar. Zwar gelangten nur Bücher in Luthers Altes Testament, die auch in der Hebräischen Bibel vertreten sind, aber im Aufriss folgt Luther nicht der *veritas hebraica*, sondern schließt – wie die Septuaginta und die Vulgata – mit den prophetischen Büchern. Innerhalb der Blöcke (Geschichtsbücher, Lehrbücher, Propheten), folgt er dann wieder der Reihenfolge der Hebräischen Bibel. Die Lutherbibel erzeugt in dieser Anordnung und im Schriftverständnis einen neuen Kanon.

Der Bruch zur Tradition zeigt sich schon am Vergleich der Position Luthers bezüglich der Gewichtung der kanonischen Bücher des Neuen Testaments mit der Karlstadts. Karlstadts Ordnungsprinzip steht in der Tradition der mittelalterlichen Kanondiskussion, die im Kern eine Frage der formalen Begründung der Autorität kanonisch angesehener bzw. bestrittener Schriften als Quelle der Offenbarung Gottes war. Wo ist Gottes Offenbarung authentisch aufbewahrt? Karlstadts Antwort lautete: dort, wo Jesus selbst zu Worte kommt, also in den Evangelien und in der Apostelgeschichte; an zweiter Stelle bei den in der Kirche unbestrittenen apostolischen Briefen. Dass die Kanonizität der im Laufe der Kirchengeschichte hinsichtlich der Verfasserfrage angezweifelten Schriften für Karlstadt nicht gefährdet war, liegt daran, dass neben die Schrift die Autorität der Kirche tritt und sie die angezweifelten Autoritätsansprüche qua ihrer eigenen, neben der Schrift bestehenden Autorität gewiss zu machen vermag. Nur solche Schriften, die mit philologischer Akribie als gefälscht erwiesen werden können und zudem nicht die unbestrittene Autorität der Kirche auf ihrer Seite haben, können nicht mehr als kanonisch gelten.

Inspirationslehre

Der Frage der Verfasserschaft kommt daher erhebliches Gewicht zu. Die von Gott beauftragten Apostel und bestenfalls ihre Schüler galten als Medien des göttlichen Autors der Bibel, und nicht sie als individuelle, historisch bedingte Menschen mit verschiedenen Theologien und Weltbildern stifteten die Einheit der Bibel, sondern Gott selbst, der in allen Varianten der Inspirationslehre als eigentlicher Autor der biblischen Schriften gilt, was angesichts ihres Plurals überhaupt erst dem Singular der Bibel Plausibilität verlieh.

De facto stellt die Lutherbibel einen neuen Kanon dar, der zwar im alttestamentlichen Teil, aber nicht in seiner Umstellung und Neubewertung einiger neutestamentlicher Schriften von den Schweizer Reformatoren mitgetragen wurde. Die Zürcher Bibel folgt ganz der Reihenfolge der griechischen Ausgabe des Erasmus, die sich durch den Nestle-Aland als kanonische Reihenfolge des Abendlandes bis in unsere Gegenwart durchsetzte.

Kanon der Reformatoren

Trotz ihrer ausgeprägten Schriftlehre sahen weder die lutherischen Kirchen mit ihrer Lutherbibel noch die reformierten Kirchen mit ihrer Zürcher Bibel einen Anlass, die Kanonfrage in ihren Bekenntnisschriften zu verankern.

Infobox

Die Lutherbibel	
Altes Testament	
Geschichtsbücher	1-5 Mose, Josua, Richter, Rut, 1/2 Samuel, 1/2 Könige, 1/2 Chronik, Esra, Nehemia, Ester
Lehrbücher und Psalmen	Hiob, Psalter, Sprüche Salomos (Sprichwörter), Prediger Salomo (Kohelet), Hohelied Salomos
Prophetenbücher	Jesaja, Jeremia, Klagelieder Jeremias, Hesekiel (Ezechiel), Daniel, Hosea, Joel, Amos, Obadja, Jona, Micha, Nahum, Habakuk, Zefanja, Haggai, Sacharja, Maleachi
Neues Testament	
Geschichtsbücher	Das Evangelium nach Matthäus, Das Evangelium nach Markus, Das Evangelium nach Lukas, Das Evangelium nach Johannes, Apostelgeschichte des Lukas
Briefe	Der Brief des Paulus an die Römer, Der erste Brief des Paulus an die Korinther, Der zweite Brief des Paulus an die Korinther, Der Brief des Paulus an die Galater, Der Brief des Paulus an die Epheser, Der Brief des Paulus an die Philipper, Der Brief des Paulus an die Kolosser, Der erste Brief des Paulus an die Thessalonicher, Der zweite Brief des Paulus an die Thessalonicher, Der Brief des Paulus an Timotheus, Der zweite Brief des Paulus an Timotheus, Der Brief des Paulus an Titus, Der Brief des Paulus an Philemon, Der erste Brief des Petrus, Der zweite Brief des Petrus, Der erste Brief des Johannes, Der zweite Brief des Johannes, Der dritte Brief des Johannes, Der Brief an die Hebräer, Der Brief des Jakobus, Der Brief des Judas
Prophetisches Buch	Die Offenbarung des Johannes

Konzil von Trient Die enorme Verbreitung der Lutherbibeln forderte die römisch-katholische Kirche zu einer Antwort auf den neuen Kanon heraus. Obwohl es auch einige namhafte Fürsprecher für eine offene gelehrte Diskussion gab, wurde auf dem *Konzil von Trient (1545–1563) letztlich die Vulgata als alleingültiger Kanon der römisch-katholischen Kirche festgeschrieben. Selbst ein Cajetan, der als humanistisch beeinflusster Bibelgelehrter für eine offene kritische Debatte warb, konnte daran nichts ändern. Das dort ausgesprochene und bis heute von der römisch-katholischen Kirche nicht zurückgenommene *Anathema gegen alle, die die Vulgata nicht als den verbindlichen Bibelkanon ansehen, trieb die Kirchenspaltung weiter voran – die verschiedenen Kanonbegrenzungen als solche verursachten diese aber nicht. In dem „Dekret über die Annahme der heiligen Bücher und der Überlieferungen", das auf der 4. Sitzung am 8. April 1546 beschlossen wurde, heißt es: „Wer aber diese Bücher nicht vollständig mit allen ihren Teilen, wie sie in der katholischen Kirche gelesen werden und in der alten lateinischen Vulgata-Ausgabe enthalten sind, als heilig und kanonisch anerkennt und die vorher erwähnten Überlieferungen wissentlich und absichtlich verachtet: der sei mit dem Anathema belegt." (Denzinger, Kompendium, 497)

2.1.5 | Deutsche Bibelübersetzungen der Gegenwart

Obwohl aus dem 17. bis 19. Jh. im deutschsprachigen Raum durchaus interessante, aber wenig wirksame Bibelübersetzungen aufzulisten wären, kann für das Basiswissen festgehalten werden: In der Kanonfrage gab es hinsichtlich der reformatorischen und der römisch-katholischen Grundpositionen des 16. Jh.s keine kirchlichen Neuerungen. *De facto* aber lasen und schätzten auch römisch-katholische Christen und ihre Priester und Professoren die Lutherbibel.

die Einheitsübersetzung Zu nennenswerten eigenen römisch-katholischen Übersetzungsprojekten kam es wegen der Dogmatisierung der Vulgata nicht. Das änderte sich erst, als die römisch-katholische Kirche im 20. Jh. ihre starre Ablehnung der *Aufklärung überdachte und dann mit dem 2. Vatikanischen *Konzil (1962–65) eine wegweisende, wenn auch zögerliche Öffnung vollzog. Im Zuge der Liturgiereform war es nun erlaubt, Gottesdienste in der Landessprache abzuhalten. Dafür brauchte man aber geeignete neue

Übersetzungen, denn man wollte für den gottesdienstlichen Gebrauch nicht die protestantischen Übersetzungen übernehmen. In diesem Zuge wurde die seit 1948 zunächst in Teilbänden von der École Biblique, dem biblischen Studienzentrum der französischen Dominikaner in Jerusalem, erarbeitete *Jerusalemer Bibel* zum Leitbild vieler römisch-katholischer Übersetzungen. 1968 erschien diese dann als *Herder-Bibel* in deutscher Sprache. Darauf baute die Einheitsübersetzung auf, die im neutestamentlichen

Infobox

Die Einheitsübersetzung	
Das Alte Testament	
Die fünf Bücher des Mose	Das Buch Genesis, Das Buch Exodus, Das Buch Levitikus, Das Buch Numeri, Das Buch Deuteronomium
Die Bücher der Geschichte des Volkes Gottes	Das Buch Josua, Das Buch der Richter, Das Buch Rut, Die Samuelbücher (1/2Sam), Die Bücher der Könige (1/2Kön), Die Bücher der Chronik (1/2Chr), Die Bücher Esra und Nehemia, Das Buch Tobit, Das Buch Judit, Das Buch Ester, Die Bücher der Makkabäer (1/2Mak)
Die Bücher der Lehrweisheit und die Psalmen	Das Buch Ijob, Die Psalmen, Das Buch der Sprichwörter, Das Buch Kohelet, Das Hohelied, Das Buch der Weisheit, Das Buch Jesus Sirach
Die Bücher der Propheten	Das Buch Jesaja, Das Buch Jeremia, Die Klagelieder, Das Buch Baruch, Das Buch Ezechiel, Das Buch Daniel, Das Zwölfprophetenbuch (Hosea, Joel, Amos, Obadja, Jona, Micha, Nahum, Habakuk, Zefanja, Haggai, Sacharja, Maleachi)
Das Neue Testament	
Die Evangelien	Das Evangelium nach Matthäus, Das Evangelium nach Markus, Das Evangelium nach Lukas, Das Evangelium nach Johannes
Die Apostelgeschichte	
Die Paulinischen Briefe	Der Brief an die Römer, Der erste Brief an die Korinther, Der zweite Brief an die Korinther, Der Brief an die Galater, Der Brief an die Epheser, Der Brief an die Philipper, Der Brief an die Kolosser, Der erste Brief an die Thessalonicher, Der zweite Brief an die Thessalonicher Die Pastoralbriefe (1/2 Tim, Tit), Der Brief an Philemon, Der Brief an die Hebräer
Die Katholischen Briefe	Der Brief des Jakobus, Der erste Brief des Petrus, Der zweite Brief des Petrus, Der erste Brief des Johannes, Der zweite Brief des Johannes, Der dritte Brief des Johannes, Der Brief des Judas
Die Offenbarung des Johannes	

Teil ein ökumenisches Projekt darstellt. Hier arbeiteten evangelische und römisch-katholische Übersetzer zusammen. Der neutestamentliche Teil und auch die Psalmen wurden dann auch im Auftrag des Rates der evangelischen Kirchen und des Evangelischen Bibelwerks in Deutschland gemeinsam mit den römisch-katholischen Bischöfen Deutschlands, Österreichs, der Schweiz, des Bischofs von Luxemburg, des Bischofs von Lüttich und des Bischofs von Bozen-Brixen herausgegeben. Im alttestamentlichen Teil, der die Konfessionen aufgrund seiner Verschiedenheit weit mehr trennt, folgt die Einheitsübersetzung der Jerusalemer Bibel, also dem Umfang und der Anordnung der Vulgata. Dieser Teil wird ausschließlich von den genannten Bischöfen der römisch-katholischen Kirche herausgegeben. Die Einheitsübersetzung gilt heute als *die* deutschsprachige Übersetzung der römisch-katholischen Kirche.

Revisionen der Luther- und der Zürcher Bibel

Die *Lutherbibel* aber in ihrer Revision von 1984 für die lutherischen und die meisten unierten Gemeinden und die *Zürcher Bibel* für die reformierten Protestanten in ihrer neuen, sehr gelungenen Fassung von 2007 sind die wichtigsten Übersetzungen der evangelischen Kirchen im deutschsprachigen Bereich. Diese drei Übersetzungen gehören zur Hausbibliothek jedes Theologen, egal ob es sich um den Schul- oder den Pfarrdienst handelt. Für wissenschaftliche Arbeiten sollte man unbedingt auch die in den Bibelkommentaren angefertigten Übersetzungen hinzuziehen.

Darüber hinaus gibt es einige interessante gute – und zahlreiche zu vernachlässigende schlechte – Übersetzungen. Zu empfehlen sind das Neue Testament, übersetzt und kommentiert von Ulrich Wilckens, und auch die *Elberfelder Bibel*, die wie die Zürcher Bibel um philologische Korrektheit und große Nähe zum Ausgangstext bemüht sind. Auch die *Gute Nachricht* kann als weitere Übersetzung hinzugezogen werden. Sie folgt einer anderen Übersetzungstheorie, die sich mehr als sinngemäße Übertragung für heutige Leser, denn als wortgemäße Übersetzung versteht.

Bibel in gerechter Sprache

Die 2006 erschienene *Bibel in gerechter Sprache* ist eine der Befreiungstheologie und der feministischen Theologie verpflichtete Übersetzung von verschiedenen Übersetzern mit sehr verschiedenen philologischen, theologischen, literarischen und ideologiekritischen Kompetenzen. Um hier Glänzendes und Abstruses unterscheiden zu können, sind eigene philologische Kompetenzen, also Kenntnisse des Griechischen und des Hebräischen, unbedingt erforderlich.

Für alle Übersetzungen gilt: Übersetzungen sind immer schon Interpretationen. Gerade deshalb ist es geboten, mehrere Übersetzungen zu benutzen, wenn man über die eigene Frömmigkeit hinausgehende Bibelstudien betreiben möchte.

Mit Blick auf die sogenannten *Kinder-* und *Schulbibeln* kann hier nur sehr allgemein gesagt werden, dass es leider mehr Schund als Qualität gibt. Bei der Auswahl sollte man unbedingt die Zusammenstellung der Texte und die Wortwahl beachten und auch die Bilder genau betrachten. Nicht wenige Kinderbibeln gehören zur *fundamentalistischen Propagandaliteratur. Diesbezüglich auf einer relativ sicheren Seite ist man beim Erwerb von Kinderbibeln, die von renommierten theologischen Fachverlagen verlegt werden, da deren Lektoren häufig selbst kritisch ausgebildete Theologen sind.

Kinderbibeln

Infobox

Empfehlenswerte Kinderbibeln
Besonders zu empfehlen sind für Vorschulkinder die Bilderbibeln von Kees de Kort. Für Schulkinder zu empfehlen sind:
- Diana Klöpper, Kerstin Schiffner, Gütersloher Erzählbibel, mit Bildern v. J. Heidenreich, Gütersloh 2004
- Werner Laubi, Annegret Fuchshuber, Kinderbibel, Lahr 1992
- Regine Schindler, Stepan Zavrel, Mit Gott unterwegs. Die Bibel für Kinder und Erwachsene neu erzählt, Zürich, 6. Aufl. 2004
- Irmgard Weth, Neukirchener Erzählbibel. Die Bücher der Bibel neu erschlossen und erzählt, mit Bildern von Kees und Michiel de Kort, 2. Aufl. Neukirchen-Vluyn 2008
- Irmgard Weth, Neukirchener Kinder-Bibel, mit Bildern von Kees de Kort, 16. überarb. u. erw. Aufl. Neukirchen-Vluyn 2008

Literatur

G. Adam/R. Lachmann (Hgg.), Kinder- und Schulbibeln. Probleme ihrer Erforschung, Göttingen 1999

G. Aichele, The Control of Biblical Meaning. Canon as Semiotic Mechanism, Harrisburg, Pennsylvania 2001

H. Freiherr von Campenhausen, Die Entstehung der christlichen Bibel, BHTh 39, Tübingen 1968

H. Denzinger, Kompendium der Glaubensbekenntnisse und kirchlichen Lehrentscheidungen, 37. Aufl. Freiburg u. a. 1991

W. Groß (Hg.), Bibelübersetzung heute – Geschichtliche Entwicklungen und aktuelle Anforderungen, AGWB 2, Stuttgart 2001

Literatur

Th. K. Heckel, Vom Evangelium des Markus zum viergestaltigen Evangelium, WUNT 120, Tübingen 1999

E. Käsemann (Hg.), Das Neue Testament als Kanon. Dokumentation und kritische Analyse zur gegenwärtigen Diskussion, Göttingen 1970

C. Markschies, Das antike Christentum. Frömmigkeit, Lebensformen, Institutionen, München 2006

S. Meurer (Hg.), Die Apokryphenfrage im ökumenischen Horizont, 2. Aufl. Stuttgart 1993

M. Oeming/M. Klinghardt, Die Kontroverse: Die Entstehung des Kanons: Geschichtlicher Prozess oder gezielte Publizistik, ZNT 12 (2003), Themenheft Kanon, 51–64.

W. Pannenberg/T. Schneider (Hgg.), Verbindliches Zeugnis, Bd. 1: Kanon – Schrift – Tradition, Freiburg u. a. 1992

H. Schüssler, Der Primat der Heiligen Schrift als theologisches und kanonistisches Problem im Spätmittelalter, Veröffentlichungen des Instituts für Europäische Geschichte 86, Wiesbaden 1977.

D. Trobisch, Die Endredaktion des Neuen Testaments, Eine Untersuchung zur Entstehung der christlichen Bibel, NTOA 31, Göttingen/Fribourg 1996

H. Volz, Martin Luthers deutsche Bibel. Entstehung und Geschichte der Lutherbibel, eingel. v. F. W. Kantzenbach, hg. v. H. Wendland, Hamburg 1978

Aufgaben

1. Vergleichen Sie das Inhaltsverzeichnis der Lutherbibel mit dem der Zürcher Bibel und der Einheitsübersetzung und stellen Sie Unterschiede und Gemeinsamkeiten heraus.
2. Lesen Sie die Jesus-Christus-Geschichte in einer Kinderbibel Ihrer Wahl und ordnen Sie dieser Darstellung die neutestamentlichen Evangelien zu.
3. Beziehen Sie Stellung zu der Frage, ob die Johannesapokalypse zu Recht ein kanonisches Buch ist.

2.2 | Abschriften ohne Originale: Was die Textkritik leistet

ein Buch ohne Originale

Die in der Lutherbibel und in der Zürcher Bibel befindlichen alttestamentlichen Texte wurden größtenteils auf Hebräisch, Weniges auf Aramäisch und die neutestamentlichen Schriften auf Griechisch geschrieben. Das Problem, das mit der Methode der Textkritik bearbeitet wird, lautet: Die Originale der biblischen Schriften sind nicht erhalten. Die Schriften des Alten und des Neuen Testaments sind – wie übrigens die der gesamten Antike – nur in Abschriften von Abschriften von Abschriften zugänglich. Die erhaltenen Abschriften stimmen aber im Wortlaut und der graphischen Gestaltung oftmals nicht überein. Die editionsphilologisch notwendige Aufgabe der Textkritik hat aus der Fülle der unterschiedlichen und zum Teil sich auch unvereinbar widersprechenden Versionen der biblischen Handschriften zu ermitteln, wie der jeweilige biblische Text in seiner Originalsprache ursprünglich gelautet haben könnte. Dabei liegen die Probleme der alttestamentlichen und die der neutestamentlichen Schriften jeweils anders, und sie haben auch zu verschiedenen textkritischen Grundentscheidungen geführt.

Merksatz

MERKE: Es gibt keine Originale biblischer Schriften. Die erhaltenen Abschriften biblischer Texte bieten verschiedene Versionen, aus denen der Text der Bibel durch editionsphilologische Arbeit erst ermittelt werden muss, da sich die erhaltenen Abschriften zum Teil erheblich widersprechen. Der Handschriftenbefund belegt die Pluralität des Christentums von seinen Anfängen an.

Für die Erstellung des neutestamentlichen Textes hat es sich als wegweisend erwiesen, die mehr als 5500 erhaltenen Handschriften mittels typischer Gestaltungsmerkmale und inhaltlicher Tendenzen in Textfamilien einzuteilen. So konnte es nicht nur gelingen, die Komplexität der Überlieferung zu reduzieren, sondern auch, die verschiedenen Handschriften für jede neutestamentliche Schrift in Kategorien einzuteilen, mit denen die grundsätzliche Bewertung ihrer Bedeutung für die Erstellung des zu lesenden Textes verbunden ist. Darüber informiert kurz und gut die Einleitung in den Nestle-Aland.

Der abgedruckte neutestamentliche Text ist notwendigerweise mit einem textkritischen Apparat versehen, der die wichtigsten Varianten der jeweiligen Lesart notiert, gerade weil trotz intensivster Bemühungen eine letzte Sicherheit im Wortlaut der biblischen Schriften nicht erreichbar ist.

Dabei geht die textkritische Forschung sehr behutsam mit der handschriftlichen Überlieferung um. Häufig handelt es sich bei den Differenzen zwischen verschiedenen Abschriften lediglich um nachvollziehbare Abschreibfehler, stilistische Änderungen oder syntaktische Umstellungen, die die Bedeutung eines Textes kaum verändern. An einigen Stellen geht es aber um mehr. Zuweilen ergeben sich ganz andere Bedeutungen, je nachdem, zugunsten welcher Textvariante die Entscheidung fällt.

Textvarianten

> **Infobox**
>
> Als produktive, aber nicht mechanisierbare Faustregeln der Textkritik haben sich **zwei Leitsätze** erwiesen:
> - *lectio brevior potior* (die kürzere Lesart ist die bessere): Im Zweifelsfall wird davon ausgegangen, dass einem Text eher etwas hinzugefügt, als dass etwas gestrichen wird.
> - *lectio difficilior potior* (die schwierigere Lesart ist die bessere): Im Zweifelsfall geht man davon aus, dass eine Lesart, die theologische Probleme erzeugt, die ältere ist, weil es wahrscheinlicher sei, dass eine schwierige Aussage vereinfacht und dem üblichen Denken angepasst, als dass Verständliches und allgemein Plausibles durch Anstößiges oder schwer zu Verstehendes ersetzt wird.

Bedeutung der alten Sprachen

Zur eigenen textkritischen Arbeit ist das Erlernen des Hebräischen bzw. Aramäischen bzw. Griechischen erforderlich. Nur an wenigen Stellen machen die Bibelübersetzungen in ihrem Anmerkungsapparat auf textkritische Probleme aufmerksam. Durch die exegetischen Kommentare zu den biblischen Büchern kann man sich aber auch ohne altsprachliche Kenntnisse über die textkritischen Probleme eines biblischen Textes informieren. Das ist mit Blick auf die neutestamentlichen Schriften noch einfacher als für die alttestamentlichen, denn Schüler lernen über den Mathematikunterricht nahezu alle griechischen Buchstaben kennen und haben zumindest die Fähigkeit, die griechischen Schriftzeichen zu entziffern. Mit ein wenig Übung kann man daher die exegetische Fachliteratur zum Neuen Testament benutzen. Wer aktiv an der Textkritik arbeiten möchte, kommt um das Erlernen des Griechischen bzw. Hebräischen und Aramäischen nicht herum.

ökumenische Bedeutung der Textkritik

Trotz intensivster Forschungen konnte und kann es aber selbst absoluten Spezialisten der Textkritik nicht gelingen, den Wortlaut der Originale mit letzter Sicherheit zu rekonstruieren. Dabei kann das von der Jahrhunderte langen textkritischen Forschung Erreichte nur als herausragend eingestuft werden, denn in den 80er Jahren des 20. Jh.s hat sich die überwiegende Mehrheit der christlichen Kirchen trotz unterschiedlicher Kanonentscheide im Vertrauen auf die internationale und überkonfessionelle Arbeit der Textkritik für beide Testamente auf je eine Ausgabe einigen können, die allen Bibelübersetzungen zugrunde gelegt werden soll, nämlich für das Alte Testament die *Biblia Hebraica Stuttgartensia*, hg. v. K. Elliger und W. Rudolph und für das Neue Testament der sogenannte *Nestle-Aland*, also das *Novum Testamentum Graece, 27. rev. Aufl.*, hg. v. Kurt Aland, Matthew Black, Carlo M. Martini, Bruce M. Metzger, Allen Wikgren bzw. das damit textgleiche aber im Apparat verschiedene *Greek New Testament*. Dieses durch akribische wissenschaftliche Arbeit erreichte Ergebnis kann in seiner Bedeutung für die christliche Ökumene kaum überschätzt werden.

Infobox

*Biblia Hebraica	
Tora	Bereschit (Genesis), Schemot (Exodus), Wajjiqra (Leviticus), Bemidbar (Numeri), Devarim (Deuteronomium)
Neviim (Propheten) unterschieden in	
Neviim Rischonim (Vordere Propheten)	Jehoschua (Josua), Schoftim (Richter), Schemuel I und II (Samuel I und II), Melachim I und II (Könige I und II)
Neviim Acharonim (Hintere Propheten)	Jeschajahu (Jesaja), Jirmejahu (Jeremia), Jechesqel (Ezechiel), Tere Asar (Zwölfprophetenbuch: Hoschea, Joel, Amos, Ovadja, Jona, Micha, Nachum, Chavaqquq, Zefanja, Chaggai, Secharja, Malachi)
Ketuvim (Schriften)	Tehillim (Psalmen), Ijov (Hiob), Mischle (Proverbien), Schir ha-Schirim (Hohelied), Rut, Qohelet (Kohelet), Echa (Klagelieder), Ester, Danijel (Daniel), Esra / Nechemja (Esra / Nehemia), Divre ha-Jamim (Chronik I und II)

(Umschrift der hebr. Buchnamen folgt H. Liss, Tanach. Lehrbuch der jüdischen Bibel, Schriften der Hochschule für jüdische Studien Heidelberg 8, 2. Aufl. Heidelberg 2008)

Zumindest ein Beispiel soll die Arbeit der neutestamentlichen Textkritik etwas konkretisieren, damit die Tragweite der textkritischen Realität deutlicher wird: „Noch in der Lutherrevision von 1956 lautete der Schluss der Engelsbotschaft *Luk 2,14* (in Übereinstimmung mit einer jahrhundertealten Tradition): und Friede auf Erden den Menschen ein Wohlgefallen. In der Revision 1975 wie der von 1984 lautet er: und Friede auf Erden bei den Menschen seines Wohlgefallens. Diese nun wahrlich verschiedene Übersetzung und Bedeutung hängt von einem einzigen Buchstaben im Griechischen ab, einem Sigma." (Aland/Aland, Text, 292) Beide Varianten werden von der handschriftlichen Überlieferung bezeugt, und es bedarf textkritischer Entscheidungen, wie gelesen werden soll. Ein Buchstabe mehr oder weniger kann nicht im Sinne der Bevorzugung der kürzeren Lesart (*lectio brevior*) gewertet werden. Allerdings ist es anstößiger, wenn der Friede Gottes nur einer bevorzugten Auswahl von Menschen und eben nicht allen Menschen gelten soll. Daher findet hier die Regel Anwendung,

Ein Beispiel

die schwierigere Lesart zu bevorzugen (*lectio difficilior*). Eine letztgültige Sicherheit aber erreicht die Textkritik nicht. Diese Tatsache gilt es unbedingt auch schrifttheologisch zu bedenken. Die wohl wichtigste Konsequenz lautet: der Bibeltext ist als Text kein vom Himmel gefallener Monolith, sondern fragil wie alles Geschichtliche, oder um es mit Paulus zu sagen: „Diesen Schatz tragen wir in zerbrechlichen Gefäßen ..." (2Kor 4,7a).

In einigen Fällen ist es textkritisch klar, dass sogar ganze Textabschnitte nicht zur ursprünglichen Textfassung zählen. Teilweise werden solche Texte mit Rücksicht auf die Tradition dennoch abgedruckt. Das ist z.B. bei der markanten Erzählung von Jesus und der Ehebrecherin (Joh 7,53-8,11) der Fall oder auch beim sekundären Markusschluss (Mk 16, 9-20). Mit größtmöglicher historischer Sicherheit gehörte Joh 7,53-8,11 ebenso wenig zum ursprünglichen Johannesevangelium, wie Mk 16,9-20 zum ursprünglichen Markusevangelium.

So klare Entscheidungen gegen die Ursprünglichkeit eines Textabschnittes bilden aber eher die Ausnahme. In vielen Fällen kommen gleichermaßen gut geschulte Textkritiker trotz Anwendung derselben Prinzipien zu unvereinbaren Ergebnissen.

Literatur

K. Aland / B. Aland, Der Text des Neuen Testaments. Einführung in die wissenschaftlichen Ausgaben und in Theorie wie Praxis der modernen Textkritik, 2. Aufl. Stuttgart 1989

Richtlinien für die interkonfessionelle Zusammenarbeit bei der Bibelübersetzung, in: **S. Meurer (Hg.)**, Die Apokryphenfrage im ökumenischen Horizont, Bibel im Gespräch 3, 2. Aufl. Stuttgart 1993, 149–159

D. C. Parker, The Living Text of the Gospels, Cambridge University Press 1997

E. Tov, Der Text der Hebräischen Bibel. Handbuch der Textkritik, Stuttgart 1997

E. Würthwein, Der Text des Alten Testaments, 5. neubarb. Aufl. Stuttgart 1988

Aufgaben

1. Lesen Sie die „Richtlinien interkonfessioneller Zusammenarbeit bei der Bibelübersetzung" nach. Welche Vorgaben werden hier gemacht? Wie beurteilen Sie diese?
2. Lesen Sie die Einführung in die 27. Auflage des Nestle-Aland. Notieren Sie, welche verschiedenen Textsorten als „Zeugen" herangezogen werden.

3. Schlagen Sie den Beginn des Matthäusevangeliums im Nestle-Aland auf. Was ist hier der Text, was der Apparat und welche Informationen erhält man auch ohne Griechischkenntnisse durch die Beigaben am Rand?

Ohne Altes kein Neues Testament, ohne Neues kein Altes Testament: vom Zusammenhang der biblischen Schriften | 2.3

Die selektive Transposition frühchristlicher Literatur in den Kanon | 2.3.1

Der christliche Kanon war weder der erste noch der letzte Ort derjenigen Schriften, die er in neuer Gestaltung präsentiert. Der Kanon entstand als Transposition, d. h. als Neuverortung ausgewählter, längst abgefasster und über längere Zeit gelesener Schriften in den Rahmen des jeweiligen Kanonkonzepts. Anders als Markion es intendierte, beschränkt sich der Kanon nicht auf nur eine Stimme, nur eine Sicht der Dinge. Vielmehr integriert er unterschiedliche Gotteserfahrungen und Verstehensweisen. Er bietet nicht ein, sondern vier Evangelien, nicht nur die Briefe des Paulus allein, sondern auch andere wurden aufgenommen, die teilweise den Eindruck erwecken, nicht nur Anderes, sondern auch Gegenteiliges zu sagen.

Aber der Kanon zieht auch Grenzen. Nicht alle Evangelien, sondern vier wurden als Richtschnur des Glaubens anerkannt, obwohl es weit mehr Evangelien gibt. Dasselbe gilt für Apostelgeschichten, Briefe und Apokalypsen. Das christliche Kanonkonzept als Zusammenstellung von Altem und Neuem Testament produziert keinen beliebigen, sondern einen qualitativen Plural.

Der Kanon spricht als solcher den Schriften, die er in sich integriert, ein Mehr an Bedeutung zu, das über die ursprüngliche Kommunikationssituation der jeweiligen Schrift hinausweist.

Die in den fünfziger Jahren des 1. Jh. n. Chr. abgefassten Paulusbriefe etwa wurden nicht für die Bibel geschrieben. Sie entstanden als echte Gelegenheitsschreiben in konkreten historischen Situationen an realen historischen Orten mit identifizierbaren Adressaten. Gerade in diesen einmaligen, unverwechselbaren, brüchigen und unabgeschlossenen Kommunikationssituationen wurde auch Grundsätzliches, Grundlegendes formuliert, das über die jeweilige Situation hinausweist.

Kanon: ein qualitativer Plural

Das Konzept des christlichen Kanons ist von der Überzeugung getragen, dass die durch ihn versammelten Schriften nicht in ihrer konkreten historischen Situation aufgegangen sind, sondern Botschaften für alle noch folgenden Zeiten und Kulturen darstellen. Das Konzept des christlichen Kanons transzendiert die ursprünglichen Kommunikationszusammenhänge, ohne sie zu leugnen oder auch nur auszublenden. Die *Kontingenz der Schriften bleibt unverbrüchlicher Bestandteil ihrer Botschaft. Diese Schriften aber werden in den intertextuellen Rahmen des Kanons transponiert, wodurch ein neuer *normativer Makrotext erzeugt wird: Die Bibel.

2.3.2 | Scriptio sui interpres

die Bibel: ein intertextueller Verweisapparat

Der Singular der Bibel ist das Produkt des Konzeptes des christlichen Kanons, und die biblischen Schriften wurden fortan als Bestandteil des Kanons gelesen und interpretiert. Das häufig zitierte – und häufig missverstandene – hermeneutische Prinzip *scriptio sui interpres* (die Schrift legt sich selbst aus) von Martin Luther, bezieht sich vorrangig nicht auf die jeweiligen Einzelschriften des Kanons, sondern auf ihren intertextuellen Zusammenhang, also den Kanon als Ganzen. Der Kanon dient so als notwendiger Rahmen zur Sinnproduktion im Akt der Lektüre. Wer z. B. das Markusevangelium verstehen will, wird von dessen Eröffnungsvers selbst auf die Propheten des Alten Testaments, insbesondere auf Jesaja verwiesen. Das Matthäusevangelium mit seiner Eröffnung durch den Stammbaum Jesu verweist mit den dort genannten Namen und Namenserläuterungen auf eine notwendige Lektüre alttestamentlicher Erzählungen. Der Römerbrief verweist in seinen ersten Versen auf die Notwendigkeit der Kenntnis der alttestamentlichen Prophetie und ohne die Abrahamgeschichten zu kennen, ist es nach Röm 4 nicht möglich zu verstehen, was Glauben heißt.

Aber auch die andere Leserichtung ergibt Sinn im christlichen Kanonkonzept. Wer wissen will, wer aus christlicher Perspektive der von Jesaja in 7,14 angekündigte *Immanuel ist, muss das Matthäusevangelium lesen. Wer Joels Ankündigung der Geistausgießung aus christlicher Sicht verstehen will, muss Apostelgeschichte 2 kennen usw. Die christliche Bibel ist ein intertextueller Verweisapparat, ein Intertext, der niemals durch nur eine Lektüre ausgeschöpft werden kann. Der Kanon erzeugt eine Wirkkraft, die seine Leser in unübersehbare Zeichenbeziehungen einbindet und sie im Fall des Glaubens selbst zu Zeichen seiner Wirkkraft macht. Ohne den Kanon kann diese Pluralität der Schriften nicht als das verstanden werden, was der durch das Hören bzw. Lesen zum Glauben gekommene Hörer bzw. Leser in ihm wahrnimmt: Das Wort Gottes.

Die Kanonkritik im Zeichen der Aufklärung | 2.3.3

Die christliche Überzeugung von der hermeneutisch und theologisch notwendigen Wirkkraft des christlichen Kanons wurde im 18. Jh. im Zeichen der *Aufklärung nachhaltig hinterfragt. Die lutherische Orthodoxie des 17. Jh.s hatte in der Absicht, die protestantische Schriftlehre mit ihrer Betonung des Prinzips *sola scriptura* zu verteidigen, aus dem dynamischen hermeneutisch-theologischen Schriftprinzip Luthers eine dogmatische Lehre konstruiert, die nicht nur die Widersprüche der Bibel zu leugnen suchte, sondern die ganze Bibel Wort für Wort als inspiriertes Wort Gottes auffasste. Diese Lehre von der *Verbalinspiration trug erheblich dazu bei, dass die individuelle Aussagekraft der einzelnen Schriften zugunsten dogmatischer Topoi vernachlässigt und die Bibel mehr oder weniger als Belegstellenreservoir der Dogmatik benutzt wurde. Die Schriftlehre und mehr noch der steinbruchartige Schriftgebrauch der lutherischen Orthodoxie vermochte aber kritischem Wahrnehmen und Denken nicht standzuhalten, wie es sich besonders durch die Bewegung der Aufklärung mehr und mehr im öffentlichen Diskurs etablierte, auch als Reaktion auf die mit physischer Gewalt ausgetragenen Religionskonflikte, die in den verheerenden Dreißigjährigen Krieg mündeten (1618–1648). Glaubens- und Wahrheitsfragen sollten nicht mehr mit Waffen auf dem Schlachtfeld, sondern mit Argumenten in den Universitäten geklärt werden. Richter über die Konfliktfälle aber sollte die eine Vernunft sein, der alle Menschen sich zu unterwerfen haben, auch Könige, Kaiser, Bischöfe und Päpste.

 Während die Inspirationslehre, die den Heiligen Geist als Begründung des Zusammenhangs der biblischen Schriften dachte, mehr und mehr an Überzeugungskraft einbüßte, wurde im Zuge

Marginalien: lutherische Orthodoxie; Johann Salomo Semler

der *Aufklärung die Lehre von der Intention des jeweiligen menschlichen Autors als Garant des Sinns und der Einheitlichkeit seiner Äußerungen an ihre Stelle gesetzt. Damit wurde zugleich die Individualität und historische *Kontingenz der einzelnen Schriften des Kanons wiederentdeckt. Besonders wichtig für diese hermeneutische Revolution im exegetischen Denken waren die Schriften Johann Salomo Semlers, insbesondere seine vierbändige *Abhandlung von freyer Untersuchung des Canon* (1771–1775). Semler verstand den Kanon als ein zufälliges historisches Produkt, das eher politischen, denn frommen Interessen diente. Nicht der Kanon, sondern die frühchristlichen Schriften in ihrer historischen Disparatheit und Beziehungslosigkeit zeigten das wahre, ungeschminkte Christentum und verbürgten so auch die Denkfreiheit für jeden einzelnen Christen aller folgenden Zeiten: „Zu gleicher Zeit haben also die Christen in Alexandrien, Syrien, in Arabien, Phönice, Italien, in den Inseln etc. die christliche Religion sowohl als einzelne Privati, mit ihren tausendfachen verschiedenen Ideen; als auch in ihren Zusammenkünften nach der Ungleichheit der Gaben der Lehrer. ... [Sie] haben nicht ein und das selbe Evangelien-Buch; die des Johannes Aufsatz haben, lesen und wissen und bejahen hiemit doch nicht dasjenige, was Matthäus, und Lucas geschrieben haben; und die nur Marci Aufsatz hatten, lasen hiemit nicht jene drey andern. Die Galater hatten noch kein Evan-

---

Infobox

Johann Salomo Semler (18.12.1725, Saalfeld – 14.3.1791, Halle), gehört zu den maßgebenden Begründern historisch-kritischer Exegese. Er wirkte von 1753–1791 als Theologieprofessor für mehrere Disziplinen an der Universität Halle, vor allem widmete er sich der Exegese und der Kirchengeschichtsschreibung. Hier vertrat er grundlegend die Position, theologische *Hermeneutik in den Grenzen menschlicher Vernunft zu betreiben. Das führte ihn nicht nur zur Ablehnung der *Verbalinspirationslehre, sondern zur Ablehnung der theologischen Wertschätzung des Kanons überhaupt. Er unterschied daher Wort Gottes bzw. Offenbarung von der Heiligen Schrift und gelebte Religion von Theologie als Reflexion der Religion. Den Sinn der Religion sah er im moralischen Fortschritt des Subjekts. Folglich lehnte er auch die Verfallstheorie ab, der zufolge das Christentum des Anfangs vorbildlich gewesen sei, die Alte Kirche aber ein Verfallsstadium des ursprünglichen Christentums darstelle. Ganz im Zeichen der emanzipativen Bewegung der Aufklärung unterschied er Privatreligion und öffentliche Religion. Damit setzte er sich für Glaubens-, Gewissens-, und Bekenntnisfreiheit hinsichtlich der Privatreligion ein, solange diese die für eine aufgeklärte Gesellschaft notwendige öffentliche Religion nicht untergrabe.

gelienbuch, so wenig als die Corinthier, Römer, Thessalonicher etc. sie hatten auch nicht die andern Briefe Pauli, auch die Canonischen nicht; auch noch keine Apostelgeschichte." (Semler, Theologische Briefe III, 204f.) „Überal entdecken wir die successiven Zusätze in christlichen Ideen und ihren Verbindungen; bemerken die Ungleichheit und Unabhängigkeit sehr vieler christlicher Gesellschaften, ohne Schaden ihrer eignen Religion". (Versuch christlicher Jahrbücher, Vorrede)

Für Semler war der Kanon ein Produkt menschlicher Übereinkunft, das nicht der Frömmigkeit des Einzelnen, sondern den gesellschaftlichen Notwendigkeiten öffentlicher Religion dient. Die mit dieser Einschätzung verbundene abwertende Haltung zum Kanon wurde weit über Semler hinaus zu einer Grundüberzeugung historisch-kritischer Bibelwissenschaftler, die daraus das Interesse und die Motivation zur Erforschung der historischen Entstehungssituationen der Einzelschriften des Kanons und auch aller anderen frühchristlichen Schriften zogen. Sie verstanden sich als aufgeklärte Befreier der kontingenten Einzelschriften aus dem dogmatischen Gefängnis des Kanons. Nicht als biblische Schriften, sondern als Dokumente des Urchristentums fanden die neutestamentlichen Schriften nun das Interesse der Exegeten. So entwarf man historisch-kritische Exegese als philosophisch begründete *Aufklärung und betrieb deshalb die Befreiung der ohne eigenes Verschulden in den Kanon eingezwängten Stimmen des Urchristentums als Teilprojekt der allgemeinen Aufklärung. Mit protestantisch aufgeklärtem Pathos schrieb William Wrede noch im 20. Jh.: „Wer also den Begriff des Kanons als feststehend betrachtet, unterwirft sich damit der Autorität der Bischöfe und Theologen jener Jahrhunderte. Wer diese Autorität in anderen Dingen nicht anerkennt – und kein evangelischer Theologe erkennt sie an –, handelt folgerichtig, wenn er sie auch hier in Frage stellt." (Wrede, Aufgabe und Methode, 85)

Kanon als dogmatische Verengung

Die herausragenden Forschungserfolge historisch-kritischer Exegese ergaben sich vor allem aus der Wertschätzung des Kontingenten, der Solidarität mit dem Individuellen, und dem liebevollen Eintreten für das dogmatisch nicht Verrechenbare. Als negative Folge der Monopolstellung historisch-kritischer Exegese ergab sich aber das Auseinanderdriften von Wissenschaft und Glaubenspraxis schon in der Textgrundlage. Blieb der Kanon die

Auseinanderdriften von Wissenschaft und Glaubenspraxis

Grundlage der kirchlichen Verkündigung und der individuellen Frömmigkeit, so spielte dieser für die historisch-kritische Exegese keine Rolle mehr. Die Einzelschriften wurden nicht nur aus dem kanonischen Zusammenhang gelöst und in die sogenannte Geschichte des Urchristentums eingeordnet, vielmehr wurden sie durch die literar- und später durch die formkritische Methode in ihre einzelnen Bestandteile aufgelöst. Den so hypothetisch erschlossenen urchristlichen Quellen und Formeln wurde mehr Aufmerksamkeit geschenkt als den Texten, wie sie im Gottesdienst gelesen werden. Die historisch-kritische Exegese erschuf in der Suche nach der ursprünglichen Wahrheit des Christentums ihren eigenen Kanon, der zwar von Hypothese zu Hypothese je andere Gestalt annahm, aber darin konstant blieb, dass nicht die Schriften des Kanons, sondern die ihr zugrunde liegenden Vorformen die eigentliche Wahrheit des Christentums enthalten sollte.

2.3.4 | Die Wiederentdeckung der theologischen Leistungsfähigkeit des Kanonkonzeptes

Canonical Approach

Als Gegenmodell zur Ersetzung des Kanons durch Literatur-, Religions- und Theologiegeschichte entwickelte Brevard S. Childs nach dem Zweiten Weltkrieg seinen Ansatz, der als *Canonical Approach* bezeichnet wird. Er gab der Kanonforschung mit seiner entschiedenen Hinwendung zur theologischen Fragestellung nach der Möglichkeit einer Biblischen Theologie eine neue Perspektive. In bewusster Herausforderung der Ursprungszentrierung historisch-kritischer Forschung stellte er die theologische Bedeutung der Endgestalt des biblischen Textes in den Mittelpunkt des Interesses: Die volle Offenbarungsqualität erhalten die biblischen Schriften Childs zufolge erst in ihrer kanonischen Endgestalt. Allerdings gibt er keine Antwort auf die Frage, was denn diese „Endgestalt" angesichts der Uneinheitlichkeit christlicher Bibeln eigentlich sei.

Biblische Theologie

In kritischer Auseinandersetzung mit der Kanonvergessenheit historisch-kritischer Exegese einerseits und dem ahistorischen Ansatz des *Canonical Approach* andererseits etablierte sich im deutschsprachigen Raum seit den 70er und vermehrt in den 80er Jahren des 20. Jh.s das *Programm* einer *Biblischen Theologie*, die das Neue Testament von seiner Stellung innerhalb des zweiteiligen christlichen Kanons aus zu interpretieren suchte, ohne sich von den Grundeinsichten historisch-kritischer Forschung zu verabschieden. Eine Theologie des Neuen Testaments kann dieser Konzeption zufolge nur als *biblische* Theologie des Neuen Testaments erarbeitet werden, die aber durchaus auch das Werden der Texte vor allem redaktionsgeschichtlich mit bedenken sollte.

Die Vernachlässigung des Kanons hat nach Ansicht der Vertreter der Biblischen Theologie die unsachgemäße Entfremdung von Altem und Neuem Testament sowie die unheilvolle Entfremdung von Bibelwissenschaft und Kirche zur Folge gehabt. Das erklärte Ziel der Bibelwissenschaften müsse es aber sein, der Verkündigung im Raum der Kirche zu dienen. Dies könne nur unter Berücksichtigung des Zusammenhangs und der Normativität des christlichen Kanons geschehen.

Über diesen Grundkonsens hinaus unterscheiden sich die Konzepte Biblischer Theologie z. B. von Hans Hübner oder dem Tübinger Team Hartmut Gese und Peter Stuhlmacher in ihren theologischen, hermeneutischen und historischen Grundannahmen erheblich. Diese Unterschiede seien hier vernachlässigt, um die Chancen und Probleme aufzuzeigen, die sich aus dem *Ansatz* einer kanonorientierten Biblischen Theologie ergeben.

Ihre *Chance* besteht darin, die Kluft zwischen Universität und kirchlicher wie schulischer Lektüre-Praxis an einem entscheidenden Punkt zu überwinden. Der in Verkündigung und Unterricht verwendete Bibeltext und nicht ein hypothetisch rekonstruierter vermeintlich ursprünglicherer Text – bzw. bloße Textfragmente – tritt wieder in den Mittelpunkt des Interesses. Damit wird dem Tatbestand Abhilfe geschaffen, den Hans Weder zu Recht beklagte, nämlich „daß die Exegese sich im Übermaß dazu verleiten ließ, die Hintergründe der Texte statt diese selbst zu beschreiben (oder besser: Hintergründe der Texte zu vermuten). [...] faktisch hat sich ein Ungleichgewicht zugunsten des Hintergrundes ergeben. Die präzise Wahrnehmung des Gesagten, die genaue Erkenntnis des konkreten Textes, hat in exegetischen Arbeiten bisweilen nicht den Stellenwert, den man ihr wünschen würde" (H. Weder, Zu diesem Heft, in: VF 41 (1996), 1)

Chancen Biblischer Theologie

Zudem trägt der Ansatz einer Biblischen Theologie dazu bei, das Alte Testament als Rezeptions*bedingung* nicht nur des Neuen Testaments und seiner Einzelschriften, sondern des Wirkens des Juden Jesus von Nazareth und seiner vor- und nachösterlichen

Anhänger zu verstehen. Die frühchristliche Enzyklopädie – also das gesellschaftlich etablierte Wissen frühchristlicher Kultur – setzt die Plausibilität und Gültigkeit der Enzyklopädie der Schriften des Alten Bundes voraus. Die von Rudolf Bultmann (1884–1976) und seinen Schülern zu stark gewichtete Diskontinuität zwischen den beiden Testamenten gegenüber den hellenistischen Rahmenbedingungen der Produktion der neutestamentlichen Schriften wird damit korrigiert.

Ein weiterer Vorteil Biblischer Theologie ist die unmittelbare Konfrontation mit dem theologischen Problem der Normativität. Wer kanonorientiert arbeitet, kann sich bei theologischen Geltungsproblemen nicht darauf zurückziehen, er sei reiner Historiker und für dogmatische Fragen nicht zuständig.

Probleme Biblischer Theologie

Die Kanonorientierung Biblischer Theologie birgt aber auch *Probleme* in sich. Wie schon der *Canonical Approach* neigt sie dazu, den Kanon als ungeschichtliche Größe, sozusagen als „vom Himmel gefallenes Buch" absolut zu setzen. Auch ihre Rede vom „Endtext" suggeriert, die kanonische Frage sei irgendwann zwischen dem 2. und 4. Jh. nach der Zeitenwende zum Abschluss gekommen und der Kanon seither eine fest umrissene Größe.

Sie birgt zudem die Gefahr, die Vielfalt und die Eigenständigkeit der Einzelschriften zugunsten eines dogmatischen Einheitsprinzips zuzudecken. Sie steht ferner in der Gefahr, die durch die historisch-kritische Exegese mühsam erkämpfte Eigenständigkeit der Bibelwissenschaften – und dazu gehört auch die Eigenständigkeit der Disziplinen Altes und Neues Testament – zugunsten dogmatischer Vorentscheidungen zu unterlaufen.

Und schließlich: Hatte Bultmanns Betonung der Diskontinuität von Altem und Neuem Testament zur Folge, dass die frühjüdische Religions- und Kulturgeschichte zu wenig beachtet wurde, so besteht im Rahmen einer Biblischen Theologie die Gefahr, die hellenistische und römische Religions- und Kulturgeschichte zu vernachlässigen.

2.3.5 Biblische Intertextualität

Das aus der Literaturwissenschaft stammende Konzept der Intertextualität bietet neue hermeneutische Möglichkeiten, die Spannungsfelder von Individuellem und Allgemeinem, von Kontinuität und Diskontinuität, von *Kontingenz und Determination zu bedenken. Dieses Konzept hat nicht nur Konsequenzen für das Verständnis von Einzelschriften, sondern gerade für die grundlegende Frage nach ihrem Zusammenhang untereinander und mit außerkanonischen Texten.

Richard B. Hays sorgte 1989 mit seinem Buch *Echoes of Scripture in the Letters of Paul* für eine Neuorientierung in der Paulusforschung. Damit wurde die Zentrierung der Paulusforschung um ein dogmatisches Thema – die Rechtfertigungslehre – durch eine Beschreibung der Denk- und Schreibweise des Paulus abgelöst. Dabei spielte die Entdeckung des narrativen Rahmens paulinischer Theologie, der sich aus den intertextuellen Bezügen der paulinischen Briefe zu den Heiligen Schriften Israels ableiten lässt, eine entscheidende Rolle. Fortan versuchten Hays und mit ihm viele andere die Paulusbriefe durch ihre Vernetzung mit den Heiligen Schriften Israels zu interpretieren. Dabei ergab sich keine neue dogmatische Mitte des paulinischen Denkens, sondern die Überzeugung, dass die paulinische Deutung der Jesus-Christus-Geschichte ganz aus seinem Leben in der jüdischen Textwelt zu verstehen sei.

Der Vorteil dieses intertextuellen Ansatzes gegenüber der Biblischen Theologie besteht mit Blick auf die historisch-kritische Wertschätzung des Individuellen und die Wiederentdeckung der theologischen *Dignität des Kanons durch den *Canonical Approach* und die Biblische Theologie darin, dass beides nicht gegeneinander ausgespielt wird. Im Rahmen der Theorie der Intertextualität können individuelle Schriften wie der Kanon als Ganzes als verschiedene Bereiche von intertextuellen Zusammenhängen mit unterschiedlichen Bedingungen und Funktionen begriffen werden. Das Konzept des christlichen Kanons wird als Transposition der kontingenten Einzelschriften in einen neuen Zusammenhang verstehbar. Dieses Konzept nivelliert nicht das Recht der kontingenten Individualität der Einzelschriften zugunsten dogmatisch determinierter Aussagen. Der Kanon kontextualisiert neu, ohne die Einzelschriften zu dekontextualisieren. Die intertextuelle *Hermeneutik vermag das widerspruchsfrei zu denken, weil sie semiotisch fundiert von der Mehrdeutigkeit der Zeichen ausgeht. Texte haben nicht nur einen Sinn, der rekonstruiert werden muss, sondern vielmehr gelten sie als Bedeutungspotentiale, die in ihren jeweiligen intertextuellen und kulturellen Interpretationssituationen neuen Sinn erlangen können.

neue Perspektiven auf den Kanon

Der Kanon als intertextuelle Disposition

Alle kanonischen Texte haben als solche unabhängig von ihren intratextuell wahrnehmbaren Bezugnahmen auf andere Texte eine intertextuelle Disposition, die der Kanon selbst darstellt. Der biblische Kanon stellt die Einzelschriften in einen neuen intertextuellen Zusammenhang, der die Sinnpotentiale der Einzelschriften verändert. Martin Luther hatte dafür erhebliches Gespür, weshalb er trotz seiner humanistischen Besinnung auf die hebräischen Schriften die Anordnung der Septuaginta beibehielt, da auf diese Weise die prophetischen Schriften des Alten Testaments den Übergang zur Erfüllung der Prophetie in der Jesus-Christus-Geschichte bilden, wovon die neutestamentlichen Schriften handeln.

Durch den Zusammenhang des Kanons ist es hermeneutisch sinnvoll, jede biblische Schrift mit jeder anderen biblischen Schrift zusammen zu lesen und diese sich gegenseitig interpretieren zu lassen. Durch diese wechselseitige intertextuelle Leseweise wird es auch höchst überraschende und nicht kalkulierbare Sinneffekte geben, die aber gerade nicht zu Festschreibungen führen, sondern in jedem neuen Leseakt und jeder neuen Zusammenstellung von Texten changieren. Der Kanon erweist sich als ein Spielfeld, auf dem mit einem begrenzten Zeichenbestand eine unbegrenzte Zahl von Kombinationsmöglichkeiten und daraus resultierende Sinneffekte im Akt des Lesens entstehen.

Auf diese intertextuelle Weise wird auch kanonbezogene Biblische Theologie nicht zum dogmatischen Maß aller Dinge, sondern zu einer klar umrissenen Lesestrategie, die innerhalb der Konfession, in der der jeweilige Kanon gilt, ihren Sinn hat, ohne dass diese Sinnerfahrung die gleiche Geltung in anderen Konfessionen mit anderen Kanonumfängen beanspruchen müsste.

intertextuelle Kanonperspektive und interreligiöser Dialog

Diese intertextuelle Strategie löst darüber hinaus auch das Problem der Verhältnisbestimmung zwischen den Heiligen Schriften Israels und dem *Alten Testament* christlicher Bibeln und des Verhältnisses der jüdischen bzw. christlichen Heiligen Schriften zum *Koran. Noch einmal: Eine intertextuelle Biblische Theologie wird nicht länger nach einer Sinn zentrierenden „Mitte" der Schrift suchen, die in exklusiver Überheblichkeit die Anderen immer ausgrenzen muss, sondern nach den vielfältigen Sinnmöglichkeiten Ausschau halten, die das Zusammenlesen biblischer Texte im Rahmen der verschiedenen konkreten Kanones hervorbringt.

Insbesondere für den jüdisch-christlichen Dialog, aber auch für den innerchristlichen ökumenischen Dialog ergibt sich die Chance, die je eigenen Schrifttraditionen zu bewahren, ohne die der anderen zu diffamieren. In christlichen Textwelten können unter theologischer Anerkenntnis der jeweiligen konfessionellen Kanonentscheidung die alttestamentlichen Texte vom Neuen Testament her gelesen werden, wie auch die neutestamentlichen von den alttestamentlichen her, ohne die Exklusivität dieser Textwelten zu behaupten. Aufgrund der unterschiedlichen Textwelten ergeben sich zwanglos unterschiedliche Sinnpotentiale der Texte. Die Schrift Jesaja z. B. im intertextuellen Bezug einer jüdischen Textwelt motiviert andere Sinnerzeugungen als Jesaja im intertextuellen Bezug christlicher Textwelten. Damit ist auch die wohlgemeinte Rede vom doppelten Ausgang der Hebräischen Bibel in Judentum und Christentum zugunsten eines pluralen Sinnkonzepts überholt, das auch die Brüche und Kontroversen innerhalb jüdischer und christlicher Glaubensrichtungen einbeziehen kann. Darüber hinaus können damit auch die islamischen Textwelten in das Gespräch mit einbezogen werden. Intertextualität zielt auf ein plurales Miteinander, das Traditionen und gewachsenen Identitäten Raum gibt und sich zugleich gegen jeden exklusiven *Fundamentalismus wohlbegründet ideologiekritisch zur Wehr setzt.

unterschiedliche Textwelten

Mit dieser intertextuellen *Hermeneutik ist es weiterhin sinnvoll, mit der historisch-kritischen Perspektive nach den Entstehungsverhältnissen der später kanonisierten Schriften zu fragen. Dafür sind sie notwendigerweise im Kontext ihrer Entstehungskulturen und der darin verankerten intertextuellen Bezüge zu untersuchen. Hier können die späteren Kanongrenzen keine Rolle spielen. Damit endet aber die Geschichte dieser Schriften keineswegs. Vielmehr gehört dazu auch ihre weitere Geschichte, die sie in den Kanon Aufnahme finden ließ. Der neue kanonische Zusammenhang eröffnet neue intertextuelle Welten, die nicht gegen die ihrer Ursprungssituationen ausgespielt werden dürfen, wenn man eine wirklich historisch-kritische Position beziehen möchte und nicht lediglich einer romantischen Ursprungsontologie aufsitzt.

erweiterte Perspektive

Mehr noch: Die Bildung intertextueller Welten hört mit dem Kanon ja nicht auf. Bis auf den heutigen Tag werden biblische Texte in ganz andere Textwelten, etwa die von Musik, Malerei, Film, Werbung und Politik eingezeichnet. Intertextuelle *Hermeneutik kann auch diese Neukonstituierung intertextueller Zusammenhänge mit einem einheitlichen Theoriekonzept beschreiben und kritisch begleiten.

Die theologische Frage nach der Normativität kann nicht historisch, semiotisch oder intertextuell entschieden werden. Sie kann nur aus der Perspektive gesamttheologischer Entscheidungen, d.h. aus der jeweiligen konfessionellen theologischen Perspektive diskutiert und begründet werden.

Literatur

S. Alkier/R. Hays (Hgg.), Die Bibel im Dialog der Schriften. Konzepte intertextueller Bibellektüre, NET 10, Tübingen/Basel 2005

B. S. Childs, Die Theologie der Einen Bibel, Bd. 1.: Grundstrukturen, aus dem Engl. übers. v. C. Oeming, Freiburg u. a. 1994

R. B. Hays, Echoes of Scripture in the Letters of Paul, New Haven/London 1989

H. Hübner, Biblische Theologie des Neuen Testaments, Bd. 1: Prolegomena, Göttingen 1990

J. S. Semler, Abhandlung von freyer Untersuchung des Kanon. Nebst Antwort auf die tübingische Vertheydigung der Apocalypsis, Halle 1771

P. Stuhlmacher, Biblische Theologie des Neuen Testaments, Bd. 1: Grundlegung. Von Jesus zu Paulus, 3., neubearb. und erg. Aufl. Göttingen 2005

W. Wrede, Über Aufgabe und Methode der sogenannten Neutestamentlichen Theologie (1897), in: G. Strecker (Hg.), Das Problem der Theologie des Neuen Testaments, WdF 367, Darmstadt 1975, 81–154

Zum Problem des biblischen Kanons, JBTh 3 (1988)

Aufgaben

1. Schreiben Sie einen Essay zur Kritik oder zur Verteidigung des christlichen Kanons.
2. Ermitteln Sie mittels der Randbeigaben des Nestle-Aland die alttestamentlichen Zitate und Anspielungen des ersten Kapitels des Römerbriefes. Schlagen Sie diese nach und lesen Sie Röm 1 im Lichte dieser alttestamentlichen Texte.
3. Was meint das hermeneutische Prinzip *scriptio sui interpres*? Ziehen Sie zur Beantwortung dieser Frage auch den Artikel aus der Theologischen Realenzyklopädie zu Martin Luther heran.

Biblische Poetik: die narrative Grundstruktur christlicher Bibeln und die Dialogizität ihrer Stimmen | 2.4

Die Texte der Bibel werden durch eine große Erzählung zusammengehalten, die vom Anfang bis zum Ende dieser Welt ausgespannt wird. Die Bücher des Alten Testaments erzählen die Geschichte Gottes mit seinem erwählten Volk Israel. Die neutestamentlichen Bücher nehmen auf diese Geschichte intertextuell Bezug und interpretieren sie von der Jesus-Christus-Geschichte (E. Reinmuth) her neu, deren narrative Grundstruktur und treibende Kraft der historisch kontingente Kreuzestod Jesu und das alles determinierende *eschatologische Ereignis seiner Auferweckung bilden. Stellen die alttestamentlichen Bücher die narrative, epistemologische und theologische Voraussetzung der neutestamentlichen Bücher dar, so eröffnet erst das „Wort vom Kreuz" (1Kor 1,18) der neutestamentlichen Bücher das sachgemäße christliche Verstehen der alttestamentlichen Schriften. Erst das Wort vom Kreuz als Erzählung des alles verändernden und bestimmenden eschatologischen Ereignisses der Auferweckung des Gekreuzigten liest die Heiligen Schriften Israels als Schriften des Alten Testaments.

die große Erzählung

Diese narrative Grundstruktur findet sich aber nicht in einem einzelnen biblischen Buch als Ganze ausgeführt. Vielmehr ergibt sie sich erst als Zusammenspiel intertextueller Lektüren der verschiedenen Stimmen der Bibel, die sich in höchst verschiedenen Sprachformen und Textsorten artikulieren. Diese bilden einen Dialog, der keineswegs auf einen Monolog einer alle Unterschiede und Widersprüche vereinnahmenden Stimme zurückgeschnitten werden darf. Die Größe der Bibel besteht gerade in ihrer dialogischen Poetik, die Verschiedenes und Widersprüchliches als solches stehen lässt. So finden sich z. B. im Neuen Testament vier Evangelien, die keineswegs alle immer nur dasselbe sagen. Der Kanon ging nicht den Weg der Harmonisierung, wie es je auf ihre Weise Markion, die *Evangelienharmonie des Tatian, die Masse der Kinderbibeln und der überwiegende Teil der Literatur zum „historischen Jesus" vorschlagen. Die Bibel hält verschiedene Stimmen und Stimmungen aus. Ihr Markenzeichen ist keine Einheitstheologie, sondern eine lebensnahe *Dialogizität verschiedener Schriften, die von einer narrativen Grundstruktur in einen theologischen Zusammenhang gestellt werden.

die dialogische Poetik der Bibel

2.4.1 | Was das Alte Testament erzählt

ein vertrauensvoller Anfang

Das Alte Testament erzählt die Geschichte, die sich aus den vielen lokalen Erzählungen der heiligen Schriften Israels ergibt. Es erzählt vom kreativ liebenden, gerechten und barmherzigen Gott Israels von Anfang an: *Schöpfung* (vgl. Gen 1-2). Es beginnt damit, wie Gott alles geschaffen hat. Gott verfolgt keinen Zweck und Nutzen, als er die Welt durch sein kreatives Wort schafft. Gott hat die Welt auch nicht nötig. Es gefällt ihm einfach, sie zu schaffen und alles, was er geschaffen hat, gefällt ihm. Er liebt seine Schöpfung. Ein guter Anfang. Diese Welt, diese Pflanzen, diese Tiere und nicht zuletzt auch die Menschen sind gewollt und geliebt um ihrer selbst willen: zwecklos.

Die Menschen sind dem Schöpfer sogar besonders nah. Gerade in dem, was ihn besonders auszeichnet, hat der Schöpfer sie nach seinem Vorbild geschaffen. Auch sie verfügen – auf menschliche Weisen – über die Kreativität des sprachlichen Handelns und können mit ihrer Sprache Dinge beim Namen nennen: eine besondere Gabe, die ihnen eine besondere Verantwortung für Gottes Schöpfung zutraut.

Vertrauensbruch

Aber schon bald werden Gottes Zutrauen und Vertrauen in die Menschen enttäuscht (vgl. Gen 3-4; 6-9). Der Mensch lässt sich verführen durch die Aussicht, nicht länger nur nach dem Vorbild des Schöpfers geschaffen zu sein, sondern vielmehr um jeden Preis und auch mit List und Tücke so zu werden wie er. Damit wird aber die innige, segensreiche Beziehung zwischen Schöpfer und Geschöpf zerstört, was sogleich zu unbarmherzigen Taten führt: Brudermord, Ausbeutung, Entrechtung der Schwachen sind Signaturen dieser die eigene Geschöpflichkeit und damit zugleich den Schöpfer verfehlenden Lebensweise. Gott reagiert schließlich mit großer Härte und tötet die Geschöpfe aus Fleisch und Blut durch die große Flut. Aber er wagt einen Neuanfang mit Noah, dessen Familie und den Tieren aus der Arche. Gott reut sogar seine Härte und er bindet sich daran, so nicht noch einmal zu handeln.

Aber die Menschen setzen ihre verfehlte Lebensweise fort. Anstatt auf der Erde segensreich zu leben, wollen sie den Himmel stürmen und bauen den Turm von Babel (vgl. Gen 11,1-9). Gott setzt sich zur Wehr und erschwert ihr kommunikatives Handeln durch eine Vielzahl unterschiedlicher Sprachen. Trotz dieses Angriffs auf den Himmel lässt Gott nicht mehr von den Menschen ab.

Bund (vgl. Gen 12-18): Gott erwählt Abraham, schließt einen Bund mit ihm und lässt ihn auf wunderbare Weise zum Vater vieler Völker werden und vor allem zum Vater Israels, des von Gott erwählten Volkes.

    Gott ist ein treuer Gott. Er steht zu seinem Wort, und als sein Volk Israel in Ägypten versklavt wird, befreit Gott die Israeliten (vgl. Ex 1-20; 31-34). Er sagt dem Mose, was er vorhat, und Mose sagt es den Israeliten weiter. Der Pharao aber will auf die Sklaven nicht verzichten. Erst nach zehn furchtbaren Plagen, die Gott den Ägyptern schickt, gibt er klein bei und lässt sie gehen. *Exodus*: Gott rettet sein Volk aus der ägyptischen Gefangenschaft und zeigt schon dadurch, wer er ist: er ist der, der er ist, der, der sein Volk aus der Knechtschaft heraus und in das verheißene Land hinein führt. Er gibt ihnen schriftlich, was sie eigentlich auch so wissen müssten: Er teilt ihnen seine Tora, seine Anweisung zu einem guten, ihrem geschöpflichen Dasein und seiner unbegrenzten Kreativität gerecht werdenden Leben mit. Aber während er Mose die Tafeln mit den zehn Geboten für ein gemeinschaftliches Leben der von Gott Geschaffenen gibt, machen sie sich eigenmächtig andere Götter und tanzen um das goldene Kalb. Doch Gott ist ein treuer Gott und weicht von seinem Versprechen nicht ab. Er ist auch ein gerechter Gott, der seinen Zorn strafend zum Zuge kommen lässt. Nur seine Barmherzigkeit hält seinen Zorn im Zaum. Und so wird das treulose Volk nicht mit dem Tod bestraft, aber sie müssen vierzig Jahre durch die Wüste ziehen, und erst die nächste Generation zieht in das verheißene Land ein.

    Israel wird sesshaft in Kanaan und richtet sich ein, wie die Israeliten es bei den anderen Völkern sehen. Sie machen Staat, wählen Könige, liebäugeln mit den Göttern der anderen Völker, vergessen ihren Gott und seine heilvollen Anweisungen zum friedlichen Leben (vgl. 1Sam 8-1Kön 10). Immer wieder wird das Recht der Schwachen mit Füßen getreten. Das Handeln wird nicht von der zweckfreien Liebe und der Anerkenntnis der eigenen Geschöpflichkeit geleitet, sondern die Logik der Macht von Menschen über Menschen bestimmt das Denken, Fühlen und Tun. Der Zweck heiligt die Mittel. Selbst die ersten durch Gottes Wahl gesalbten Könige bleiben nicht auf dem Weg des gemeinschaftlichen Lebens. Sie brechen das Recht und nutzen ihre Macht zum eigenen Vorteil brutal aus. David, dem Gott den Bestand seines Hauses zusichert, lässt Uria, den Mann der schönen

Bathseba zu Tode kommen, um Bathseba für sich zu haben. Das Haus Davids ist kein Garant für Recht und Gerechtigkeit. Der weise Salomo bildet eher die Ausnahme als die Regel. Nach dessen Tod teilt sich Israel im Streit und entfernt sich weiter von seinem Gott.

die Propheten

Aber Gott hört nicht auf, die Israeliten immer wieder daran zu erinnern, was sein Recht und seine Gerechtigkeit ihnen zu handeln aufgibt. Er beauftragt seine Propheten im Nordreich und im Südreich: Elia, Amos, Jesaja, Jeremia, Ezechiel und viele andere. Aber sogar die Boten Gottes werden vom eigenen Volk verfolgt. Manchmal dringen die Propheten mit ihrer Botschaft durch, aber ein dauerhaftes Umdenken gibt es nicht. Was Gottes Propheten angekündigt hatten, geschieht. Erst fällt das Nordreich (2Kön 17) und dann auch das Südreich (2Kön 25). Selbst der Tempel von Jerusalem wird zerstört. Die Reichen und Mächtigen aus Jerusalem werden nach Babylon verschleppt: *Exil*.

Aber Gott ist ein treuer Gott und sein Bund mit Israel bleibt bestehen bis ans Ende der Welt. Er tröstet sein Volk und heilt seine Wunden. Als der Perserkönig Kyros die Babylonier besiegt, erlaubt er den Juden zurückzukehren. Manche bleiben, viele kehren zurück. Sie bauen einen neuen Tempel in Jerusalem und schreiben viele ihrer Geschichten mit Gott auf.

die prophetischen Verheißungen

Viele hundert Jahre vergehen. Die Perser werden von den Griechen besiegt und dann die Griechen von den Römern. Auch das Land der Juden wird immer wieder zum Kriegsgebiet. Für einige Zeit wird Israel noch einmal selbstständig, wovon Daniel verschlüsselt und die Makkabäerbücher offen erzählen. Aber die neuen Könige Israels sind nicht weniger machtbesessen und gottvergessen, als die anderen selbstherrlichen Herrscher. Die Hoffnung auf ein Israel, das durch seine Könige ein Friedensreich baut, wie es Jesaja so wunderschön ausgemalt hat, zerbricht. Die prophetischen Verheißungen aber bleiben (vgl. Jer 23,1-8; Mi 4-5; Sach 9,9-17; Mal 3,19-24). Gottes Friedensbringer, der *Messias, wird Gottes Friedensreich in Israel errichten: „Seht, eine junge Frau wird ein Kind empfangen, ... und sie wird ihm den Namen *Immanuel, Gott mit uns, geben." (Jes 7,14)

Die große Geschichte der Heiligen Schriften Israels endet hier. Die Hoffnung und Erwartung, die diese Geschichte setzt, weist darüber hinaus. Der *Messias wird kommen. Ein neuer Bund (Jer 31,31-34) wird in die Herzen geschrieben und der Geist Gottes wird ausgegossen werden (Joel 3,1-5). Juden warten bis heute auf die Erfüllung dieser Verheißung. Christen glauben, sie hat sich längst erfüllt. Christen und Juden leben aufgrund ihrer verschiedenen intertextuellen Enzyklopädien in zwei verschiedenen Erzählwelten und deuten damit die Wirklichkeit auf je unterschiedliche Weise. Aus christlicher Perspektive gilt: Juden befinden sich in der Zeit vor der Erfüllung der messianischen Verheißung. Christen leben in einer anderen Zeit: Sie leben nach der Erfüllung dieser Verheißungen. Davon erzählt die Jesus-Christus-Geschichte.

Das Wort vom Kreuz als Fortsetzung und Interpretation der großen Erzählung Israels | 2.4.2

Die Bücher des Neuen Testaments erzählen die Jesus-Christus-Geschichte als Erfüllung der messianischen Verheißungen der alttestamentlichen Schriften. Dabei setzen sie die Treue Gottes und die Gültigkeit der Heiligen Schriften Israels als sein Wort voraus. An der besonderen Stellung Israels halten sie damit fest. Sie sind aber überzeugt, dass mit der Auferweckung des Gekreuzigten eine Zeitenwende stattgefunden hat und deshalb nun, wie es ja auch die Propheten verheißen haben, alle Völker in das Heilsangebot Gottes hineingerufen sind. Die *eschatologische Zeit ist in die Jetztzeit eingebrochen und verändert dadurch alles, auch wenn das noch nicht für alle sichtbar geworden ist.

Weil die narrative und theologische Dynamik der Jesus-Christus-Geschichte auf dem Erzählzusammenhang von Tod und Auferweckung des gekreuzigten Jesus von Nazareth gründet, wird von diesem Zusammenhang her zunächst in den Evangelien auf je unterschiedliche Weise erzählt, wer der Gekreuzigte war, wie er wirkte, was er lehrte, wie es zu seiner Hinrichtung kam und worauf die Gewissheit seiner *eschatologischen, also die Zeitenwende einleitenden Auferweckung gründet.

In die Erzählungen der Evangelien sind Interpretamente eingefügt, die als Kommentare auf einer Metaebene zu erkennen geben, dass sich die Darstellung der Evangelien von dem Glauben herleitet, dass der Gekreuzigte von Gott auferweckt wurde und der von Israel erwartete *Messias ist, den Gott durch die Auferweckung als solchen beglaubigt und zum machtvollen *Kyrios* der ihm Nachfolgenden eingesetzt hat. Die Evangelien sind keine

Jesus-Christus-Geschichte

die Evangelien und der auferweckte Gekreuzigte

antiquarischen Berichte, die von einer abgeschlossenen Vergangenheit eines zu Ende gegangenen Lebens berichten. Vielmehr erzählen sie von dem lebendigen *Kyrios*, der als auferweckter Gekreuzigter dauerhaft die Signatur der menschlichen Sünde an seinem Leib trägt. Sie erzählen seine Geschichte so, dass sie seinen Weg der Barmherzigkeit, der die zweckfreie Liebe Gottes lebt, kontrastieren mit der erbarmungslosen Macht der Verzweckung, die keine Grenzen kennt und sich sogar am Sohn Gottes brutal vergreift. Sie machen den Ernst der Lage deutlich, indem sie nicht erzählen, dass schon alles irgendwie gut geht, weil Gott ja der liebe Gott ist. Vielmehr schreiben sie das alttestamentliche Gottesbild gerade in seiner Komplexität fort. Gott, wie auch Jesus ihn verkündet, ist ein barmherziger und gerechter Gott und sein Zorn trifft diejenigen, die den Werten der irdischen und kosmischen Mächte der Verzweckung der Schöpfung weiterhin folgen und sich nicht auf den Weg der Barmherzigkeit einlassen. Das Evangelium erzählt eine gute Nachricht, nämlich die, dass allen Menschen Vergebung angeboten wird, wenn sie sich auf Gottes und seines Sohnes Weg der Barmherzigkeit einlassen. Dieses Angebot kann aber auch verfehlt werden. Es geht um alles: Tod oder Leben.

Apostelgeschichte und das Wirken des Heiligen Geistes

Die Apostelgeschichte erzählt dann, wie das Wirken des Heiligen Geistes die Kirche Jesu Christi gründet und diese Gemeinschaft sich bis ins Zentrum der damaligen Welt, Rom, ausbreitet. Der Heilige Geist ist die Art und Weise, wie der erhöhte auferweckte Gekreuzigte jetzt, also auch in der Gegenwart der heutigen Leser und Leserinnen, kommuniziert und wirkt. Die Kirche verdankt sich also nicht menschlichen Hierarchien und Reformen, sondern dem Wirken des Heiligen Geistes.

Briefliteratur und der auferweckte Gekreuzigte

Die Briefe interpretieren auf ganz verschiedene Weise Tod und Auferweckung des Gekreuzigten und reflektieren davon ausgehend die Konsequenzen für die jeweilige konkrete Gemeindesituation. Dabei kommt es sowohl zu Aussagen, die nur für die jeweilige Situation sinnvoll sind, als auch zu Überlegungen, die auch heute noch plausibel und gültig sind.

die Apokalypse und der auferweckte Gekreuzigte

Die Apokalypse am Ende der Bibel setzt einen sinnvollen Abschluss, weil dieses Buch den kosmologischen Kampf verdeutlicht, den die ganze Bibel voraussetzt. In vielfältigen Bildern zeichnet sie die Brutalität der Macht des Bösen nach in der Gewissheit, dass Gottes Macht das Böse vernichten wird, ja dass dieses durch den Akt der *eschatologischen Auferweckung des Gekreuzigten bereits entmachtet ist. Die Apokalypse nimmt die Brutalität und Gefährlichkeit des Bösen dennoch ernst, das sie überindividuell denkt. Es geht in der Bearbeitung der Erfahrungen von Leid, Gewalt, Ungerechtigkeit und Tod in der Bibel zwar auch um individuelle Schuld, aber eben nicht nur. Die Bibel und insbesondere die Apokalypse denkt den Menschen nicht als souveränes Subjekt seiner selbst, sondern vielmehr als eingebunden in die Wirkkraft von überindividuellen Mächten, zu denen man sich nicht neutral verhalten kann. Dabei ist die Apokalypse kein düsteres Weltverneinungsbuch. Sie ist ein Buch zuversichtlicher Hoffnung auf ewiges Leben in der Gemeinschaft mit Gott.

Literatur

S. Alkier, Die Realität der Auferweckung in, nach und mit den Schriften des Neuen Testaments, NET 12, Tübingen / Basel 2009

R. B. Hays, The Faith of Jesus Christ. An Investigation of the Narrative Substructure of Galatians 3:1-4:11, SBL DS 56, Chico, CA 1983

E. Reinmuth, Narratio und argumentatio – zur Auslegung der Jesus-Christus-Geschichte im Ersten Korintherbrief. Ein Beitrag zur mimetischen Kompetenz des Paulus, ZThK 92 (1995), 3–27

T. A. Schmitz, Moderne Literaturtheorie und antike Texte. Eine Einführung, Darmstadt 2002

Aufgaben

1. Lesen Sie den Stammbaum Jesu in Mt 1,1-17. Notieren Sie zu den dortigen Namen biblische Geschichten, die Sie kennen. Schlagen Sie mittels einer *Konkordanz die Namen nach, zu denen Ihnen keine Erzählung einfällt.
2. Lesen Sie Röm 8 und 1Kor 15 im Lichte von Gen 1,1-2,4. Welche Erzählmotive aus Gen finden sie in den beiden paulinischen Kapiteln wieder?
3. Lesen Sie den oben angegebenen Aufsatz von E. Reinmuth. Erläutern Sie seinen Ausdruck „Jesus-Christus-Geschichte".

Was nicht im Neuen Testament steht: neutestamentliche Apokryphen und die Schriften der Apostolischen Väter | 2.5

Der neutestamentliche Teil des christlichen Kanons stellt eine qualifizierte Auswahl aus dem reichen Schrifttum des Frühchristentums dar. Es gab aber weit mehr als nur vier Evangelien, 21

Briefe, eine Apostelgeschichte und eine Apokalypse. Was für die Literaturproduktion der Antike überhaupt gilt, trifft auch für das Christentum zu. Es ging mehr verloren als überliefert wurde. Wir kennen nur den kleineren Ausschnitt frühchristlicher Schriften.

apokryphe Paulusakten

Was *apokryphe Schriften sind, bestimmt sich immer vom jeweiligen Kanon her. Wie oben aufgezeigt wurde, stand zwar im 4. Jh. n. Chr. die Struktur des christlichen Kanons fest. Seine jeweilige inhaltliche Ausstattung differierte aber noch lange darüber hinaus erheblich. So gelten z. B. die apokryphen Paulusakten, die durch die feministische Exegese wegen ihrer Verquickung mit den Theklaakten wieder neue Aufmerksamkeit erfahren, dem Codex Claramontanus (textkritisches Kürzel: D 06), einem der Hauptzeugen der paulinischen Textüberlieferung, als kanonisch: Die vorhandene Abschrift dieses Codex stammt aus dem 6. Jh. Im selben Codex werden auch der Barnabasbrief, der Hirte des Hermas und die Offenbarung des Petrus als kanonisch aufgelistet.

Apostolische Väter

Der Codex Alexandrinus aus dem 5. Jh. enthält als kanonische Schriften auch den 1. und 2. Klemensbrief. Aus der Sicht der evangelischen und der römisch-katholischen Kirche handelt es sich dabei aber nicht um biblische Schriften, sondern um solche, die als „Schriften der Apostolischen Väter" bezeichnet werden. Dabei ist der 1. Klemensbrief älter und theologisch sicher anspruchsvoller als etwa der kanonische Judasbrief.

Das „Vaterunser", wie es Christen bis heute beten, findet sich so in keiner neutestamentlichen Schrift, sondern in der Didache (8,2), die ebenfalls zu den Schriften der Apostolischen Väter zählt. Zu diesen gehören zudem die sieben Ignatiusbriefe, der Polykarpbrief und das Polykarpmartyrium, die Papiasfragmente und das Quadratusfragment, der Barnabasbrief, der Diognetbrief und der „Hirt des Hermas". Diese Schriften kann man in einer hervorragenden zweisprachigen Ausgabe studieren, die Andreas Lindemann und Henning Paulsen 1992 herausgegeben haben. Von den Apokryphen sind sie vor allem dadurch abzugrenzen, dass die Schriften der Apostolischen Väter unter dem tatsächlichen Namen ihrer Verfasser überliefert werden.

neutestamentliche Apokryphen

Die sogenannten neutestamentlichen Apokryphen, die nicht nur für die Volksfrömmigkeit eine gewichtige Rolle spielen, sind durch die zweibändige Ausgabe von Edgar Hennecke und Wilhelm Schneemelcher mittlerweile in mehreren jeweils verbesserten Neuauflagen in deutscher Übersetzung zugänglich. Um das

Christentum der mittelalterlichen Kathedralen, der Heiligenlegenden und christlichen Sagen und Bräuche bis hin zur Krippe mit Ochs und Esel (aus dem Pseudo-Matthäusevangelium) zu verstehen, muss die *apokryphe Literatur gelesen werden.

Diese hat bis heute zum Teil erhebliche theologische Relevanz. Die römisch-katholische Dogmenbildung bezüglich Maria, der Mutter Jesu, fußt z.B. nicht auf neutestamentlichen Schriften, sondern auf dem apokryphen *Protevangelium des Jakobus. Weder Matthäus noch Lukas erzählen, dass das Jungfernhäutchen der Maria auch nach der Geburt intakt war. Matthäus und Lukas erzählen von der wunderbaren Empfängnis, nicht aber von einer wunderbaren Geburt Jesu. Genau diese aber inszeniert in dramatischer Weise das Protevangelium des Jakobus. Auf dieses apokryphe Evangelium stützt sich dann auch die Behauptung der römisch-katholischen Dogmatik, die im Neuen Testament erwähnten Geschwister Jesu seien dessen Stiefgeschwister, die Joseph aus einer früheren Ehe mitgebracht habe. Ohne das Protevangelium des Jakobus ist die katholische Dogmatik der Mariologie nicht zu verstehen.

In der Forschung zum historischen Jesus spielt das apokryphe Thomasevangelium eine wichtige, ja für einige Forscher wie etwa John Dominic Crossan, eine herausragende Rolle. 1947 wurde im ägyptischen *Nag Hammadi eine Bibliothek gefunden, die auch zahlreiche christliche Schriften enthielt, die vorher unbekannt waren. Die meisten von ihnen repräsentieren Formen des Christentums, die der *Gnosis nahestehen. Bis 1947 beruhte das moderne Gnosisbild hauptsächlich auf Darstellungen bei den *Kirchenvätern, die Gnosis als häretisches Christentum heftig polemisierend verzeichneten. Mit der Bibliothek von *Nag Hammadi ist es nun möglich geworden, Weisen christlichen Denkens und Erzählens zu erforschen, die bis dato kaum zugänglich waren.

Thomasevangelium

Besondere Aufmerksamkeit fand und findet das Thomasevangelium aus mindestens zwei Gründen. Zum einen handelt es sich der Form nach um ein Evangelium, das der im Zuge der Zwei-Quellen-Theorie hypothetisch erschlossenen sogenannten Logienquelle Q (Q=Quelle) nahesteht (zur Zwei-Quellen-Theorie vgl. Kapitel 4), weil es keinen narrativen Gesamtrahmen und auch keine Passionsgeschichte aufweist. Zum anderen vertreten einige Forscher die Hypothese, das Thomasevangelium sei so alt wie die synoptischen Evangelien. Auch wenn diese Frühdatierung von den meisten Exegeten nicht mitgetragen wird, so sind doch viele davon überzeugt, dass das Thomasevangelium alte Überlieferungen verarbeitet habe, die zum Teil in die Zeit vor der Abfassung der bekannten Evangelien zurückweisen und deshalb mit historisch-kritischer Umsicht durchaus auch als Quelle für die Erforschung des historischen Jesus zu berücksichtigen sei.

Zusammenfassend sei nachdrücklich darauf hingewiesen, dass die gründliche Erforschung aller frühchristlichen Texte der beiden ersten Jahrhunderte und darüber hinaus notwendig ist, um die Theologie- und Religionsgeschichte des frühen Christentums historisch angemessen nachzeichnen zu können. Die theologische Wertschätzung des Kanons darf die im engeren Sinn historische Forschung in keiner Weise beschränken. Die Normativität des Kanons beruht auf einem theologischen Urteil und darf mit der Komplexität der historischen Frage nach der Formatierung des frühen Christentums und seiner Theologiegeschichte nicht verwechselt werden. Bezüglich der religions- bzw. theologiegeschichtlichen Forschung haben die Apokryphen und die Schriften der Apostolischen Väter dasselbe Gewicht wie die später kanonisierten Schriften.

Literatur

W. Schneemelcher (Hg.), Neutestamentliche Apokryphen, Bd. I. Evangelien, 6. Aufl. Tübingen 1999; Bd. 2. Apostolisches, Apokalypsen und Verwandtes, 6. Aufl. Tübingen 1997 (im Druck befindet sich eine Neubearbeitung, die von J. Schröter und C. Markschies herausgegeben wird)

A. Lindemann / H. Paulsen, Die Apostolischen Väter, Tübingen 1992

H.-J. Klauck, Apokryphe Apostelakten. Eine Einführung, Stuttgart 2005

Aufgaben

1. Lesen Sie das Thomasevangelium. Welche Episoden sind Ihnen aus den kanonischen Evangelien vertraut?
2. Lesen Sie das *Protevangelium des Jakobus und vergleichen Sie es mit Mt 1-2 und Lk 1-2.
3. Schlagen Sie das Vaterunser in der Didache nach und vergleichen Sie es mit den Fassungen des Mt und des Lk.

Gegenprobe: das fundamentalistische Zerrbild der Bibel | 2.6

Der christliche *Fundamentalismus basiert auf einem fundamentalen Missverständnis des christlichen Kanons. Er ignoriert die realen Gegebenheiten christlicher Bibeln und ihrer Lektüren zugunsten einer ideologischen Vorstellung dessen, was Heilige Schrift zu sein hat: ein monolithisches, unfehlbares, widerspruchsfreies und autoritäres Buch. Die „Bibel" der Fundamentalisten ist ein ideologisches Konstrukt, das die Realität der Bibeln ignoriert. Die realen Bibeln hingegen sind plurale Gebilde voller Brüche, Unsicherheiten, Widersprüche und Kontroversen, also voller gelebter Erfahrungen, Wünsche, Verzweiflungen, Ängste und immer wieder voller Hoffnung auf das befreiende Handeln Gottes und daraus resultierender enthusiastischer Freude und demütiger Dankbarkeit. Die biblischen Schriften bieten keine Tugendlehre bürgerlicher Moral und keine Tatsachenberichte in der Logik der Geschichtsschreibung des 19. Jh.s. Die Bibel als Fundament unumstößlicher moralischer oder weltanschaulicher Satzwahrheiten bzw. als historische Dokumentation empirisch nachprüfbarer Tatsachen zu begreifen, ist ein schwerer theologischer und bibelwissenschaftlicher Irrtum, der zwar als Produkt der gesellschaftlichen und wissenschaftlichen Verunsicherungen des 19. und 20. Jh.s verständlich, theologisch, semiotisch und historisch aber unhaltbar und schädlich, gesellschaftlich und politisch sogar desaströs ist und immer wieder auch gewaltsame Folgen hat.

Die Bibel ist ein Buch des Plurals, dessen „Sinn unerschöpflich" (Horst Köhler, vgl. das Eingangszitat Kapitel 3) ist, und ermöglicht so die lebenstaugliche Vielfalt christlichen Glaubens, ohne in belanglose Beliebigkeit abzugleiten. Sie wird nicht zusammengehalten durch die neuzeitliche Ideologie der *Fundamentals* – von dieser Schriftenreihe wurde die Sammelbezeichnung „*Fundamentalismus" abgeleitet –, sondern durch den Erzählzusammenhang der Beziehungen des kreativen, liebenden und gerechten Gottes zu seiner Schöpfung und insbesondere zu seinem auserwählten Volk Israel, die schließlich für Christen verbindlich in die Jesus-Christus-Geschichte mit ihren heilsamen Folgen führen. Zur Heiligen Schrift wird die Bibel im Akt der Lektüre genau dann, wenn sie den jeweils Lesenden bzw. Hörenden seine Heilsbedürftigkeit erkennen lässt und ihm im selben Augenblick Heil

Bibeln als plurale Gebilde

allein aus Gottes Gnade zuspricht. Fundamentalisten, die sich ja im objektiven Besitz der Wahrheit zu wissen glauben, fehlt nicht nur jedes Verständnis der Bibel, sondern gerade auch die Demut gegenüber Gott und seinem Wort.

Argumente für eine qualitative Pluralität

Die folgenden sechs Argumente für die unhintergehbare qualitative Pluralität christlicher Bibeln richten sich gegen die fundamentalen Fehler des christlichen Fundamentalismus.

1. Das textkritische Argument: Es gibt keine Originale biblischer Schriften. Die erhaltenen Abschriften biblischer Texte bieten verschiedene Versionen, aus denen der Text der Bibel durch editionsphilologische Arbeit erst ermittelt werden muss, da sich die erhaltenen Abschriften zum Teil erheblich widersprechen. Der Handschriftenbefund belegt die Pluralität heiliger Texte von den Anfängen an.
2. Das kanongeschichtliche Argument: Eine einheitliche christliche Bibel, die als in sich konsistentes und unfehlbares Fundament christlichen Glaubens gelten könnte, hat es nie gegeben. Es gibt nicht „die" Bibel, sondern nur verschiedene christliche Bibeln.
3. Das bibeltheologische Argument: Die Bibel ist in sich ein Buch der Vielfalt und ermöglicht damit die Vielfalt christlicher Glaubensweisen.
4. Das zeichentheoretische Argument: Texte sind relationale Zeichengebilde. Als Texte unterliegen auch die biblischen Texte den formalen Bedingungen jedes Zeichens. Zu den formalen Gegebenheiten jedes Zeichens gehört die Notwendigkeit der Interpretation, die in das Zeichen selbst eine unhintergehbare Vielfalt einschreibt.
5. Das rezeptionsästhetische Argument: Der Sinn eines Textes entsteht erst im Akt des Lesens aus der Korrelation von vorgegebenen Textstrukturen und realem Leser in seinem jeweiligen geschichtlichen und kulturellen Kontext. Die reale Gegebenheit der Textzeichen setzt den Lektüren Grenzen und die notwendige Kreativität und Individualität der Lesenden im Rahmen ihrer jeweiligen Kultur generiert die sachgemäße Vielfalt der Interpretationen.
6. Das ethische Argument: Eine ethisch vertretbare Bibellektüre muss die Realität der Beschaffenheit ihres Gegenstandes respektieren, hat die Interpretationen der Anderen als Beiträge zur Wahrheitssuche zu respektieren und muss gesellschaftli-

Gegenprobe: das fundamentalistische Zerrbild der Bibel

che Verantwortung dergestalt übernehmen, dass sie zum Wohl der Weltgesellschaft beiträgt.

Literatur

S. Alkier / H. Deuser / G. Linde (Hgg.), Religiöser Fundamentalismus. Analysen und Kritiken, Tübingen/Basel 2005

M. E. Marty / R.S. Appleby (Hgg.), Fundamentalisms Observed, Chicago 1991

Dies., Herausforderung Fundamentalismus. Radikale Christen, Moslems und Juden im Kampf gegen die Moderne, Frankfurt a. M. 1996

Aufgaben

1. Forschen Sie nach: Welche Schriften wurden unter dem Titel „The Fundamentals" zu Beginn des 20. Jh.s in den USA herausgegeben?
2. Welche kanongeschichtlichen Daten und Fakten muss der christliche Fundamentalismus leugnen, um sein Bibelverständnis behaupten zu können?
3. Unterscheiden Sie Fundamentalismus, Evangelikalismus und Biblizismus.

3 Die Bibel heute

Inhalt

3.1	Bibel und Interesse	67
3.2	Die Grund-legende Bedeutung der Bibel für Glaube und Kirche.................	72
3.3	Die Bibel im Dialog der Religionen	74
3.4	Biblische Texte in Medien der Gegenwartskultur(en)...........................	80
3.4.1	Von der Synästhesie der Zeichen	80
3.4.2	Exegese im Kino	85

Anlässlich des 50-jährigen Bestehens des von Kurt Aland begründeten und dann zusammen mit Barbara Aland u. a. exzellent ausgebauten Instituts für Neutestamentliche Textforschung in Münster, würdigte der damalige deutsche Bundespräsident Horst Köhler am 9. Dezember 2009 nicht nur die Arbeit dieser Forschungsstelle und ihre ökumenische Bedeutung. Vielmehr zeigte er gleichermaßen als Christ und als Staatsoberhaupt die individuelle und gesellschaftliche Bedeutung der Bibel auf. Er sagte:

> „Liebe Festversammlung, mein Besuch bei Ihnen fällt in die Adventszeit. In diesen Wochen wird vermutlich hierzulande öfter als sonst zur Bibel gegriffen. Es wird nach der Weihnachtsgeschichte geblättert, es wird aus ihr vorgelesen, und wahrscheinlich spüren dabei viele: Hier ist ein Buch, das anders ist als alle anderen, das alle Gründe und Abgründe unserer menschlichen Existenz ausleuchtet, das Trost und Hoffnung gibt und dessen Sprache klar ist wie sein Sinn unerschöpflich. Für mich persönlich ist die Bibel das wichtigste Buch, das ich kenne.
>
> Ihre Texte sind mehrere tausend Jahre alt, aber ihr Inhalt ist heute, denke ich, genauso aktuell wie damals. Es geht um die großen

Menschheitsfragen: Woher kommen wir? Was ist der Sinn unseres Lebens? Was sind die richtigen Maßstäbe für unser Handeln? In der Bibel finden wir Antworten. Die Bibel bietet uns Orientierung. Sie kann in unserem Alltag Sinn stiften. Das Neue Testament erzählt uns vom Leben Jesu, der uns Christen einen Auftrag gegeben hat, den Auftrag, Gott zu suchen und zu lieben, ihn im Nächsten zu erkennen und einander mit Respekt und Würde, mit Liebe und der Bereitschaft zur Vergebung zu begegnen. Christen finden Orientierung in der ganzen Bibel, Orientierung durch das Wort im Alten und im Neuen Testament. Im Johannesevangelium heißt es: ‚Am Anfang war das Wort ... Alles ist durch das Wort geworden und nichts, was geworden ist, ist ohne es geworden.' Das Wort hilft uns, unsere Welt zu verstehen.

Es hilft nicht nur Erwachsenen, es hilft schon den Kindern. Ich kenne wunderbare Kinderbibeln, in denen die alten Texte kindgerecht erzählt und mit anschaulichen Bildern illustriert werden. Es macht Freude, diese Texte Kindern vorzulesen, ihnen auf diese Weise die Grundlagen unseres Glaubens zu vermitteln. Hier spüren Sie, dass ich Enkelkinder habe. Das Vorlesen der Bibel kann ein wertvoller Beitrag für die frühkindliche Erziehung sein und es ist auch eine gute Gelegenheit, die eine oder andere Geschichte selbst noch einmal zu durchdenken und ihre Lehren zu beherzigen. Wenn wir eine Kinderbibel lesen, ist uns bewusst, dass wir keine wortgenauen Originaltexte vor uns haben. Aber wie ist das, wenn wir Laien unsere gängigen Übersetzungen lesen? Ist uns dabei klar, dass es sich auch da eher um Annäherungen an die Ausgangstexte handelt? Ist uns bewusst, wie schwierig es ist, herauszufinden, wie die ursprünglichen Versionen lauteten?

[...] Früher mussten Wissenschaftler durch die halbe Welt reisen, um die verstreuten Handschriften zu suchen, heute kommen sie nach Münster und können alles an einem Ort vergleichen und auswerten. Und in absehbarer Zeit werden sie nicht einmal mehr Münster, sondern nur noch die Homepage des Instituts besuchen müssen. Auf diese Weise ist der berühmte Nestle-Aland entstanden, und auf diese Weise entsteht die Editio Critica Maior. Diese Arbeit ist einzigartig auf der Welt, so wie dieses Institut einzigartig ist in seiner Exzellenz. Darauf können wir alle in Deutschland ein wenig mit stolz sein. [...] Die Bibel ist der Leitfaden für alle Christen, egal ob sie katholisch, evangelisch oder orthodox sind. Kein Wunder also, dass bei Ihnen Katholiken und Protestanten Hand in Hand arbeiten. Der von Ihnen herausgegebene Nestle-Aland ist eine Fassung des Neuen Testaments, die Christen aller Konfessionen gleichermaßen akzeptieren. Sie haben damit auch einen wichtigen Beitrag zur Ökumene geleistet.

Als Kuratoriumsvorsitzender habe ich vor zwei Jahren das Bibelmuseum besucht und war fasziniert von dem Schatz, den Sie hier in Münster bewahren. Wir alle müssen dazu beitragen, dass er gehegt und gepflegt wird. [...] eben weil wir nicht vom Brot allein leben. Herzlichen Dank, herzlichen Glückwunsch und alles Gute!" (http://bundespraesident.de/-,2.660188/Grusswort-von-Bundespraesident.htm 08.07.10)

die Bibel in der Gesellschaft

Diese Rede des Bundespräsidenten zeigt beispielhaft, dass bedeutende Repräsentanten unserer Gesellschaft die Bibel nicht nur für ihre individuelle Frömmigkeit, sondern gerade auch für die dauerhafte Gestaltung freiheitlicher Gesellschaften für unverzichtbar halten. Es ließen sich zahlreiche Belege dafür zitieren. Man denke etwa an die Bedeutung der Bergpredigt im öffentlichen Diskurs seit den 1980er Jahren oder die immer wieder im Rahmen der Forderung nach gesellschaftlicher Solidarität zitierte Beispielerzählung vom barmherzigen Samariter. Biblische Texte haben entscheidend zu den Werten unserer Gesellschaft beigetragen sowie zur Idee und der Formulierung der Menschenrechte geführt. Ohne diese biblischen Texte würde unsere Gesellschaft kulturell und moralisch verarmen. Die Bibel steht für Nächstenliebe, Solidarität, Kampf für die Schwachen und Entrechteten, Gerechtigkeit, Demut, Vergebung, Versöhnung, Machtkritik und Kritik des Reichtums und der Reichen.

die Bibel als politisches Buch

Die Bibel ist aber nicht nur gesellschaftspolitisch eine Grundlage unserer Gesellschaft. Vielmehr haben, wie die Politologin Tine Stein in ihrer Monographie *Himmlische Quellen und Irdisches Recht* politikgeschichtlich aufgezeigt hat, biblische Texte und ihre Auslegungen erheblich zum Konzept des freiheitlichen Verfassungsstaates beigetragen. Die Bibel ist nicht nur ein Buch des Glaubens, sondern auch eines der Politik. Und so ambivalent wie Politik erscheint, so ambivalent wird auch die Bibel als politisches Buch gelesen. Mit der Bibel wurden nicht nur emanzipatorische Bewegungen, sondern auch Kreuzzüge begründet, zuletzt vom ehemaligen US-amerikanischen Präsidenten George W. Bush. Mit Bezug auf die Bibel wurden Hexen verbrannt, Apartheid in den USA und in Südafrika legitimiert und Frauen von Priester- und Bischofsämtern ausgeschlossen. Die Bibel ist politisch betrachtet nicht in erster Linie ein Buch der Vergangenheit, sondern zunächst und vor allem ein Buch der Gegenwart, das kontrovers diskutiert und ausgelegt wird. Deswegen gilt es stets, nach dem jeweiligen Interesse der Bibelinterpretation und ihrer Verortung im gegenwärtigen gesellschaftlichen, kulturellen und kirchlichen Leben zu fragen.

Bibel und Interesse | 3.1

Der Neutestamentler Vincent Wimbush fordert in seinen in den USA viel beachteten Arbeiten, nicht länger den Bibeltext als primären Gegenstand der neutestamentlichen Wissenschaft zu begreifen. Vielmehr sollten die verschiedenen Bibelauslegungen in den Blick geraten, denn diese seien es, die die gesellschaftliche Realität prägten. Wimbush verlangte deshalb auch unter den erschütternden Eindrücken der religiös begründeten Terroranschläge vom 11. September 2001:

Postcolonial Criticism

> „Die übergeordnete auslegerische Aufgabe des Bibelwissenschaftlers sollte dann sein, die geschichtlichen gesellschaftlichen Bildungen, gesellschaftlichen Kräfte und ihre Entwicklungen zu erklären [...] Es muß nicht nur eine Erklärung dafür geben, wie und warum ein Kollektiv mythische Geschichten erfindet oder umarmt und tradiert, die in für heilig gehaltene Texte verwandelt wurden. Es muß auch eine Erklärung für die weitgehend anerkannten, wenn nicht immer offiziell sanktionierten Zugänge zu oder Typen der Beschäftigung mit solchen mythischen Geschichten als Texte geben." (zit. nach einem unveröffentlichten, von Dieter Georgi übers. Handout Wimbushs auf der von Georgi veranstalten Tagung „Schriftauslegung als gesellschaftsverändernde Kraft" in Arnoldshain im September 2001)

Wimbush ist ein wichtiger Vertreter des in den USA weit verbreiteten ideologiekritischen Ansatzes des *Postcolonial Criticism*, der sich als eine radikale Überbietung befreiungstheologischer und feministischer Konzepte inszeniert. Zwei weitere in den USA viel gelesene Bibelwissenschaftler, Stephen Moore und Francis Segovia, stellen klar, dass es sich bei *Postcolonial Criticism* bzw. *Postcolonial Biblical Studies* um einen Regenschirm-Begriff handelt, der vieles unter seinem Dach versammelt, ohne eine in sich geschlossene Theorie oder gar eine gemeinsame Methodologie anzustreben. Die Pluralität und Disparatheit gehörten vielmehr zum Programm der postkolonialen Bearbeitung von institutionalisierten ungleichen Machtverhältnissen, da eine nicht auf ein einheitliches Konzept zu bringende Bewegung der angestrebten *subversiven Lektürepraxis förderlich sei. Grundlegend wird ernst genommen, dass die Lektüre der Bibel selbst zur imperialistischen *Kolonialisierung beigetragen hat und dabei zu einem Buch der Macht ausübenden westlichen Kultur geworden ist.

die Parteilichkeit der Exegese

Die Vertreterinnen und Vertreter der *Postcolonial Biblical Studies* teilen mit der älteren Befreiungstheologie und der daran orientierten feministischen Exegese die Kritik an jedem Ansatz, der die Unparteilichkeit des Wissenschaftlers proklamiert. Sie verlangen angesichts der verheerenden Ungerechtigkeit in Bezug auf die Verteilung der lebensnotwendigen materiellen Güter und der damit verbundenen Macht zur Gestaltung der Weltgesellschaft die Parteilichkeit der Exegese zu Gunsten der Unterdrückten und Ausgebeuteten.

Wimbush aber wirft auch der befreiungstheologisch-feministischen Exegese vor, in Folge ihrer Orientierung am biblischen Text letztlich ein elitäres Spiel zu unterstützen und so mit den von ihnen kritisierten Ansätzen viel mehr gemein zu haben, als ihren Vertreterinnen und Vertretern bewusst sei. Wirklich Gesellschaft verändernde Kraft, die das Erbe des *Kolonialismus überwinde, hätten diese elitären Ansätze nicht. Auch sie seien

> „in Wirklichkeit [...] Dienstleistung und Unterstützung für die Tagesordnung der dominanten kirchlichen und akademischen Institutionen des Westens [...] mit ihrer gewichtigen Investition in die Interpretation biblischer Texte als Selbstbespiegelung und Selbstrechtfertigung, ja sogar als Vergöttlichung. Bibelwissenschaftler sind über weite Strecken weniger distanzierte objektive Kritiker, was viele von ihnen behaupten, als vielmehr eine bestimmte Unterkategorie von *fundamentalistischen Stammestheologen." (zit. nach einem unveröffentlichten, von D. Georgi übersetzten Handout Wimbushs auf einer Tagung in Arnoldshain im September 2001)

Sieht man einmal von der überzogenen Polemik Wimbushs ab, so stellt sein radikaler, wissenschaftlich kohärent und argumentativ überzeugend vorgetragener *Postcolonial Biblical Criticism* eine Frage, deren Beantwortung die ethische Dimension jeder Bibellektüre aufscheinen lässt: Warum soll der Bibeltext um seiner selbst willen wahrgenommen werden? Wimbushs Interesse ist es, die Ressourcen der universitären Bibelwissenschaften nicht länger der *Philologie, sondern dem Einsatz für eine gerechtere Welt zur Verfügung zu stellen, die den Kolonialismus und alle anderen politischen Ausbeutungsideologien nicht nur ideologisch, sondern praktisch und politisch hinter sich lässt. Seine Anfrage stellt die exegetische Zunft vor die Notwendigkeit, ihr Tun ethisch zu reflektieren. Die ethische Forderung Wimbushs verlangt, sich nicht länger auf den Text, sondern auf die Lebensbedürfnisse,

Infobox

Befreiungstheologie, Feministische Exegese, Postcolonial Biblical Studies sind drei miteinander verwandte Ansätze, die sich der politischen Verantwortung der Bibelwissenschaften stellen wollen	
Befreiungstheologie	Vor allem in Lateinamerika in den 60er und 70er Jahren des 20. Jh. entstandene theologische Bewegung, die die soziale Botschaft der Bibel direkt auf bestehende Unterdrückungsverhältnisse anwendet und deshalb Kirche und Theologie dazu aufruft, wie der Gott der Bibel auf die Seite der Schwachen und Entrechteten zu treten und gemeinsam mit ihnen die Befreiung aus allen Unrechtsstrukturen auch mit politischen sowie zum Teil sogar mit Mitteln zivilen Ungehorsams und physischer Gewalt herbeizuführen.
Feministische Exegese	Mit der Befreiungstheologie verwandte Auslegungspraxis, die insbesondere die Unterdrückung von Frauen zum Thema macht und aus ihr herausführen will. Es ist maßgeblich feministischer Exegese zu verdanken, dass die Standortgebundenheit jeder Interpretation in das Bewusstsein von Exegetinnen und Exegeten gerückt ist. Innerhalb der feministischen Exegese gibt es zahlreiche, zum Teil auch in Konflikt miteinander stehende Richtungen. So kritisiert etwa die womanistische Exegese afroamerikanischer und afrikanischer Exegetinnen die feministische Exegese in europäischer Tradition als Fortsetzung kolonialistischer Unterdrückung, da diese ihr westlich geprägtes Frauenbild verabsolutiere und weltweit durchsetzen wolle.
Postcolonial Biblical Studies	Sammelbegriff, dem mindestens drei verschiedene Forschungsrichtungen zuzuordnen sind: 1. Ansätze, die vornehmlich an einer *Hermeneutik der Befreiung arbeiten. 2. Die mit den Arbeiten von Richard Horsley verbundene historisch orientierte „x and Empire"-Forschung. 3. Vornehmlich an der Erforschung kolonialer und postkolonialer Literatur interessierte Arbeiten.

genauer: auf die Überlebensbedürfnisse der unter den Folgen der *Kolonialisierung und aller anderen ausbeutenden und unterdrückenden Ideologien leidenden Menschen einzulassen. Gibt es eine ethische Begründung für das Interesse, sich auf den Bibeltext als solchen einzulassen?

Im Interesse einer gerechteren Welt ist es sicher förderlich, die Rezeptionsgeschichte danach zu befragen, welche Interpretationen zu Unterdrückung und Gewalt und welche zur Befreiung davon beigetragen haben. Aber das zu Recht eingeforderte Wahrnehmen der Rezeptionsgeschichte der biblischen Schriften verlangt es nicht, die Bibel nicht mehr selbst als real vorgegebenes Anderes in den Blick zu nehmen. Der berechtigte Verweis auf die unterdrückenden Effekte vieler Bibelinterpretationen widerlegt den ebenso berechtigten Hinweis auf die förderliche Kraft der Lektüre biblischer Texte nicht. Beides trifft zu und führt zum Interesse am Bibeltext selbst, sei es, um ihn sachlich zu kritisieren, sei es um

die Bibel als Vor-Gabe

lebenstaugliche Wahrheit zu finden. Dazu bedarf es aber nicht nur plausibler Methoden der Interpretation, sondern auch der ethischen Prüfung ihrer Grundlagen und ihrer Anwendungen.

Ergebnisse der Bibelinterpretation dürfen nicht als kontextlose und wertfreie Wahrheit dargestellt und der Öffentlichkeit präsentiert werden, sondern als mögliche, unter hermeneutischen Prämissen und methodischen Vorgaben erarbeitete Beiträge zu einer gemeinsamen Erschließung von Welt, die als solche in ein Gespräch mit anderen Auslegungen einzutreten in der Lage und willens sind.

die ethische Frage der Bibelinterpretation

• Die zunehmende Bereitschaft in den Bibelwissenschaften eine Methodenvielfalt zuzulassen, führt dazu, dass die Adäquatheit einer Interpretation an der korrekten Durchführung der methodischen Vorgaben zu messen ist. Das Bekenntnis zum Methodenpluralismus reicht aber nicht aus. Nicht jede Bibellektüre kann von einer ethisch reflektierten Bibelwissenschaft akzeptiert werden. Es sei nochmals daran erinnert, dass Sklaverei, Apartheid und die Unterdrückung von Frauen mit Hilfe von Bibellektüren ideologisch begründet wurden und werden.

Elisabeth Schüssler Fiorenza forderte die Exegetinnen und Exegeten in ihrer 1987 gehaltenen Präsidentschaftsrede der Society of Biblical Literature mit dem Titel *The Ethics of Interpretation: De-Centering Biblical Scholarship* mit guten Gründen dazu auf, ihre gesellschaftliche Verantwortung wahrzunehmen und auszuüben. Für eine Ethik der Bibelwissenschaften von besonderem Interesse ist ihre Forderung, nicht nur die gewählte *Hermeneutik und die Methode der Untersuchung offenzulegen, sondern ebenso die Standortgebundenheit des Auslegers bzw. der Auslegerin, also Geschlecht, kulturelle Prägung und soziale Situierung kenntlich zu machen. Insbesondere fordert sie, das Interesse der jeweiligen bibelwissenschaftlichen Untersuchung nicht nur im Hinblick auf den Untersuchungsgegenstand, sondern auch hinsichtlich der gewünschten gesellschaftlichen Wirkung offenzulegen: Was soll die jeweilige Bibelinterpretation gesellschaftlich erreichen? Denjenigen, die eine Interesselosigkeit von Wissenschaft fordern, den Vertretern einer für sich selbst reklamierten Unparteilichkeit ist entgegenzuhalten: Wer nichts bewirken möchte, will auch nichts ändern und will implizit, das alles bleibt wie es ist.

Wahlmöglichkeiten der Bibelinterpretation

Hinsichtlich der Positionierung des Bibelwissenschaftlers sind veränderbare von unveränderbaren Aspekten zu unterscheiden.

Biologische Dispositionen sowie die soziale und kulturelle Herkunft sind nicht veränderbar, *Hermeneutik und Methode, sowie der Untersuchungsgegenstand und die jeweilige Fragestellung hingegen unterliegen einer *Wahl*. Während die unveränderbaren Aspekte der Position des Auslegers unter Berücksichtigung der notwendigen Interaktion von Text und Leser die Unhintergehbarkeit einer Vielfalt von Lektüren plausibilisiert, verweist die Wahlmöglichkeit auf den ideologischen Aspekt jeder Bibelinterpretation. Da unveränderbare und veränderbare Aspekte die Position des Auslegers gleichermaßen bedingen, ist weder einer Determination der Auslegung noch einer absoluten Autonomie der Forschenden das Wort zu reden. Die unveränderbaren Aspekte machen es zur ethischen Pflicht, die eigene Perspektive als eine unter anderen wahrzunehmen und einzubringen. Die Möglichkeit der Wahl macht es zur Pflicht, die jeweilige Hermeneutik, Methodik, Thematik und Fragestellung auf ihre gesellschaftlichen Wirkungen hin zu befragen. Das ist schon deshalb notwendig, weil die Bibel, wie jedes andere Zeichen auch, als von konkreten Menschen interpretiertes Zeichen existiert. Diese leben stets in kontingenten kulturellen Macht- und Gesellschaftsverhältnissen. Deshalb sollte jede Bibelinterpretation zumindest drei ethische Kriterien beachten: Das Realitätskriterium, das auf die Unterscheidung von Ausleger und Auslegungsgegenstand abzielt, das Sozietätskriterium, das die Auslegenden auf eine gemeinsame Wahrheitssuche in gegenseitigem Respekt verpflichtet und das Kontextualitätskriterium, das die jeweilige gesellschaftspolitische Verortung der Auslegung reflektiert.

Infobox

Kriterien einer Ethik der Interpretation
1. Realitätskriterium: Eine Interpretation ist gut, wenn sie danach strebt, den Interpretationsgegenstand als real vorgegebenes Anderes, vom Ausleger Unterschiedenes in gewisser Hinsicht darzustellen und diesem Anderen mit Respekt gegenübertritt.
2. Sozietätskriterium: Eine Interpretation ist gut, wenn sie sich als ein Beitrag zu einer gemeinschaftlichen Wahrheitssuche versteht, und andere Interpretationen, auch wenn sie im Ergebnis nicht geteilt werden, als Beitrag zu dieser vom Objekt motivierten Wahrheitssuche respektiert.
3. Kontextualitätskriterium: Eine Interpretation ist gut, wenn sie ihre kulturelle und das heißt auch ihre politische Verortung offenlegt und sich als ein Beitrag zur kommunikativen Erschließung der Welt präsentiert.

Literatur

S. Alkier, Fremdes Verstehen – Überlegungen auf dem Weg zu einer Ethik der Interpretation biblischer Schriften. Eine Antwort an Laurence L. Welborn, ZNT 11 (2003), 48–59

M. W. Dube, Postcolonial Feminist Interpretation of the Bible, St. Louis/MO, 2000

S. D. Moore / F. Segovia (Hgg.), Postcolonial Biblical Criticism. Interdisciplinary Intersections, London / New York 2005

E. Reinmuth (Hg.), Politische Horizonte des Neuen Testaments, Darmstadt 2010

E. Schüssler Fiorenza, The Ethics of Interpretation: De-Centering Biblical Scholarship, JBL 107 (1988), 3–17

M. Stiewe/F. Vouga, Die Bergpredigt und ihre Rezeption als kurze Darstellung des Christentums, NET 2, Tübingen/Basel 2001

T. Stein, Himmlische Quellen und Irdisches Recht. Religiöse Voraussetzungen des freiheitlichen Verfassungsstaates, Frankfurt a. M. 2007

S. van Zanten Gallagher (Hg.), Postcolonial Literature and the Biblical Call for Justice, 1994

V. Wimbush, Theorizing Scriptures: New Critical Orientations to a Cultural Phenomenon, London 2008

Aufgaben

1. Beziehen Sie Stellung zur Position von Vincent Wimbush.
2. Schreiben Sie einen Essay zu dem Thema: Mein Interesse an der Bibel.
3. Schreiben Sie einen Essay, der die oben angeführten Kriterien einer Ethik der Interpretation verteidigt oder kritisiert.

3.2 | Die Grund-legende Bedeutung der Bibel für Glaube und Kirche

Standortgebundenheit der Bibelauslegung

Die Standortgebundenheit der Bibelauslegung gilt auch für den Bibelgebrauch in den verschiedenen Kirchen und Gemeinden. Mit der Einrichtung ihrer Praxis zugeordneter konfessioneller theologischer Fakultäten an öffentlichen Universitäten und deren Rechtsgarantie durch Staats-Kirchenverträge werden diese sogar zu einem höchst aufschlussreichen Modellfall eines politisch gewollten qualifizierten und aufgeklärten Pluralismus. Die besondere Chance konfessioneller theologischer Fakultäten besteht darin, den Zusammenhang von *Erkenntnis und Interesse* (Jürgen Habermas) unter den Bedingungen universitärer Wissensproduktion gerade auch hinsichtlich *normativer und wahrheitsorientierter wissenschaftlicher Disziplinen, die auf konkrete Praxis zielen, zu reflektieren. Die theologische Herausforderung besteht darin, Positionen als Positionen kenntlich zu machen und damit diskutierbar zu halten. Das römisch-katholische Dogma von der Unfehlbarkeit des Papstes wird dadurch ebenso als diskutierbare und damit möglicherweise falsifizierbare Position in den allgemeinen Wissensdiskurs eingegeben, wie das protestantische Schriftprinzip des *sola scriptura. Damit stellen sich die konfessionellen Theologien an staatlichen Universitäten dem öffentlichen Diskurs.

Für die protestantischen Kirchen gilt, dass die Bibel die einzige *normative Grund-legende Urkunde christlichen Glaubens ist. Evangelische Theologie entsteht wesentlich als Interpretation biblischer Schriften. Evangelischer Glaube versteht sich als Hören auf die Schrift und als Wirkung ihres Geistes. Das Einlesen in die Bibelkunde wird damit für evangelische Theologen zum Einleben in den theologischen und kirchlichen Grundlagendiskurs. Die theologische Bibellektüre formatiert damit die Textwelten evangelischer Theologien.

Grundlagen protestantischer Theologie

Forschung an konfessionell bestimmten theologischen Fachbereichen versteht sich daher als Teilnahme an kirchlicher und schulischer Praxis durch die sachgerechte wissenschaftliche Ausbildung von professionellen Multiplikatoren mit Leitungsfunktionen. Dieser Gestaltungswille muss jeder Forschung und Lehre abverlangt werden, die an einem konfessionell bestimmten theologischen Fachbereich betrieben wird. Es ist sicher nicht der unbedeutendste Beitrag evangelischer Theologie zum Wissensdiskurs der Gegenwart, die Freiheit der Forschung, die Standortgebundenheit der Disziplinen und die Praxis gelebten Lebens zusammen zu denken und damit einen qualifizierten Pluralismus theoretisch und praktisch zu fördern.

Literatur

S. Alkier / Hans-Günter Heimbrock (Hgg.), Evangelische Theologie an staatlichen Universitäten, Göttingen 2010 (im Druck)
R. Bultmann, Ist voraussetzungslose Exegese möglich?, in: ders., Glauben und Verstehen III, 3. Aufl., Tübingen 1965, 142–150
G. Ebeling, Die Bedeutung der historisch-kritischen Methode für die protestantische Theologie und Kirche, in: ders., Wort und Glaube, Tübingen 1960, 1–49
K. Wenzel, Kleine Geschichte des Zweiten Vatikanischen Konzils, Freiburg i. B. 2005

Aufgaben

1. Lesen Sie den Aufsatz von G. Ebeling, „Die Bedeutung der historisch-kritischen Methode für die protestantische Theologie

und Kirche". Wie verhalten sich Ebeling zufolge Protestantismus und historisch-kritische Bibelforschung zueinander?
2. Informieren Sie sich über die Beschlüsse des 2. Vatikanischen Konzils zur Bibelauslegung.
3. Schreiben Sie einen Essay zum Thema: Ist voraussetzungslose Exegese möglich?

3.3 | Die Bibel im Dialog der Religionen

religiöse Texte als fremde Welten

Wer biblische Texte liest, begibt sich ebenso in fremde Welten wie diejenigen, die sich am interreligiösen Dialog beteiligen. Für den interreligiösen Dialog mag das sofort einleuchten, denn es handelt sich dabei um ein Gespräch mit Menschen, die einer anderen Glaubensrichtung angehören, die als Überzeugungssystem ihre eigene Wirklichkeit hervorbringt und Plausibilitäten entwickelt, die bis in den Alltag hineinreichen. Religionen sind nicht auf Glaubens*sätze* zu reduzieren, vielmehr erzeugen sie Welten, *in* der die Glaubenden leben. Von der Welt des je eigenen Glaubens aus stellt die Begegnung mit anderen Glaubensrichtungen eine Begegnung mit einer fremden Welt dar – einer Welt, die man von der eigenen Welt aus erkunden kann, *in* der man aber nicht lebt, solange es nicht zu einem Übertritt in die andere Glaubensrichtung kommt.

Fremdheit der biblischen Texte

Wer in den biblischen Texten nicht nur immer wieder das bestätigt finden will, was er selbst schon immer für richtig gehalten hat, tut gut daran, biblische Texte ebenfalls als fremde Welten zu lesen, um sie neu und vielleicht auch anders entdecken zu können. Die biblischen Texte stammen aus vergangenen Zeiten und sind im Kontext für uns fremder Kulturen mit ihren je eigenen Plausibilitätsannahmen entstanden, die überwiegend nicht mehr den heutigen entsprechen. Die Welten der biblischen Texte sind verglichen mit der fremden Welt einer im interreligiösen Dialog der Gegenwart begegnenden Glaubensrichtung sogar weiter entfernt, denn wir können nicht *in* ihnen leben. Wir können nur versuchen, sie vom Standpunkt unserer eigenen Welt aus zu erkunden und zwar so umfassend, wie es nur irgendwie geht. Dennoch können heute lebende Menschen nicht zu Christen der ersten beiden Jahrhunderte werden, in denen die biblischen Texte entstanden und deren Welten sie teils bestätigend, teils kritisierend und sie verändernd verpflichtet sind. Menschen können die Bibel nur als Menschen ihrer jeweiligen Gegenwart lesen und interpretieren, mit ihren Sehnsüchten, Ängsten, Hoffnungen, Wünschen, Wirklichkeitsannahmen und Zukunftsvisionen.

Die Wahrnehmung der biblischen Texte in ihren historischen Kontexten zeigt, dass sie zu einem nicht unerheblichen Anteil selbst Produkte vergangener interreligiöser Konflikte sind, und es ist ein schwieriges Geschäft, die nicht-christlichen religiösen Welten zu rekonstruieren, mit denen sich neutestamentliche Texte auseinandersetzen bzw. die Auseinandersetzungen nachzuzeichnen, die in den Schriften des Alten Bundes mit den Religionen der Völker geführt werden.

Die Lage verkompliziert sich noch einmal erheblich dadurch, dass weder das Christentum noch das Judentum und erst recht nicht die Religionen der „Heiden" als monolithische Größen zu betrachten sind, sondern jeweils aus einer großen Vielfalt verschiedener Gruppierungen bestehen, die nicht nur Unterschiedliches, sondern zum Teil auch Gegensätzliches vertreten. In religiöser Hinsicht war die Welt, in der das Christentum entstand, kaum weniger pluralistisch als heutige postmoderne Gesellschaften.

Ältere christliche Exegeten wie Johann Salomo Semler im 18. Jh. und Ferdinand Christian Baur (1792–1860) im 19. Jh. versuchten diese verwirrende Vielfalt religiöser Konzepte und Konflikte, in denen das Christentum entstand, durch Komplexität reduzierende Modelle in den Griff zu bekommen, deren hermeneutischer Zugewinn im Vergleich zu den vorangehenden Auslegungsmodellen auch im Nachhinein nur zu bewundern ist; die damit einhergehende modellbedingte Starrheit wird durch die neuere religionsgeschichtliche Forschung korrigiert. Als Meilenstein gilt Martin Hengels (1926–2009) Monographie *Judentum und Hellenismus*. Seither ist nicht nur die einfache kulturgeschichtliche Opposition von Judentum und Hellenismus, sondern auch die Gegenüberstellung eines sich absondernden palästinischen Judentums einerseits und eines kulturoffenen hellenistischen Judentums andererseits passé.

Offen bleibt aber weiterhin die hermeneutische Frage, wie denn mit den überlieferten frühchristlichen Welten und denen ihrer rekonstruierbaren religiösen Kontrahenten umgegangen werden soll, eine Frage, die sich nicht nur für die religionsgeschichtliche Arbeit am Neuen und Alten Testament, sondern

Voraussetzungen zum Erkunden fremder Welten

auch im Schulunterricht mit Blick auf die fremden bzw. fremd gewordenen biblischen Texte und ebenso im Blick auf die nichtchristlichen Religionen im interreligiösen Dialog stellt: *Wie lassen sich vom je unhintergehbaren eigenen Standpunkt aus fremde Welten erkunden, ohne dem anderen die eigene Welt überzustülpen?* Zwei notwendige Schritte dafür sind zum einen, den eigenen Standpunkt zu erkunden und zu reflektieren, d. h., die Welt in der wir je selbst leben in ihrer ganzen Komplexität als unsere Verstehensmatrix wahrzunehmen, der wir zustimmend, kritisierend, verändernd verpflichtet sind. Dafür ist aus christlicher Perspektive ein intensives Bibelstudium unerlässlich. Nur wer die eigenen Texttraditionen kennt ist zum Dialog mit anderen Religionen befähigt. Zum anderen ist es notwendig, den Anderen als Anderen wahrzunehmen, die fremde Welt, in der der Andere lebt und in der seine Aussagen Sinn erzeugen, als fremde Welt zu erkunden.

Hermeneutik der Behutsamkeit

Die religionsgeschichtliche Forschung (vgl. hierzu Kap. 5) und der interreligiöse Dialog bedürfen gleichermaßen des Grundsatzes, die nicht kanonisierten christlichen und jüdischen Texte und ebenso die religiösen Texte der nicht-christlichen und nicht-jüdischen hellenistischen Kulturen mit demselben Respekt vor dem Anderen zu erforschen wie er den eigenen kanonisierten Texten entgegengebracht wird. Dasselbe gilt selbstverständlich auch für den christlich-islamischen Dialog. Der religionsgeschichtliche Vergleich wie der interreligiöse Dialog ergeben nur Sinn, wenn *alle* zum Vergleich herangezogenen Zeichenkomplexe – seien es Texte, Bilder, Gebäude, Gebärden – mit derselben Methode und derselben *Hermeneutik der Behutsamkeit erforscht werden, die den Anderen als Anderen in den Blick nimmt und gelten lässt. Bevor ein religionsgeschichtlicher Vergleich stattfinden kann, müssen der biblische und der zum religionsgeschichtlichen Vergleich herangezogene Text auf ihr je spezifisches Diskursuniversum und die darin geltenden Plausibilitätsannahmen hin untersucht werden.

Beispiel aus der Religionsgeschichte

Die Frömmigkeit etwa des gebildeten und in seiner Zeit hoch angesehenen Rhetors Publius Aelius Aristides, der seine Krankheitsgeschichten und ihre Behandlungen in seiner autobiographischen Schrift *Heilige Berichte* in der zweiten Hälfte des 2. Jh. n. Chr. niederlegte, wobei er seine Heilungen bzw. Schmerzlinderungen vornehmlich dem hellenistischen Heilgott Asklepios zuschrieb, sollte nicht als berechnender Aberglaube abgetan werden, dem dann apologetisch und triumphierend zugleich diejenigen neutestamentlichen Wundergeschichten gegenübergestellt werden, in denen der Glaube im Mittelpunkt steht, der dann wiederum exklusiv dem Christentum zugeordnet wird.

Ein sorgfältiges Studium der Schrift des Aristides sollte jedem religionsgeschichtlichen Vergleich dieses Textes mit neutestamentlichen Wundergeschichten vorangehen. Diese Textarbeit sollte auch nicht ein bestimmtes „gemeinantikes" Wunderverständnis voraussetzen, das dann bei Aristides nur wiedergefunden wird, sondern sich auf sein Diskursuniversum, also die Welt des Textes, wie er sie setzt und voraussetzt, einlassen und dieses zu erkunden suchen. Jenseits von Apologie und Polemik wird das die Andersheit der Plausibilitätsannahmen des Aristides behutsam und respektvoll erkundende Forschen dann auch über den religionsgeschichtlichen Vergleich zu einem tieferen Verständnis der neutestamentlichen Texte führen, das Gemeinsamkeiten ebenso differenzierter benennen können wird wie Unterschiede.

Auch für den interreligiösen Dialog der Gegenwart und seine schulische Thematisierung ergeben sich daraus förderliche Einsichten. Ein Text – sei es ein christlicher oder der einer Fremdreligion – sollte nicht nur als Illustration für den vom Lehrer gegebenen enzyklopädischen Überblick benutzt werden, sondern die Schüler sollten dazu aufgefordert werden, die Welt des Textes wie ein fremdes Universum zu erkunden. Dazu muss ihnen freilich auch zugemutet und zugetraut werden, dass sie Neues zu entdecken in der Lage sind, denn es bedarf des Vertrauens auf die eigene Erkenntnisfähigkeit ebenso wie der Anstrengung, diese Fähigkeit auch einzusetzen. Der interreligiöse Dialog kann auf beides nicht verzichten.

Das gilt nicht nur für die spezielle didaktische Schulsituation, sondern für den interreligiösen Dialog als solchen. Wenn das jeweilige konkrete interreligiöse Gespräch von einer enzyklopädischen Vorannahme zu sehr überlagert wird, dann hat der Gesprächspartner kaum mehr eine Chance, wirklich gehört zu werden, denn man „weiß" ja schon, was ein Muslim, ein Jude, ein Christ, ein Buddhist denkt und glaubt. Nur durch die Haltung, dem konkreten Anderen als jemandem zuzuhören, der vielleicht Anderes sagt, als es erwartet wurde, eröffnet sich ein echter Dialog. Der interreligiöse Dialog kann nur gelingen, wenn wir dem Anderen respektvoll und neugierig auf seine Welt gegenübertre-

interreligiöser Dialog

ten und wenn wir die eigenen Welten kennen. Dann kann auch vertrauensvoll erkundet werden, welche Schritte gemeinsam gegangen, welche Welten gemeinsam bewohnt werden können und wo und warum sich Wege trennen. Dass auf diese Weise der eigene Glaube, die eigenen Traditionen, die eigenen Geschichten im Angesicht des Anderen neu formuliert werden müssen und so vielleicht neu verstanden werden, könnte nicht das geringste Ergebnis eines aufrichtigen Dialogs sein.

Heilige Schriften unter den formalen Bedingungen menschlicher Kommunikation

Der interreligiöse Dialog zwischen Juden, Christen und Muslimen kann von der gemeinsamen Überzeugung ausgehen, dass Gott gesprochen hat: *deus dixit*. Jüdische Überzeugung ist es, dass Gott in der mündlichen (*Talmud) und schriftlichen Tora (Tanach) gesprochen hat, für Christen ist Jesus Christus das eine Wort Gottes, das auch erst den Sinn der Schriften des Alten Bundes verstehen lässt und für Muslime sind es die Gottesreden, die dem Propheten Mohammed zuteil wurden.

Diese drei Konkretisierungen des *deus dixit* (Gott hat gesprochen) sind inhaltlich verschieden und nicht harmonisierbar. Weder Juden noch Muslime teilen die christliche Überzeugung, dass Jesus Christus das eine Wort Gottes ist, von dem her sich der gesamte Schöpfungszusammenhang erschließt. Weder Christen noch Muslime vernehmen im Talmud, der jüdischer Tradition zufolge die mündliche Tora authentisch überliefert, das Wort Gottes. Weder Juden noch Christen halten die Suren des *Koran für Reden Gottes, die Mohammed von ihm empfangen hat.

Die Gemeinsamkeit liegt also nicht auf einer inhaltlichen, sondern auf einer formalen Ebene: *Gott hat sich verständlich und auf den Menschen zugewandte, barmherzige Weise mitgeteilt.*

Im Akt der kommunikativen Zuwendung Gottes zu den Menschen liegt die Unhintergehbarkeit der hermeneutischen Aufgabe begründet. Gott spricht die Sprache der Menschen. Indem er sich auf eine ihnen verständliche Sprache einlässt, übersetzt er im Kommunikationsakt seine Intention in die Form menschlicher Kommunikation. Die hermeneutische Aufgabe kommt also nicht erst durch die Verschiedenheit der Zeiten und Kulturen ins Spiel, sondern sie liegt im Akt der Kommunikation des göttlichen Willens unter den Bedingungen menschlicher Sprache im Offenbarungsakt selbst begründet. Die Vielfalt und auch die Widersprüchlichkeit im Tanach, in der Bibel und im *Koran haben ihren ursprünglichen Grund in den formalen Bedingungen jedweder menschlicher Kommunikation, auf die sich Gott um der Sagbarkeit seiner Botschaft willen eingelassen hat. Der barmherzige Gott spricht mit den Menschen unter den Bedingungen menschlicher Kommunikation und lässt sich um der Menschen Willen auf die Grenzen ihrer Kommunikationsfähigkeit ein.

Merksatz

MERKE: Juden, Christen und Muslime gehen davon aus, dass Gott mit den Menschen wohlwollend kommuniziert. Tanach/*Talmud, Bibel und *Koran gelten als Zeichen der ihnen vorausliegenden Kommunikation Gottes mit den Menschen.

Die jüdischen Schriften, Tanach und Talmud, die christlichen Schriften, die in der Bibel gesammelt und Sinn bildend angeordnet wurden und der Koran als Verschriftlichung prophetischer Wahrnehmungen wurden unter den formalen Bedingungen menschlicher Kommunikation produziert, und sie werden unter diesen Bedingungen rezipiert. Mit Blick auf die Entstehung von Tanach, Bibel und Koran heißt das: Sie haben ihren Grund nicht in sich selbst, sondern er ist ihnen als das, woraufhin ihre Zeichenproduktion beginnt, wirksam vorgegeben. Die Zeichenprodukte Tanach, Bibel und Koran bemühen sich darum, das sie veranlassende mitgeteilte Wort Gottes zu erschließen, indem sie schriftliche Zeichen bilden, die es interpretieren und verstetigen.

Literatur

F. Albertini / S. Alkier / Ö. Özsoy, Gott hat gesprochen – aber zu wem? Das Forschungsprojekt „Hermeneutik, Ethik und Kritik Heiliger Schriften in Judentum, Christentum und Islam" (ZNT 26, im Druck)

A. Grünschloss, Der eigene und der fremde Glaube. Studien zur interreligiösen Fremdwahrnehmung in Islam, Hinduismus, Buddhismus und Christentum, HuTh 37, Tübingen 1999

K.-J. Kuschel, Streit um Abraham. Was Juden, Christen und Muslime trennt – und was sie eint, 4. Aufl. München 2006

Aufgaben

1. Warum sollte man Bibeltexte als „fremde Welten" wahrnehmen?
2. Schreiben Sie einen Essay zum Thema: Zur Unterscheidung von Bibel und Wort Gottes.
3. Warum ist Bibelkunde für das Gelingen des interreligiösen Dialogs notwendig?

3.4 | Biblische Texte in Medien der Gegenwartskultur(en)

3.4.1 | Von der *Synästhesie der Zeichen

Geschichten erzeugen Bilder. Dies trifft nicht erst zu, wenn Künstler den medialen Sprung von den Schriftzeichen zu Gemälden, Plastiken, Filmen oder Internetauftritten vollziehen. Vielmehr erzeugt jedes Lesen von Geschichten Kino im Kopf. Lesen ist weit mehr als die passive Aneinanderreihung abstrakter Zeichen. Diese höchst komplexe Kulturtechnik verlangt Kreativität, schlussfolgerndes Denken und kulturelles Wissen und erschließt auf diese Weise die Welt des Textes, sein Diskursuniversum. Die Welt ist hier so, wie der Text sie zu lesen gibt.

Mitarbeit der Leser

Allerdings sagen Texte aufgrund der Ökonomie der Zeichen nicht alles, was zur Konstitution des Diskursuniversums im Leseakt notwendig ist. Stets muss bereits erworbenes enzyklopädisches Wissen von den Lesenden eingebracht werden, um die Zeichen mit Vorstellungsbildern zu belegen. Je weniger kulturelles Wissen eingebracht werden kann, desto schwieriger ist es, aus den abstrakten Zeichen ein zusammenhängendes Ganzes zu formen. Je mehr enzyklopädisches Wissen abrufbar ist, desto differenzierter und lustvoller wird die Sinnproduktion der Lektüre ausfallen.

Infobox

Ökonomie der Zeichen
Ökonomie der Zeichen meint die Redeaufwand reduzierende Fähigkeit der Zeichen, mehr auszudrücken als das direkt Gemeinte. Bsp.: Das Wort „Hund" impliziert die Bedeutung „Tier". Spricht man von einem „Hund", muss man nicht dazu sagen, dass es sich um ein Tier handelt.

Die enzyklopädischen Kenntnisse der Lesenden wiederum werden erheblich mittels Lektüre erworben, differenziert und erweitert. Schriftzeichen sagen aber nicht nur aufgrund ihrer Ökonomie nicht alles, sondern auch wegen ihrer medialen Grenzen. So können sie zwar den Klang der Stimme beschreiben und sogar die Art und Weise des Sprechens angeben, wie es etwa die Regieanweisungen in den Textausgaben von Theaterstücken intendieren. Sie lenken damit zwar die Vorstellungskraft der Lesenden, aber sie können nicht den Klang der Stimme selbst erzeugen. Texte sprechen nicht. Dazu bedarf es der Stimme der Schauspieler bzw. der vorgestellten Stimme, wie sie jeder Leser für sich selbst imaginär erschaffen muss. Damit werden die Texte lesend interpretiert, was man von dem italienischen Regisseur Pier Paolo Pasolini lernen kann: „Tatsächlich hat ein mit einem bestimmten Gesichtsausdruck gesprochenes Wort [...] eine Bedeutung. Mit einem anderen Gesichtsausdruck gesprochen, hat es eine andere, vielleicht entgegengesetzte Bedeutung [...] Ein von einer Geste begleitetes Wort hat eine Bedeutung; von einer anderen Geste begleitet, hat es eine andere Bedeutung etc." (Pasolini, Das ‚Kino der Poesie', 50)

Lesen ist von schriftlichen Zeichen gelenktes Inszenieren. Leser sind Regisseure, Bühnenbildner und Schauspieler in einer Person. Lesen ist eine hochkomplexe Kulturtechnik, die erlernt und trainiert werden muss. Lesen ist das Sinn erzeugende Sammeln abstrakter Zeichen mittels ihrer Verknüpfung zu einem homogenen Ganzen, das mehr und anderes ist, als die Summe seiner Zeichen. Lesen versteht sich nicht von selbst und ist keinesfalls kinderleicht. Der Wunsch von Schülern nach weniger Text- und mehr Bildmedien wird nachvollziehbar, wenn der komplexe Schwierigkeitsgrad des Lesens bedacht wird. Zugleich aber wird man davon Abstand nehmen müssen, diesem Wunsch vorschnell nachzugeben. Die Technik des Lesens eröffnet deshalb Welten, weil sie die Kreativität, das schlussfolgernde Denken und das Gedächtnis gleichermaßen schult. Den Leseschwächen von Schülern bedenkenlos nachzugeben, anstatt mit ihnen diese anspruchsvolle kreative Kulturtechnik einzuüben, nimmt ihnen die Chance, ihre Einbildungskraft zu trainieren, die sie vor allzu großer Passivität im kulturellen und politischen Leben schützt. Das Problem der Ablehnung biblischer Texte im schulischen Religionsunterricht dürfte zu einem Großteil kein spezifisches Problem der Bibellektüre sein, sondern mit dem allgemeineren der pädagogischen Nachlässigkeit im Vermitteln von Lesekompetenz zusammenhängen.

Lesen als komplexe Kulturtechnik

Merksatz

MERKE: Lesen ist eine hochkomplexe Kulturtechnik, die erlernt und trainiert werden muss. Lesen ist das Sinn erzeugende Sammeln abstrakter Zeichen mittels ihrer Aktualisierung und Verknüpfung zu einem homogenen Ganzen, das mehr und anderes ist, als die Summe seiner Zeichen. Die Aktualisierung erfolgt durch das Einbringen enzyklopädischen Wissens im Akt des Lesens.

Mit dieser Lesekompetenz aber werden die abstrakten Schriftzeichen hörbar und sichtbar. Es entsteht die Welt des Textes vor dem inneren Auge und Ohr der Lesenden. Wer liest, sieht nicht nur fremde Welten, sondern betrachtet auch die eigene Lebenswelt mit anderen Augen.

in Geschichten leben

Mit dem notwendig schöpferischen Erlernen der Verbalsprache macht der Aufbau der je eigenen Enzyklopädie einen kaum zu überschätzenden Sprung in ein Universum, das aus unzähligen Textwelten besteht, die alle irgendwie auf unüberschaubare und letztlich unkontrollierbare Weise miteinander verknüpft oder zumindest verknüpfbar sind. Eltern, Geschwister, Großeltern, Onkel, Tanten, Freundinnen, Freunde, Erzieherinnen und Erzieher erzählen Geschichten über die eigene Geburt und über die erste Lebenszeit, sie erzählen aber auch aus ihrem Leben, Geschichten von bereits verstorbenen Familiengliedern oder Freunden und sogar Geschichten, die sich noch vor ihrer eigenen Geburt ereignet haben. Kinder lernen mit der Sprache von Beginn an, in Geschichten zu leben, die zu einem Gutteil ihre eigene Identität bilden. Sie hören aber gleichermaßen Märchen und singen Lieder. Bilderbücher, Kinderbibeln, Hörbücher, Fernseher und Kino erzählen noch ganz andere Geschichten, die in Welten spielen, die anders aussehen und zu denen Andere und Anderes gehört, als die Akteure und Dinge der selbst erlebten Alltagswelt. Spannende, fremde, unheimliche Abenteuerwelten verschiedenster Zeiten und Räume gehören wie ihre eigene Alltagswelt zum Weltwissen von Vorschul- und Grundschulkindern, die erst nach und nach lernen, phantastische Welten von ihrer eigenen Erfahrungswelt zu unterscheiden.

biblische Geschichten intertextuell gelesen

Ein – für Erwachsene – amüsantes Beispiel mag das illustrieren. Zu der Frage: „Welches von den vielen Gleichnissen Jesu gefällt Dir am besten?" schrieb ein italienisches Grundschulkind folgendes auf:

> „Das Gleichnis, das mir am besten gefallen hat, ist das mit Lazarus. Lazarus war ein Freund von Jesus, und manchmal sind sie zusammen weg zum Einkaufen. Aber dann hat Lazarus eines Tages eine schlimme Hautkrankheit gekriegt, und weil in dem Ort das nächste Krankenhaus in Rom war, ist er bis dahin gestorben. Dann hat die ganze Familie geweint, sie waren alle sehr traurig. Sie haben gesagt, o je, ist das ein Unglück.
>
> Am nächsten Tag taten sie ihn ins Grab und machten ihn mit einem Stein zu, den nicht einmal der Ulk [sic!] weggekriegt haben würde. Eines Tages begegnet seine Frau dem Jesuskind und sagt zu ihm, dein armer Freund Lazarus ist tot, wenn du vorbeikommen könntest, wäre das ein Gefallen.

Also geht Jesus ganz ruhig zum Friedhof. Wie sie ihn sehen, laufen ihm alle nach, und jeder sagt, Jesus, mein Bruder ist gestorben, Jesus, meine Mama ist gestorben, Jesus, mein Vetter ist gestorben, aber Jesus konnte nur einen retten: es waren zu viele Tote!

Also hat er ganz laut geschrieen und gesagt, Lazarus komm raus, und Lazarus ist gekommen. Aber man kriegte Angst, er war wie eine Mumie und ist gelaufen wie ein Zombi, aber er hat gelebt, und auch wenn er noch einen Verband am Mund hatte, lächelte er vor Freude. Jesus umarmte ihn und sagte: Lazarus, diesmal verzeihe ich dir noch, aber das nächstemal darfst du nicht mehr sterben.

Und wie der Judas das gesehn, ging er hin und verriet ihn."
(D' Orta, Afrika, 19f.)

Dieser Text eines Grundschulkindes zeigt, wie Texte mit Bezug auf andere Texte und andere Medien produziert und rezipiert werden. Dabei geht es nicht lediglich um Einflüsse oder Quellen, sondern vielmehr um Bedeutungsräume, Sinnhorizonte und wechselseitige Bedeutungseffekte. Die johanneische Lazarusgeschichte wird von diesem Kind im intermedialen Bezug zu der Comicfigur „Der unglaubliche Hulk", zu Abenteuerfilmen, in denen von Mumien erzählt wird, und zu Zombie-Filmen aufgenommen und damit eine unheimliche Szenerie entworfen, die der Furcht und dem Schrecken biblischer Wundergeschichten weit mehr entspricht, als die gezähmten Darstellungen in vielen Bibelkommentaren, Jesusfilmen, Kinderbibeln und sonntäglichen Predigten. Die Wiederbelebung eines Toten, der schon einige Tage im Grab liegt und stinkt, hat etwas Gruseliges und Erschreckendes. Hier werden Grenzen überschritten, die gleichermaßen unheimlich sind wie faszinieren.

Nicht zuletzt wird die Lazaruserzählung auch in die eigene italienische Lebenswelt eingetragen, und jegliche historische Kritik, die ja gerade die Unterscheidung der Welten zum hermeneutischen Grundlagenprinzip erhoben hat, völlig ignoriert. Die biblische Geschichte spielt zugleich in der Fantasywelt von Comics, Gruselgeschichten, Abenteuererzählungen und in der Welt der eigenen Erfahrung, in der es einfach zuviel Tote gibt und das nächste Krankenhaus weit weg ist. Aber auch weitere biblische Geschichten werden eingespielt. Die „schlimme Hautkrankheit" stellt wohl einen Bezug zu der lukanischen Lazarusgeschichte dar, in der in Lk 16,20 Lazarus so eingeführt wird: „Es war aber ein Armer mit Namen Lazarus, der lag vor seiner", des Reichen aus Lk 16,19, „Tür voll von Geschwüren". Auch der Name des

Judas kann als intertextueller Hinweis aufgegriffen werden. Joh 11,53 erzählt die Antwort des Hohen Rates auf die Wiederbelebung des Lazarus: „Von dem Tage an war es für sie beschlossen, dass sie ihn töteten." Das Grundschulkind assoziiert diesen mörderischen Plan mit dem Verrat des Judas, der dann im Johannesevangelium in 18,2f. inszeniert wird.

Kritisch geschulte und auf diese gelehrte Weise begrenzte Leser werden unweigerlich über diese Entgrenzungen der Sinnhorizonte qua intertextueller und intermedialer Assoziationen lachen – um so an der naiven Freiheit des Kindes doch noch zu partizipieren. Tatsächlich aber lesen auch und gerade geschulte Leser immer intertextuell, selbst dann, wenn es ihnen nicht bewusst ist. Kein Text wird ohne Bezugnahme auf andere Texte gelesen und das gilt nicht zuletzt für diejenigen Visualisierungen, die durch die Assoziation mit anderen Texten vollzogen werden. Wann immer im christlichen Kontext das Wort „Gott" gelesen wird, steht eben auch das Bild eines alten Mannes mit weißen Haaren in der beharrlich sich einstellenden visuellen Assoziationskette auf dem Programm. Nur sehr wenige Texte aus dem jüdisch-christlichen Textrepertoire stellen Gott so dar, aber dieses Bild hat durch die visualisierende Malerei das christliche Gottesbild wie kaum ein anderes geprägt.

Literatur

A. Bach (Hg.), Biblical Glamour and Hollywood Glitz, Semeia 74 (1996)
M. Bal, Reading „Rembrandt". Beyond the Word-Image Opposition, Cambridge / New York 1991
M. D' Orta (Hg.), In Afrika ist immer August. 60 Schulaufsätze neapolitanischer Kinder, Zürich 1991
U. Eco, Lector in Fabula. Die Mitarbeit der Interpretation in erzählenden Texten, 3. Aufl. München / Wien 1998
P. P. Pasolini, Das ‚Kino der Poesie', in: P.W. Jansen/W. Schütte (Hgg.), Pier Paolo Pasolini, Reihe Film 12, München 1977
J. Wermke (Hg.), Kerygma in Comic-Form, München 1979

Aufgaben

1. Erstellen Sie ein Cluster zu dem Stichwort Bibel. Schreiben Sie dafür das Wort „Bibel" in die Mitte eines DIN-A4-Blattes. Schreiben Sie ihre Assoziationen dazu stichwortartig auf, kreisen Sie diese Stichwörter ein und ziehen Sie eine Verbindungslinie von der eingekreisten Assoziation zu dem Ausgangswort „Bibel". Ergeben sich weitere Assoziationen zu den eingekreisten Stichwörtern, so notieren Sie diese auch und

markieren diese durch ein Rechteck. Verbinden Sie das Rechteck mit dem eingekreisten Stichwort, das die Assoziation auslöste. Nehmen Sie sich dazu soviel Zeit wie sie benötigen (mindestens 20 Minuten), aber unterbrechen Sie den Vorgang nicht. Das erstellte Cluster symbolisiert Ihr enzyklopädisches Wissen zu dem Stichwort „Bibel". Tauschen Sie sich möglichst über Ihr Cluster mit Anderen aus, die auf die gleiche Weise ihr Bibelcluster erstellt haben.
2. Suchen Sie zu einer biblischen Erzählung Ihrer Wahl Bilder (Gemälde, Fotografien, Videoinstallationen, Comics etc.).
3. Achten Sie 14 Tage lang auf Werbeplakate, Werbeanzeigen und Werbespots. Notieren Sie dort erkennbare Bibelzitate bzw. Anspielungen auf biblische Texte.

Exegese im Kino | 3.4.2

Biblische Texte werden auch in der Gegenwart nicht nur von Theologen in Kirche, Schule und Universität ausgelegt, sondern mit großer Breitenwirkung auch in Tageszeitungen (z. B. Bildzeitung), Wochenblättern (z. B. Spiegel, Focus), Popmusik (z. B. Xavier Naidoo), Comedy-Shows (z. B. Dieter Nuhr), Videoclips (z. B. Madonna) usw. Viele biblische Stoffe finden sich als Motive oder Episoden in Filmen, die ihren Bibelbezug nicht kenntlich machen (z. B. Star Trek, Star Wars, König der Löwen). Vor allem aber haben die seit Jahrzehnten immer wieder zu Ostern gezeigten Jesusfilme entscheidenden Anteil an der öffentlichen Interpretation der Jesus-Christus-Geschichte. Wie die stehenden Bilder der Kirchen und Kathedralen des Mittelalters entscheidenden Einfluss auf die theologischen, christologischen und *eschatologischen Vorstellungen der zeitgenössischen Betrachter hatten, so sind es nun in vielfältiger Kontinuität und teilweise auch durch bewusste Diskontinuität die bewegten Bilder des Kinos und des Fernsehens, die Vorstellungen von Gott und Jesus erzeugen.

Am Beispiel der Wunderinszenierungen einiger Jesusfilme soll im Folgenden die Notwendigkeit der kritischen Wahrnehmung öffentlicher Bibelauslegung aufgezeigt werden, wie sie sich aus der kritischen Analyse medialer Interpretationen ergeben kann.

die Bibel: ein wirksamer Faktor in den Medien

Plötzlich steht das Q-Wesen wieder auf der Brücke, diesmal in der Gestalt eines Magiers. Commander Ryker, nach Captain Picard der

die Versuchung Rykers

ranghöchste Offizier, die „Nr. 1", an Bord des neuen Raumschiff Enterprise, findet Gefallen an dem Gedanken, die ihm von Q verliehene Wunderkraft einzusetzen, hätte er doch mit ihrer Hilfe ein Mädchen, das in seinen Armen starb, retten, ja sogar wiederbeleben können. Er will deshalb das Raumschiff verlassen und als Abschiedsgeschenk möchte er jedem seiner auf der Schiffsbrücke versammelten Kollegen einen mit menschlichen Kräften unerreichbaren Wunsch erfüllen. Da er Captain Picard das Versprechen gegeben hatte, seine Q-Kräfte nicht einzusetzen und er sich (noch) loyal verhalten möchte, beginnt er seine Wunder erst, als der Captain ihm die Erlaubnis dazu erteilt. Picard lehnt allerdings für sich ein mit Q-Kräften bewirktes Abschiedsgeschenk strikt ab. Er hat Q`s Spiel durchschaut. Q, der über unermessliche Kraft zu verfügen scheint, braucht Ryker, einen Menschen. Deshalb lässt er ihn an der Q-Kraft partizipieren und die verliehene Wundermacht beginnt Ryker zu korrumpieren.

Die, denen ein Wunder zu Teil werden soll, brauchen nicht darum zu bitten. Rykers Q-Kraft weiß, was sich jeder am meisten wünscht. Der jugendliche Wesley wird im Bruchteil einer Sekunde sofort zum erwachsenen Mann mit einer stattlichen Body-Building-Figur. Der blinde Jordy, der nur mit einem Visor, einem hochkomplizierten Sehapparat, zu sehen vermag, kann dieses Gestell nun abnehmen, da er neue Augen bekommen hat. Data, der künstliche Mensch, hingegen weist die Erfüllung seines Wunsches, ein richtiger Mensch zu werden, zurück. Data, der künstliche Mann, tritt dafür ein, den Dingen ihren natürlichen Lauf zu lassen und sie nicht mit Wunderkräften zu manipulieren.

Picards weise Gelassenheit setzt sich gegen die diabolische Versuchung Q´s durch, und auch die bereits wunderbar Beschenkten fordern ihre vorherige Gestalt zurück. Als selbst Wesley Commander Ryker darum bittet, wieder ein schmächtiger Jugendlicher zu werden, um auf menschlichem Wege zu reifen, bemerkt Ryker nun endlich den Korruptionsversuch des Q-Wesens und stellt sich auf die Seite seines menschlichen Captains. Die Versuchung schlägt fehl, das Q-Wesen fährt unter Schmerzensschreien aus dem Raumschiff aus. Die Botschaft der Episode: Menschen sollen menschlich bleiben und sich nicht durch übermenschliche Macht korrumpieren lassen.

Der bibelfeste Leser wird längst die Anklänge an die in den Evangelien erzählte Versuchungsgeschichte erkannt haben (Mt 4,1-11 par). Insbesondere die Lukasfassung spricht aus, worum es in der beschriebenen Szene aus *Star Trek – The Next Generation* geht: „Und der Teufel sprach zu ihm: Dir will ich diese ganze Macht und ihre Herrlichkeit geben; denn mir ist sie übergeben, und ich gebe sie, wem ich will. Wenn du nun mir huldigst, soll sie ganz dein sein." (Lk 4,6f.)

Es wäre ein interessantes und gerade auch für den Religionsunterricht ab Klasse 10 aussichtsreiches Unternehmen, die Inszenierung der Versuchungsgeschichte in verschiedenen Jesusfilmen mit der geschilderten Raumschiff-Enterprise-Szene und der biblischen Textvorlage zu vergleichen, um ihre Gemeinsamkeiten und Unterschiede herauszuarbeiten. Ich möchte hier aber nicht weiter darauf eingehen, sondern mich mit der Darstellung von Wundern in Jesusfilmen befassen.

Ein wunder Punkt des Mediums Jesusfilm ist der Wunderpunkt. Dieses Problem wird nicht nur von der kirchlich gebundenen *Schwalbacher Entschließung* vom Juni 1950, sondern auch von nicht-kirchlichen Filmkritikern und gerade auch von aufgeklärten Regisseuren wie Pier Paolo Pasolini empfunden. Pasolini urteilt über seinen auch von kirchlicher Seite hoch gelobten Film *Das erste Evangelium – Matthäus*: „Es gibt einige schreckliche Momente, für die ich mich schäme, die fast gegenreformatorisches Barock sind, abstoßend: die Wunder." (Pasolini zitiert nach Schütte, Filmografie, 123)

<small>das Wunder: ein wunder Punkt des Jesusfilms</small>

In der *Schwalbacher Entschließung* wird dem Film schlichtweg abgesprochen, ein geeignetes Medium der „Darstellung der göttlichen Offenbarung" zu sein: „Wir müssen auch bitten, die filmische Darstellung der göttlichen Offenbarung (Christusleben, Vorgang des Wunders, Vollzug der Sakramente) zu vermeiden. Der Film kann die Wirklichkeit des Heiligen Geistes nur im Spiegel eines menschlichen Schicksals spürbar machen." (Evangelischer Filmbeobachter, 1.7. 1950, 90)

Wie kommt es aber, dass es keine Kritik an der Darstellung von Wundern in Science-Fiction und Fantasy-Filmen gibt, ja dieselben Zuschauer eine Wunderszene in einem Science-Fiction goutieren, während sie diese in einem Jesusfilm unangemessen oder auch einfach schlicht peinlich finden? Am Stoff kann es kaum liegen, denn, wie oben gezeigt, arbeitet z.B. die Versuchung Rykers mit dem Plot der neutestamentlichen Versuchungsgeschichte Jesu.

Filme konstruieren Welten. Die Geschichten, die sie erzählen, erhalten ihre Logik durch den Bezug auf diese konstruierte Welt, die wir das Diskursuniversum des jeweiligen Films nennen wollen. Wie schon der Einband eines Buches vor der Lektüre signalisiert, welcher Textsorte es zuzuordnen ist – Roman, Autobiographie, Sachbuch, Lexikon, wissenschaftliche Abhandlung, Heilige Schrift usw. –, so übernimmt diese Funktion der Vor- und der Abspann für einen Film. Noch vor der Lektüre des ersten Satzes bzw.

<small>Filme konstruieren Welten</small>

vor dem Erblicken des ersten Bildes wird in aller Regel das zu erwartende Diskursuniversum angezeigt und damit eine Rezeptionserwartung geweckt.

Die geschilderte Handlung ist dem Diskursuniversum verpflichtet. Von ihm aus erhält sie ihre Plausibilität. In einem Fantasy-Film rechnen wir mit dem Eingreifen einer guten Fee, die mit ihrer Wunderkraft den Helden oder das bedrohte Liebespaar rettet, worüber wir uns freuen, auch wenn wir nichts anderes erwartet haben. Würde gegen Ende des Films *Titanic* eine Fee auftauchen, die das sinkende Riesenschiff an Land zauberte und den Zuschauer um den Genuss seiner Trauer um das Liebespaar brächte, würden wir uns nicht freuen, denn die Fee würde die Gesetze des Diskursuniversums des Titanicfilms und damit seine Plausibilität verletzen und brächte ihn somit um seine emotionale Wirkung. Die Wunder einer Fee sind nicht für sich genommen plausibel oder nicht, sondern nur im Rahmen des jeweiligen Diskursuniversums sind sie sinnvoll oder Sinn störend.

Sogar das, was als Wunder gelten kann, ist abhängig vom zugrunde liegenden Diskursuniversum. Für das Diskursuniversum einer Tageszeitung wäre es sicher ein Wunder, wenn ein Mensch die Distanz von Hamburg nach Trier in knapp drei Sekunden überwinden könnte. Nicht so für das Diskursuniversum des Raumschiffs Enterprise, da es hier die Technik des *Beamens* gibt. Aber auch für die Star-Trek-Welt gilt es als Wunder, wenn jemand, wie das Q-Wesen, ohne Beam-Technik einzusetzen, unermessliche Entfernungen in Sekundenschnelle zurücklegen kann.

die Bewertung der Wunderdarstellung

Um die jeweilige Wunderinszenierung in Jesusfilmen angemessen beurteilen zu können, muss daher das Verhältnis von Diskursuniversum und erzählter Handlung im Blick sein. Ein Rundumschlag, wie ihn die Schwalbacher Entschließung bietet, ist aus filmtheoretischen und theologischen Gründen abzulehnen.

Filmwissenschaftlich muss darauf verwiesen werden, dass es den Jesusfilm nicht gibt. Vielmehr ist eine Vielzahl von Jesusfilmen zu verzeichnen, die jeweils eigene Diskursuniversen entwerfen, in denen die Handlung ihren Sinn gewinnt. Die filmwissenschaftliche Frage muss daher lauten: Passt die Wunderinszenierung in das Diskursuniversum des jeweiligen Jesusfilms?

Theologisch ist die Schwalbacher Entschließung abzulehnen, weil sie suggeriert, es gäbe angemessene und unangemessene Medien der „Darstellung der göttlichen Offenbarung". Jede Darstellung ist aber auf Zeichen angewiesen und jedes Zeichensystem hat eigene Chancen und eine eigene Problematik. Die theologische Diffamierung der Bilder hat eine lange traurige Geschichte, die Georg Seeßlen treffend auf den Punkt bringt: „das Bild an sich ist ein Grundproblem aller Religion – um so mehr 24 Bilder in der Sekunde" (Seeßlen, Sakralität und Blasphemie, 96). Die theologische Frage lautet: Wie inszeniert der Film die Wunderdarstellung innerhalb des von ihm gesetzten Diskursuniversums und welche Theologie des Wunders präsentiert er damit den Zuschauern?

Die Breitenwirkung von Jesusfilmen ist sicher größer als die von exegetischen Fachbüchern und mittlerweile wohl auch als die der neutestamentlichen Texte selbst. Die Machart und Qualität von Jesusfilmen ist so unterschiedlich wie die von exegetischen Fachbeiträgen. Jesusfilme sollten als narrative Kommentare zu den biblischen (und *apokryphen) Texten ernst genommen werden. Als solche sind sie Gegenstand neutestamentlicher Wissenschaft. Verschiedene Typen der Wunderdarstellung in Jesusfilmen lassen sich unterscheiden:

Typen der Wunderdarstellung in Jesusfilmen

a) Das Wunder des Films oder: Die Lust filmischen Erzählens:

Dass die bewegten Bilder in ihrer Anfangszeit als Wunder der Technik empfunden wurden, können Menschen westlicher Industrienationen heute kaum mehr nachempfinden. Die neue Technik brachte zunächst Filme hervor, die nicht länger als 15 Minuten dauerten. Oft wurde nur eine Szene dargestellt. So musste man sicherstellen, dass der Zuschauer aufgrund seines enzyklopädischen Wissens die Szene kontextuieren konnte, um sie verstehen zu können. Da biblische Geschichten um die Jahrhundertwende noch weitgehend in allen Gesellschaftsschichten bekannt waren, waren sie ein bevorzugter Stoff der frühen Filmemacher. Häufig wurden Szenen aus der religiösen Malerei zur Vorlage genommen oder einfach Passionsspiele gefilmt.

Man merkt aber schon sehr bald, dass die Filmemacher Gefallen daran hatten, die Möglichkeiten der neuen Technik auszuprobieren. Dazu eigneten sich hervorragend die biblischen Wundergeschichten. Wie sollte man bei einem religiösen Spiel etwa Jesu Seewandel darstellen? Die neue Technik machte es möglich. Mit seinem Kurzfilm *Jesus über die Wellen schreitend* aus dem Jahr 1900 erregte Georges Méliès einiges Aufsehen. Die Zuschauer fragten

Jesus über den Wellen schreitend

sich verblüfft und irritiert zugleich: „Wie hat er das gemacht?" Dabei bezog sich diese Frage auf beide – auf den Regisseur und seine Technik sowie auf Jesus und seine Wunderkraft.

The King of Kings

Von dieser Lust am filmischen Erzählen mit seinen neuen technischen Möglichkeiten ist auch noch Cecil B. de Milles Monumentalfilm *The King of Kings*, USA 1926/27, geprägt, der das auf ein Breitenpublikum angelegte Hollywood-Kino, wie wir es bis heute kennen, maßgeblich mitentwickelte. *The King of Kings* führt die narrativ-visuelle Freude an Wundergeschichten phantasievoll, trickreich und sehenswert vor Augen.

Während es die Kurzfilme der ersten Jahre schon aufgrund ihrer Orientierung an Einzelszenen fast zur Gänze dem Zuschauer überließen, die Szene(n) aufgrund des je eigenen enzyklopädischen Wissens in ein virtuelles Diskursuniversum einzufügen, konstruiert der längere Spielfilm de Milles aufgrund der Vervielfältigung und dramaturgischen Funktion der Wunderinszenierungen ein Diskursuniversum, das geprägt vom Wunderhandeln Gottes ist. Obwohl der Film ständig in der Gefahr steht, den Eindruck des naiven Historisierens zu erwecken, gelingt es ihm, die Wundergeschichten als Geschichten zu erzählen, die dem Rezipienten die Freiheit lassen, sie als historischen Bericht oder als *religious fiction* zu sehen. De Mille erreicht diese Offenheit gerade dadurch, dass er die Wundergeschichten nicht problematisiert, sondern ihre narrativen Effekte ausgestaltet. Er will keine problemorientierte Theologie des Wunders zeigen, sondern die *action* der Wundergeschichten nutzen, um sein Publikum zu begeistern.

b) Wunder als Psychotherapie oder: Wunderinszenierungen im Zeichen des Rationalismus:

Die größte Geschichte aller Zeiten

Der Titel von George Stevens Jesusfilm aus dem Jahr 1965 ist Programm: *The Greatest Story Ever Told*, dt.: *Die größte Geschichte aller Zeiten*. Der Film stützt sich auf das gleichnamige Buch von Fulton Oursler, Schriften von Henry Denker und auf biblische Texte. Er bietet dem Zuschauer ein geschlossenes Diskursuniversum an, indem er den Film mit einem Gemälde eröffnet, das im Stile mittelalterlicher Kirchenmalerei Jesus darstellt, und mit demselben Bild den Film schließt. Dabei handelt es sich aber um ein fingiertes Bild, dem Max von Sydow, der die Jesusrolle in Stevens Film spielt, Modell gestanden hat. Damit signalisiert Stevens zugleich die fiktionalen Züge seines Films und die Tatsache, dass er die kirchlich-religiöse Verortung des Filmstoffs respektiert und darum bemüht ist, die kirchliche Überlieferung angemessen zu berücksichtigen. Sein Film erhebt damit aber auch den Anspruch, die religiöse Kunst des Mittelalters mit den technischen Mitteln des Filmzeitalters zu transformieren, was ihm zumindest stellenweise – und nicht zuletzt wegen der schauspielerischen Leistung Max von Sydows – gelingt. Der Film setzt daher nur wenige spektakuläre Effekte ein und zelebriert vielmehr bedächtig die Feierlichkeit seines Stoffes.

Auch der Titel signalisiert die Absicht, eine *story* zu *erzählen* und nicht Historie zu berichten. Diese viel versprechenden Rezeptionssignale durchbricht der Film aber vor allem durch seine kitschige Darstellung der Frauenrollen, durch seine ebenso kitschig übertriebene Kolorierung, durch seinen klischeebestimmten Einsatz von Musik, durch seine altertümelnde Sprache und nicht zuletzt durch seine Unentschlossenheit in der Wunderinszenierung, die zwischen frömmelnder Rehistorisierung und rationalistischer Psychologisierung einerseits und esoterischer Fantasy andererseits schwankt. Ich möchte zunächst anhand einer Szene aus Stevens Film den rehistorisierend-psychologischen und im nächsten Abschnitt den magischen Inszenierungstyp darstellen.

Titel als Rezeptionssignale

> Jesus geht mit seinen Jüngern in eine Synagoge. Dort legt ein Schriftgelehrter die Schrift so aus, dass er die Anwesenden vor dem Kontakt mit Sündern warnt, da Gott Sünde und Sünder verderben werde. Dem widerspricht Jesus. Er hält dagegen: „Unser Gott ist ein Gott der Erlösung und kein Gott der Rache. Nur im Glauben ist eure Erlösung und nur in der Liebe ist eure Hoffnung. Klopft an, so wird euch aufgetan. Bittet, so wird euch gegeben. Habt Vertrauen, so wird es euch wohl ergehen. Wer das glaubt, der lebt ewiglich. Gehet hin mit der Herrlichkeit Gottes, eures Herrn." Daraufhin erhebt ein Gelähmter seine Stimme, der zunächst als Individuum noch nicht auszumachen ist. Er entgegnet: „Warum sprichst du von Gehen zu uns, die wir Krüppel sind?"
>
> Jesus entgegnet: „Im Angesicht Gottes ist niemand verkrüppelt, es sei denn in seiner Seele." Der Lahme (leise und traurig): „Es ist einfach für dich, das zu sagen. Ich kann aber nicht gehen." Jesus (gebietend): „Steh auf und du wirst gehen." Der Lahme: „Willst Du mich verspotten? Ich sage Dir, ich kann nicht gehen." Jesus: „Du hast es nur nicht versucht, weil dein Glaube noch schwächer ist als deine Beine." Der Lahme (selbstbewusst): „Ich bete Gott an und mein Glaube ist stark." Jesus: „Dann stehe auf und geh!" Der Lahme überlegt einen Moment,

Die Inszenierung von Mk 2, 1-12 par

greift zu seinen Krücken, hält inne, blickt Jesus an, dieser blickt aufmunternd zurück. Der Lahme wirft seine Krücken weg und erhebt sich langsam und zitternd. Er macht die ersten zaghaften Schritte. Mehrmals werden seine nackten Füße in der Nahaufnahme eingeblendet, um den Fortgang der Heilung zu demonstrieren. Während die Füße zunächst heftig nach innen gewinkelt sind, weisen sie am Ende der Heilung normal gerade aus. (Nach der Lazaruserzählung wird dieser Lahme später rennend eingeblendet und als Zeuge der Messianität Jesu in Anspruch genommen.) Während der knapp vierminütigen Szene gab es keine Untermalungsmusik, sondern nur einen eindrücklichen Wechsel von Stimmen und Stille. Nun sagt der Lahme: „Seht, ich kann gehen." Zu Jesus gewandt sagt er: „Sieh mich an, ich kann gehen. Du, Jesus von Nazareth, Du hast mich geheilt." Nun setzt die Blechbläser-Musik ein. Jesus entgegnet (mit Musikuntermalung): „Nein, Dein Glaube hat Dich geheilt. Es gibt viele, die nicht gehen können und viel mehr noch, die es können, aber nicht wollen." Der Lahme wiederholt: „Ich kann gehen." Geigen setzen ein. Der Lahme wiederholt noch einmal: „Ich kann gehen." Die Geigen übernehmen. Jesus verlässt die Synagoge, ein alter Mann nickt ihm wohlwollend zu, Jesus lehnt sich einen Moment an der Synagoge an, der Vorgang hat ihm Kraft abverlangt, er geht entschlossen seines Wegs, die Geigen begleiten ihn feierlich, unterstützt von Holzbläsern.

Jesus als Psychotherapeut

Die Szene versucht, Heilszusage und Heilung miteinander zu verknüpfen. Die Heilung wird dabei psychologisierend zunächst in den Glauben und dann sogar in den Willen des Gelähmten verlagert und damit rationalisiert. Die Inszenierung bleibt nicht beim biblischen „Dein Glaube hat Dir geholfen" stehen, sondern befördert den Willen zum Subjekt der Heilung. Jesus gerät in die Rolle des Psychotherapeuten, der dem Patienten zuhört und Mut zur Nutzung der eigenen Kräfte macht. Kranken wird damit die Botschaft mitgeteilt, dass sie eigentlich gesunden könnten, es aber nicht wirklich wollen – eine Botschaft, die ihrerseits nicht selten zu religiös bedingten psychotischen Krankheiten führt.

Rehistorisierung der Wunder

Andererseits wird diese psychologisierende Wunderinszenierung konterkariert durch das Einblenden der innerhalb von zwei Minuten gesundenden Füße, ein Heilerfolg, den kein Psychoanalytiker vorweisen kann. Die Einblendung der gesundenden Füße rehistorisiert die Wundergeschichte, indem sie den Zuschauer zum Augenzeugen des Wundergeschehens macht. Indem die Szene beides will – die Heilung für den Zuschauer des 20. Jh.s psychologisch plausibel machen und sie gleichzeitig traditionsverbunden als menschlich nicht bewirkbares Wunder beweisen – misslingt die Inszenierung, und der Zuschauer weiß nicht, ob der Exlahme recht hat, wenn er sagt: „Jesus von Nazareth, du hast mich geheilt", oder ob Jesus recht hat, wenn er entgegnet: „Nein, Dein Glaube hat Dich geheilt." Immerhin deutet der kurze Schwächeanfall Jesu am Ende der Szene darauf hin, dass der Vorgang Jesus Kraft gekostet hat, also doch *er* das Wunder vollbrachte. Dann aber hätte er gelogen, als er behauptete, dass nicht er, sondern der Glaube des Gelähmten der Wundertäter sei. Der Zuschauer bleibt verwirrt zurück.

Zu dem durch das am Beginn des Films gezeigte Gemälde etablierten kirchlich-religiösen Diskursuniversum hätte eine traditionelle Wunderauffassung besser gepasst. Die nicht nur in dieser Szene, sondern auch in vielen Dialogen des Films eingestreuten Belege für eine anachronistische rationalistische Wunderauffassung wirken wie ein Fremdkörper, ungefähr so, als würde in einer Verfilmung von *Alice im Wunderland* plötzlich darüber debattiert, ob Teekessel und Teetassen singen und tanzen können.

c) Wunder als Zauberei oder: Wunderinszenierungen im Zeichen des Fantasy-Films:

Der Spielfilm *Die größte Geschichte aller Zeiten* setzt auch die Lazarus-Geschichte effektvoll in Szene als das Wunder, das Glauben weckte, indem die Filmmusik vom Klagegesang anlässlich des Todes des Lazarus bis zum Anstimmen des „Halleluja" aus Händels *Messias* führt. die Lazarusgeschichte
Joh 11, 1-44

> Nach Jesu stummer, nur vom tontechnisch gruselig verfremdeten Klagegesang begleiteter Ankunft im Haus des Lazarus, die 90 Sekunden der 11 Minuten langen Lazarus-Sequenz einnimmt, macht ihm Maria schwere Vorwürfe, hätte er als ausgewiesener Wundertäter Lazarus doch retten können. Jesus spricht dann die Worte nach Joh 11,25f.: „Ich bin die Auferstehung und das Leben. Wer an mich glaubt, wird leben, auch wenn er gestorben ist, und jeder, der lebt und an mich glaubt, wird auf ewig nicht sterben. Glaubst Du das?" Anstelle des *Messiasbekenntnisses der Martha, das die Antwort auf Jesu Frage in der johanneischen Lazarusgeschichte darstellt, schweigen in Stevens Film Maria und Martha, schenken ihm also keinen Glauben, worauf Jesus weinend, aber entschlossenen Gesichtsausdrucks allein zum vom Haus der Schwestern aus sichtbaren Grab des Lazarus geht. Dort nimmt Jesus eine verkrampfte und angestrengte Körperhaltung ein und spricht mit bedrohlicher Stimme folgenden mit Versatzstücken aus Deutero- und Tritojesaja versehenen Zauberspruch: „Wer ist Dir gleich, o Vater im Himmel? Wer gleicht Dir strahlend in Heiligkeit,

furchtbar an Ruhmestaten, Wunder vollbringend? Es ist niemand, der mich aus Deiner Hand befreit. Du schlägst Wunden und heilst auch wieder. Du tötest und machst lebendig. [Pause] Von den vier Windrichtungen komme, o Geist und hauche den Toten an, dass er wieder lebendig werde." Jesus öffnet die Tür und ruft Lazarus mit einer vom technischen Echo verfremdeten Stimme heraus. Chormusik und Geigen setzen ein. Man sieht die entsetzten und erwartungsvollen Gesichter, der von weitem auf das Geschehen Blickenden. Dann sieht man den Grabhügel und, kaum zu erkennen, Lazarus vor dem Grab. Es folgen die Reaktionen der Zeugen, aus denen einige hervorgehoben werden. Immer wieder werden der vorher im Film geheilte Lahme und der geheilte Blinde eingeblendet. Der am ausgiebigsten gezeigte Zeuge ruft aus: „Ich hab es mit eigenen Augen gesehen. Lazarus war tot, jetzt lebt er wieder." Nun setzt Händels Halleluja ein. Der Augenzeuge rennt zum Stadttor Jerusalems, gefolgt von dem Exlahmen und dem Exblinden. Er ruft zum Stadttor hinauf: „Der *Messias ist gekommen. Der Messias ist gekommen. Ein Mensch war tot, jetzt lebt er wieder." Der soeben angekommene Exlahme fügt hinzu: „Ich war lahm, jetzt kann ich wieder gehen." Und der Exblinde ruft: „Ich war blind, jetzt sehe ich wieder." Eine sonore Stimme fragt vom Stadttor herunter: „Wer hat das getan?" Antwort der Zeugen: „Ein Mensch mit dem Namen Jesus."

Denkt man an die mittelalterliche Malerei und die Jesusfilme der ersten 50 Jahre der Filmgeschichte, so setzt Stevens das Wunder selbst sehr sparsam in Bilder um. Das Entscheidende ist ihm die Reaktion der Menschen, die allerdings im Johannesevangelium nicht erzählt wird. Stevens gestaltet die Szene für seinen Film so, dass das unbezweifelbare Wunder die Augenzeugen zwangsläufig zur Erkenntnis der Messianität Jesu führt.

Jesus als Zauberer

Der Messias erscheint durch seine Körperhaltung und sein Tremolo in der Stimme beim Herbeirufen des Geistes als Zauberer, die ganze Szenerie wirkt gruselig. Zombiefilmassoziationen können sich beim heutigen Zuschauer leicht einstellen.

Durch den in einer Totalen aufgenommenen, kurz eingeblendeten Lazarus vor dem Grab, den man allerdings leicht übersieht, und durch die Augenzeugen bietet die Inszenierung eine realistische Wundervorstellung an, die aber im Gegensatz zum Johannesevangelium an keiner Stelle diesen Wunderglauben thematisiert, sondern ihn ungebrochen zur Schau stellt. Die Tatsache der je unterschiedlichen Enzyklopädie des Johannesevangeliums und der Zuschauer des Films wird schlicht ignoriert, was immer wieder zu ungewollten Lacheffekten führt.

Auch die gänzlich andere, psychologisierende Wunderauffassung, wie sie die oben geschilderte Lahmenheilungsgeschichte vermittelt, spielt hier keine Rolle mehr. Diese unausgeglichenen Widersprüche schaden dem Film als Ganzem und lassen sein Projekt, eine in sich stimmige Gesamtdarstellung der Jesusgeschichte zu erzählen, narrativ und theologisch scheitern.

d) Wunder als Wunder: Wunderinszenierungen als Literaturverfilmung:

Die wohl texttreueste Wunderinszenierung in einem Jesusfilm, der die Jesusgeschichte narrativ darstellen möchte, ist in Pier Paolo Pasolinis Film *Das erste Evangelium Matthäus* aus dem Jahr 1964 zu sehen. Während die Masse der Jesusfilme wie schon die *Evangelienharmonie des Tatian und auch die Jesus-Biographien der historischen Jesusforschung aus den verschiedenen, sich teilweise in der Darstellung widersprechenden Texten einen neuen Text zugunsten eines bestimmten, widerspruchsfreien Jesusbildes komponiert, ist Pasolini allein dem Text des Matthäusevangeliums verpflichtet.

Das erste Evangelium Matthäus

Pasolinis Film ist eine eindrückliche Komposition aus Musik, Geräuschen, Bildern, Sprache, Geschichten, Beleuchtungen und Schnitttechniken. Jedes der verwendeten Zeichensysteme und auch ihre Zuordnung wirken sinnstiftend arrangiert.

„Bereits die den Vorspann begleitende Musik, Klänge einer kreolischen Messe und Auszüge aus der Bachschen Matthäuspassion, stecken den Bedeutungsrahmen des Films ab. Dabei konnotiert die kreolische Messe die für den ganzen Film bestimmende volkstümliche und völkerverbindende Signifikanz des Evangeliums, wie Pasolini es versteht" (Jungheinrich, Überhöhung und Zurücknahme, 39), während die Matthäuspassion die herausgehobene Feierlichkeit und theologische Dimension des Folgenden markiert. Mit dem medienbewussten „Rückgriff auf vorhandene musikalische ‚Kulturgüter' unterstreicht Pasolini, daß er die Lebensgeschichte Jesu nicht in einem ungeschichtlichen Raum ansiedeln und sie nicht gleichsam unmittelbar naiv erzählen möchte. [...] Die Musik verstärkt den Zusammenhang zur Tradition". (ebd., 40)

Der Vorspann des Films, der nur Schrifttafeln zeigt, dauert 100 Sekunden. Die Musik endet, und es beginnt eine 3 Minuten und 25 Sekunden dauernde Sequenz, die Mt 1,18-24 inszeniert. Bereits das erste Filmbild enttäuscht die Erwartungshaltung des Hollywood-Kinos und konnotiert qua schwarzweiß Aufnahme die Differenz zwischen filmischer und außerfilmischer Wirklichkeit.

Gerade die den Kunstcharakter des Mediums betonenden Rezeptionshinweise eröffnen die Möglichkeit einer nicht kitschig wirkenden Literaturverfilmung, die eng, aber nicht ängstlich ihrer Vorlage Raum gibt und doch etwas Neues entstehen lässt. Das wirkt sich besonders günstig auf die Wunderinszenierung aus. Das Diskursuniversum des Films gibt sich durch den ganzen Film hindurch als eine erzählte Welt zu erkennen, in denen die Gesetze ihrer literarischen Vorlage gelten. Daher können die Wundergeschichten naiv inszeniert werden, ohne naiv, frömmelnd oder grotesk zu wirken.

Heilung eines Aussätzigen Mt 8,1-4

Nachdem Jesus in einer wortlosen Szene dämonisch Besessene mittels eines wortlosen Gebets geheilt hat und dieser Vorgang lediglich durch die Körperhaltung der Besessenen Ausdruck findet, die sich, untermalt von disharmonischer Streichmusik, zunächst jammernd am Boden wälzen und dann nach einem Schnitt geräuschlos in menschenwürdiger Haltung gezeigt werden, leitet ein Schnitt kombiniert mit einem neuen musikalischen Signal zur Heilung eines Aussätzigen über (vgl. Mt 8,1-4). Der Aussätzige ist zunächst in einer Halbtotalen und dann in einer Porträtaufnahme im Blick, die sein schrecklich entstelltes Gesicht zeigt. Er geht, untermalt von wehklagender Streichmusik, auf Jesus zu, der zunächst weit entfernt in einer Totalen gezeigt wird. Nachdem die beiden Blickkontakt haben, geht Jesus auf den Aussätzigen zu. Kurz bevor sie einander gegenüberstehen, zeigt ein Lächeln auf dem entstellten Gesicht des Aussätzigen sein Vertrauen zu Jesus an. Die beiden stehen sich gegenüber. Der Aussätzige sagt: „Herr, wenn Du willst, kannst Du mich rein machen." Dabei ist er in einer Porträtaufnahme zu sehen. Nach einem Schnitt ist Jesus in einer Porträtaufnahme im Bild. Er sagt: „Ich will! Du bist rein." Die Kamera bleibt auf Jesus gerichtet. Währenddessen setzt das fröhliche *gloria dei* der kreolischen Messe ein. Alle Zuschauer glauben den Worten Jesu, ohne gesehen zu haben! Erst jetzt folgt ein Schnitt und der nun Geheilte ist in einer Porträtaufnahme im Blick. Nachdem wieder die Porträtaufnahme Jesu zu sehen ist, sagt Jesus: „Siehe zu und sage es keinem. Aber gehe hin zu dem Priester und zeige Dich und opfere die Gabe, die Moses vorgeschrieben hat zum Zeugnis für jeden." Nach einem Schnitt ist wieder der Geheilte im Bild. Er fasst sich in sein Gesicht und nachdem er festgestellt hat, dass die Geschwüre verschwunden sind, läuft er froh zu den Menschen, die nun in einer Totalen eingeblendet werden und ruft: „Ich bin geheilt."

Durch die gesamte Inszenierung, die Dialoge nur sehr sparsam einsetzt, erhalten die Worte Jesu besonderes Gewicht. Da Jesus in der vorangegangenen Szene, die die Heilung der Besessenen inszenierte, nicht sprach, sind die Worte, „Ich will! Du bist rein" die erste Äußerung nach minutenlangem Schweigen.

Der Jesus in Pasolinis Matthäusverfilmung macht keine überflüssigen Worte. Dadurch wirken die Äußerungsakte Jesu umso mehr. Sie erhalten innerhalb des von Pasolini geschaffenen Diskursuniversums eine solche Kraft, dass ihnen göttliche Wundermacht jenseits aller Magie oder Geheimnis umwobenen Zauberei zugetraut wird. So kann Pasolini auf die matthäische Regieanweisung, „Jesus streckte die Hand aus und berührte ihn" (Mt 8,3a) verzichten.

die Macht des Wortes

Die Wunderinszenierung Pasolinis stellt eine eindrückliche Theologie des Wortes dar, die auf Spektakel und Effekthascherei ebenso zu verzichten weiß wie auf Psychologisierung, Rationalisierung und Rehistorisierung. Die Wirkung der Worte Jesu wird nicht durch pseudohistorische Fanfarenklänge und triefendfarbige Massenaufnahmen monumental ins Publikum geschrien, sondern leise, aber umso eindrücklicher durch die Blicke und Körper ihrer Adressaten gezeigt. Mit der Theologie des Wortes korrespondiert die Rezeption der Körper. Was der gelehrten Theologie häufig misslang, eine Theologie des Wortes mit einer ganzheitlichen, körperbezogenen Rezeptionshaltung zu verknüpfen, gelingt dem Regisseur, der beides semiotisch zu verknüpfen weiß.

e) Die Darstellung der Darstellung oder: Wunderinszenierungen als *Dekonstruktion des Wunderglaubens:

Herbert Achternbuschs Film *Das Gespenst* gehört zweifelsohne zu den anstößigen Jesusfilmen. Dass aber die Erregung von Anstoß und Ärgernis nicht unbedingt gegen eine Sache sprechen muss, sollte Bibelkundigen eigentlich bekannt sein.

Das Gespenst

Das Lexikon *Religion im Film (94 f.)*, gibt eine treffende Kurzcharakterisierung von Achternbuschs Film: „Eine lebensgroße Christusfigur in einem Kloster steigt auf die Klage einer enttäuschten Oberin vom Kreuz, um als ‚Ober' mit der Polizei, mit einem Bischof und mit Münchner Passanten in Konflikt zu geraten. Ästhetisch und gedanklich radikale Tragikkomödie von und mit Herbert Achternbusch, der aus extrem subjektiver Sicht die Frage stellt, was Jesus tun würde, käme er heute nach Bayern. Unter der blasphemischen Oberfläche des Films und hinter der Clownmaske des Hauptdarstellers verbergen sich tiefe Betroffenheit und profunde Skepsis angesichts versteinerter politisch-kultureller Verhältnisse in der Bundesrepublik. Achternbuschs provokative Attacke auf Kirche und Staat verursachte 1983 heftige Gegenreaktionen deutscher Bischöfe, der Staatsanwaltschaft und des Bundesinnenministeriums."

Anwalt des Menschseins

Wenig zur Geltung kam in der Diskussion um Achternbuschs *Gespenst*, dass dieser Film eine radikale christologische Frage stellt: Lässt die göttliche Natur der menschlichen Natur Christi überhaupt Raum? Achternbuschs These dazu ist ein klares Nein. Achternbusch wird zum Anwalt des Menschen, des Individuums Jesus von Nazareth jenseits aller christologischen Ansprüche an ihn. Achternbusch fordert gegen die „Größte Geschichte aller Zeiten", gegen den „König der Könige" Jesu Recht auf ein kleines, unbedeutendes aber privates, eigenes Leben ein. Die postmoderne Grammatik von Achternbuschs Film, die die assoziativen Verknüpfungen der visuellen und sprachlichen Zeichen nutzt, um eine eigene Erzähllogik zu konstruieren, spürt die ideologischen Konstruktionsprinzipien des christologischen Diskurses und der narrativen Grammatik des Hollywoodkinos zugleich auf und macht sie als solche sichtbar.

Dekonstruktion

Dieses Verfahren, ideologische Konstruktionen nicht lediglich zu negieren und eine andere Konstruktion an ihre Stelle zu setzen, sondern ihre Konstruiertheit aufzuzeigen, um damit ihren Absolutheitsanspruch zu unterlaufen, entwickelten zunächst unabhängig voneinander der Literaturwissenschaftler Paul de Man und der Philosoph Jacques Derrida. Beide benannten dieses Verfahren als *Deconstruction*. *Dekonstruktion darf nicht auf Destruktion oder Negation reduziert werden. Das Anliegen dekonstruktivistischer Lektüre ist es vielmehr, das Sperrige, der Logik des Einen Widerstehende aufzusuchen, und von daher die unreduzierbare Komplexität der Zeichen sichtbar zu machen. Indem gezeigt wird, wie etwas konstruiert ist, wird gezeigt, dass es konstruiert und deswegen nicht als selbstverständlich oder natürlich hinzunehmen ist, sondern als Position im Streit um die Interpretation der Welt sichtbar und kritisierbar wird.

Jesu Seewandel Mk 6,45-52

Einen Kernpunkt des theologischen und filmischen christologischen Diskurses – die Wundergeschichten – dekonstruiert Achternbusch mittels einer Neuinszenierung von Jesu Seewandel, die ich nun kurz skizziere:

Die Oberin und die Christusfigur treffen auf ihrer gemeinsamen Wanderung bei angeregter Unterhaltung auf einen Tümpel, in dem Frösche zu sehen sind.

Jesus: Siehst Du die Frösche? Schade, dass sie nie in meine Bar kommen, ich würde sie gern bewirten."

Oberin: „Ich fang dir welche. Hilfst Du mir?"

Jesus: „Kommen die an Land?"

Oberin: „Wir gehen zu ihnen ins Wasser."

Jesus: „Das kann ich nicht. Ich kann nur auf dem Wasser gehen."

Während die Oberin im Wasser umhergeht, tapert die Christusfigur unbeholfen auf der Wasseroberfläche herum.

Oberin: „Geh doch hinein."

Jesus: „Es geht nicht."

Oberin: „Du musst daneben steigen."

Jesus: „Wo daneben? Da bin ich ja wieder an Land."

Es ist aufschlussreich, diese Inszenierung Achternbuschs mit der biblischen Vorlage zu vergleichen. Das Matthäusevangelium erzählt: „Als ihn die Jünger über den See kommen sahen, erschraken sie, weil sie meinten, es sei ein Gespenst, und sie schrien vor Angst. Doch Jesus begann mit ihnen zu reden und sagte: Habt Vertrauen, ich bin es; fürchtet euch nicht! Darauf erwiderte ihm Petrus: Herr, wenn du es bist, so befiehl, dass ich auf dem Wasser zu dir komme. Jesus sagte: Komm! Da stieg Petrus aus dem Boot und ging über das Wasser auf Jesus zu. Als er aber sah, wie heftig der Wind war, bekam er Angst und begann unterzugehen. Er schrie: Herr, rette mich! Jesus streckte sofort die Hand aus, ergriff ihn und sagte zu ihm: Du Kleingläubiger, warum hast Du gezweifelt? Und als sie ins Boot gestiegen waren, legte sich der Wind. Die Jünger im Boot aber fielen vor Jesus nieder und sagten: Wahrhaftig, du bist Gottes Sohn." (Mt 14,22-33)

Die Jünger halten den auf dem Wasser wandelnden Jesus für ein Gespenst und fürchten sich. Das vermeintliche Gespenst gibt sich durch seine Ansprache an die Jünger als Jesus zu erkennen. Um die Selbstidentifikation des vermeintlichen Gespenstes zu überprüfen, fordert Petrus es auf, ihm zu befehlen, auf dem Wasser laufend zu ihm zu kommen. Die Aktion gelingt aufgrund der Kleingläubigkeit des Petrus nur halb. Die Angst des Petrus aber lässt seine Zweifel an der Identität des Seewandlers verfliegen: „Herr, rette mich" – so ruft man kein Gespenst an. Petrus gibt damit seine anmaßende Position als Prüfer der Identität Jesu auf. Jesus gibt der Kleinglaube des Petrus die Gelegenheit, als Retter des sinkenden Apostels in Aktion zu treten.

Nachdem Petrus und Jesus ins Boot gestiegen sind, legt sich der Wind. Jesus hat sich nicht als Gespenst, sondern als wunderkräftiger Retter erwiesen, dem selbst Wind und Wasser gehorchen. Diese mehrfach erwiesene Wunderkraft führt die Jünger von ihrem Irrtum, ein Gespenst zu sehen, zu der neuen Erkenntnis: „Wahrhaftig, du bist Gottes Sohn."

das traurige Gespenst

Achternbusch greift schon im Titel seines Films den Ersteindruck der Jünger auf: Die Christusfigur im Film ist ein Gespenst und – im Gegensatz zur synoptischen Vorlage – bleibt sie es. Achternbuschs Gespenst erschreckt aber niemanden, es ist eher eine traurige und oft auch lächerliche Gestalt. Achternbusch negiert nun aber nicht die Wunderkraft Jesu im Pathos der *Aufklärung. Vielmehr nutzt er die Überlieferung der Wunderkraft Jesu, um die messianischen Ansprüche des christologischen Diskurses und ebenso die ideologischen Wunderinszenierungen des Hollywoodkinos zu dekonstruieren: Aus Jesu wundermächtiger Fähigkeit, auf dem Wasser zu gehen, wird die Unfähigkeit des Gespenstes, in das Wasser zu steigen. Seine göttlichen Fähigkeiten behindern in eklatanter Weise seine menschlichen Fähigkeiten. Die „Größte Geschichte aller Zeiten" hat die kleine Geschichte des Menschen Jesus ideologisch aufgesogen und unzugänglich gemacht.

Die Oberin ist daher ganz und gar nicht vom Seewandel der Christusfigur beeindruckt und schon gar nicht verlangt sie danach, es ihm gleich zu tun, um seine göttliche Identität zu prüfen. Sie ruft ihn vielmehr ins Wasser und zwar mit einem Tonfall, der die Lächerlichkeit der Unfähigkeit, ins Wasser zu steigen, unterstreicht. Die Oberin gibt der Christusfigur keine Gelegenheit, sich als Retter zu gebärden. Sie übernimmt vielmehr die Rolle des Helfers und erteilt dem Seewandler Anweisungen, wie er ins Wasser gelangen kann. Aber ihre Hilfe schlägt fehl. Die Christusfigur vermag das Allermenschlichste nicht: in das Wasser zu steigen.

Indem Achternbusch der Christusfigur ihre Wunderkraft belässt, diese aber nicht als hervorragende Fähigkeit, sondern als Hindernis zu wahrem Menschsein inszeniert, dekonstruiert er den christologischen Anspruch, Jesus sei der Retter der Menschen und die ideologischen Monumentalfilminszenierungen des Hollywoodkinos. Wie sollte ein Tollpatsch, der nicht einmal ins Wasser steigen kann, Menschen retten? Wäre das nicht gespenstisch?

Schon bei dieser oberflächlichen Analyse einiger filmischer Wunderinszenierungen wird deutlich, wie sehr die Filmschaffenden darum bemüht sind, Wundergeschichten gemäß ihrem jeweiligen Verständnis zu inszenieren. Der Film bietet aufgrund des Zusammenspiels verschiedener Zeichensysteme und aufgrund seiner technischen Möglichkeiten eine fast unbegrenzte Bandbreite möglicher Wunderinszenierungen. Ihr theologischer Reiz liegt gerade darin, dass die Regisseure für gewöhnlich keine Fachtheologen sind. Sie sind daher nicht so sehr in theologischen Auslegungstraditionen verhaftet, die in Fußnoten und Literaturverzeichnissen wissenschaftlicher Arbeiten notiert und überliefert werden. So notwendig eine theologisch gebildete Kritik von Jesusfilmen und Filmen überhaupt ist, weil Filme die großen Sehnsüchte und Erlösungswünsche von Menschen inszenieren und mit ihnen spielen, also immer auch theologische Themen anschlagen, so produktiv ist es, Filme als Lektürehilfe für die exegetische Arbeit zu nutzen.

Kino als Sehhilfe

Jeder Leser ist ein Regisseur, der den Text im Akt des Lesens inszeniert. Aus dieser Einsicht heraus hat der Neutestamentler Reinhold Zwick sogar ein eigenes, sehr produktives wissenschaftliches Lektüreverfahren entwickelt, das er „Exegese im Filmblick" nennt. Zwick hat in mehreren Aufsätzen und besonders eindrucksvoll in seiner Arbeit *Montage im Markusevangelium* die These verifiziert, dass Jesusfilmanalysen den Blick für ihre Vorlage schärfen können. „Biblische Texte verfilmen heißt, sie in einen neuen, vieldimensionalen Kontext hinein auszulegen. Als solche Auslegungen können die Adaptionen dann auf das Verständnis der Ausgangstexte zurückstrahlen. [...] Trotz der enormen Schwierigkeiten, mit denen sich namentlich ein Bibelfilm konfrontiert sieht, können sich im Zuge des Medienwechsels auch in ihm neue Sinndimensionen der Vorlage entfalten [...] Was Verfilmungen in diesem Zusammenhang so interessant macht, ist ihre polyphone Struktur, in der alle erdenklichen Formen der literarischen, bildlichen und musikalischen Verarbeitung der Bibel ineinander fließen. Zu verfolgen, wie sich hier etwa ikonographische Traditionen und sozio-kulturelle Konditionierungen, theologische Interpretation und dramaturgi-

„Exegese im Filmblick"

sches Kalkül durchdringen und wechselseitig beeinflussen, das ist alles andere als ein selbst zweckhaftes Bemühen. Mit dem Reichtum eines Films an bedeutungsproduktiven Momenten erschließt sich einem vielmehr zugleich ein enormes Potential an Möglichkeiten, (gegebenenfalls) neue Begegnungen mit seiner literarischen Vorlage, neue ihr geltende Verständigungs- und Verstehensprozesse zu initiieren." (Zwick, Ressourcen, 53f.)

Die Vielfalt der filmischen Wunderinszenierungen eröffnet den Blick für die Vielfalt und Unterschiedlichkeit biblischer Wundererzählungen und ihrer Lektüremöglichkeiten. Sie zeigen uns, dass nicht ein starrer Wunderbegriff – der der Neuzeit – einem anderen starren Wunderbegriff – dem der Antike – gegenübersteht, sondern dass eine enorme Bandbreite verschiedener Erzählmöglichkeiten und narrativer Organisationen einer mindestens ebenso großen Bandbreite verschiedener Verstehensweisen von Wundergeschichten entspricht.

Am Ende einer Auseinandersetzung mit Wundern im Film sollte daher nicht die Frage stehen, „was wollte uns der Regisseur sagen", sondern vielmehr: „Welche Wundergeschichte würdest du gern inszenieren und wie sähe deine Inszenierung aus?" Mit dieser Frage liest man anders und vermag auch vertraute Texte neu wahrzunehmen.

Literatur

S. Alkier, Wunder Punkt Jesusfilm, PTh 86 (1997), 167–182

Jesus in der Hauptrolle, Zur Geschichte und Ästhetik der Jesusfilme, film-dienst EXTRA, Kino-Fernsehen-Video, hg. v. kath. Institut für Medieninformation e.V. in Zusammenarb. m. d. kath. Filmkommission für Deutschland, Köln 1992

H.-K. Jungheinrich, Überhöhung und Zurücknahme – Musik in den Filmen Pasolinis, in: P.W. Jansen / W. Schütte (Hgg.), Pier Paolo Pasolini, Reihe Film 12, München 1977, 35–48

P. P. Pasolini, Das ‚Kino der Poesie', in: P.W. Jansen / W. Schütte (Hgg.), Pier Paolo Pasolini, Reihe Film 12, München 1977, 49–77

W. Schütte, Kommentierte Filmografie, in: W. Jansen / W. Schütte (Hgg.), Pier Paolo Pasolini, Reihe Film 12, München 1977, 103–196

G. Seeßlen, Sakralität und Blasphemie, in: W. Roth / B. Tiehnhaus (Hgg.), Film und Theologie. Diskussionen, Kontroversen, Analysen, epd Texte 20, Frankfurt a.M. 1989, 83–96

M. Tiemann, Bibel im Film. Ein Handbuch für Religionsunterricht, Gemeindearbeit und Erwachsenenbildung, Stuttgart 1995

R. Zwick, Filmwissenschaft und Exegese. Auf der Spur des impliziten Betrachters der ‚Auferstehung' des Besessenen von Gerasa (Mk 5,1-20), in: S. Alkier/R. Brucker (Hgg.), Exegese und Methodendiskussion, TANZ 23, Tübingen / Basel 1998, 177–210

Ders., Die Ressourcen sind nicht erschöpft. Die Jesusfigur im zeitgenössischen Film, Herderkorrespondenz 49 (1995), 616–620

Ders., Montage im Markusevangelium. Studien zur narrativen Organisation der ältesten Jesuserzählung, SBB 18, Stuttgart 1989

Aufgaben

1. Sehen Sie sich einen in diesem Buch nicht besprochenen Jesusfilm an. Analysieren Sie dessen Wunderinszenierungen. Können Sie diese Wunderinszenierung einem der oben dargestellten Typen zuordnen oder erkennen Sie einen weiteren Typ der Wunderinszenierung?
2. Wählen Sie einen Popsong mit biblischem Bezug. Suchen Sie in der Bibel nach Texten, die der von ihnen gewählte Song zitiert oder auf die er anspielt.
3. Wählen Sie eine biblische Wundergeschichte aus. Schreiben Sie dazu ein Drehbuch für eine filmische Darstellung der Szene.

4 | Methoden der Bibelauslegung

Inhalt

4.1	Wozu Methoden?	107
4.2	Die gemeinsame interpretationsethische Grundposition historisch-kritischer und semiotisch-kritischer Exegese	111
4.3	Grundannahmen, Ziele und Methoden historisch-kritischer Exegese	113
4.3.1	Literarkritik/Quellenkritik	119
4.3.2	Formgeschichte bzw. Formkritik	129
4.3.3	Redaktionsgeschichte bzw. Redaktionskritik bzw. Kompositionskritik	135
4.4	Grundannahmen, Ziele und Methoden semiotisch-kritischer Exegese	139
4.4.1	Zeichen – Text – Kultur: Zeichentheoretische Grundannahmen semiotisch-kritischer Exegese	143
4.4.2	Intratextuelle Interpretation	149
4.4.3	Intertextuelle Interpretation	162
4.4.4	Extratextuelle als intermediale Interpretation	175

regelgeleitete Interpretation biblischer Texte

Wie jedes Sprechen grammatischen Regeln unterliegt, auch dann, wenn Regeln den Sprechenden nicht bewusst sind, so folgt jedes Lesen oder Hören biblischer Texte kulturellen Regeln des Interpretierens, selbst dann, wenn die Interpreten ihre hermeneutischen Voraussetzungen und methodischen Verfahren nicht durchschauen. Wissenschaftliches Arbeiten besteht nicht zuletzt darin, Rechenschaft über die gewählten Verfahren, Vorannahmen und Ziele abgeben zu können, damit ein öffentlicher Wissensdiskurs dazu Stellung beziehen kann. Wissenschaftliches Arbeiten verlangt die Offenlegung und Ausarbeitung von Interpretationsverfahren und ihren Implikationen.

Der private Bibelleser bedarf keiner wissenschaftlichen Ausbildung. Schon aus theologischen Gründen gilt der Satz, dass der Glaube aus dem Hören bzw. dem Lesen biblischer Texte kommt, ohne dabei ein bestimmtes methodisches Verfahren oder hermeneutische Grundsätze befolgen zu müssen. Die privat bleibende fromme Bibellektüre bedarf keiner wissenschaftlichen Anleitung oder Kontrolle, um Glauben zu erzeugen bzw. um zu erbauen.

Dabei wird jeder Bibelleser gut daran tun, sich zu bemühen, seinen Lektüregegenstand immer besser zu verstehen, sei es aus kulturellem oder politischem Interesse oder weil er ihm zur Offenbarung des Wortes Gottes geworden ist. Dazu aber bedarf es auch der Kenntnisnahme wissenschaftlich erarbeiteter historischer, literaturwissenschaftlicher und theologischer Sachverhalte. Dieses Wissen eröffnet andere Perspektiven auf die biblischen Texte, als es die private Lektüre eines Einzelnen je könnte. Wem die Bibel am Herzen liegt, wer sich wirklich für sie interessiert, der wird sich auch für ihre Geschichte und für die vielfältigen Möglichkeiten ihrer Auslegung interessieren.

Sobald eine Interpretation den privaten Bereich verlässt, ist wissenschaftliche Arbeit nicht nur erwünscht, sondern notwendig. Die wissenschaftliche Bibelauslegung bedarf ebenso des kritischen öffentlichen Diskurses wie der öffentliche Diskurs auf die Kompetenz wissenschaftlicher Exegese angewiesen ist, um die jeweils veröffentlichten Positionen auf ihren Erkenntnisertrag und die Reichweite ihrer Wahrheitsfähigkeit hin zu prüfen. Wissenschaft schafft Öffentlichkeit der Auslegung und trägt damit zur kritischen Reflexion derjenigen Wissensbestände bei, die zur weiteren Gestaltung gesellschaftlichen Lebens dienen sollen. Genau diese Aufgabe hat der schulische Religionsunterricht wie auch die Verkündigung der Kirche, wenn auch mit je verschiedenen Diskursregeln, Interessen und Zielen. Konfessionell bestimmte Fachbereiche haben die Aufgabe, auf der wissenschaftlichen Höhe der Zeit angehende Lehrer und Pfarrer zu professionellen Interpreten biblischer Texte auszubilden, die gerade nicht nur eine private Meinung haben, sondern kritisch angesichts der Vielfalt der Interpretationen Auskunft darüber geben können, welche Position sie

Wissenschaft als Ort kritischer Reflexion

vertreten und unter welchen methodischen und hermeneutischen Voraussetzungen sie dazu gekommen sind. Lehrer und Pfarrer überschreiten qua Amt den Bereich des Privaten. Ihre Arbeit besteht nicht zuletzt in der kritischen Tradierung theologischen Denkens und Wissens, weil die Gesellschaft davon überzeugt ist, dass ihre theologisch reflektierten Interpretationen der konfessionellen Tradition Gegenwart und Zukunft der Gesellschaft als Ganze produktiv mitgestalten können. Um diese theologische Arbeit sachgerecht leisten zu können, ist hermeneutisches und methodisches Wissen und Reflektieren unabdingbar!

exegetische Methoden

Es gibt zahlreiche Ansätze und Methoden der Auslegung. So stellt allein der Band *Exegese und Methodendiskussion* zwölf verschiedene neuere Ansätze vor und diese Zahl ließe sich leicht vervielfachen, wollte man alle Ansätze bedenken, die seitdem auf der jährlichen Tagung der *Society of Biblical Literature*, dem weltweit größten Treffen von Bibelwissenschaftlern, diskutiert worden sind. Die Auswahl der beiden hier vorgestellten Methoden – der historisch-kritischen und der semiotisch-kritischen Methode – wird schon von daher als Positionierung des Autors dieses Buches erkennbar. Tatsächlich bin ich der Auffassung, dass mit diesen beiden Verfahren jede sinnvolle bibelwissenschaftliche Fragestellung bearbeitet werden kann. Wer den entwicklungsgeschichtlich orientierten historisch-kritischen und den kommunikationstheoretisch orientierten semiotisch-kritischen Ansatz kennt und durchdenkt, kann zu allen anderen methodischen Angeboten begründet Stellung beziehen.

Weil sich beide Methoden aber nicht nur in ihren Verfahren, sondern auch in ihren hermeneutischen Voraussetzungen und Interpretationszielen grundlegend unterscheiden, sind sie nicht einfach addierbar. Vielmehr muss man sich entscheiden, von welchem Standpunkt aus die eigene Exegese betrieben werden soll. Selbst wenn einzelne Methoden und Fragestellungen vom einen in den anderen Ansatz übertragen werden, geschieht das nicht ohne Anpassungen an das jeweilige hermeneutische Grundkonzept.

Und genau diese sachgerechte bewusste Methodenwahl soll durch methodisches und hermeneutisches *know-how* ermöglicht werden. Es geht mit dieser Auswahl nicht darum zu behaupten, dass nur die beiden vorgestellten Ansätze produktiv und sachgemäß seien. Es geht vielmehr darum, dass mit dem Erlernen dieser beiden Ansätze hinreichende hermeneutische und methodische

Kompetenz erarbeitet wird, die zur kritischen Prüfung eigener wie fremder Interpretationen und deren methodischer und hermeneutischer Voraussetzungen befähigt. Das aber gehört zu den vorrangigen Aufgaben professioneller Bibelausleger in Universität, Kirche, Schule und jeder anderen gesellschaftlichen Öffentlichkeit.

Literatur

S. Alkier / R. Brucker (Hgg.), Exegese und Methodendiskussion, TANZ 23, Tübingen / Basel 1998
J. C. Anderson / S. Moore (Hgg.), Mark & Method. New Approaches in Biblical Studies, 2. Aufl. Minneapolis 2008
The Bible and Culture Collective, The Postmodern Bible, Yale 1995
W. Kahl, Die Bibel unter neuen Blickwinkeln. Exegetische Forschung im Umbruch, BiK 2006, 166–170

Aufgaben

1. Überlegen Sie, welche Methoden und Interpretationsziele Sie in der Schule kennengelernt haben und wie Sie vorgehen, wenn Sie einen Text verstehen wollen.
2. Schlagen Sie die angegebenen Methodenbände (Alkier/Brucker; Anderson/Moore; The Bible and Culture Collective) auf. Welcher darin vorgestellte Ansatz interessiert Sie spontan? Lesen Sie den entsprechenden Artikel. Entspricht der Ansatz dem, was Sie sich darunter vorgestellt haben?
3. Schreiben Sie einen Essay zu der doppelten Fragestellung: a.) Wann habe ich das Gefühl, verstanden worden zu sein? b.) Wann stellt sich das Gefühl bei mir ein, etwas oder jemanden zu verstehen?

Wozu Methoden? | 4.1

„Es gibt kein allgemein geltendes Lesen [...] Lesen ist eine freye Operation. Wie ich und was ich lesen soll, kann mir keiner vorschreiben." (Novalis, Schriften, 609) Dieser Aphorismus des frühromantischen Dichters Georg Philipp Friedrich Freiherr von Hardenberg (1772–1801), der unter dem Namen Novalis in die Literaturgeschichte eingegangen ist, bringt zum Ausdruck, was auch heute noch viele denken. So vertritt etwa der Schriftsteller Hans Magnus Enzensberger (geb. 1929) in seinem lesenswerten

Freiheit der Leser und Deutungshoheit des Autors

Essay *Bescheidener Vorschlag zum Schutze der Jugend vor den Erzeugnissen der Poesie*, die Haltung des Novalis und weiß sich darin mit einigen rezeptionsästhetischen Entwürfen einig, die einem – allerdings überdehnten – *Reader-Response-Criticism* zuzuordnen sind. Novalis und seinen Gefolgsleuten geht es vor allem darum, die schöpferische Kraft der Rezipienten hervorzuheben und diese gegen die Werkherrschaft des Autors (vgl. Bosse) auszuspielen, die gerade zu Lebzeiten des Novalis auch vertragsrechtlich institutionalisiert wurde. Dem Konzept des Urheberrechts zufolge sind geistige Erzeugnisse Besitz dessen, der sie hervorgebracht hat. Nichts scheint näher zu liegen, als dem Erzeuger eines Gedichts, eines Bildes, eines Musikstückes auch die Deutungshoheit über sein Erzeugnis zu überlassen. Ein Zeichengebilde, sei es ein Text, ein Gemälde, eine Münze oder was auch immer bedeutete dann genau das, was sein Erzeuger damit ausdrücken wollte. Der Sinn eines Textes würde demzufolge erschlossen, indem die Intention des Autors rekonstruiert wird. Dadurch soll das Werk vor der Beliebigkeit uferloser Interpretationen geschützt werden. Autorschaft wird zur Werkherrschaft und der Rezipient soll nur wiederfinden, was der Autor sagen wollte.

Dagegen wandte sich die frühromantische *Hermeneutik und Literaturtheorie, wie sie etwa von Novalis und Friedrich Schlegel (1772–1829) vertreten wurde. Beide waren sich über die notwendige Kreativität der Lesenden ebenso einig, wie über die Kraft des Werkes, das nach seiner Veröffentlichung unabhängig vom Autor ein Eigenleben entwickelt. Das Werk übersteigt die Intention des Autors, weil es erst im Vollzug seiner Rezeption seine potentiellen Bedeutungen voll entfalten kann. Die Kreativität der Lesenden gehört demnach ebenso zur Erzeugung des Sinns wie die des Autors. Diese durch die intentionale Werkherrschaft zu beschneiden, zerstört geradezu die Sinnerzeugungskraft des Werkes und verstößt gegen die Würde des selbst bestimmten Lesens.

Enzensberger hat diese Gefahr in seinem oben genannten Essay köstlich in Szene gesetzt. Er erzählt davon, wie Schüler, Eltern und Lehrer ihn peinlich bedrängen, die Intention seiner Gedichte preiszugeben, damit sie die „richtige" Interpretation erfahren, nämlich die von der Autorität des Autors legitimierte. Diese „Methode" der Interpretation kennen wohl viele immer noch aus eigener Schulerfahrung, wenn etwa eine Kurzgeschichte oder ein Gedicht im Deutschunterricht interpretiert werden sollte. Der Lehrer fragt:

Was wollte der Autor damit sagen? Die Schüler beginnen nun angestrengt darüber nachzudenken, was wohl der Meinung des Lehrers zufolge der Autor sagen wollte. Interpretieren wird so zum Ratespiel, das nicht nur die Würde der Rezipienten und das Bedeutungspotential des Textes untergräbt, sondern überhaupt die Freude am eigenen entdeckenden Lesen, am eigenen Interpretieren im Keim erstickt. Demgegenüber betonen Novalis wie Enzensberger die Freiheit des Lesens. Nichts scheint dann näher zu liegen, als die Interpretation dem jeweiligen Leser zu überlassen.

Dennoch verfehlen beide Positionen die Komplexität des Interpretationsprozesses. Weder die alleinige Werkherrschaft des Autors noch ihre Ersetzung durch die Willkür der Leser werden dem Reichtum der Texte, der Kreativität von Autor und Leser und den formalen Bedingungen wie der Würde des Kommunizierens gerecht. Gerade deswegen ist die Thematisierung der von Novalis verworfenen Frage nach dem „Wie" des Lesens notwendig.

Auf diese Frage antworten Methoden. Das Wort „Methode" stammt aus dem Griechischen: *met' hodos* bedeutet *mit einem Weg*. Methoden sind Wegweiser des Interpretierens. Sie geben darüber Auskunft, welche Schritte gegangen werden müssen, um das Ziel des Interpretierens zu erreichen. Sie sind immer schon der Erfahrung geschuldet, dass es eine verwirrende Vielfalt verschiedener Auslegungen desselben Gegenstandes gibt. Sie wollen sich aber mit dem gleichgültigen Nebeneinander sich widersprechender Sinnzuschreibungen nicht abfinden. Sie suchen vielmehr nach Klarheit und nachvollziehbarer Ordnung in den Interpretationsprozessen und bemühen sich darum, diese intersubjektiv kommunizierbar zu gestalten. Methoden sind daher kommunikative Spielregeln, die das Spiel erst ermöglichen und die der notwendigen Ernsthaftigkeit jedes Spieles entsprechen. Sie begrenzen die Willkür des Einzelnen zu Gunsten der Vor-Gabe des Auslegungsgegenstandes (Realitätskriterium) und zu Gunsten der Gemeinschaft der Rezipierenden (Sozietätskriterium). Sie fungieren als die gemeinschaftliche Wahrheitssuche ermöglichende Diskursregeln, die offenlegen sollen, wie es zur je eigenen Interpretation gekommen ist. Gegen die Aristokratie einer Genieästhetik, die immer behaupten muss, geistige Prozesse seien nicht erlernbar, setzen sie die von allen einseh- und erlernbaren Regeln des plausibel argumentierenden und deshalb Gemeinschaft bildenden Diskurses (Kontextualitätskriterium).

Nutzen methodischen Arbeitens

Die Ausarbeitung und Anwendung von Methoden gehören daher zum Erkennungszeichen wissenschaftlichen Arbeitens überhaupt. Wissenschaft bearbeitet Probleme vor allem durch überlegte Problemlösungsstrategien, also durch methodisches Denken.

Hermeneutik

Methoden sind daher kein Selbstzweck. Sie reagieren auf Fragestellungen, die sich aus der Realität des Lebens ergeben. Bevor Methoden entwickelt werden, werden Probleme wahrgenommen, die durch die Anwendung der Methoden gelöst werden sollen. Methoden sind operative Verfahren. Sie benennen weder das Problem, auf das sie hin konstruiert werden, noch ihr Ziel und nicht einmal die Bedingungen, unter denen dieses Ziel erreicht werden kann. Diese prinzipiellen Aufgaben bearbeitet die *Hermeneutik. Sie fragt etwa danach, was denn überhaupt Verstehen ist und unter welchen Bedingungen Verstehen möglich wird. Heißt einen Text zu verstehen, seinen Autor zu verstehen? Gibt es nur eine oder doch mehrere plausible und akzeptable Möglichkeiten einen Text zu verstehen? Solche Fragen können nicht methodisch, sondern nur hermeneutisch beantwortet werden, und von ihrer Beantwortung hängt die Konstruktion bzw. die Wahl von Methoden ab. Vertritt z. B. jemand die hermeneutische Position, einen Text zu verstehen heißt, die Intention des Autors zu rekonstruieren, so muss er nun Methoden finden, die dieses Ziel zu erreichen helfen. Wer hingegen der hermeneutischen Auffassung ist, einen Text zu verstehen heißt seine Zeichenbezüge zu erforschen, wird nach Methoden suchen müssen, die dieses leisten.

Literatur

H. Bosse, Autorschaft ist Werkherrschaft. Über die Entstehung des Urheberrechts aus dem Geist der Goethezeit, Paderborn 1981
H. M. Enzensberger, Bescheidener Vorschlag zum Schutze der Jugend vor den Erzeugnissen der Poesie, in: ders., Mittelmaß und Wahn, Frankfurt a.M. 1988, 23–41
R. M. Fowler, Let the Reader Understand. Reader-Response Criticism and the Gospel of Mark, neubearb. Aufl. Harrisburg 2001
W. Iser, Der Akt des Lesens. Theorie ästhetischer Wirkung, 4. Aufl. Stuttgart 1994
Novalis, Schriften 2. Das philosophische Werk I, hg. v. R. Samuel, 3. Aufl. Darmstadt 1981
D. F. E. Schleiermacher, Hermeneutik und Kritik, hg. u. e. v. M. Frank, stw 211, Frankfurt a. M. 1977

Aufgaben

1. Beziehen Sie Stellung zu dem Aphorismus von Novalis: „Lesen ist eine freye Operation. Wie ich und was ich lesen soll, kann mir keiner vorschreiben."
2. Lesen Sie den Essay von Hans Magnus Enzensberger, *Bescheidener Vorschlag zum Schutze der Jugend vor den Erzeugnissen der Poesie*. Was spricht für seine Position, was dagegen?
3. Informieren Sie sich über die Bedeutung Schleiermachers für die Geschichte der Hermeneutik.

4.2 Die gemeinsame interpretationsethische Grundposition historisch-kritischer und semiotisch-kritischer Exegese

Methoden basieren auf expliziten oder auch impliziten hermeneutischen Grundentscheidungen. Diese wiederum verdanken sich häufig ethischen Überzeugungen. Der Appell etwa, dem Text gerecht zu werden und ihm durch die eigene Auslegung keine Gewalt anzutun, lässt sich nicht hermeneutisch, sondern nur ethisch begründen. Hier kommen dann interpretationsethische Grundentscheidungen zum Tragen, wie sie in Kapitel 3 benannt wurden (Realitätskriterium, Sozietätskriterium, Kontextualitätskriterium). Erst Methodik, *Hermeneutik und Ethik der Interpretation zusammen ergeben einen tragfähigen Grund wissenschaftlichen Arbeitens in einer der *Aufklärung verpflichteten Diskurstradition.

Methodik, Hermeneutik und Ethik

Bei allen Unterschieden teilen der historisch-kritische und der semiotisch-kritische Ansatz die mit dem Realitätskriterium formulierte ethische Grundüberzeugung. Das Wort „Kritik" geht zurück auf das griechische Verb *krínein* und bedeutet „unterscheiden" bzw. „urteilen". Die Auslegung hat den Auslegungsgegenstand vom Ausleger zu unterscheiden, weil dem Auslegungsgegenstand als solchem mit Respekt und Anerkennung seiner Andersheit zu begegnen ist. Das Adjektiv „kritisch" meint also nicht im umgangssprachlichen Sinn, am Auslegungsgegenstand „herumzumäkeln". Es geht auch nicht darum, Positionen des auszulegenden Textes zu kritisieren. Dafür hat sich der Terminus „Sachkritik" etabliert. Die im Namen der beiden Methoden eingeschriebene Kritik möchte vielmehr den Auslegungsgegenstand

Realitätskriterium als Leitkriterium kritischer Hermeneutik

vor der Gewalt der Auslegung schützen. Er soll als Eigenes durch die Interpretation überhaupt erst in den Blick geraten, damit nicht immer schon die den Ausleger leitenden Interessen, Traditionen und Positionen dem Text vorgeordnet werden und ihn dann genau das sagen lassen, was der Ausleger selbst immer schon gedacht hat.

> **Infobox**
>
> **Exegese, Methode und Interpretation**
> Der Begriff *Exegese* (von griech. *exegéomai, dt. erklären, deuten*) meint die Auslegung eines Textes als methodische Rekonstruktion des Sinns bzw. als methodische Konstruktion plausibler Sinnmöglichkeiten der Textzeichen. Der Begriff *Methode* bezeichnet das regelgeleitete Verfahren einer Exegese bzw. einer Interpretation. Der Begriff der *Interpretation* wird häufig als Synonym für Exegese verwendet. Das trifft seine Bedeutung aber noch nicht; er bringt immer schon das vermittelnde Dazwischentreten (*inter*) der Auslegung zwischen den Auslegungsgegenstand und seine Bedeutung in der bzw. für die Gegenwart der Auslegung zum Tragen.

Historisch-kritische und semiotisch-kritische Exegese sind in ihrem Verständnis dessen, was mit dem Begriff „Kritik" ausgesagt ist, der *Aufklärung verpflichtet und insbesondere der kritischen Philosophie Immanuel Kants (1724–1804). Die Frage lautet daher stets: Was lässt sich wirklich über den Auslegungsgegenstand sagen, ohne ihn mit den eigenen Vorurteilen zu belasten. Solche Vorurteile können theologische Dogmen, bürgerliche Moralvorstellungen, politische Überzeugungen, wirtschaftliche Interessen oder religiöse Empfindungen sein. Vor all diesen will eine dem Realitätskriterium verpflichtete kritische *Hermeneutik den Auslegungsgegenstand schützen, um ihn um seiner selbst willen zu erforschen.

In diesem ethisch begründeten Interpretationsziel sind sich die historisch-kritische wie die semiotisch-kritische Exegese einig. Sie unterscheiden sich aber in der Vorstellung davon, wo dieses Ziel zu suchen ist und wie es erreicht werden kann. Dabei orientieren sie sich an recht unterschiedlichen Paradigmen. Die historisch-kritische Exegese ist einem entwicklungsgeschichtlichen Paradigma verpflichtet, während sich die semiotisch-kritische Exegese an Kommunikationstheorien orientiert, denen zufolge die formalen Bedingungen jedes Zeichengebrauchs die Basis allen Kommunizierens und daher auch des Interpretierens bilden.

> **Infobox**
>
> **Paradigma**
> Der Begriff *Paradigma* zielt in der Wissenschaftstheorie darauf ab, Leitfragen zu benennen, die nicht nur einzelnen Disziplinen, sondern auch transdisziplinären Wissensdiskursen in ihren Fragen, Methoden und Zielen Orientierung geben. Zwar wurde der Begriff bereits seit der Antike verwendet, hat aber über T.S. Kuhns Theorie des Paradigmenwechsels seit den 60er Jahren des 20. Jh.s eine grundlegendere Verbreitung gefunden. Kuhn beschreibt damit wissenschaftliche Revolutionen, die das Denken über einen bestimmten Sachverhalt prinzipiell verändern.

Literatur

S. Alkier, Ethik der Interpretation, in: Der eine Gott und die Welt der Religionen. Beiträge zu einer Theologie der Religionen und zum interreligiösen Dialog, hg. v. M. Witte, Würzburg 2003, 21–41

K. Berger, Die Fremdheit des Textes, in: ders., Hermeneutik des Neuen Testaments, Gütersloh 1988, 144–155
R. C. Neville, Recovery of the Measure. Interpretation and Nature, Axiology of Thinking, Vol 2, New York 1989

Aufgaben

1. Rekapitulieren Sie das Realitätskriterium, das Sozietätskriterium und das Kontextualitätskriterium.
2. Inwiefern bleiben die biblischen Texte ihren Interpreten stets fremd?
3. Vergleichen Sie die Positionen von Stefan Alkier und Klaus Berger. Arbeiten Sie Unterschiede und Gemeinsamkeiten in ihrer Betonung der Fremdheit der Texte heraus.

Grundannahmen, Ziele und Methoden historisch-kritischer Exegese | 4.3

In der deutschsprachigen Bibelwissenschaft haben sich seit dem zweiten Drittel des 18. Jh.s zunehmend historisch-kritische Methoden durchgesetzt. Unter dem Label „historisch-kritische-Methode" werden verschiedene Ansätze zusammengefasst, die zu verschiedenen Zeiten mit unterschiedlichen Forschungsinteressen entstanden sind. Obwohl es sachgemäßer wäre, von den historisch-kritischen Methoden im Plural zu sprechen, rechtfertigt

was die historisch-kritische Exegese erreichen will

ein gemeinsamer hermeneutischer Grundgedanke den singularischen Gebrauch: Die historisch-kritische Methodenlehre basiert auf der hermeneutischen Grundüberzeugung, dass der Sinn eines Textes nur angemessen verstanden werden kann, wenn man seine Genese kennt und sie aus ihrem historischen Umfeld heraus erklären kann. Auf diese Weise wird der Sinn des Textes methodisch rekonstruiert.

Das Ziel der historisch-kritischen Exegese des Neuen Testaments ist es, den Ursprung des Christentums so unverstellt wie nur möglich herauszuarbeiten, um ihn als kritische Norm aller Formatierungen christlichen Glaubens in Geltung zu bringen. Dieses Anliegen gilt auch noch für die gegenwärtige historisch-kritische Exegese, die sich freilich seit ihren Anfängen sehr verändert hat, weil sie auch Anregungen aus anderen Methoden und Wissenschaftsdisziplinen aufgenommen hat.

Im 18. Jh., als sich die historisch-kritische Exegese auszubilden begann, war dieses Ziel politisch höchst revolutionär. Die autoritären kirchlichen und politischen Machtstrukturen brachten so manchen kritischen Geist ins Gefängnis, wie etwa den großen schottischen Historiker und Philosophen David Hume (1711–1776) aufgrund seiner empiristischen Wunderauslegung, und schnell konnte auch die Zensur ein Veröffentlichungsverbot aussprechen, wie sie es etwa gegenüber Gotthold Ephraim Lessing (1729–1781) im sogenannten *Fragmentenstreit* tat. Stets aber ging

Infobox

Fragmentenstreit
1774–1778 gab Gotthold Ephraim Lessing die „Fragmente eines Ungenannten" heraus. Es handelte sich dabei um Auszüge aus dem erst 1973 (!) vollständig veröffentlichten Werk „Apologie oder Schutzschrift für die vernünftigen Verehrer Gottes". Der Verfasser dieser bibelkritischen Schrift war der angesehene Hamburger Gymnasiallehrer Hermann Samuel Reimarus (1694–1768). Mit philologischer Gelehrsamkeit, literarischer Kritik und historischem Scharfsinn analysiert Reimarus Widersprüche der Bibel, kritisiert die Wundererzählungen und stellt die Hypothese auf, die Jesusbewegung sei ursprünglich eine politische messianische Bewegung gewesen. Nach dem Kreuzestod Jesu hätten die Jünger den Leichnam Jesu gestohlen, seine Auferweckung behauptet und damit die Kirche gegründet, von der sie dann gut leben konnten. Um diese Fragmente entzündete sich ein heftiger Streit, in dem Lessing mit einem Veröffentlichungsverbot bestraft wurde. Aus dem Fragmentenstreit entwickelte sich die Leben-Jesu-Forschung des 19. Jh.s.

es den Protagonisten aufgeklärten Denkens darum, die Freiheit des Denkens zu Gunsten eines unverstellten Blickes auf den Auslegungsgegenstand zu gebrauchen und sich nicht länger das eigene Denken durch kirchliche oder politische Instanzen verbieten zu lassen.

Die historisch-kritische Arbeit am Bibeltext dient daher nicht nur und nicht einmal in erster Linie dem Textverständnis als solchem. Dieses ist vielmehr Mittel zum Zweck, um zu dem wahren, lebendigen Christentum des Ursprungs zu gelangen, das die vorhandenen Texte nur partiell und positionell erhalten haben. Die Texte werden als Quellen betrachtet mit deren Hilfe die gelingende Exegese hinter die Vorgegebenheit der Texte zurück in das Leben des „Urchristentums" gelangen kann. Von diesem historischen Grund her sollen dann *normative Aussagen über das Christentum formuliert werden, die der Sache des Christentums entsprechen und nicht lediglich aufgrund von autoritären Strukturen und Traditionen behauptet werden.

der biblische Text als Quelle

An einer Texttheorie als solcher ist historisch-kritische Exegese nicht interessiert. Auch der Kanon findet ihr Interesse kaum, weil er ein Produkt der Alten Kirche und nicht der ersten christlichen Generationen ist. Die historisch-kritische Exegese ist primär nicht an Texten, sondern am Leben des „Urchristentums" interessiert, worüber die Texte nur bruchstückhaft Auskunft geben können.

auf Spurensuche nach dem „Urchristentum"

Die historisch-kritischen Methoden stehen vor allem im Dienst einer Literaturgeschichte des frühen Christentums, die Aufschluss über Leben und Denken des „Urchristentums" geben soll. Vergleicht man die gegenwärtig erhältlichen historisch-kritischen Methodenlehren, so mögen die Vielfalt der Terminologie und die so unterschiedliche Anzahl der einzelnen Methodenschritte zunächst verwirren. Udo Schnelle etwa greift aus der linguistischen Exegese, wie sie vor allem Erhardt Güttgemanns vertreten hat, die Unterscheidung von *Synchronie* und *Diachronie* auf und präsentiert dann neun aufeinanderfolgende Methodenschritte. Schnelle erweitert das historisch-kritische Methodenrepertoire aufgrund seiner Überzeugung, dass auch die historisch-kritische Exegese einer Texttheorie bedarf, weil „die ntl. Texte nicht nur von einem geschichtlichen Geschehen berichten, sondern selbst eine mündliche/schriftliche Geschichte als Texte durchlaufen haben. [...] Synchronie und Diachronie sollten in ihrer Interdependenz begriffen werden." (Schnelle,

Vorgehensweise der Methode

> **Infobox**
>
> **Synchronie und Diachronie**
> Das Begriffspaar Synchronie und Diachronie entstammt der linguistischen Theorie Ferdinand de Saussures (1857–1913). *Synchronie* meint die Betrachtung von Zeichen in ihrem Sprachsystem zu einem gegebenen Zeitpunkt, der kleiner oder größer bestimmt werden kann. So kann man z. B. nach der Bedeutung des Zeichens /Witz/ im Zeitabschnitt 1500 n. Chr. fragen. Man kann aber ebenso den Zeitabschnitt 1500–1530 wählen, oder etwa das 16 Jh. als Ganzes. Dabei ist es auch möglich und je nach Fragestellung sogar geboten, die Untersuchungen regional oder schichtenspezifisch einzugrenzen.
>
> Die Frage nach der *Diachronie* hingegen ist an der Veränderung von Sprachsystemen interessiert. Die diachrone Arbeit setzt synchrone Untersuchungen voraus. Erst wenn die Synchronie des Zeichens /Witz/ in mindestens zwei verschiedenen Zeitabschnitten untersucht wurde, können diachrone Thesen zur Veränderung des Bedeutungsumfangs von /Witz/ aufgestellt werden. Diachrone Thesen werden aussagekräftiger, je mehr sie auf verschiedene synchrone Untersuchungen zurückgreifen können.

Einführung, 52). Martin Meiser hingegen teilt in seiner Darstellung die historisch-kritische Exegese in vier Methodenblöcke ein (Textkritik, Literarkritik, Formgeschichte, Redaktionskritik) und empfiehlt, ihnen einen Abschnitt über die vor- und außerwissenschaftliche Begegnung mit dem Bibeltext voranzustellen. Auch innerhalb Meisers Darstellungen der historisch-kritischen Methoden fließen zahlreiche Anregungen aus Linguistik und Semiotik ein, die unvermittelt neben den klassischen Methodenschritten zum Zuge kommen. Martin Ebner und Bernhard Heininger wiederum bereiten den Lernstoff in zehn Paragraphen auf (§ 1 Konstituierung des Textes: Textkritik, § 2 Textbeschreibung: Die Sprachliche Analyse, § 3 Nachgeschichte: Synoptischer Vergleich, § 4 Vorgeschichte: Literarkritik, § 5 Typik des Textes: Gattung, § 6 Typische Verwendungssituationen: „Sitz im Leben", § 7 Ideeller und gesellschaftlicher Hintergrund: Zeitgeschichte, Traditionskritik, Religionsgeschichte, § 8 Ausgangspunkt: Rückfrage nach Jesus, § 9 Die Gemeinde am Werk: Überlieferungsgeschichte, § 10 Theologische Relecture: Redaktionsgeschichte). Ebner und Heininger stellen mit ihrer Paragrapheneinteilung Methodenblöcke (wie etwa die Literarkritik), Aspekte einzelner Methodenschritte (wie etwa den synoptischen Vergleich) und Forschungsfelder (wie etwa die Frage nach dem historischen Jesus) nebeneinander. Ihre „Sprachliche Analyse" referiert vorwiegend strukturalistische Analyseverfahren, die hermeneutisch unvermittelt neben den klassischen historisch-kritischen Verfahren zur Darstellung gelangen.

In allen Darstellungen der historisch-kritischen Methoden finden sich trotz aller Unterschiede die Methodenblöcke Textkritik, Literarkritik bzw. Quellenkritik, Formkritik bzw. -geschichte, Redaktionskritik bzw. -geschichte. Diese vier Methoden scheinen als Basismethoden historisch-kritischer Exegese zu gelten. Dieser Eindruck wird bestätigt durch einen Blick in ältere Lehrbücher zur historisch-kritischen Exegese, die von Semiotik, Linguistik und Texttheorie noch nichts wissen wollten.

Basismethoden historisch-kritischer Exegese

Allerdings gilt es festzuhalten, dass die Textkritik kein alleiniges Kennzeichen historisch-kritischer Exegese ist und sie auch nicht erst seit der Formatierung und Etablierung historisch-kritischer Exegese betrieben wurde. Jedoch erhielt sie durch die historisch-kritische Exegese erheblichen Antrieb.

Textkritik

Die Textkritik wurde in diesem Buch bereits im zweiten Kapitel dargestellt (vgl. 2.2), weil es sich nicht um eine historisch-kritische Methode der Bibelauslegung, sondern um eine editionsphilologische Methode der Textkonstituierung handelt. Ihre Ursprünge reichen bis in die griechische Antike hinein, namentlich im Rahmen der Homerinterpretation. Textkritik biblischer Schriften wurde zu allen Zeiten der Kirchengeschichte mit unterschiedlichen Methoden, Interessen und Intensitäten betrieben. Textkritik ist für jede wissenschaftliche Exegese unerlässlich, weil sie aus der Vielzahl der existierenden Lesarten heraus den Text ermittelt, der dann ausgelegt wird.

Merksatz

MERKE: Die Textkritik ist kein exegetisches Verfahren, sondern notwendige editionsphilologische Voraussetzung jeder wissenschaftlichen Exegese.

Als klassische historisch-kritische Methoden haben daher zu gelten die Literarkritik, die auch als Quellenkritik bezeichnet wird, die Formgeschichte, die manche als Formkritik bezeichnen und die Redaktionsgeschichte, die auch als Redaktionskritik oder Kompositionskritik betrieben wird. Während der Begriff „Quellenkritik" nur ein anderer Name für die Literarkritik ist, handelt es sich bei den anderen terminologischen Unterschieden um positionelle Differenzen in der Auffassung der historisch-kritischen Methoden. Die Ausdrücke „Form*geschichte*" bzw. „Redaktions*geschichte*"

Klassiker des historisch-kritischen Methodenrepertoires

betonen den diachronen Aspekt der Fragestellung und heben das entwicklungsgeschichtliche Erbe der historisch-kritischen Exegese dezidiert hervor. „Form*kritik*" bzw. „Redaktions*kritik*" hingegen betonen die analytische Aufgabe dieser Methoden und distanzieren sich bisweilen von dem entwicklungsgeschichtlichen Paradigma zu Gunsten einer eher synchron operierenden Methodik. Der Terminus „Kompositionskritik" bildet sogar bereits einen Übergang von der klassischen historisch-kritischen Exegese hin zu einer literaturwissenschaftlich-semiotischen Textforschung.

Im Folgenden sollen nun diese drei Methodenschritte in ihrer forschungsgeschichtlichen Reihenfolge skizziert werden. Dabei ist stets zu beachten, dass diese Methoden in einem Zeitraum von gut 150 Jahren entwickelt, verändert und ausdifferenziert wurden. Die weitere Ausdifferenzierung kann z. B. an der sogenannten Traditionsgeschichte oder der Überlieferungsgeschichte sowie an soziologischen bzw. sozialgeschichtlichen und kulturanthropologischen Fragestellungen und Methoden abgelesen werden.

Es gab unter den historisch-kritischen Exegeten sogar heftige Diskussionen darüber, ob die jeweiligen Anliegen der einzelnen Methodenschritte kompatibel seien, da doch die Formgeschichte eher von anonymen Autorenkollektiven ausgehe, während die Redaktionsgeschichte eher am Modell des individuellen Autors und dessen Intention orientiert sei.

Auch die Abfolge der Methodenschritte wurde kontrovers diskutiert. Der Alttestamentler Klaus Koch etwa verlangt, Formgeschichte stets vor der Literarkritik zu betreiben, da die Formgeschichte die objektivere Methode sei. Und schließlich steht insbesondere die Literarkritik selbst bei entschiedenen Vertretern der historisch-kritischen Exegese im Verdacht, nicht selten willkürliche und intersubjektiv kaum nachvollziehbare Entscheidungen zu befördern. Dennoch gehören diese drei Methodenschritte unverzichtbar zur historisch-kritischen Exegese.

Auch wer sich nicht für diesen Ansatz entscheidet, muss ihn kennen, um gut 90 % der Bibelkommentare nachvollziehen zu können, die in den letzten 200 Jahren geschrieben wurden. Grundkenntnisse historisch-kritischer Exegese gehören unverzichtbar zur wissenschaftlichen Kompetenz professioneller Theologen.

Literatur

G. **Ebeling**, Die Bedeutung der historisch-kritischen Methode für die protestantische Theologie und Kirche, in: ders., Wort und Glaube I. 2. Aufl. Tübingen 1962, 1–49

M. **Ebner/B. Heininger**, Exegese des Neuen Testaments. Ein Arbeitsbuch für Lehre und Praxis, UTB 2677, 2. erw. Aufl. Paderborn u.a. 2007

M. **Hengel**, Aufgaben der Neutestamentlichen Wissenschaft (Presidental Adress, vorgetr. auf der 48. Jahrestagung der SNTS, Chicago, 15.–18. August 1993), NTS 40 (1994), 321–357

K. **Koch**, Was ist Formgeschichte? Methoden der Bibelauslegung, 5. Aufl. Neukirchen-Vluyn 1989

T. S. **Kuhn**, Die Struktur wissenschaftlicher Revolutionen, stw 25, 2. rev. u. erg. Aufl., Frankfurt a.M. 1976

W. G. **Kümmel**, Das Neue Testament. Geschichte der Erforschung seiner Probleme, OA III/3, München, 2. überarb. u. erg. Aufl. Freiburg 1970

M. **Meiser**, Exegese des Neuen Testaments, in: ders. u.a. (Hg.), Proseminar II. Neues Testament – Kirchengeschichte. Ein Arbeitsbuch, Stuttgart u.a. 2000, 15–125

U. **Schnelle**, Einführung in die neutestamentliche Exegese, UTB 1253, 7. durchgeseh. u. erg. Aufl., Göttingen 2008

J. S. **Semler**, Abhandlung von freier Untersuchung des Canon, 4 Bde., 1771–1775, hrsg. v. H. Scheible, Texte zur Kirchen- und Theologiegeschichte 5, Gütersloh 2. Aufl. 1980

E. W. **Stegemann/W. Stegemann**, Urchristliche Sozialgeschichte. Die Anfänge im Judentum und die Christengemeinden in der mediterranen Welt, 2. erg. Aufl. Stuttgart 1997

W. **Wrede**, Über Aufgabe und Methode der sogenannten neutestamentlichen Theologie, 1897, wieder abgedruckt in: G. Strecker (Hg.), Das Problem der Theologie des Neuen Testaments, WdF 367, 1975, 81–154

Aufgaben

1. Vergleichen Sie die Positionen William Wredes und Martin Hengels bezüglich der Aufgabenbestimmung neutestamentlicher Wissenschaft. Worin stimmen sie überein? Wo unterscheiden sie sich?
2. Beziehen Sie Stellung zu der hermeneutischen These: Den Sinn eines Textes versteht man nur, wenn man die Entstehung des Textes rekonstruieren kann.
3. Informieren Sie sich in einem der folgende Lexika über den sogenannten Fragmentenstreit: Die Religion in Geschichte und Gegenwart (RGG), 3. oder 4. Aufl.; Theologische Realenzyklopädie (TRE), 2. Aufl.

Literarkritik/Quellenkritik | 4.3.1

Literarkritik ist Quellenkritik. Es geht dabei nicht um interpretierende Literaturkritik im literaturwissenschaftlichen Sinn, sondern um eine Rekonstruktion der Textentstehung, um die Unter-

Literarkritik ist Quellenkritik

scheidung dessen, was ursprünglich zu einem Text gehörte und was sekundär hinzugefügt wurde. Die historische Plausibilität der Literarkritik und ihre von der Textkritik zu unterscheidende Suche nach dem Ursprünglichen kann am Beispiel des Markusschlusses aufgezeigt werden.

Beispiel Markusevangelium

Für die Interpretation des Markusevangeliums spielt es eine wichtige Rolle, wo es endet. Schon der textkritische Befund verweist auf das Problem des Markusschlusses: Folgen wir den ältesten Textzeugen, dann gehören die Verse 16,9-20 nicht zum ursprünglichen Text des Markusevangeliums. Die Verse 9-20 ergänzen das Markusevangelium mit Hinweisen auf Erzählungen über Begegnungen mit dem auferweckten Jesus (vgl. Mk 16,9), die wir in anderen Evangelien finden, aber eben nicht im ursprünglichen Markusevangelium.

Kann ein Evangelium mit der Nachricht enden, dass die Frauen am Grab des Gekreuzigten von anhaltendem Schrecken ergriffen wurden, der verhinderte, dass sie das leere Grab als Zeichen einer guten Nachricht verstanden und freudig davon erzählten? Kann ein Evangelium ohne Erzählungen von der Begegnung mit dem Auferstandenen schließen? Diese Fragen stellten sich wohl bereits Leser im 2. Jh. und sie beantworteten sie mit der Hinzufügung von Lesefrüchten aus anderen Evangelien. Fortan wurde das Markusevangelium meist mit diesem längeren Schluss (Mk 16,9-20) überliefert, und so steht er auch heute in den Bibelausgaben verzeichnet.

Es gibt auch eine kürzere Ergänzung des Markusschlusses. Sie lautet: „Und sie berichteten alles, was ihnen aufgetragen worden war, dem Kreis um Petrus. Danach sandte Jesus selbst durch sie vom Osten bis nach Westen die heilige und unvergängliche Botschaft vom ewigen Heil. Amen." Auch diese von einer altlateinischen Handschrift bezeugte Variante des Markusschlusses zeigt an, wie unerträglich der ursprüngliche Markusschluss vielen Lesern schon zur Zeit der Alten Kirche erschien. Manche Handschriften kombinieren sogar beide Zusätze.

Aber nicht nur die Leser der ersten Jahrhunderte hatten Probleme mit dem ursprünglichen Markusschluss. Auch in der wissenschaftlichen Exegese des 20. Jh.s wurde versucht, der Härte dieses Schlusses auszuweichen. Da der textkritische Befund es nicht erlaubt, die Verse 9-20 und schon gar nicht die kürzere, altlateinische Ergänzung als ursprünglich anzusehen, wurde die literarkritische Hypothese aufgestellt, das ursprüngliche Markusevangelium habe nicht mit 16,8 geendet, sondern mit einem verloren gegangenen Schluss. Die literarkritische Hypothese eines verlorenen Markusschlusses steht allerdings auf tönernen Füßen, denn sie wird weder von einem Textzeugen noch von irgendeinem altkirchlichen Rezipienten des Markusevangeliums gestützt. Es handelt sich also um eine exegetische *Konjektur, die, wie schon die beiden erhaltenen altkirchlichen Markusschlüsse, die Schroffheit des ursprünglichen Markusschlusses literarisch und theologisch glätten möchte.

An diesem Beispiel wird deutlich, dass verschiedene Textfassungen der biblischen Bücher existieren. Überall, wo bereits die Textkritik Anlass gibt, darüber nachzudenken, was wohl die ältere Fassung sein könnte, bewegt sich auch Literarkritik auf einem vom überlieferten Textbestand motivierten Aufgabengebiet. Diese, auf Befunden der Textkritik aufbauende Literarkritik könnte man Literarkritik „mit Netz" nennen. Textkritik und Literarkritik dürfen aber keinesfalls in ihrem Aufgabenbereich und ihrer Methodik verwechselt werden. Während die Textkritik unabhängig vom Sinn des Textes lediglich editionsphilologisch argumentiert, steigt die Literarkritik nach der textkritischen Feststellung des wohl ursprünglichsten Buchstabenbestandes eines Textes in seine inhaltliche und strukturelle Analyse ein. Ihre Frage zielt auf die Unterscheidung von Tradition und Redaktion nach der Feststellung des Textbestandes durch die Textkritik. Sie fragt also mit Blick auf den Markusschluss, ob die Verse 9-20 zum Sinn und zur Erzählstruktur von Mk 1,1-16,8 passen oder nicht. Dazu zieht sie dann auch den Vergleich mit anderen Texten heran und stellt fest, dass die Erzählmotive, die in 16,9-20 verarbeitet werden, nicht nur aus anderen Evangelien stammen, sondern in störender Spannung zum Duktus des Markusevangeliums stehen. Sie schneidet daher diese Verse nicht aus textkritischen Gründen,

Scheidung von Tradition und Redaktion

Infobox

Tradition und Redaktion
In einem entwicklungsgeschichtlichen Paradigma bilden diese beiden Größen die Referenzgrößen. Mit *Tradition* wird das bezeichnet, was überliefert wurde, mit *Redaktion* hingegen die verändernde Bearbeitung des Überlieferten. Damit wird der Textwerdungsprozess als ein dynamisches Geschehen begriffen, das sowohl Gegebenes überliefert als auch interpretierend verändert.

sondern aufgrund der genannten literarkritischen Beobachtungen heraus und ordnet sie der Arbeit einer späteren Redaktion zu, die den Schluss des Markusevangeliums, der eben keine Erscheinungserzählungen bietet, den anderen Evangelienschlüssen angeglichen hat.

Viel schwieriger und ungesicherter aber wird die literarkritische Arbeit an Stellen, wo ihr Einsatz nicht schon von der Textkritik motiviert wird. Hier wird die literarkritische Analyse zur komplexen Detektivarbeit, die nun vom methodischen Verdacht ausgeht, dass grundsätzlich jeder Buchstabe eine spätere Hinzufügung zum ursprünglichen Textbestand sein könnte, auch wenn die Textkritik dafür keinerlei Anzeichen gefunden hat. Für diese Suchbewegung einer Literarkritik „ohne Netz" hat sich folgendes Verfahren eingebürgert: Die zu untersuchende *Perikope soll zunächst einmal von ihrem Kontext abgegrenzt werden. Man fragt, wo ein neuer Textabschnitt beginnt und wo er endet. Anzeichen dafür können etwa Orts- und/oder Tempuswechsel, das Auftreten neuer Personen oder die Einführung eines neuen Diskussionsthemas sein. Sodann versucht man, den Textabschnitt nach seiner inneren Stringenz, der Einheitlichkeit, zu befragen. Man fahndet daher nach Störungen im Textverlauf, also nach „Spannungen" oder gar „Brüchen" und nach „Doppelungen". Zudem wird mittels einer *Konkordanz der Wortbestand daraufhin untersucht, ob sich in der zu analysierenden Perikope Vokabular oder ganze Redewendungen finden, die besonders gern in dem betreffenden biblischen Buch benutzt werden, vielleicht sogar nur in ihm zu finden sind. Man spricht dann z.B. vom markinischen oder matthäischen Vorzugsvokabular, das stets als Indiz für redaktionelle Arbeit gilt.

Nachdem aufgrund von Spannungen, Brüchen, Doppelungen, Vorzugsvokabular spätere redaktionelle Bearbeitungen aus dem Text ausgeschieden wurden, wird die vermutlich ursprüngliche Textfassung, die sogenannte Tradition rekonstruiert. Allgemein anerkannte Definitionen, was denn Brüche oder Spannungen im Text seien, hat die literarkritische Methodologie allerdings nicht ausgearbeitet, vielmehr bleibt das weitgehend dem ästhetischen Empfinden der Interpreten überlassen.

Ein Beispiel aus dem *Arbeitsbuch zum Neuen Testament* von Hans Conzelmann und Andreas Lindemann möge das illustrieren:

> „Das Aposteldekret 15,23ff. (in Apg, Anm. S. Alkier) wendet sich an Heidenchristen nicht nur in Antiochia und Syrien, sondern auch an heidenchristliche Gemeinden in Kilikien. Von der Existenz solcher Gemeinden in der kleinasiatischen Landschaft um Tarsus war aber bisher in der Apg noch gar nicht die Rede. Muß man in dieser Spannung einen inneren Widerspruch sehen, der uns zwingt, in V. 23-29 ein Zitat aus einer Quelle zu vermuten? Oder liegt eine bloße schriftstellerische Nachlässigkeit vor?" (105)

Diese Ausführungen zeigen auch sehr anschaulich, warum die Literarkritik auch Quellenkritik genannt wird. Die Frage lautet nämlich: Wurden in die Apostelgeschichte Bestandteile aus anderen Texten eingearbeitet, die dem Verfasser der Apostelgeschichte als schriftliche Quellen vorlagen? Allgemeiner formuliert: Die Literarkritik fragt als Quellenkritik danach, ob aus der literarkritischen Analyse Rückschlüsse auf ältere schriftliche Quellen zu ziehen sind, die bei der Abfassung des jeweiligen biblischen Buches dem Verfasser bzw. dem Redaktor vorlagen. So hat man etwa für das Markusevangelium eine Wunderquelle angenommen, aus der Markus schöpft, wenn er Wundergeschichten erzählt. Für Mk 13 existiert die These, Markus habe hier ein jüdisches Flugblatt übernommen, das er lediglich leicht christlich überarbeitet habe.

Literarkritik als analytisches Rückschlussverfahren

Die Literarkritik versucht also, schriftliche Vorstadien der Textgestalt neutestamentlicher Bücher zu ermitteln. Gelänge dies, wäre man mit diesen vor der Abfassung der biblischen Texte anzusetzenden schriftlichen Quellen näher am „Urchristentum" als mit den späteren neutestamentlichen Büchern. Tradition meint im Rahmen der Literarkritik also stets schriftlich fixierte Tradition. Redaktion bezeichnet dann die Weise der Einarbeitung schriftlicher Quellen in den jetzigen Kontext des entsprechenden neutestamentlichen Buches. Damit lässt sich die Arbeit der Literarkritik auf folgende Formel bringen: Literarkritik ist die Scheidung von Tradition und Redaktion.

Dies gilt auch für Teilungshypothesen der Briefliteratur, die allerdings im letzten Jahrzehnt deutlich seltener vertreten wurden als zuvor. Die Korintherbriefe des Paulus z.B. werden von manchen Forschern als Ergebnisse redaktioneller Bearbeitung angesehen. Paulus habe diese Briefe nicht in dieser Länge geschrieben, sondern es handele sich ursprünglich um mehrere kleinere Briefe, die erst später zusammengesetzt wurden. Solche Suchbewegungen sehen die herausgearbeiteten ursprünglichen kleineren Paulusbriefe als die Quellen an, die Paulusschüler erst später redaktionell zusammengefügt haben.

zur Geschichte der Literarkritik

Solche Quellenscheidung in Bezug auf die Briefe hatte Johann Salomo Semler bereits im 18. Jh. durchgeführt. Zu ihrem Durchbruch kam die Literarkritik aber erst im Rahmen der Erforschung der neutestamentlichen Evangelien gegen Ende des 18. Jh.s. Motiviert wurde sie durch die Frage nach der historischen Zuverlässigkeit der Evangelien mit Blick auf die Biographie Jesu. Gotthold Ephraim Lessing (1729–1781) hatte mehrere Auszüge aus einem Buch des Hamburger Gymnasialprofessors Hermann Samuel Reimarus (1694–1768) nach dessen Tod anonym herausgegeben, die auf Widersprüche und Tendenzen der biblischen Literatur hinwiesen. Da diese „Fragmente eines Ungenannten" von großer Gelehrsamkeit geprägt waren, konnte man sie nicht einfach ignorieren. Bald schon akzeptierte man, dass es in den Evangelien erhebliche Widersprüche in der Darstellung der Ereignisse gibt. Man suchte nun nach zuverlässigeren Quellen, als es die widersprüchlichen Evangelien zu sein schienen.

Zunächst etablierte sich die auf Lessing zurückgehende und von Johann Gottfried Eichhorn (1752–1827) ausgearbeitete Hypothese eines Urevangeliums, das den Verfassern aller kanonischen Evangelien vorgelegen habe. Im Zusammenhang der literarkritischen Evangelienforschung entstand dann auch der Begriff „synoptische Evangelien", der die „Synoptiker" Mt, Mk und Lk als literarisch verwandte Evangelien der Darstellung des Joh gegenüberstellt.

Literarkritik und synoptische Frage

Die Literarkritik wurde also insbesondere als Ausarbeitung der synoptischen Frage entwickelt, die lautet: Wie lassen sich die weitgehenden Übereinstimmungen zwischen den Synoptikern Mt, Mk und Lk und gleichzeitig ihre unausgleichbaren Widersprüche erklären? Es geht dabei um eine literaturgeschichtliche Klärung der Abfassungsverhältnisse der drei synoptischen Evangelien. Dass diese drei literarisch voneinander abhängen, kann nicht bestritten werden. Offen aber ist die Frage: Wer diente wem als Quelle?

Die zunächst entwickelte Urevangeliumshypothese vermutete ein allen Synoptikern vorliegendes, dann aber von ihnen verdrängtes und in Vergessenheit geratenes Urevangelium. Benutzungshypothesen dagegen kommen ohne das Postulat verloren gegangener Quellen aus. Sie erarbeiten Hypothesen über die historische Reihenfolge der Abfassung der überlieferten Evangelien. So nahm

> **Infobox**
>
> **Urevangelium**
> Johann Gottfried Eichhorn formulierte in seiner Einleitung in das Neue Testament, 5 Bde., Leipzig 1804–1827, die einflussreichste Fassung der Urevangeliumshypothese. Er schreibt dort:
> „Die [...] Evangelien sind alle Theile eines Stammes, der sich in 2 Äste theilte, von denen jeder wieder seine eigenen Zweige getrieben hat. [...] Der Stamm, aus dem diese zwei Aeste entsprossen sind, (oder die gemeinschaftliche Grundlage aller [...] Evangelien) ist ein uraltes kurzes Leben Jesu, ein Urevangelium." (I,XII). Mit dieser dem Ursprungsdenken zugehörigen biologistischen Hypothese meinte Eichhorn, alle erhaltenen und verloren gegangenen Evangelien auf einen gemeinsamen, verloren gegangenen, aber literarkritisch rekonstruierbaren, historisch zuverlässigen Ursprung zurückführen zu können.

man zunächst an, Mt habe zuerst geschrieben, dann Lk unter Kenntnis des Mt und dann Mk unter Kenntnis des Mt und Lk.

Im Verlauf des 19. Jh.s setzte sich die sogenannte Zwei-Quellen-Theorie durch. Diese vermutet, vor bzw. neben dem Markusevangelium habe es eine Sammlung von Sprüchen Jesu gegeben, die sogenannte Logienquelle, die mit dem Buchstaben Q abgekürzt wird (der nichts anderes als das Wort „Quelle" vertritt). Diese schriftliche Quelle haben, der Hypothese der Zwei-Quellen-Theorie zufolge, Lk und Mt unabhängig voneinander benutzt und auf je eigene Art und Weise in das ihnen ebenfalls vorliegende Markusevangelium eingearbeitet.

Zwei-Quellen-Theorie

Mit dem Erfolg der Zwei-Quellen-Theorie auf das engste verbunden ist die Annahme der Markuspriorität, die sich seit ihrem Aufkommen im 19. Jh. als tragfähig und plausibel erwiesen hat. Da die älteren Benutzungshypothesen mit der Annahme arbeiteten, dass Mk das jüngste Evangelium sei, wurde der Benutzungshypothese lange Zeit keine Aufmerksamkeit mehr geschenkt.

Erst in den letzten Jahrzehnten ist wieder Bewegung in die Frage nach den literarischen Abhängigkeitsverhältnissen der Synoptiker gekommen.

Von jeher hinterließ die Zwei-Quellen-Theorie offene Fragen. Zwar können mit der Hypothese einer verloren gegangenen Logienquelle „Q" die Übereinstimmungen zwischen Mt und Lk gut erklärt werden für den Stoff, den Mk nicht bietet. Sie kommt aber nicht ohne Hypothesen über weitere Quellen aus, weswegen der Name „Zwei-Quellen-Theorie" in der Sache unzutreffend ist. So wird der größte Teil von Stoffen, die nur das Lk oder das Mt bieten, als Sondergut bezeichnet. Keine Einigkeit konnte darüber erzielt werden, ob dieses Sondergut auf weitere schriftliche Quellen, mündliche Überlieferung oder eigene schriftstellerische Arbeit der Evangelisten zurückgeht. Nimmt man zur Kenntnis, dass ein Großteil des Lukasevangeliums aus Sondergut besteht, nimmt der Erklärungswert der sogenannten Zwei-Quellen-Theorie bereits erheblich ab.

Das größte Problem für die Zwei-Quellen-Theorie aber stellen die als *minor agreements* bezeichneten Übereinstimmungen zwischen Mt und Lk dar, die sie gegen Mk bieten bei Stoffen, die offensichtlich Mk entstammen. An mehr als 300 Stellen verändern Mt und Lk Markusstoff auf die gleiche Weise. Für diese *minor agreements* bietet die Zwei-Quellen-Theorie keine hinreichende Erklärung an.

Die Arbeit am Problem der *minor agreements*, das in dem von Georg Strecker herausgegebenen Tagungsband bestens dokumentiert ist, führte bei den kritischen Vertretern der Zwei-Quellen-Theorie zum einen zu nochmals mit weiteren Hypothesen angereicherten Modellen, die vornehmlich mit der Hypothese entweder eines verloren gegangenen Ur- oder aber eines Deuteromarkus arbeiten, mit dem Mt und Lk gearbeitet haben sollen. Zum anderen aber stellte sich bei diesen kritischen Vertretern, wie Georg Strecker, Andreas Lindemann oder Udo Schnelle, die Einsicht ein, dass die Zwei-Quellen-Theorie nach wie vor mit erheblichen Problemen belastet ist, die sie über den Status einer Arbeitshypothese nicht hinauskommen lassen.

Uneingeschränkte Vertreter der Zwei-Quellen-Theorie hingegen, wie etwa Paul Hoffmann und Christoph Heil, die im Anschluss an das internationale Q-Projekt eine deutsch-griechische Studienausgabe von Q herausgaben, gehen mit der Q-Hypothese um wie mit einer tatsächlich vorhandenen Schrift. Zwar hat eine Studienausgabe von Q eine erhebliche Suggestivkraft, jedoch ist im Sinne des wissenschaftlichen Problembewusstseins daran zu erinnern, dass keine Handschriften die Existenz von „Q" belegen.

Benutzungshypothese

Angesichts der Probleme der Zwei-Quellen-Theorie haben andere Forscher die Benutzungshypothese neu bedacht. Die ausgereifteste Fassung davon hat bisher Michael D. Goulder mit seiner Monographie, *Luke. A New Paradigm*, vorgelegt. Im deutschsprachigen Bereich vertritt Werner Kahl im Anschluss an Goulder, aber mit durchaus eigenen bedenkenswerten Begründungen die Benutzungshypothese. Allerdings übernimmt die neue Benutzungshypothese von der Zwei-Quellen-Theorie die Akzeptanz der Markuspriorität. Matthäus habe dann sein Evangelium unter Kenntnis des Markus verfasst. Lukas wiederum kannte Markus und Matthäus. Eine Redequelle „Q" im Sinne der Zwei-Quellen-Theorie hat es aber nie gegeben.

Dass Lukas verschiedene Darstellungen der Jesus-Geschichte kannte, bezeugt er selbst in seinem Proömium zu Beginn des Lukasevangeliums. Dort schreibt er auch, dass er die Anordnung des Stoffes neu und besser als seine Vorgänger gestaltet habe. Lukas zerschlägt z. B. aus literarischen Gründen die großen Redekompositionen und fügt sie an für ihn thematisch passenderen Stellen ein.

Sowohl die Zwei-Quellen-Theorie als auch die neue Benutzungshypothese bieten plausible Erklärungsmodelle für die nicht zu leugnenden literarischen Abhängigkeiten der synoptischen Evangelien. Wissenschaftstheoretisch wäre der neuen Benutzungshypothese der Vorzug zu geben, weil sie mit weniger Hilfsannahmen in Form weiterer hypothetischer Quellen oder verloren gegangener Fassungen auskommt. Ob sie sich in der exegetischen Arbeit so bewähren kann, wie es die Zwei-Quellen-Theorie vermochte, bleibt abzuwarten.

Jeder synoptische Vergleich in einer historisch-kritischen Hausarbeit muss heute mit der Zwei-Quellen-Theorie oder mit der neuen Benutzungshypothese arbeiten und dabei die Frage stellen, welche Fassung einer *Perikope die ursprüngliche Tradition besser bewahrt habe. Von da aus soll dann skizziert werden, mit wel-

der synoptische Vergleich

Infobox

Synoptischer Vergleich praktisch
Beim synoptischen Vergleich legt man eine Perikope und ihre Parallelen in den anderen Evangelien nebeneinander, um den Grad ihrer Übereinstimmungen und Abweichungen zu ermitteln. Ein gutes Hilfsmittel dafür sind sogenannte Synopsen, die Evangelien in Spalten nebeneinander abdrucken. Mit einem Vier-Farben-System visualisiert man das Untersuchungsergebnis. Man unterstreicht z. B. mit blau alle wörtlichen Übereinstimmungen zwischen Mt-Mk-Lk und mit gelb alle Übereinstimmungen von Mt-Mk. Grün alle Übereinstimmungen zwischen Mk-Lk und mit rot alle Übereinstimmungen von Mt-Lk. Ohne Farbe bleiben dann die Differenzen zwischen den Paralleltexten.

cher Tendenz die jeweils ursprünglichere Textfassung redaktionell bearbeitet wurde. Ausführlich wird diese redaktionelle Bearbeitung im Anschluss an die formgeschichtliche Analyse von der Redaktionsgeschichte interpretiert.

Wir sehen also, dass in der Hypothesenbildung der Literarkritik die Hersteller der Evangelien weniger als Autoren, vielmehr als Redaktoren verstanden werden, die die ihnen vorliegenden Quellen nach ihren jeweiligen Intentionen bearbeitet haben. Die von der Literarkritik als Tradition herausgeschälten Textstücke werden dann von der Formgeschichte weiterbearbeitet, während die Redaktionsgeschichte die Arbeit der Redaktoren in das Zentrum der Untersuchung stellt.

Die Literarkritik im Rahmen einer historisch-kritischen Proseminararbeit, die einen Text aus den synoptischen Evangelien thematisiert, muss also stets zwei Schritte vollziehen. Zunächst muss die *Perikope abgegrenzt und in ihr Redaktion und Tradition voneinander geschieden werden. Sodann dient der synoptische Vergleich unter Heranziehung der Zwei-Quellen-Theorie oder der Benutzungshypothese der weiteren Bestimmung der ältesten erreichbaren schriftlichen Tradition. Das als Tradition ermittelte Textstück muss als selbstständiger Text vorstellbar sein, der aus sich heraus ohne weiteren Kontext verstehbar ist.

Merksatz

MERKE: Die Literarkritik ist eine analytische Methode, die auf die Rekonstruktion der ältesten schriftlichen Quellen des Urchristentums zielt und deswegen Tradition und Redaktion im zu untersuchenden Text unterscheiden möchte.

Literatur

M. D. Goulder, Luke. A New Paradigm, JSNT.S 20, Sheffield 1989

W. Kahl, Vom Ende der Zweiquellentheorie oder: Zur Klärung des synoptischen Problems, in: C. Strecker (Hg.), Kontexte der Schrift II: Kultur, Politik, Religion, Sprache – Text, FS W. Stegemann, Stuttgart 2005, 404–442

H. Merklein, Die Jesusgeschichte – synoptisch gelesen, SBS 156, Stuttgart 1994

U. Schnelle, Einleitung in das Neue Testament, 6. neubearb. Aufl. Göttingen 2007, 185–218

T. Schramm, Der Markus-Stoff bei Lukas. Eine literarkritische und redaktionsgeschichtliche Untersuchung, Cambridge 1971

G. Strecker (Hg.), Minor Agreements. Symposium, Göttingen 1991

U. Schnelle, Literarkritik / Quellenkritik, in: ders., Einführung in die neutestamentliche Exegese, UTB 1253, 7., 6. Aufl., Göttingen 2005, 64–99

Aufgaben

1. Grenzen Sie die *Perikope Mk 2,23-28 ab und fragen Sie nach der Einheitlichkeit dieses Textabschnittes. Empfinden Sie hier Brüche, Doppelungen, Spannungen? Begründen Sie ihre Ergebnisse.
2. Führen Sie einen synoptischen Vergleich von Mt 12,1-8 // Mk 2,23-28 // Lk 6,1-5 durch. Zu welchen Ergebnissen gelangen Sie zunächst auf der Grundlage der Zwei-Quellen-Theorie und dann der Benutzungshypothese mit der Reihenfolge Mk–Mt–Lk?
3. Vergleichen Sie den Kolosser- mit dem Epheserbrief. Könnte einer der beiden Briefe dem anderen als Quelle gedient haben?

Formgeschichte bzw. Formkritik | 4.3.2

Die von der Literarkritik hypothetisch herausgeschälte Tradition wird mittels formgeschichtlicher bzw. formkritischer Analyse weiterbearbeitet. Der form*kritischen* Analyse geht es vornehmlich darum, mittels der Zuweisung der einzelnen Texte zu Gattungen bzw. Textsorten die Formensprache der Texte zu verstehen. Der form*geschichtlichen* Arbeitsweise ist daran zwar auch gelegen, aber sie zielt auf etwas anderes ab. Hatte die Literarkritik nach schriftlichen Quellen als Vorlagen der neutestamentlichen Texte gefragt, möchte die Formgeschichte die mündliche Tradition rekonstruieren, die zeitlich noch vor den von der Literarkritik hypothetisch erschlossenen schriftlichen Quellen liegt, um noch näher in das Leben und Denken des „Urchristentums" vorzudringen, ja im Idealfall sogar Jesu „ureigene Stimme" (lat. *ipsissima vox*) von den Traditionen der „Urgemeinde" unterscheiden zu können.

Die ältere Formgeschichte, die mit unterschiedlicher Terminologie und verschiedenen Ansätzen fast zu gleicher Zeit unabhängig voneinander von Karl Ludwig Schmidt (1891–1956), Rudolf Bultmann (1884–1976) und Martin Dibelius (1883–1947) während des 1. Weltkrieges entwickelt wurde, war sehr optimistisch mittels der formgeschichtlichen Analyse zu einer Geschichte der Formen zu gelangen, die den Unterschied zwischen Mündlichkeit und Schriftlichkeit ignorieren zu können glaubte. Die Monographie von Erhardt Güttgemanns (1935–2008) *Offene Fragen zur Form-*

ältere Formgeschichte und neuere Ansätze

geschichte, trug dann aber seit Beginn der 70er Jahre des 20. Jh.s zu einem erheblichen Umdenken bei. Wie schon Güttgemanns nehmen heute die meisten Formgeschichtler die Differenz zwischen Mündlichkeit und Schriftlichkeit sehr viel ernster. Diejenigen, die Güttgemanns darin folgen, dass es überhaupt nicht möglich sei, von den erhaltenen Texten aus tragfähige Rekonstruktionen der mündlichen Überlieferungsstufe zu erarbeiten, lassen sich zum Ansatz der Neuen Formgeschichte bzw. der Formkritik rechnen.

<small>die ästhetische Fragestellung</small>

Wie geht nun aber Formgeschichte bzw. -kritik vor? Zu unterscheiden sind eine ästhetische und eine soziologische Fragestellung. Die ästhetische Frage zielt auf die Erforschung der Formensprache als solcher. Sie ist von der Erkenntnis getragen, dass Menschen nicht nur in Worten und Sätzen, sondern in Textzusammenhängen sprechen, die formale Merkmale aufweisen, die die Wort- und Satzebene übersteigen. Beginnt ein Erzähler mit den Worten „Es war einmal..." werden alle der deutschen Sprache Mächtigen ein Märchen erwarten. Die Formel „Es war einmal" ist also ein Textsortenmerkmal, das es erlaubt von sprechenden Katzen, küssenden Fröschen und zaubernden Feen zu erzählen. Diese Akteure wird man nicht in den „Tagesthemen" der ARD oder den „Heute"-Nachrichten des ZDF und nicht einmal bei den Nachrichtensendungen der Privatsender finden. Diese haben ihre eigene Formensprache, die nun aber die Rezeptionserwartung erzeugt, nur gut recherchierte, triftige Ereignisse präsentiert zu bekommen.

Die vor allem auf Franz Overbeck (1837–1905) und Hermann Gunkel (1862–1932) zurückgehende Idee, die Formensprache der biblischen Texte zu untersuchen, bemüht sich darum, den gesamten biblischen Stoff verschiedenen Gattungen bzw. Textsorten zuzuordnen, um auf diese Weise die damit verbundenen Rezeptionserwartungen und Bedeutungszuschreibungen besser zu verstehen. Die Ausarbeitung dieser Idee durch Rudolf Bultmann und Martin Dibelius für die neutestamentliche Wissenschaft geriet allerdings so unterschiedlich, dass man sich in einer wissenschaftlichen Hausarbeit stets entscheiden muss, mit welchem Ansatz gearbeitet werden soll. Die Lage verkompliziert sich nochmals dadurch, dass neuere Konzeptionen Bultmann wie Dibelius vorwerfen, mit der Wahl ihrer, dem 19. und 20. Jh. entstammenden Gattungsbezeichnungen, den alten Texten unangemessene

Infobox

Die Einteilung des neutestamentlichen Stoffes nach Bultmann		
I. REDESTOFF		
A. Apophthegmata	1. Streit- und Schulgespräche 2. Biographische Apophthegmata	
B. Herrenworte	1. Logien (Jesus als Weisheitslehrer) 2. Prophetische und apokalyptische Worte 3. Gesetzesworte und Gemeinderegeln 4. Ich-Worte 5. Gleichnisse und Verwandtes	
II. ERZÄHLSTOFF		
A. Wundergeschichten	1. Heilungswunder 2. Naturwunder	
B. Geschichtserzählung und Legende		

Kategorien übergestülpt zu haben. So legte Klaus Berger einen Gegenentwurf vor, der seine Terminologie antiker *Rhetorik entlehnte, freilich um den Preis der Vervielfältigung von Gattungen, die Bergers Ansatz recht unübersichtlich erscheinen lässt.

Während die ästhetische Frage die mit der Formensprache gegebenen Rezeptionserwartungen untersucht, fragt die soziologische Perspektive nach dem „Sitz im Leben" der jeweiligen Gattung. Wo und zu welchen Anlässen wurden von den ersten Christen Gleichnisse oder Wundergeschichten erzählt, Predigten gehalten oder Handlungsanweisungen unterrichtet? Wichtig zu beachten ist, dass nicht der einzelne Text einem „Sitz im Leben" zugeordnet wird, sondern immer nur Gattungen. Eine akademische Vorlesung etwa kann durchaus auch einmal auf einem privaten Geburtstagsfest in einem Hotel gehalten werden. Ihr gewöhnlicher Sitz im Leben qua Gattung ist aber der universitäre Lehrbetrieb.

die soziologische Fragestellung

Merksatz

MERKE: Die Formgeschichte bzw. -kritik untersucht die Formensprache der Texte. Ihre ästhetische Aufgabe besteht in der Zuweisung der Texte zu Gattungen bzw. Textsorten und der Erforschung der damit gegebenen Bedeutungen. Ihre literatursoziologische Aufgabe besteht in der Bestimmung des Sitzes im Leben der Gattungen. Niemals kann ein einzelner Text einer einmaligen spezifischen historischen Situation zugeordnet werden, sondern ausschließlich die gewöhnliche Verwendung einer Gattung einem typischen wiederholbaren gesellschaftlichen Ort und Anlass, ihrem Sitz im Leben.

die Gattung der Gleichnisse

Wie wichtig das Verständnis der Formensprache der neutestamentlichen Texte für ihr Verständnis ist, kann besonders gut an der Geschichte der Gleichnisauslegung nachvollzogen werden. Bis gegen Ende des 19. Jh.s war es üblich, die Gleichnisse Jesu ohne Rücksicht auf ihre Gattungsunterschiede allegorisch auszulegen. Allegorische Auslegung versteht die Texte als verschlüsselte Botschaften, die Zug um Zug wie eine Geheimschrift decodiert werden müssen. Der König z. B. im Gastmahlgleichnis (Mt 22,1-10 || Lk 14,16-24) wurde dann als Gott „entschlüsselt", die Gäste, die nicht kommen wollten, wurden als „die Juden" identifiziert und die dann das Gastmahl Genießenden wurden mit den „Christen" gleichgesetzt. Die antijudaistische Pointe war damit klar: Die Juden haben das Heilsangebot verworfen und an ihre Stelle sind nun die Christen getreten. Adolf Jülichers (1857–1938) wegweisende Untersuchung *Die Gleichnisreden Jesu* (1899/1900) konnte aber deutlich machen, dass diese Dechiffriermethode an der Formensprache der Gleichnisse vorbeigeht und als willkürliche Auslegung abzulehnen ist. Gleichnisse haben Jülicher zufolge qua Gattung nur eine Pointe, die sich aus dem Gesamtverlauf des Gleichnistextes ergibt. Gleichnisse seien keine Allegorien, deren Bedeutungen Stück für Stück erraten werden müssen.

Merksatz

MERKE: Je nachdem, ob eine *Perikope als Allegorie oder als Gleichnis aufgefasst wird, ergeben sich dieser Zuordnung gemäße unterschiedliche Interpretationen ein und derselben Perikope.

Jülichers Gleichnisverständnis

Jülicher teilte die Gleichnisse aufgrund formaler Beobachtungen in verschiedene Gattungen ein. Seine Erschließung der Formensprache der Gleichnisse hat die allegorische Willkür in der Gleichnisauslegung beträchtlich zurückgedrängt. Rudolf Bultmann und viele andere mit ihm haben die Gattungsbestimmungen Jülichers übernommen. Sie sind bis heute wirksam.

Jülicher benannte drei Gattungen von Gleichnissen und stellte sie der Allegorie entgegen. Gleichnisse sind ihm zufolge entweder Gleichnisse im engeren Sinn, Parabeln oder Beispielerzählungen. Gleichnisse weisen ihm zufolge eine Bildhälfte und eine Sachhälfte auf, die durch stets nur einen Vergleichspunkt (lat. *tertium comparationis*) verbunden sind. Das Gleichnis im engeren Sinn schildert knapp alltägliche Situationen und verarbeitet diesbezügliche

> **Infobox**
>
> **Gleichnisgattungen und -hermeneutik nach Jülicher**
> Jülicher unterscheidet zunächst bildliche Sprache auf der Wort- und Satzebene von den ausgeführten Gleichnissen, die die Satzebene übersteigen.
>
> | A. Bildsprache auf Wort- und Satzebene | a. Bildwort (vgl. Mt 5,14)
b. Hyperbel (vgl. Mt 5,29)
c. Paradoxie (vgl. Mk 8,35)
d. Vergleich (mit Vergleichspartikel „wie", vgl. Mt 10,16)
e. Metapher (ohne Vergleichspartikel, vgl. Mt 7,13) |
> |---|---|
> | B. Gleichniserzählungen | a. Allegorie (vgl. Mk 4,3-9.14–20)
b. Gleichnis im engeren Sinn, greift alltägliche Situationen auf, stets im Präsens formuliert (vgl. Lk 15,3-7)
c. Parabel, interessanter Einzelfall, stets in einem Vergangenheitstempus formuliert (vgl. Lk 15,11-32)
d. Beispielerzählung, interessanter Einzelfall mit direkter Handlungsanweisung (vgl. Lk 10,25-37) |
>
> Jülichers Gleichnishermeneutik arbeitet mit der Unterscheidung von Bildhälfte und Sachhälfte: Bildsprache auf Wort- und Satzebene wie auch Gleichniserzählungen schildern die Bildhälfte. Ein Vergleichspunkt (*tertium comparationis*) als vermittelndes Drittes ermöglicht es, die nicht mehr bildliche Sachhälfte zu erschließen.

Erfahrungen, wie etwa das Gleichnis vom verlorenen Schaf (Lk 15,3-7). Es ist stets im Präsens gehalten. Die Parabel und die Beispielerzählung hingegen sind ausgeführte Erzählungen, die mit einem Tempus der Vergangenheit arbeiten. Die Parabel vom verlorenen Sohn (Lk 15,11-32) etwa unterscheidet sich dann formal von der Beispielerzählung des Barmherzigen Samariters (Lk 10,25-37) vor allem darin, dass das in der Beispielerzählung dargestellte Verhalten unvermittelt nachgeahmt werden soll („Gehe hin und tue des Gleichen." Lk 10,37b). Bild- und Sachhälfte fallen hier beinahe zusammen. Die Parabel hingegen schildert wie die Beispielerzählung einen interessanten Einzelfall, dessen Pointe aber mittels eines Vergleichspunkts – *tertium comparationis* – erst in die Sachhälfte hinein übertragen werden muss. Es geht also nicht darum, das Verhalten des Vaters und schon gar nicht das des verlorenen Sohnes zu kopieren, sondern das Reich Gottes als einen Prozess der wirksamen Liebe Gottes zu begreifen, wofür der ganze Handlungsverlauf der Parabel vom verlorenen Sohn steht.

Scharf kritisiert wurde Jülichers Ansatz vor allem mit Blick auf die Unterscheidung von Bild- und Sachhälfte und deren Vermittlung durch das *tertium comparationis*.

das metaphernorientierte Gleichnisverständnis

Eberhard Jüngel übernahm die Gattungseinteilung Jülichers, arbeitete aber ein neues metaphorisches Gleichnisverständnis aus, das die *Gleichnisse als Sprachereignisse* zu begreifen lehrt, die nicht in eine Sachhälfte übertragen werden können, welche ja schon die Möglichkeit voraussetzen würde, ohne Metaphern von Gott und seinem Reich zu sprechen. Vielmehr seien die Gleichnisse als Metaphern die einzige adäquate Sprachform, um vom Reich Gottes zu reden. *Das Reich Gottes kommt im Gleichnis als Gleichnis zur Sprache.* Mit diesem Ansatz Jüngels wird die Form der Gleichnisse zum Paradigma theologischen Sprechens überhaupt.

Jülichers und Jüngels Ansätze zum Verständnis von Gleichnissen gehören zum unbedingt notwendigen Wissensbestand jedes Theologen. Nicht nur beruhen quasi alle Schulbücher in ihrem Gleichniskapitel entweder auf Jülicher oder Jüngel. Vielmehr werden durch diese beiden Ansätze, gerade in ihrer kontroversen Gegenüberstellung, Grundfragen theologischen Denkens bewusst, die zugleich die enorme Relevanz der Frage nach den Sprachformen deutlich machen. Auch noch die neueste Gleichnisdebatte ist in Kritik und Fortführung geprägt von der Diskussionslage, die durch die Arbeiten von Jülicher und Jüngel entstanden ist.

Literatur

K. Berger, Formen und Gattungen im Neuen Testament, Tübingen 2005

Ders. / F. Vouga / M. Wolter / D. Zeller, Studien und Texte zur Formgeschichte, TANZ 7, Tübingen, Basel 1992

R. Bultmann, Die Geschichte der synoptischen Tradition, FRLANT 12 (NF), 1. Aufl. 1921, 10. Aufl. Göttingen 1995

M. Dibelius, Die Formgeschichte des Evangeliums, 1. Aufl. 1921, 3. durchges. Aufl. m. e. Nachtr. v. G. Iber, hg. v. G. Bornkamm, Tübingen 1959

A. Jülicher, Die Gleichnisreden Jesu. Zwei Teile in einem Band. 2. Aufl. 1910 (Nachdruck Darmstadt 1976)

E. Jüngel, Paulus und Jesus. Eine Untersuchung zur Präzisierung der Frage nach dem Ursprung der Christologie, HUTh 2, 7. Aufl. Tübingen 2004

K. L. Schmidt, Der Rahmen der Geschichte Jesu. Literarkritische Untersuchungen zur ältesten Jesusüberlieferung, Berlin 1919

R. Zimmermann (Hg.), Kompendium der Gleichnisse Jesu, Gütersloh 2007

Ders. (Hg.), Hermeneutik der Gleichnisse Jesu. Methodische Neuansätze zum Verstehen urchristlicher Parabeltexte, WUNT 231, Tübingen 2008

Aufgaben

1. Finden Sie heraus, welcher Gattung Rudolf Bultmann Mk 3,1-6 zuordnet. Vgl. Sie damit die Gattungsbestimmungen dieser *Perikope von Martin Dibelius und Klaus Berger.

2. Interpretieren Sie das Gleichnis vom königlichen Gastmahl (Mt 22,1-10) als Parabel. Vergleichen Sie ihre Interpretation mit der des von Zimmermann herausgegebenen Kompendiums der Gleichnisse.
3. Schreiben Sie einen Essay zu Jüngels These: „Die Basileia kommt im Gleichnis als Gleichnis zur Sprache." (Jüngel, Paulus und Jesus, 135)

Redaktionsgeschichte bzw. Redaktionskritik bzw. Kompositionskritik

| 4.3.3

Nachdem die analytische Arbeit der Literarkritik und der Formgeschichte bzw. Formkritik den auszulegenden Textabschnitt, die Perikope, mit ihren Anliegen interpretiert hat, setzt nun die synthetische Arbeit der Redaktionsgeschichte die historisch-kritische Exegese fort. Diese zielt auf das Verständnis der Perikope in ihrem jetzigen Kontext (z. B. einem synoptischen Evangelium).

Hatte die Literarkritik Tradition und Redaktion voneinander geschieden und die Formgeschichte die von der Literarkritik herausgeschälte Tradition weiter bearbeitet, so befasst sich die Redaktionsgeschichte mit den vermuteten redaktionellen Bearbeitungen des Stoffes.

Merksatz

MERKE: Die Redaktionsgeschichte bzw. -kritik fragt nach dem Sinn des Textes, wie er sich aus der Rekonstruktion der kompositionellen Arbeit der Redaktoren ergibt.

Die Redaktionsgeschichte legt den Schwerpunkt auf die Rekonstruktion und Interpretation der Textgenese. Deshalb reflektiert sie nun die jeweiligen Veränderungen des Stoffes von ihrer ältesten, womöglich mündlichen Stufe, über ihre Verschriftlichung bis hin zur jetzigen Fassung. Die Interpretation des Textes besteht also im Nachzeichnen seiner hypothetisch erschlossenen Entwicklungsgeschichte. Das Augenmerk fällt dabei auf die von der Literarkritik als redaktionell bestimmten Elemente, weil man gerade darin die Intention der Redaktoren am besten zu erkennen glaubt, die unter hermeneutischen Gesichtspunkten der Funktion der Autorintention entspricht.

Redaktionsgeschichte interpretiert die Textgenese

Redaktionskritik fragt nach der Textkomposition

Die Redaktionskritik legt hingegen den Schwerpunkt auf das Verständnis der Komposition der Textfassungen, wie sie im Nestle-Aland zu greifen sind. Sie fragt vor allem danach, welche Funktion das auszulegende Textstück für die Bedeutungskonstitution des gesamten Textes hat.

Ein Beispiel möge das verdeutlichen. In Mk 6,1-6 wird die Ablehnung Jesu in seiner Heimatstadt Nazareth erzählt, nachdem schon Einiges von Jesu Wirken zur Darstellung kam. Lukas hingegen stellt diese *Perikope an den Anfang der Wirksamkeit Jesu, wie sie in Kap 4,14-30 im Anschluss an die Erzählung von Jesu Versuchung durch den Teufel erzählt wird. Die redaktions- bzw. kompositionskritische Fragestellung lautet diesbezüglich: Welche Bedeutungseffekte mit Blick auf das ganze Evangelium ergeben sich jeweils, wenn diese Perikope wie im Markusevangelium inmitten der Wirksamkeit Jesu erzählt wird, und welche Bedeutungsverschiebungen resultieren aus ihrer Platzierung an den Anfang des Auftretens Jesu?

zur Geschichte der Redaktionsgeschichte

Die Redaktionsgeschichte etablierte sich erst seit den 50er Jahren des 20. Jh.s. Besonders wichtig waren hier Arbeiten von Willi Marxsen zum Markusevangelium, von Günther Bornkamm, Gerhard Barth und Heinz Joachim Held zum Matthäusevangelium und von Hans Conzelmann zum lukanischen Doppelwerk.

Bultmann

Zwar findet sich bereits in Rudolf Bultmanns *Geschichte der synoptischen Tradition* ein Kapitel mit der Überschrift „Die Redaktion des Traditionsstoffes". Allerdings hatte das vernichtende Urteil Bultmanns zur theologischen Leistung der Evangelisten erhebliche Folgewirkung. Bultmann war der Auffassung, „daß die Anordnung oft durch zufällige Gründe bestimmt ist, nämlich dadurch, daß dem Mk schon kleinere Sammlungen vorgelegen haben. [...] Mk ist eben noch nicht in dem Maße Herr über den Stoff geworden, daß er eine Gliederung wagen könnte." (Bultmann, Geschichte, 374f.) Überhaupt galten Bultmann die Synoptiker weniger als reflektierte Schriftsteller und Theologen, sondern vielmehr als Sammler und Tradenten. Diese Abwertung der ästhetischen und theologischen Leistung der Synoptiker kommt in weit reichender Deutlichkeit darin zum Tragen, dass Bultmann in seiner *Theologie des Neuen Testaments* den synoptischen Evangelien als solchen nicht eine Seite widmet. Nur das Johannesevangelium gilt ihm unter der Evangelienliteratur als theologischer Entwurf. Paulus und Johannes sind Bultmann zufolge die maßgebenden Theologen des Neuen Testaments.

Mit dieser Sicht der Dinge brachen erst die oben genannten Vertreter der Redaktionsgeschichte, die nun die theologische Leistung der Redaktoren wieder zu würdigen begannen. Die Redaktionsgeschichte hatte in dieser Hinsicht im 19. Jh. unter dem Titel „Tendenzkritik" einen Vorgänger, der genau das bis zu Bultmann geleistet hatte, was nun neuerlich in den Blick geriet. So arbeitete Ferdinand Christian Baur in seinen Schriften zu den synoptischen Evangelien stets an der Frage ihrer Gesamtkomposition, weil sich daran ihre theologische Position, ihre „Tendenz" am besten erkennen lasse. Auch William Wredes (1859–1906) bahnbrechende Arbeit, *Das *Messiasgeheimnis in den Evangelien*, kann mit ihrer Frage nach der theologischen Gesamtkonzeption vor allem des Markusevangeliums als Vorläufer der Redaktionsgeschichte betrachtet werden.

Theologische Würdigung der Synoptiker

Aber diese Wahrnehmung der Synoptiker als Theologen wurde durch die Formgeschichte nicht weitergeführt, sondern musste durch die Redaktionsgeschichtler nach dem 2. Weltkrieg erst wieder neu entdeckt werden. Über die Kompositionskritik der synoptischen Evangelien führte dann seit den 60er Jahren des 20. Jh.s der Weg zu literaturwissenschaftlichen und semiotischen Analysen, die die Evangelien als narrative Theologien zu begreifen und zu schätzen lernten.

Besonders in der Markusforschung hat die redaktions- bzw. kompositionskritische Arbeit zu einer Neubewertung der theologischen Leistung des noch von Bultmann so geschmähten Evangelisten geführt. Der von Ferdinand Hahn herausgegebene und von Cilliers Breytenbach initiierte Sammelband, *Der Erzähler des Evangeliums*, signalisiert schon durch seinen Titel eine narratologische Wende in der Einschätzung der Erzählkunst des wohl ersten Evangelisten.

Markusevangelium

Schauen wir uns daher nochmals den Schluss des Markusevangeliums an. Der himmlische Bote verkündet den Frauen die Auferweckung des gekreuzigten Jesus von Nazareth durch Gott. An diese Botschaft schließt sich der Auftrag an, nun selbst zu Botinnen zu werden: „Geht aber hin und sagt seinen Jüngern und Petrus, dass er Euch vorausgeht nach Galiläa. Dort werdet Ihr ihn sehen, wie er es Euch gesagt hat." (Mk 16,7) Die der Auferweckungsbotschaft angemessene Reaktion wäre es, nicht länger in der Furcht zu verharren, sondern vielmehr selbst zur Botin dieser guten Nachricht zu werden.

Textpragmatik des Markusevangeliums

Die von Markus gezeichneten Frauen aber sind nicht in der Lage, die Auferweckungsbotschaft als gute Nachricht zu hören, wie es eindrücklich der Schlusssatz des Markusevangeliums formuliert: „Und nachdem sie herausgegangen waren, flohen sie vom Grab, denn Zittern und Entsetzen hatte sie ergriffen. Und sie sagten niemandem etwas, sie fürchteten sich nämlich." (Mk 16,8) Weder die visuelle Wahrnehmung des leeren Grabes noch die auditive Wahrnehmung der Auferweckungsbotschaft sind hinreichend, um sie als Evangelium zu verstehen. Die Frauen im bzw. am Grab sehen mit sehenden Augen und erkennen nicht, sie hören mit hörenden Ohren, aber verstehen nicht. Sie erweisen sich im Sinne von Mk 4, insbesondere Vers 12, als verstockt.

Das Evangelium endet also mit einer offenen Frage: Wer soll denn nun die Botschaft weitersagen, wenn es die ureigensten Zeugen Jesu nicht tun? Es gibt nur eine plausible Antwort auf diese Frage: Die Leser sollen die Aufgabe der Botenschaft übernehmen.

Liest man von dieser Einsicht aus das ganze Markusevangelium noch einmal, so lässt sich das negative Jüngerbild des Markusevangeliums als eine geschickte textpragmatische Strategie lesen, die eng mit der *Kreuzestheologie dieses Evangeliums verknüpft ist. Ab Kapitel 4 nämlich werden die Jünger zunehmend als unverständig gezeichnet. Sie sind sozusagen negative Helden, deren Aufgabe, Jesu Botschaft vom Reich Gottes zu unterstützen, nun die Leser positiv umgestaltend übernehmen sollen, indem sie das Evangelium vom auferweckten Gekreuzigten als *eschatologisch wirksames Zeichen des Anbruches des Reiches Gottes verkündigen. Die Leser des Markusevangeliums erweisen damit, dass sie verstanden haben, wer Jesus ist. Sie können das aber erst nach der Lektüre des ganzen Evangeliums, weil sich erst durch den Zusammenhang von Kreuz und Auferstehung zeigt, wer Jesus Christus war und ist: der Sohn Gottes.

Die Umgestaltung der Markusvorlage

Wie überlegt Matthäus und Lukas bei ihrer konzeptionellen Umgestaltung der Markusvorlage vorgehen, kann man gut daran sehen, wie sie die markinische Konzeption vom Jüngerunverständnis entschärfen bzw. ins Gegenteil verkehren. Aus den vom Grab fliehenden schweigenden Frauen werden z.B. bei Lukas treue Zeuginnen, die sich der Worte Jesu erinnern: „Und sie gingen wieder weg vom Grab und verkündigten das alles den elf Jüngern und den andern allen." (Lk 24,9) Es ist sehr aufschlussreich zu vergleichen, wie Lukas und Matthäus das Jüngerbild des Markus umgestalten und es so in ihre theologischen Konzeptionen der Jesus-Christus-Geschichte einbauen.

Literatur

F. C. Baur, Kritische Untersuchungen über die kanonischen Evangelien, ihr Verhältnis zueinander, ihren Charakter und Ursprung, Tübingen 1847

G. Bornkamm / G. Barth / H. J. Held, Überlieferung und Auslegung im Matthäusevangelium, 7. durchges. Aufl., Neukirchen-Vluyn 1975

H. Conzelmann, Die Mitte der Zeit. Studien zur Theologie des Lukas, BHTh 17, 1. Aufl. 1952, 7. Aufl., Tübingen 1993

F. Hahn (Hg.), Der Erzähler des Evangeliums. Methodische Neuansätze in der Markusforschung, SBS 118/119, Stuttgart 1985

W. Marxsen, Der Evangelist Markus. Studien zur Redaktionsgeschichte des Evangeliums, FRLANT 67, 2. Aufl. Göttingen 1959

J. Rohde, Redaktionsgeschichtliche Methode. Einführung und Sichtung des Forschungsstandes, Berlin 1966

G. Strecker, Der Weg der Gerechtigkeit. Untersuchung zur Theologie des Matthäus, FRLANT 82, 2. Aufl., Göttingen 1966

W. Wrede, Das Messiasgeheimnis in den Evangelien. Zugleich ein Beitrag zum Verständnis des Markusevangeliums, 4., unveränd. Aufl., Göttingen 1969

Aufgaben

1. Vergleichen Sie Mk 8,31-33, Mt 16,13-20 und Lk 9,18-21. Wie gestalten Mt und Lk die Markusvorlage um?
2. Vergleichen Sie die Anfänge der vier kanonischen Evangelien miteinander. Welche konzeptionellen Intentionen lassen sich durch diese Anfänge erkennen?
3. Lesen Sie nacheinander die vier kanonischen Evangelien nicht am Schreibtisch, sondern in der Haltung, an dem Ort und in der Zeit, in der Sie ansonsten einen Roman lesen. Schreiben Sie einen Tag nach der Lektüre der Evangelien einen Essay zu dem Thema: Mein Lieblingsevangelium.

Grundannahmen, Ziele und Methoden semiotisch-kritischer Exegese | 4.4

Die neutestamentliche Wissenschaft befindet sich im Umbruch, der international gesehen bereits Mitte der 60er Jahre des 20. Jh.s in der frankophonen und in der anglophonen Welt einsetzte. Dieser Umbruch brachte viele methodische Neuansätze mit sich, die sich zum Teil überschneiden, aufeinander aufbauen oder

was die semiotisch-kritische Exegese erreichen möchte

miteinander in Konkurrenz treten. Gemeinsames Kennzeichen ist es, dass das entwicklungsgeschichtlich orientierte Paradigma historisch-kritischer Exegese fraglich geworden ist und nun der Text als kommunikationstheoretisches Paradigma in den Mittelpunkt des Interesses rückt. Auch innerhalb historisch-kritischer Exegese wächst die Überzeugung, dass das Fach *Neues Testament* am Beginn des 21. Jh.s einer Überprüfung hermeneutischer, geschichtsphilosophischer und literaturwissenschaftlicher Voraussetzungen und der verwendeten Begrifflichkeit bedarf.

Mit der Ablehnung des entwicklungsgeschichtlichen Paradigmas wird allerdings von der semiotisch-kritischen Exegese nicht die Notwendigkeit historischen Arbeitens zurückgewiesen. In Frage gestellt wird lediglich das literaturgeschichtliche Hypothesengebäude der historisch-kritischen Methoden mit ihren Auffassungen über den Zusammenhang von Textgenese, Autorintention und Bedeutungskonstitution eines Textes. Wie weiter unten am semiotischen Konzept der Enzyklopädie und an der extratextuellen bzw. intermedialen Fragestellung gezeigt wird, arbeitet semiotisch-kritische Exegese aus semiotischen Gründen mit großer Intensität auch an historischen Fragestellungen.

Semiotiktheorien

International gehört semiotische Exegese zu den bedeutendsten exegetischen Ansätzen. Es lassen sich drei Richtungen unterscheiden:

1. Strukturalistische Semiotik: In der Tradition der Linguistik Ferdinand de Saussures (1857–1913) mit seinem binären (zweistelligen) Zeichenmodell bestehend aus Signifikant (Bezeichnendes) und Signifikat (Bezeichnetes) und der Rezeption der strukturalen Semantik von Algirdas Julien Greimas (1917–1992) fragt strukturalistische Semiotik primär intratextuell nach beobachtbaren syntagmatischen und semantischen Textstrukturen.
2. Poststrukturalistische Semiotik: In der Folge der von Julia Kristeva (geb. 1941), Jacques Derrida (1930–2004) u.a. vorgetragenen Kritik am strukturalistischen Zeichenkonzept wird das strukturalistische Textverständnis, das Texte als geschlossene Strukturen versteht, vor allem durch Kristevas Theorie der Intertextualität in ideologiekritischer Absicht geöffnet.
3. Kategoriale Semiotik: Während strukturalistische und poststrukturalistische Semiotik dem binären Zeichenmodell Saussures verpflichtet bleiben, arbeitet kategoriale Semiotik durch

die Vermittlung von Charles Morris (1901–1979) und Umberto Eco mit dem triadischen (dreistelligen) Zeichenmodell Charles Sanders Peirces (1839–1914) bestehend aus Zeichenträger, Objekt und Interpretant, das Peirce auf der Basis seiner Kategorienlehre entwickelte. Texte werden auf dieser zeichentheoretischen Grundlage als Zeichenzusammenhänge verstanden, deren intratextuelle, intertextuelle und extratextuelle bzw. intermediale Beziehungen untersucht werden. Die Bibelwissenschaften erhalten damit eine zeichentheoretische Basis. Neutestamentliche Wissenschaft wird zur Wissenschaft von der Produktion und Rezeption frühchristlicher Zeichenzusammenhänge.

Die hier vorgestellte semiotisch-kritische Exegese orientiert sich an der kategorialen Semiotik, greift aber dabei durchaus Modelle und Methoden der strukturalistischen und poststrukturalistischen Semiotik in modifizierter Weise auf. Ihr Ziel ist es, die Erzeugung vom Zeichenbestand des Textes ermöglichter Textsinne zu erforschen und sie kommunikativ in eine Auslegungsgemeinschaft einzubringen. Sie geht davon aus, dass Sinn im Akt des Lesens als interpretierende Interaktion zwischen einem real vorgegebenen Text und seinem realen Leser in einer konkreten Situation entsteht.

Dabei wird Interpretieren grundsätzlich als ein Zusammenspiel verschiedener Schlussfolgerungen verstanden. Schon der Akt der Zeichenbildung lässt sich als Schlussfolgerungsakt begreifen. Wenn etwas als Zeichen von etwas wahrgenommen wird, so haben wir einen Einzelfall vorliegen, dem hypothetisch eine Regel zu Grunde gelegt wird. Diesen Schlussfolgerungsakt nennt Peirce *Abduktion*. „Der *abduktive* Schluss vertritt (instinktiv) das Auftreten von Neuem, den Möglichkeitsraum für die folgende Erschließung von Regelmäßigkeiten und Verhaltensgewohnheiten, [...] der *deduktive* Schluss expliziert und ordnet das Gefundene, [...] der *induktive* Schluss überprüft methodisch an der gegebenen Erfahrungswelt." (Deuser, Gottesinstinkt, 50)

Jede Interpretation vollzieht sich als abduktives, induktives und deduktives Erschließen des Interpretationsgegenstandes, aber vor allem die Abduktion erlaubt es, die notwendige Kreativität jeder Interpretation zu begreifen.

Der kreativen Textinterpretation vergleichbar ist die Aufführung eines Musikstückes: Vorgegeben ist das Notenmaterial, die

Musik entsteht aber im Akt der jeweiligen Aufführung, die mit ihrer spezifischen Interpretation den potentiellen Klangraum der notierten Zeichen regelhaft und zugleich kreativ erschließt. Dass es nicht nur eine einzige Interpretation eines Musikstückes gibt, steht dabei ebenso wenig in Frage, wie dass es bessere und schlechtere und auch missglückte Interpretationen gibt.

Dies gilt es, gerade auch für jede Interpretation zu beachten, die mit Blick auf Predigt, Bibelkreis, Schul- oder Konfirmandenunterricht erarbeitet wird, denn die anderen, z. B. die Schüler, können legitimerweise zu anderen Textinterpretationen kommen als der/die Vorbereitende. Die Vorgegebenheit der Textzeichen bildet dabei das Korrektiv jeder subjektiven Willkür (Realitätskriterium).

Semiotisch-kritische Exegese begeistert für die Sinnvielfalt eines Textes und macht Lust auf mehr und andere Lektüren, wenn sie mit Interesse und Ernst vorgetragen werden (Sozietätskriterium). Sie bejaht die Pluralität der Kulturen und will auf ihre Weise zum Aufbau und zur inneren Stabilität pluraler Gesellschaften beitragen (Kontextualitätskriterium).

Literatur

S. Alkier, Neutestamentliche Wissenschaft– Ein semiotisches Konzept, in: Chr. Strecker (Hg.), Kontexte der Schrift II. Kultur, Politik, Religion, Sprache, FS W. Stegemann, Stuttgart 2005, 343–360

H. Deuser, Gottesinstinkt. Semiotische Religionstheorie und Pragmatismus, RPTh 12, Tübingen 2004

Groupe d'Entrevernes, Zeichen und Gleichnisse. Evangelientext und semiotische Forschung, hg. v. J. Delorme, Düsseldorf 1979

E. Güttgemanns, Einleitende Bemerkungen zur strukturalen Erzählforschung, Ling Bib 23 (1973), 2–47

W. Kahl, New Testament Miracle Stories in their Religious-Historical Setting. A Religionsgeschichtliche Comparison from a Structural Perspective, FRLANT 163, Göttingen 1994

Aufgaben

1. Vergleichen Sie von einem Musikstück Ihrer Wahl verschiedene Interpretationen (mindestens fünf). Hören Sie diese nacheinander an. Wie beurteilen Sie diese Vielfalt der Interpretationen?
2. Schreiben Sie einen Essay zu dem Thema: „Kann man ohne Zeichen denken?"

3. Beziehen Sie Stellung zu der These: Sinn entsteht im Akt des Lesens als interpretierende Interaktion zwischen einem real vorgegebenen Text und seiner realen Leserin bzw. seinem realen Leser in einer konkreten Situation.

Zeichen – Text – Kultur: Zeichentheoretische Grundannahmen semiotisch-kritischer Exegese | 4.4.1

Semiotische Exegese versteht Texte als Zeichenzusammenhänge, die den formalen Bedingungen jeder Zeichenverwendung unterliegen. Die kategoriale Semiotik Charles Sanders Peirces stellt die notwendigen und hinreichenden formalen Kategorien bereit, um den Gegenstand der Bibelwissenschaften – die biblischen Texte – angemessen als das zu begreifen, was sie sind – nämlich schriftliche Zeichen – und die Vielfältigkeit ihrer textsystemischen und kommunikativen Beziehungen und die daraus resultierenden mannigfachen Bedeutungseffekte umfassend und kritisch zu erforschen.

Zeichen

> **Infobox**
>
> **Kommunikation und Zeichen**
> Kommunikation ist nur mittels Zeichen möglich, Kommunikation ist ein Zeichenprozess. Die formalen Bedingungen der Zeichenprozesse ermöglichen und begrenzen deshalb jeden Kommunikationsakt. Zeichen entstehen wiederum nur in Kommunikationssituationen. Ihre spezifische Bedeutung wird durch diese bedingt.

Zeichen werden dabei nicht etwa als bestimmte Gegenstände aufgefasst, sondern als Beziehungsgeflecht. Alles und jede/r/s kann daher Zeichenfunktion übernehmen, sofern es wahrnehmbar ist und die dreistellige Relation mit den Relata *Zeichen*, *Objekt* und *Interpretant* aufweist.

Die einzelnen Relata erhalten ihre Zeichenfunktion nur innerhalb dieser Zeichenrelation. Das Zeichen im Sinne eines wahrnehmbaren Zeichenträgers, kann nur ein Zeichen sein, wenn es ein Objekt repräsentiert und von einem Interpretanten als Zeichen dieses Objekts interpretiert wird. Ein Objekt kann nur ein Objekt sein, wenn es von einem Zeichen repräsentiert und dieses von einem Interpretanten interpretiert wird. Ein Interpretant kann nur ein Interpretant sein, wenn er ein Objekt und ein Zeichen mitei-

> **Infobox**
>
> **Zeichen(träger), Objekt, Interpretant**
> Ein Zeichen entsteht, wenn etwas nicht nur für sich wahrgenommen wird, sondern als Stellvertreter für etwas anderes. Dann wird dieses Etwas zum *Zeichenträger* und dieses Andere zu seinem unmittelbaren *Objekt*. Die Annahme, dass das Etwas ein Zeichenträger für ein Objekt ist, ist bereits ein erster *Interpretant*. In der Anweisung, alle wörtlichen Übereinstimmungen bei einem synoptischen Vergleich rot zu markieren, wird die Qualität „rot" zum Zeichenträger für das Objekt „wörtliche Übereinstimmung". Der Akt des rötlichen Markierens wird zum Interpretanten, egal, ob mit einem karminroten Buntstift unterstrichen, oder mit einem hellroten Textmarker gearbeitet wird. Rot hat aber keineswegs als Röte Zeichenfunktion. Wir nehmen täglich unzähliges Rot im Alltag wahr, ohne es als Zeichen für ein Objekt zu interpretieren. Erst wenn ein Interpretant es als Zeichenträger auf ein Objekt bezieht, rot also in diese dreistellige Beziehung eintritt, wird aus der Qualität rot ein Zeichenträger. Erst das Zusammenspiel von Zeichenträger, Objekt und Interpretant in einer konkreten Kommunikationssituation bildet das Zeichen. Die Qualität rot steht z. B. in der Kommunikationssituation Straßenverkehr für ein anderes Objekt. Formal aber handelt es sich um dieselbe relationale Zeichenbeziehung. Jedes Zeichen formiert sich als dreistellige Relation mit den Relata Zeichenträger, Objekt, Interpretant.

nander als Zeichen und Objekt verknüpft. Die erkenntnistheoretische Pointe der kategorialen Semiotik wird hier deutlich: Ohne Zeichen und Interpretanten ist die Rede von einem Objekt sinnlos. Dasselbe gilt aber auch in die andere Richtung: Ohne Objekt und Zeichen ist die Rede von einem Interpretanten sinnlos, da der Interpretant nichts hätte, was er interpretieren könnte. Aus diesem Grund ist kategoriale Semiotik kein konstruktivistischer Ansatz. Und auch das letzte ist folgerichtig: Ohne Objekt und ohne Interpretant ist die Rede von einem Zeichen sinnlos.

Text   Die neutestamentliche Wissenschaft hat es primär mit sprachlichen Zeichen zu tun, die zu Texten organisiert wurden und mit dieser Erwartung rezipiert werden. „Für uns ist *Textualität* keine inhärente Eigenschaft verbaler Objekte. Ein Produzent oder ein Rezipient betrachtet ein verbales Objekt als Text, wenn er glaubt, dass dieses verbale Objekt ein zusammenhängendes und vollständiges Ganzes ist, das einer tatsächlichen oder angenommenen kommunikativen Intention in einer tatsächlichen oder angenommenen Kommunikationssituation entspricht. Ein Text ist [...] ein komplexes verbales Zeichen (oder ein verbaler Zeichenkomplex), das/der einer gegebenen Erwartung der Textualität entspricht." (Petöfi, Explikative Interpretation, 184.)

Diese vielschichtige Textdefinition des Texttheoretikers János S. Petöfi motiviert dazu, Texte sowohl nach ihrem inneren Aufbau als auch nach ihrer kommunikativen Funktion in ihren verschiedenen historischen Kontexten hin zu untersuchen. Eine Ansammlung von Zeichen erzeugt erst den Eindruck eines Textes, wenn diese Zeichen syntagmatisch, semantisch und pragmatisch Sinn erzeugend organisiert wurden bzw. organisiert werden *können*. Die Syntagmatik fragt nach der Zusammenordnung der Zeichen, die Semantik nach der Bedeutung der einzelnen Zeichen im Rahmen der syntagmatischen Ordnung und die Pragmatik nach der Beziehung zwischen Text bzw. Zeichenkomplex und Zeichenverwender.

Die Rede von Texten als autonomen ästhetischen Objekten bzw. als geschlossenen Strukturen hat insofern ihre Berechtigung, als Texte mit dem Schwerpunkt auf ihre textimmanente Konstruktion hin untersucht werden können. Sie sind unter semiotischen Gesichtspunkten aber keine absolut autonomen Objekte, denn kein Text wird ohne die Kenntnis anderer Texte und anderer Medien verfasst und rezipiert. Sie stehen vielmehr immer in intertextuellen und intermedialen Relationen. Keine semantische Bestimmung ist ohne ein enzyklopädisches Weltwissen möglich, dass den Einzeltext notwendig übersteigt und ebenso wenig ist eine Verhältnisbestimmung von Text und Textbenutzer, sei es der Produzent oder der Rezipient, ohne diese enzyklopädische Kompetenz möglich.

<small>Textrelationen</small>

Damit endet die Konkurrenz zwischen diachronen und synchronen Untersuchungsprozeduren ebenso wie das nun überflüssige Ausspielen von Konzepten und Fragestellungen, die Texte als autonome ästhetische Objekte betrachten gegen solche, die an einer Rekonstruktion der Textentstehung interessiert sind. Auch das Gegeneinander von textintentionaler und leserzentrierter Exegese erweist sich als unnötiges Gefecht. Texte sind komplexe verbale Zeichen, die in vielfältigen Beziehungen stehen. Keine Interpretation vermag alle Beziehungen zu erschließen. Der Text bleibt immer reicher als nur eine seiner Interpretationen.

Zeichen sind nicht nur formal relationale Gebilde. Ein Zeichen funktioniert erst durch seinen Gebrauch in Zeichenzusammenhängen wie Gottesdiensten, Unterrichtssituationen, Texten, Bildern, Gebäuden, Konzerten, wissenschaftlichen Kongressen usw. Diese aktuellen Zeichenzusammenhänge wiederum machen die

<small>kulturelle Bedingungen des Zeichengebrauchs</small>

Gesamtheit einer gegebenen Kultur aus. Kulturen basieren auf dem gesellschaftlich konventionalisierten, kreativen und konfliktvollen Gebrauch der Zeichen – Kulturen *sind* Zeichenzusammenhänge.

Ein Zeichen bedarf also zumindest zweier Zuordnungen, um zu funktionieren: Es muss einem aktuell wahrnehmbaren Zeichenzusammenhang und zugleich einer Kultur als der Gesamtheit der virtuellen Zeichenzusammenhänge zugehören. Den konkret wahrnehmbaren Zeichenzusammenhang nenne ich in Anlehnung und Modifikation Peirce'scher Begrifflichkeit das *Diskursuniversum*. Der übergreifende kulturelle Zeichenzusammenhang wird mit Umberto Eco als *Enzyklopädie* bezeichnet (vgl. Alkier, Wunder und Wirklichkeit, 72–79).

Diskursuniversum und Enzyklopädie

Das Diskursuniversum eines gegebenen Zeichenzusammenhangs, z. B. eines Textes, ist die Welt, die dieser Text setzt und voraussetzt, damit das vom Text Erzählte oder Behauptete plausibel funktionieren kann. Der Begriff des Diskursuniversums bezieht sich immer auf einen konkreten Zeichenzusammenhang, sei es ein Text, eine archäologische Fundstelle, ein Bild oder eine Münze. Die demgegenüber notwendig virtuelle, weil in ihrer Komplexität nicht greifbare Enzyklopädie, umgreift das konventionalisierte Wissen einer gegebenen Gesellschaft und übersteigt damit die durch den Begriff des Diskursuniversums gesetzten Grenzen einzelner Zeichenzusammenhänge. Jede Zeichenproduktion und jede Zeichenrezeption muss auf eine Enzyklopädie kulturell konventionalisierten Wissens zurückgreifen.

Menschliche Kommunikation funktioniert multimedial. Sie bedient sich gleichzeitig unterschiedlicher Zeichensysteme. Wir sprechen, gestikulieren, singen, produzieren Bilder, tanzen, formen Gegenstände und gestalten Kleidung, Frisuren, Gebäude, Gegenstände, öffentliche und private Räume. Kein Mensch kommuniziert nur in Texten, kein Text kommt ohne den Bezug auf andere Zeichensysteme aus. Eine Enzyklopädie besteht nicht nur aus sprachlichem Wissen, sondern auch aus dem Wissen um Höflichkeitsformen, Verhaltensnormen, politischem, religiösem, technischem, geographischem, praktischem Wissen etc.

frühchristliche Enzyklopädie

Die Welt des frühen Christentums ist nicht die unsere. Es ist das bleibende Verdienst historisch-kritischer *Hermeneutik auf diese unhintergehbare Differenz aufmerksam gemacht zu haben.

Aber die Welt des frühen Christentums bestand ebenso wenig wie jede andere nur aus Texten und sprachlichen Zeichen. Die Enzyklopädie des frühen Christentums umfasst alle Zeichenproduktionen und Zeichenrezeptionen von der vorösterlichen Verkündigung Jesu über die Zeit der Abfassung frühchristlicher Schriften bis zur Auswahl einiger dieser Schriften als Kanon. Die Zeichenprozesse, die in irgendeiner Weise Relevanz für die Verkündigung Jesu, die Abfassung der neutestamentlichen Schriften und die Kanonisierungsprozesse haben, müssen für die Ausarbeitung einer frühchristlichen Enzyklopädie berücksichtigt werden. Sie können aber nur insoweit berücksichtigt werden, als es in unserer Gegenwart präsente Überreste gibt, die eine Zeichenfunktion übernehmen können. Dazu gehören nicht nur die überlieferten Texte, sondern auch die Überreste materieller Kultur. Diese Zeichenkomplexe müssen auf ihre jeweiligen Diskursuniversen hin erforscht werden. Aus der Zusammenschau dieser Diskursuniversen erst lässt sich eine virtuelle Enzyklopädie des frühen Christentums annäherungsweise konkretisieren.

Die Einträge in die virtuelle Enzyklopädie des Frühchristentums werden dabei als kulturelle *semantische Einheiten verstanden, die mit verschiedenen Indizes, z.B. des Raumes und der Zeit, ausgestattet werden können, um die Vielfalt und auch Widersprüchlichkeit innerhalb dieser Enzyklopädie angemessen zu berücksichtigen.

Die frühchristliche Enzyklopädie registriert nicht nur frühchristliche Zeichenproduktion, sondern auch ihre Rezeption. Es geht also nicht um die Frage „Was ist *genuin* christlich?", sondern um die Frage „Was ist relevant für das Frühchristentum?" Von entscheidender Bedeutung für die enzyklopädische Forschung sind sozialwissenschaftliche und kulturanthropologische Untersuchungen ebenso wie die Untersuchung der Gestaltung städtischer und dörflicher Räume, in denen frühchristliche Zeichenprozesse stattfanden (auch wenn diese Räume nicht von Christen gestaltet wurden) oder Fragen nach den Arbeitstechniken und Geräten des Ackerbaus oder des Fischfangs etc. Diese kulturspezifischen Kenntnisse sollten als semantische Segmente frühchristlicher Bedeutungswelten aufgefasst und formuliert werden, die erst gemeinsam eine fundierte Basis für die Interpretation einzelner Zeichenkomplexe, seien es Tempel, Texte oder Münzen bieten.

neue Aufgaben neutestamentlicher Wissenschaft

In sachgemäßer Vervollständigung des Aufgabengebietes neutestamentlicher Wissenschaft bis in die Gegenwart hinein wird es notwendig, nicht nur die Enzyklopädie(n) des frühen Christentums, sondern auch diejenigen der jeweiligen Rezipienten und die der eigenen Gegenwart zu studieren. Die wichtige Erkenntnis der historischen Kritik von der Differenz der „Weltbilder" wird damit präzisierend beschreibbar und stärker als bisher für die Textauslegung genutzt. Kurzschlüsse von den Realitätsannahmen der eigenen Enzyklopädie auf die eines frühchristlichen Textes, die insbesondere immer wieder in der Wunderauslegung geschehen, werden damit weitestgehend vermieden.

hermeneutischer Zirkel

Diskursuniversum und Enzyklopädie stehen in einem hermeneutischen Wechselverhältnis zueinander: Nur auf der Basis der Erforschung einzelner Diskursuniversen können begründete Einträge in eine virtuelle Enzyklopädie erfolgen, aber nur durch den Rückgriff auf eine postulierte Enzyklopädie lassen sich manifestierte Ausdrücke inhaltlich aktualisieren. Es handelt sich also um eine Spielart des hermeneutischen Zirkels, dem aber durch eine Vielzahl erforschter Diskursuniversen eine zunehmende Korrekturfunktion zukommt.

Vorgehensweise der Methode

Die semiotisch-kritische Exegese unterscheidet methodisch drei Arbeitsbereiche: Intratextualität, Intertextualität und Intermedialität. Damit ist sie in der Lage, alle exegetischen Arbeitsbereiche auf der Basis einer einheitlichen Theorie zu untersuchen. In jedem Bereich aber geht es um die Textinterpretation als methodisches Erschließen der von den einzelnen Methodenschritten ins Auge gefassten jeweiligen Textbeziehungen.

Literatur

S. **Alkier**, Wunder und Wirklichkeit in den Briefen des Apostels Paulus. Ein Beitrag zu einem Wunderverständnis jenseits von Entmythologisierung und Rehistorisierung, WUNT 134, Tübingen 2001

U. **Eco**, Lector in fabula. Die Mitarbeit der Interpretation in erzählenden Texten, 3. Aufl. München/Wien 1998

W. **Heinemann/D. Viehweger**, Textlinguistik. Eine Einführung, RGL 115, Tübingen 1991

J. J. **Liszka**, A General Introduction to the Semiotic of Charles Sanders Peirce, IUP Bloomington/Indianapolis 1996

L. **Nagl**, Charles Sanders Peirce, Reihe Campus 1053, Frankfurt a. M. 1992

W. **Nöth**, Handbuch der Semiotik, 2., vollständig neu bearb. u. erw. Aufl., Stuttgart/Weimar 1999

J. S. **Petöfi**, Explikative Interpretation. Explikatives Wissen, in: J.S. Petöfi/T. Olivi (Hgg.), Von der verbalen Konstitution zur symbolischen Bedeutung – From Verbal Constitution to Symbolic Meaning, Papiere zur Textlinguistik 62, Hamburg 1988, 184–195

H. **Weinrich**, Sprache in Texten, Stuttgart 1976

Literatur

O. Wischmeyer/E.-M. Becker (Hgg.), Was ist ein Text?, NET 1, Tübingen/Basel 2001

O. Wischmeyer/S. Scholz (Hgg.), Die Bibel als Text, NET 14, Tübingen 2008

Aufgaben

1. Schreiben Sie einen Essay zum Thema: „Was ist ein Text?"
2. Beziehen Sie Stellung zu der These: „Ein Text ist ein syntaktisch-semantisch-pragmatisches Kunstwerk, an dessen generativer Planung die vorgesehene Interpretation bereits teilhat." (in: Eco, Lector in Fabula, 83)
3. Entwerfen Sie eine Enzyklopädie des gegenwärtigen kulturellen Wissens in Deutschland mit den Kategorien: Politik, Musik, Sport, Geschichte, Bibel. Tragen Sie pro Kategorie mindestens drei Stichwörter ein, die man unbedingt kennen muss, um nicht negativ aufzufallen. Fügen Sie mindestens drei Kategorien Ihrer Wahl hinzu und tragen Sie auch dort mindestens je drei Stichworte ein.

Intratextuelle Interpretation | 4.4.2

Die intratextuelle Exegese ist den anderen beiden Arbeitsbereichen in der Abfolge vorangestellt, um dem Realitätskriterium der Ethik der Interpretation Rechnung zu tragen. Vor jeder intertextuellen oder extratextuellen Fragestellung, soll der Text systemimmanent wahrgenommen werden, damit nicht Ergebnisse oder Voraussetzungen aus anderen Fragestellungen in die textimmanente Interpretation eingetragen werden. Die intratextuelle Interpretation wird dabei schnell an ihre engen Grenzen stoßen, denn sie vermag nur zu erheben, wie die syntagmatischen, semantischen und pragmatischen Strukturen unter methodischer Ausblendung enzyklopädischer Zusammenhänge dargestellt werden können. *systemimmanente Textwahrnehmung*

Die intratextuelle Untersuchung verbleibt in den engen Grenzen des Diskursuniversums des jeweiligen Textes, d. h.: Für die intratextuelle Untersuchung ist die Welt so, wie sie der Text setzt bzw. voraussetzt.

Mit Blick auf etwa die Wunderproblematik wird nicht gefragt, ob jemand über Wasser gehen kann oder nicht. Vielmehr wird *Beispiel Wunderauslegung* beobachtet, dass in der Welt des entsprechenden Textes – z. B. des Markusevangeliums (Mk 6,45-52) – es mindestens einen Akteur gibt, der dies vermag. Untersuchen wir das Diskursuniversum des Matthäusevangeliums, stellen wir fest, dass es darin noch einen zweiten gibt, der zumindest für kurze Zeit über Wasser gehen kann (vgl. Mt 14,22-33). Wir fragen hier nicht, ob der historische Jesus bzw. der historische Petrus auf empirisch beschreibbare Weise über Wasser gegangen ist. Wir akzeptieren vorkritisch die Welt so, wie sie der Text zu lesen gibt, genauso wie wir akzeptieren, dass es in Star-Trek-Filmen möglich ist zu *beamen* und im *Dschungelbuch* Tiere sprechen können. Die intratextuelle Analyse fragt nicht nach der empirischen Triftigkeit oder der theologischen Tragfähigkeit des Erzählten, sondern nur danach, was und wie erzählt oder argumentiert wird.

Merksatz

> **MERKE:** Die intratextuelle Analyse erforscht die syntagmatischen, semantischen und pragmatischen Zeichenbeziehungen des Textes im Rahmen seines spezifischen Diskursuniversums unter weitgehender methodischer Ausblendung seiner enzyklopädischen Beziehungen.

die syntagmatische Analyse

Der erste Schritt der intratextuellen Analyse steht in der Tradition der aristotelischen Poetik, deren Grundthese lautet, dass der Zusammenhang eines Dramas von seiner Erzählstruktur gestiftet wird und die Darstellung der einzelnen Akteure zu diesem Handlungsgerüst passen muss. Aristoteles (385–322) nennt diese Erzählstruktur *mythos*. In der anglophonen Welt hat sich dafür der Begriff *plot* eingebürgert, der auch im Deutschen verwendet wird. Nicht die Akteure bestimmen den plot, sondern der plot die Akteure.

Die syntagmatische Analyse fragt deshalb bei erzählenden Texten nach dem Aufbau der Erzählung und bei argumentierenden Texten nach dem Aufbau der Argumentation. Durch verschiedene Gliederungsverfahren soll das Gefüge des Textes analysiert werden. Zu unterscheiden ist dabei die Syntagmatik des Mikrotextes von der des Makrotextes. Der Mikrotext ist die zu untersuchende *Perikope und der Makrotext derjenige, dessen Teil der Mikrotext ist. Eine Untersuchung von Mk 4,35-41 etwa würde diesen Textausschnitt als Mikrotext auffassen und das Markusevangelium als Ganzes als Makrotext.

Die Syntagmatik des Makrotextes erarbeitet dann eine Grobgliederung des Markusevangeliums und fragt nach dem Ort und der damit zusammenhängenden Funktion des zu untersuchenden Mikrotextes im Markusevangelium.

Die Untersuchung der Syntagmatik des Mikrotextes erfolgt zunächst mittels der Anfertigung einer an der syntaktischen Funktion der Zeichen orientierten Textpartitur (vgl. E. Güttgemanns, Narrative Analyse, 198ff.; Harald Weinrich, Sprache in Texten, 145–162). Dafür wird eine Tabelle erstellt, die von links nach rechts gelesen folgende Rubriken enthält: K = Konnektoren; F1 = Funktor 1; P = Prädikate; F3 = Funktor 3; F2 = Funktor 2; F4 = Funktor 4; Ctlm = temporale, lokale, modale Circumstanten.

die Textpartitur

Der Text wird nun Wort für Wort in die Tabelle eingetragen. Muss ein Wort bzw. eine Zusammenstellung von Worten (Syntagma) in eine Rubrik eingetragen werden, die nicht rechts vom letzten Eintrag aus gesehen liegt, erfolgt ein Zeilensprung. In die Rubrik der Konnektoren werden alle Verbindungswörter, also vornehmlich Konjunktionen und Partikel eingetragen. Die Spalte Funktor 1 verzeichnet die Subjekte des Satzes, die Spalte P die Prädikate. Dativobjekte werden in der Spalte F3 aufgelistet, Genitivobjekte in F2 und Akkusativobjekte in F4. Die letzte Spalte verzeichnet Zeit, Ort und Art und Weise der durch die Prädikate angezeigten Aktionen.

Durch die Erstellung der Textpartitur kann man auf einen Blick sehen, ob der Text syntaktische Schwerpunkte setzt. Die Besetzung der verschiedenen Rubriken variiert nämlich von Text zu Text erheblich. In einer ersten Auswertung werden Beobachtungen, Fragen und erste Hypothesen über die Syntagmatik des Textes notiert.

Infobox

Beispiel: Textpartitur von Mk 4,35

K	F1	P	F3	F2	F4	Ct,l,m
Und						am Abend desselben Tages
		sprach				
	er		zu ihnen			
		Lasst		uns		
		hinüberfahren				

Darauf folgt bei erzählenden Texten ein modellgebundenes erzählanalytisches Gliederungsverfahren. Bei diskursiven Texten hingegen wird mit rhetorischen Analyseverfahren gegliedert.

Gliederungsverfahren

Hierbei können durchaus verschiedene Modelle verwendet werden (vgl. Fuhrmann, Rhetorik; Brucker, „Versuche..."). Die Mindestanforderung in diesem weiteren Gliederungsverfahren besteht nun darin, den Text in einen Anfang, Hauptteil und Schluss einzuteilen und zwar mittels der Kontrollfrage: Wie sieht der Anfangszustand aus, wie demgegenüber der Endzustand und wodurch erreicht der Text, dass am Ende etwas anderes steht als am Anfang?

Motifemanalyse

Diese Grobgliederung ist notwendig, aber nicht hinreichend. Daher soll ein detailliertes Gliederungsmodell wie z. B. die Motifemanalyse nach Güttgemanns die Textstruktur genauer untersuchen.

In diesem Verfahren wird vornehmlich die Sparte P modellgebunden interpretiert. Den dort verzeichneten Verben sollen nun Motifeme, abstrakte Erzähleinheiten, zugeordnet werden. Die Motifemanalyse geht zurück auf den Märchenforscher Vladimir Propp, der russische Zaubermärchen analysiert hat unter der Fragestellung, welche Funktion die jeweiligen Handlungen für den Erzählverlauf des Märchens haben. Propp konnte zeigen, dass mit einer begrenzten Anzahl abstrakter Erzähleinheiten alle Handlungen in russischen Zaubermärchen interpretiert werden können.

Der Ethnologe und Mythenforscher Alan Dundes hat die Arbeitsweise Propps auf Indianermärchen angewendet und dabei festgestellt, dass es einige Motifempaare gibt, die gut geeignet sind, Grundtypen von Erzählungen zu klassifizieren. So findet sich häufig zu Beginn einer Erzählung die Schilderung einer Mangelsituation, die mit dem Motifem *lack* gekennzeichnet werden kann. Am Schluss hingegen kann man dann entsprechend die Aufhebung der Mangelsituation feststellen, wofür das Motifem *lack liquidated* steht. Viele Erzählungen folgen dem Grundschema *lack – lack liquidated*.

das Vier-Phasen-Modell

Werner Kahl konnte mit der Methodik der Motifemanalyse zeigen, dass das Grundschema *lack – lack liquidated* für alle Heilungsgeschichten und auch für die Dämonenaustreibungen im Neuen Testament gilt (vgl. Kahl, New Testament Miracle Stories). Darüber hinaus schlägt Kahl im Anschluss an Greimas' narratives Schema ein elementarisiertes Gliederungsmodell vor, dass leicht modifiziert die Grobstrukturierung von Erzählungen jeder Art anleiten kann. Mit Bezug auf die Heilungsgeschichten erkennt Kahl vier Erzähleinheiten: 1. Lack: Ein Mangel tritt auf;

2. Preparedness: Ein Akteur tritt auf, der dazu befähigt und willens ist, den Mangel zu beseitigen; 3.: Performance: Das Problem wird gelöst; 4. Sanktion: Die Problemlösung wird bestätigt. In modifizierendem Anschluss an Kahl kann man Erzählungen nach vier Phasen befragen: 1. Ausgangssituation; 2. Vorbereitung der Transformation: Zumindest ein Protagonist (die Handlung bestimmender Akteur, der „Held") tritt auf, der die Ausgangssituation zu verändern in der Lage ist; 3. Transformation: Die Ausgangssituation wird verändert; 4. Sanktion: Die Transformation wird bestätigt. Mit diesem Vier-Phasen-Modell werden in Anlehnung an die aristotelische Poetik Erzählungen als Transformationsprozesse verstanden, die einen Anfangszustand durch dazu befähigte Akteure in einen veränderten Endzustand verwandeln.

Mit Blick auf die Erzählsequenz Mk 4,35-41 ergibt sich dann: 1. Ausgangssituation: Die Akteure geraten in Gefahr (Mk 4,35-37); 2. Vorbereitung der Transformation: Der Protagonist tritt in Erscheinung, der die Gefahr bannen kann (Mk 4,38); 3. Transformation: Jesus bannt die Gefahr (4,39); 4. Sanktion: Die Bannung der Gefahr wird bestätigt. (Mk 4,40f.)

Mit den Ergebnissen von Propp und Dundes hat Erhardt Güttgemanns in seinem Beitrag „Narrative Analyse synoptischer Texte" eine für biblische Erzählungen modifizierte Motifemliste vorgeschlagen, mit der das Handlungsgerüst jedes biblischen Erzähltextes weiter analysiert werden kann.

Motifemliste

Infobox

Modifizierte und elementarisierte Motifemliste im Anschluss an Propp und Güttgemanns
Die folgende Motifemliste stellt Grundhandlungen vor, wie sie Vladimir Propp mit Blick auf russische Zaubermärchen erarbeitet und Güttgemanns für die neutestamentliche Erzählanalyse erweitert hat. Mit Hilfe dieser Motifeme können die Handlungen in biblischen Erzählungen modellgebunden analysiert werden. Wir drucken sie nachstehend leicht verändert und in alphabetischer Reihenfolge ab. **MERKE:** Es werden niemals alle Motifeme in einer *Perikope realisiert:

Absence	Jemand oder etwas ist abwesend.
Accusation	Jemand wird angeklagt, ein Vorwurf wird erhoben.
Answer	Eine Antwort wird gegeben.
Arrival	Jemand kommt an.
Beginning Counteraction	Jemand beginnt eine Gegenhandlung.

Deceit	Ein Betrugsversuch wird unternommen.
Deception	Jemand fällt auf einen Betrugsversuch herein.
Demand	Jemand erhebt einen Anspruch.
Demasquerade	Jemand wird entlarvt.
Departure	Jemand bricht auf.
Glorifying Test	Dem Protagonisten wird eine letzte Aufgabe gestellt.
Identification	Jemand oder etwas wird erkannt.
Information	Jemand zieht Erkundigungen ein.
Injury	Jemandem oder etwas wird Schaden zugefügt.
Interdiction	Etwas wird verboten.
Lack	Ein Mangel wird festgestellt bzw. ist entstanden.
Lack Liquidated	Der Mangel wird aufgehoben bzw. das Problem wird gelöst.
Main Test	Protagonist und Opponent kämpfen miteinander.
Marking	Jemand wird gekennzeichnet.
Masquerade	Jemand nimmt eine falsche Identität an bzw. erhebt ungerechtfertigte Ansprüche.
Obedience	Jemand ist gehorsam.
Offer	Jemand macht ein Angebot.
Order	Etwas wird angeordnet.
Permission	Etwas wird erlaubt.
Presence	Jemand oder etwas ist anwesend.
Punishment	Jemand wird bestraft.
Pursuit	Jemand wird verfolgt.
Qualifying Test	Jemand wird erprobt.
Reaction	Jemand reagiert.
Receiving an Adjuvant	Jemand bekommt einen Helfer bzw. ein Hilfsmittel.
Request	Jemand bittet um Hilfe.
Rescue	Jemand wird gerettet.
Return	Jemand kehrt zurück.
Reward	Jemand wird belohnt.
Silence	Jemand schweigt.
Solution	Die Aufgabe des Glorifying Tests wird gelöst.
Stay	Jemand bleibt.
Suffer	Jemand leidet.
Transformation	Jemand oder etwas wird verwandelt.
Translocation	Jemand wird von einem Ort zu einem anderen versetzt.
Unrecognized	Jemand oder etwas bleibt unerkannt.
Victory	Der Protagonist siegt.
Violation	Etwas wird verletzt bzw. übertreten.

Die Motifemanalyse ist von verschiedenen Forschern mit unterschiedlichen Ansprüchen vertreten worden, die von quasi naturwissenschaftlicher Strukturanalyse in Analogie zur Phonetik bis hin zur spielerischen Erprobung analytischer Verfahren reichen. In jedem Fall sollte die Verwendung der Motifeme so präzise wie möglich und so frei wie nötig gehandhabt werden. Es handelt sich jedenfalls um ein interpretatives Verfahren, das Spielräume eröffnet und mittels Modellen zu neuen Perspektiven auf die Erzähllogik der Texte gelangen möchte. Die Zuordnung der Motifeme auf die vom Text verwendeten Verben motiviert die Interpreten jedenfalls dazu, sich intensiv auf den Text einzulassen und bei jeder sprachlichen Nuance nachzudenken.

Das Verhältnis von objektsprachlichen Verben, also den im Text zu findenden Worten, und den metasprachlichen Motifemen, also den in der Motifemliste befindlichen abstrakten Erzähleinheiten, muss nicht in einem Verhältnis von 1:1 stehen. Es können sowohl mehrere Verben ein Motifem aktualisieren, als auch ein Verb mehrere Motifeme. Am Beispiel der Motifemanalyse von Mk 4,35-41 soll das nun verdeutlicht werden.

Die Verse Mk 4,35f. schildern die Ausgangssituation. Nachdem Jesus Volk und Jünger vom Boot aus belehrt hat (*Information*), fordert er dazu auf, an das andere Ufer zu fahren (*Order → Translocation*). Dieses Vorhaben wird nun aber behindert durch den aufkommenden starken Wind (*Beginning Counteraction*). Wellen schlagen in das Boot, so dass es voll Wasser läuft. Diese Handlungen des Windes und des Wassers erzeugen eine bedrohliche Situation, die das Motifem *Lack* realisiert. Sodann wird die Vorbereitung der Transformation des Mangelzustandes erzählt. Der schlafende Jesus wird von den Jüngern geweckt. Sie werfen ihm vor, es kümmere ihn nicht, dass sie in Gefahr seien (*Accusation*). Vers 39 erzählt die Transformation. Jesus handelt dem bedrohlichen Handeln des Windes und Meeres durch ein Befehlswort entgegen. Vers 39 b erzählt, dass Wind und Wellen dem Befehl Jesu entsprechend zur Ruhe kommen (*Main Test → Victory*). Damit ist diese Mangelsituation beseitigt (*Lack Liquidated*). Die Erzählung wird nun mit einer komplexen Sanktion der Transformation durch den Protagonisten zugleich abgeschlossen und geöffnet: Jesus realisiert nämlich mit seinem Vorwurf an die Jünger eine neue Mangelsituation, nämlich die ihres Unglaubens (*Accusation → Lack 2*). Diese wird nun aber nicht mit dem Schlussvers aufge-

Analysebeispiel

löst. Vielmehr bestätigt Vers 41 die Lösung des ersten Mangels, und gleichzeitig die Berechtigung der Realisierung des zweiten Mangels: Tatsächlich erkennen die Jünger Jesus noch nicht (*Unrecognized*). Wind und Wellen hören auf Jesus, die Jünger aber sehen und hören, ohne zu verstehen. Dieses ungelöste Problem (*Lack 2*) motiviert nun als offener Schluss der *Perikope Mk 4,35-41 den Fortgang der Erzählung des Markusevangeliums.

das Aktantenmodell

Analysiert die Motifemanalyse die Syntagmatik (den Zusammenhang) der Handlungen, so bezieht sich die Aktantenanalyse auf die Handlungsträger. Ein Aktant ist eine Rolle, die von verschiedenen Akteuren besetzt werden kann. Das Aktantenmodell von Algirdas Julien Greimas unterscheidet Adressant (Geber), Objekt (die Gabe), Adressat (den Empfänger der Gabe), Adjuvant (Helfer, der dazu beiträgt, dass die Gabe den Empfänger erreicht, indem er den Protagonisten unterstützt), Subjekt (der Protagonist der Erzählung, der das Objekt sucht), Opponent (Gegenspieler, der verhindern möchte, das die Gabe ihr Ziel erreicht und deshalb dem Protagonisten schaden will). Die Beziehungen zwischen den sechs Aktanten werden im folgenden Modell dargestellt:

$$
\begin{array}{ccc}
\text{Adressant} \rightarrow & \text{Objekt} & \rightarrow \text{Adressat} \\
& \uparrow & \\
\text{Adjuvant} \rightarrow & \text{Subjekt} & \leftarrow \text{Opponent}
\end{array}
$$

Die Textinterpretation besteht nun darin, die abstrakten Aktantenrollen mit im Text dargestellten Akteuren zu besetzen und zu begründen, warum die vorgeschlagene Besetzung plausibel ist. Es empfiehlt sich, bei der interpretierenden Besetzung des Modells stets mit der Beziehung von Subjekt und Objekt zu beginnen. Man fragt hier danach: Wer begehrt was? Diese Subjekt-Objekt Beziehung kann als „Achse des Begehrens" bezeichnet werden. Sodann sollte versucht werden, die Adjuvant-Subjekt-Opponent Achse zu besetzen, die „Achse des Konflikts" genannt wird. Schließlich wird die Achse Adressant-Objekt-Adressat besetzt, die die „Achse der communio" darstellt (vgl. Güttgemanns, Einführung in den strukturalen Umgang mit Texten, 51).

Mk 4,35-41 kann man damit folgendermaßen interpretieren: das Subjekt Jesus begehrt das Objekt Überfahrt. Die Adjuvanten Jünger helfen ihm, die Opponenten Wind und Meer stehen dem entgegen. Das Objekt Überfahrt wird nun vom Adressanten Wort

Jesu an Jesus und seine Jünger als Adressaten übergeben. Nicht die Jünger als Jesu Helfer garantieren das Gelingen, sondern das Machtwort Jesu überwindet die Gegenkräfte und ermöglicht Jesus und seinen Jüngern die angestrebte Überfahrt.

> **Infobox**
>
> **Aktantenanalyse zu Mk 4,35-41**
> Worte Jesu → Überfahrt → Jesus und seine Jünger
> ↑
> Jesu Jünger → Jesus ← Wind und Wellen

Die der Erzählforschung gewidmete Groupe d'Entrevernes hat in ihrem Buch *Zeichen und Gleichnisse* einige biblische Texte mit diesem Modell aufschlussreich und zugleich als Einführung in diese Methode interpretiert. In seinem Buch *Strukturen existentialer Interpretation* hat Wolfgang Nethöfel eindrücklich gezeigt, dass das Aktantenmodell nicht nur zur Interpretation von Erzählungen, sondern auch zur Analyse kommentierender Diskurse geeignet ist.

Die semantische Analyse fragt nach der Bedeutung einzelner Zeichen aufgrund ihrer Position im jeweiligen Syntagma. Sie fragt also etwa mit Blick auf das Wort /Meer/ in der Erzählung von der Sturmstillung in Mk 4,35-41 nicht zuerst enzyklopädisch, was konnte dieses Zeichen in antiken Texten alles bedeuten, sondern sie fragt zunächst in methodischer Reduktion: Was erfährt der Leser aus der Verwendung des Zeichens /Meer/ in dieser syntagmatischen Struktur über die Bedeutung dieses Zeichens? Diese enge Fragestellung der Mikrosemantik eröffnet oft ganz unerwartete und neue Einsichten, denn es wird auch hier versucht, das eigene enzyklopädische Wissen über die Verwendung des jeweiligen Zeichens auszublenden, um sich für einen Moment nur darauf zu konzentrieren, was aus dem vorliegenden Text tatsächlich über die Bedeutung des jeweiligen Zeichens erfahren werden kann.

die semantische Analyse

Dafür streicht man das zu untersuchende Wort durch, man ersetzt es also durch die Unbekannte X. Jesus spricht dieses X an: „Schweig. Verstumme." Und tatsächlich reagiert es. Das /Meer/, also unsere Unbekannte X, wird durch seine Einbindung in die Erzählstruktur von Mk 4,35-41 zu einem agierenden Wesen, einem Akteur, der angeredet werden kann, versteht und dementsprechend handelt. Spätestens jetzt dürfte klar geworden sein, dass der Text die semantischen Regeln unserer Alltagswelt durchbricht. Nur Verrückte, Verzweifelte oder Dichter würden in dieser auf die Idee kommen, mit dem //Meer// zu reden. Das //Meer// gilt in unserer Alltagsenzyklopädie nicht als Gesprächspartner. Vers 41 bringt zum Ausdruck, dass die Jünger über die Kommunikation zwischen Jesus und dem Meer verwundert sind, weil diese gelingt. Das /Meer/, also unsere semantische Unbekannte X, muss daher im Verwendungszusammenhang von Mk 4,35-41 nicht nur mit dem semantischen Marker (der Inhaltseinheit) <<bedrohlich>>, sondern auch mit <<versteht menschliche Sprache und kann darauf reagieren>> belegt werden. Solches Verhalten aber kommt nur belebten Wesen zu, weshalb <<belebt>> als weiterer semantischer Marker berücksichtigt werden muss.

> **Infobox**
>
> **Graphische Konventionen nach Umberto Eco**
> Um zu verdeutlichen, wovon bei der semantischen Analyse jeweils die Rede ist, schlägt Umberto Eco, Semiotik, 19, folgende graphische Konventionen vor: „Einfache Schrägstriche bezeichnen etwas, das als Ausdruck oder Signifikant gemeint ist, während doppelte Winkelklammern etwas als Inhalt Gemeintes kennzeichnen. /xxxx/ signifiziert, drückt aus oder bezieht sich also auf <<xxxx>>. [...] Um etwa den Gegenstand Auto vom Wort Auto zu unterscheiden, wird im ersten Fall das Wort zwischen Doppelschrägstriche gesetzt und kursiv geschrieben. //Auto// ist also der dem verbalen Ausdruck /Auto/ korrespondierende Gegenstand und beide beziehen sich auf die Inhaltseinheit <<Auto>>."

Dieses kleine Beispiel zeigt, wie wichtig und spannend es ist, die Texte beim Wort zu nehmen. Vollständigkeit würde bedeuten, nacheinander jedes einzelne Wort mit dieser X-Methode zu untersuchen. So geht aber auch nicht der umfangreichste Kommentar vor. Vielmehr muss man auswählen. Nun zeigt es sich als sehr hilfreich, dass die Erstellung der Textpartitur, die Motifemanalyse und die Aktantenanalyse bereits vollzogen wurden. Diese haben nämlich zu ersten Interpretationshypothesen geführt, die die weitere intuitive Auswahl von semantisch zu analysierenden Zeichen lenken.

Es gibt keine Regel dafür, welche und wie viele Worte mit der X-Methode untersucht werden müssen, um zu einer tragfähigen semantischen Interpretation zu gelangen. Weniger als fünf sollten es nicht sein, mehr als fünfzehn werden zumindest für den Umfang einer üblichen Seminararbeit zum Problem.

Der Erkenntnisgewinn dieses Vorgehens besteht vor allem darin, sich selbst in den Text, in seine Logik, in seine Welt hineinzudenken. Damit lernt man zugleich, sich selbst als Exeget ernst zu nehmen, auf die eigene methodisch angeleitete Interpretationsfähigkeit zu vertrauen und erst dann die eigenen Ergebnisse mit den Interpretationen anderer abzugleichen. Dies geschieht nun in einem nächsten Schritt dadurch, dass die Textbasis ausgeweitet wird. Bisher haben wir den Mikrotext, die *Perikope Mk 4,35-41, untersucht. Nun werden mit Hilfe einer *Konkordanz alle Stellen im Markusevangelium hinzugezogen, in denen das Wort /Meer/, also unsere semantische Unbekannte X, vorkommt. Was erfahren wir über das /Meer/ im Markusevangelium insgesamt?

Nachdem diese makrosemantische Fragestellung ebenfalls bearbeitet wurde, haben wir eine tragfähige Ausgangsbasis, um nun durch Kommentare zum Markusevangelium und durch die einschlägigen Lexika zum Neuen Testament, wie zur Antike überhaupt, unsere semantische Untersuchung enzyklopädisch auszuweiten. Mit der gewonnenen Einsicht in die Semantik unserer Unbekannten X können nun die vielfältigen enzyklopädischen Informationen gesichtet werden, die zur analysierten Verwendung im Markusevangelium passen und es weiter erhellen. Unumgänglich dazu ist die Arbeit mit dem *Theologischen Wörterbuch zum Neuen Testament* (ThWNT), dem *Exegetischen Wörterbuch zum Neuen Testament* (EWNT), dem im Aufbau befindlichen Internetlexikon *wibilex.de*, sowie weiterer Bibellexika wie etwa das zweibändige *Calwer Bibellexikon*.

enzyklopädische Semantik

Die pragmatische Analyse fragt nach der Beziehung zwischen Text und Leser. Sie reflektiert zunächst die bisherige Aktivität des Lesers. Wie wurde der Text gegliedert, welche Zeichen wurden in der semantischen Analyse näher betrachtet und warum wurde so und nicht anders gegliedert bzw. warum wurden so und nicht anders Zeichen ausgewählt?

die pragmatische Analyse

Anschließend fragt sie nach den Wirkungen des Textes auf den Leser, wenn er ihm zustimmt: Wie sieht meine Welt aus, wenn ich dem Text zustimme? Ändert sich etwas in meiner Weltsicht und in meinem Handeln? Hier wird das Diskursuniversum des Textes mit dem enzyklopädischen Wissen des Lesers konfrontiert. Damit wird der Einsicht Rechnung getragen, dass es keine wertfreien Zeichen gibt. Jeder Text behauptet etwas über Gott und die Welt. Die pragmatische Analyse ist der Versuch, die Ideologie des Textes wahrzunehmen und die Gründe meiner Zustimmung bzw. Ablehnung zu formulieren.

Es gilt also zunächst, die eigenen Aktivitäten zu überprüfen. Warum habe ich den Text so und nicht anders gegliedert. Warum war mir das Wort „Meer" besonders wichtig, warum aber habe ich den „Wind" vernachlässigt? Wie bin ich zu meiner Textinterpretation gekommen und worin besteht sie nun eigentlich genau?

Dann aber muss ebenso gefragt werden: Was will der Text von mir als seinem Leser? Welche Weltsicht, welche Werte legt er mir nahe? Mit Blick auf Mk 4,35-41 zwingt mich der Text dazu, die Frage nach der Identität Jesu an Stelle seiner unverständigen Jünger zu beantworten: Wer ist dieser Jesus, so dass ihm sogar Wind und Wellen gehorsam sind? Soll auch ich diesem Jesus gehorchen? Wie sieht meine Welt, mein Alltagsleben aus, wenn ich mit dem Markusevangelium auf Jesus als den auferweckten Gekreuzigten, den Sohn Gottes vertraue, der das Unglaubliche, das Menschen Unmögliche in die Tat umzusetzen vermag? Kann ich, will ich dieser Wundermacht Jesu vertrauen? Und wenn ja: Welche theologischen Probleme ergeben sich daraus? Warum hat dieser Sohn Gottes nicht Wind und Wellen Einhalt geboten und damit den gigantischen Tsunami verhindert, der vor wenigen Jahren schreckliche Zerstörung und Tod brachte? Kann man nicht im Angesicht allein der Gefahren, die die Naturgewalten für den Menschen darstellen mit den wütenden Jüngern fragen: „Jesus, interessiert es Dich so wenig, dass wir umkommen, dass Du einfach im Boot schläfst?"

Und wenn es zu einem Nein zu der Weltsicht von Mk 4,35-41 kommt: Warum kann oder will ich nicht an ein Wirken des Sohnes Gottes in dieser Welt glauben, das meine Erwartungen durchbricht und übersteigt? Welchen Sinn hat christlicher Glaube ohne das Vertrauen in die Macht Gottes und seines Sohnes, das Gewohnte zu durchbrechen? Habe ich trotz all des Wunderbaren, das ich tagtäglich erleben darf, keinen Glauben, kein Vertrauen auf die Schöpfermacht Gottes und seines Sohnes? Wie engstirnig bin ich eigentlich, dass ich als wirklich nur das akzeptieren möchte, das messbar, überprüfbar ist?

über die intratextuelle Analyse hinausgehende Fragen

Damit endet die Auseinandersetzung mit dem Text aber nicht, denn während der syntagmatischen, semantischen und pragmatischen Analysen sollen Fragen notiert werden, die nicht mehr auf der Ebene des Diskursuniversums des Textes behandelt werden können. Diese Fragen werden dann zum Ausgangspunkt der auf die intratextuelle Analyse aufbauenden Untersuchungen, die nun explizit und methodisch kontrolliert weiteres enzyklopädisches Wissen einbringen. Diese Fragen werden entweder intertextuell oder extratextuell behandelt. Damit wird erreicht, dass die intertextuellen und die extratextuellen Fragestellungen tatsächlich vom zu untersuchenden Text motiviert und nicht lediglich von außen an ihn herangetragen werden.

Literatur

R. Brucker, „Versuche ich denn jetzt, Menschen zu überreden ...?" – Rhetorik und Exegese am Beispiel des Galaterbriefes, in: S. Alkier/R. Brucker (Hg.), Exegese und Methodendiskussion, TANZ 23, Tübingen/Basel 1998, 211–236

Calwer Bibellexikon, hg. v. O. Betz, B. Ego, W. Grimm in Verbindung mit W. Zwickel, Stuttgart 2003

H. Deuser, Pragmatismus und Religion, in: K. Oehler (Hg.), William James, Pragmatismus. Ein neuer Name für einige alte Wege des Denkens, Klassiker Auslegen 21, Berlin 2000, 185–212

K. Dronsch, Bedeutung als Grundbegriff neutestamentlicher Wissenschaft. Texttheoretische und semiotische Studien zur Kritik der Semantik dargelegt anhand einer Analyse von ἀκούειν in Mk 4, NET 15, Tübingen 2010

A. Dundes, The Morphology of North American Indian Folktales, FFC 195, Helsinki 1964

U. Eco, Lector in fabula. Die Mitarbeit der Interpretation in erzählenden Texten, 3. Aufl. München/Wien 1998

Ders., Semiotik. Entwurf einer Theorie der Zeichen, Supplemente, 2. Aufl. München 1991

Exegetisches Wörterbuch zum Neuen Testament, 3 Bde, hg. v. H. Balz u. G. Schneider, 2. verb. Aufl., Stuttgart u. a. 1992 (EWNT)

H. Frankemölle, Matthäuskommentar, Bd 1, 2. Aufl. Düsseldorf 1999, Bd. 2., 1. Aufl. Düsseldorf 1997

M. Fuhrmann, Die antike Rhetorik. Eine Einführung, 2. Aufl. München/Zürich 2008

A. J. Greimas, Strukturale Semantik. Methodologische Untersuchungen, autorisierte Übers. aus dem Französischen von J. Ihwe, Braunschweig 1971

Groupe d'Entrevernes, Zeichen und Gleichnisse. Evangelientext und semiotische Forschung, hg. v. J. Delorme, Düsseldorf 1979

E. Güttgemanns, Einführung in den strukturalen Umgang mit Texten, unveröffentlichtes Manuskript, Bonn 1982

Ders., Narrative Analyse synoptischer Texte, in: Die neutestamentliche Gleichnisforschung im Horizont von Hermeneutik und Literaturwissenschaft, Darmstadt 1982, 179–223

W. Kahl, New Testament Miracle Stories in their Religious-Historical Setting. A Religionsgeschichtliche Comparison from a Structural Perspective, FRLANT 163, Göttingen 1994

W. Nethöfel, Strukturen existentialer Interpretation. Bultmanns Johanneskommentar im Wechsel theologischer Paradigmen, Göttingen 1983

V. Propp, Morphologie des Märchens, hg. v. K. Eimermacher, München 1972

Theologisches Wörterbuch zum Neuen Testament, 10 Bd.e, begr. v. G. Kittel, fortgef. v. G. Friedrich, Stuttgart 1933–1979 (ThWNT)

H. Weinrich, Sprache in Texten, Stuttgart 1976

www.wibilex.de

Aufgaben

a) Zur Syntagmatik
1. Erstellen Sie eine Textpartitur von Mk 6,30-44.
2. Gliedern Sie mit dem Vier-Phasen-Modell Mk 6,30-44.
3. Führen Sie eine Motifemanalyse oder eine Aktantenanalyse von Mk 6,30-44 durch.

b) Zur Semantik
1. Schlagen Sie in einer *Konkordanz nach, in welchen Zusammenhängen das Wort /Meer/ im Markusevangelium erscheint.
2. Schlagen Sie im ThWNT und im EWNT das Wort Θάλασσα (Oh ja, Sie können griechische Buchstaben lesen! Das haben Sie im Mathematikunterricht gelernt! Nutzen Sie Ihre Kompetenzen!) und im Calwer Bibellexikon das Wort /Meer/ nach. Vergleichen Sie ihre neu gewonnenen enzyklopädischen Erkenntnisse mit dem Vorkommen des Wortes /Meer/ in Mk 4,35-41.
3. Wählen Sie in Mk 6,30-44 drei Worte aus, die ihnen besonders wichtig für diese Erzählung erscheinen und untersuchen Sie mittels der X-Methode deren Mikrosemantik.

c) Zur Pragmatik
1. Welches Weltbild, welche Werte legt Ihnen der Text Mk 6,30-44 nah?
2. Ändert sich ihre bisherige Lebensauffassung, wenn Sie sich und die Welt mit den Augen der *Perikope Mk 6,30-44 sehen?
3. Schreiben Sie einen Essay zu dem Thema: Die Speisung der 5000 und die täglichen Hungertoten unserer Welt.

4.4.3 Intertextuelle Interpretation

Die intertextuelle Forschung befasst sich mit Sinneffekten, die aus der Bezugnahme des jeweiligen Textes auf andere Texte entstehen. *Von Intertextualität sollte man nur sprechen, wenn das Interesse der Erforschung von Sinneffekten gilt, die durch die Beziehung mindestens zweier Texte zueinander entstehen und zwar von Sinneffekten, die keiner der beiden Texte für sich allein gesehen eröffnet. Und das gilt im Paradigma der Intertextualität in beide Richtungen. Das Sinnpotential beider Texte wird durch die intertextuelle Bezugnahme* verändert. Da ein Text aber nicht nur mit einem, sondern mit vielen anderen Texten Beziehungen unterhält bzw. in Beziehung gebracht werden kann, hat Intertextualität mit der Erforschung der Dezentralisierung von Sinn durch Bezugnahmen auf andere Texte zu tun.

> **Merksatz**
>
> **MERKE:** Die intertextuelle Interpretation erforscht Sinneffekte, die durch die Beziehung mindestens zweier Texte entstehen und keiner der beiden Texte allein betrachtet ermöglicht.

Die Einbindung des *Intertextualitätskonzeptes* in ein semiotisches Programm ermöglicht es, die jeweiligen plausiblen Anliegen unbegrenzter und begrenzter Intertextualitätskonzepte aufzugreifen und ihnen unterschiedliche Aufgabenfelder zuzuweisen. Dafür

Perspektiven der intertextuellen Interpretation

> **Infobox**
>
> **Begrenzte und unbegrenzte Intertextualitätskonzepte**
> 1. Unbegrenzte Intertextualität: Ein gegebener Text steht in Beziehung zum gesamten Universum der Texte, auch zu denjenigen, die nach ihm produziert wurden, ja sogar zu denen, die erst noch produziert werden. Ein einzelner Text ist keine autonome Größe, sondern in eine unendliche, unvorhersehbare und damit unbeherrschbare Vielzahl von Verflechtungen mit anderen Texten eingebunden, die seinen Sinn ständig verschieben und unkontrollierbar halten. Der unbegrenzte Intertextualitätsbegriff stand am Beginn der intertextuellen Theoriebildung. Er wurde von Julia Kristeva geprägt und richtete sich im französischen strukturalistischen Diskurs der sechziger Jahre des 20. Jh.s gegen ein einengendes Textverständnis, das Texte als geschlossene Strukturen verstand, die analog zur naturwissenschaftlichen Analyse eines Kristalls unabhängig von seinen Produktions- und Rezeptionsbedingungen analytisch zu erheben seien.
> 2. Begrenzte Intertextualität: Nur solche Textbeziehungen werden berücksichtigt, die im auszulegenden Text eingeschrieben sind oder zumindest auf der Basis des vorhandenen Zeichenbestandes des zu interpretierenden Textes postuliert werden können. Diese Beziehungen sollen methodisch kontrolliert untersucht werden, d.h. die Weisen des Zitierens, Markierens, An- und Einspielens anderer Texte im zu untersuchenden Text sollen textwissenschaftlich ausdifferenziert und hermeneutisch fruchtbar gemacht werden.
>
> Während die poststrukturalistischen Impulse des Begriffs der Intertextualität mit seinen kultursemiotischen und ideologiekritischen Anliegen vor allem in den Literaturwissenschaften, der Philosophie und der Bibelexegese der USA und in Frankreich aufgegriffen wurden, motivierte der Begriff Text- und Literaturwissenschaftler gerade auch im deutschsprachigen Bereich dazu, das Konzept im engeren Rahmen universitärer Methodologie auszuarbeiten.

sollen *drei Perspektiven* unterschieden werden: *eine produktionsorientierte, eine rezeptionsorientierte und eine experimentelle.* Jede intertextuelle Interpretation kann mindestens von einer dieser Perspektiven aus angegangen werden.

Damit kann z. B. die synoptische Arbeit an den Evangelien aus ihrer literarkritischen Engführung befreit werden. Nicht nur ganze Texte sondern auch Textabschnitte wie z. B. die Genealogien in Mt und Lk können unter diesen intertextuellen Perspektiven einen großen Reichtum plausibilisierbarer Sinneffekte erreichen, wenn man sich vergegenwärtigt, welche Textwelten allein durch die Namen in diese Genealogien intertextuell eingeschrieben werden. Aber nicht nur die Weisen *referentieller* Intertextualität, sondern auch die traditionell in der Formgeschichte behandelten Fragen *texttypologischer* Intertextualität sind zu berücksichtigen, und auch die enzyklopädische Ausweitung der Semantik erhält hier gegenüber den engen Grenzen der intratextuellen Fragestellung ihre Begründung.

produktionsorientierte Intertextualitätsforschung

Die *produktionsorientierte* Perspektive fragt im Sinne des begrenzten Intertextualitätskonzepts nach Sinneffekten, die aus der Verarbeitung im zu interpretierenden Text ausmachbarer Texte resultieren. Solche im Text nachweisbaren Einspielungen anderer Texte können mit Susanne Holthuis als „intertextuelle Dispositionen" bezeichnet werden: „Der Terminus ‚intertextuelle Disposition' soll kennzeichnen, daß im Text bestimmte Intertextualitätssignale vorliegen, die den Rezipienten, soweit er diese als solche erkennt, dazu veranlassen können, nach Relationen zu anderen Texten zu suchen." (Holthuis, 33)

Produktionsorientierte Intertextualitätsforschung achtet unter den Bedingungen der jeweiligen Enzyklopädie, der der Text seine Entstehung verdankt, nicht nur darauf, welche Texte zitiert oder anderweitig eingespielt werden, sondern auch darauf, wie das jeweils geschieht. So stößt etwa schon die intratextuelle Analyse des Markusevangeliums gleich zu Beginn der Lektüre an exponierter Stelle auf den Propheten Jesaja: „Anfang des Evangeliums Jesu Christi wie es in unsere Gegenwart hineinwirkend aufgeschrieben ist im Buch Jesaja, dem Propheten" (Mk 1,1-2a). Es folgt ein Mischzitat aus Ex 23,20, Mal 3,1 und Jes 40,3, das auf der intratextuellen Ebene ausschließlich Jesaja zugeschrieben wird. Das kann als intertextuelle Disposition des Markusevangeliums mit dem Sinn einer Leseanweisung verstanden werden: Der vorausgesetzte Beginn der Geschichte, die das Markusevangelium erzählt, findet sich im Buch Jesaja. Das Markusevangelium inszeniert sich als Fortschreibung der Prophetie Jesajas. Tatsächlich finden sich im Mk immer wieder an markanten Stellen, z.B. in der Gleichnisrede in Mk 4, wichtige Anspielungen und Zitate aus dem Buch Jesaja und auch aus anderen Prophetenbüchern Israels.

Was geschieht nun, wenn man Markus und Jesaja intertextuell zusammenliest: Das Sinnpotential beider Texte ändert sich durch ihre intertextuelle Beziehung. Jesaja wird zum Propheten des im Markusevangelium als Jesus-Christus-Geschichte erzählten Evangeliums Gottes und das Markusevangelium wird zum zweiten Teil des Jesajabuches, das von der Erfüllung seiner Heilsverheißungen durch die Jesus-Christus-Geschichte erzählt.

> **Infobox**
>
> **Prüfkriterien nach Hays**
> Richard B. Hays hat in seiner Monographie, Echoes of Scripture, 29-32, folgende Kriterien entwickelt, um zu prüfen, ob ein Text auf einen anderen, vor ihm abgefassten Text Bezug nimmt:
> *Availability*: War dem Autor des Bezug nehmenden Textes der Text, auf den Bezug genommen wurde erreichbar?
> *Volume*: Anzahl und strukturelles Gewicht zitierter Worte und Satzstrukturen.
> *Recurrence*: Häufigkeit der Bezugnahmen auf ein und denselben Text im Gesamtwerk eines Autors.
> *Thematic Coherence*: Steht die angenommene intertextuelle Bezugnahme in einem thematischen Zusammenhang, und stützt sie die Argumentation des Textes?
> *Historical Plausibility*: Ist die angenommene intertextuelle Bezugnahme als intentionaler Akt des Autors historisch zu plausibilisieren?
> *History of Interpretation*: Verweist die Auslegungsgeschichte auf die angenommene intertextuelle Bezugnahme?
> *Satisfaction*: Ergibt die angenommene intertextuelle Bezugnahme Sinn im Gesamtzusammenhang der Auslegung eines Textes?

Mit Hilfe der Untersuchung produktionsorientierter Intertextualität können massive Missverständnisse neutestamentlicher Texte wahrgenommen und alternative Lektüren erarbeitet werden. Viele Auslegungen der sogenannten „Tempelreinigung" transportieren das antijudaistische Missverständnis, der jüdischen Tempelfrömmigkeit zur Zeit Jesu sei es nur ums Geld gegangen. Bereits die Bezeichnung der *Perikope als „Reinigung des Tempels" führt vollständig in die Irre, setzt sie doch voraus, die Geldwechsler

Analysebeispiel

und Opfertierhändler seien Fremdkörper, die aus dem Weg geräumt werden müssten, damit der Tempelkult sauber vonstatten gehen könne. Das Gegenteil ist richtig: Geldwechsler und Opfertierhändler waren Tempelangestellte und ohne ihre Tätigkeit war der Tempelkult gar nicht möglich. Eine intertextuelle Untersuchung kann demgegenüber aufzeigen, wie die Geschichte vom aggressiven Jesus, der auf dem Tempelbezirk randaliert, verstanden werden kann.

Welche Funktionen haben das Zitat und die Anspielung in Mk 11,17? Der Vers lautet: „Und er lehrte und sprach zu ihnen: steht nicht geschrieben: ‚Mein Haus soll Haus des Gebets genannt werden für alle Völker.' Ihr aber habt es gemacht zu einer Räuberhöhle."

Das Zitat stammt aus Jes 56,7 und „Räuberhöhle" ist eine Anspielung auf Jer 7,11. Diese Zitate stellen die erzählte Handlung in die prophetische Tradition, genauer: Es handelt sich um eine prophetische Zeichenhandlung.

Auf der Basis einer produktionsorientierten intertextuellen Verknüpfung mit dem Jesaja- und dem Jeremiabuch kann die Tempelaktion Jesu nicht länger als Ablehnung oder Ersetzung des Tempels und des Tempelkults gelesen werden. Der Protagonist Jesus zitiert Jesaja affirmativ. Damit erkennt er an, dass der Tempel in Jerusalem das Haus Gottes ist. Kritisiert wird nicht der Tempel und sein Kult als solcher. Die Kritik richtet sich an die mit dem Personalpronomen /Ihr/ gemeinten. Diese /Ihr/ werden durch den anschließenden Vers 18 in der Erzählung identifiziert: Es sind die Hohenpriester und Schriftgelehrten.

Mit der Anspielung auf Jer 7 konkretisiert sich nicht nur der Kritikpunkt. Vielmehr ist damit auch die Androhung des Auszuges Gottes aus dem Tempel und von dessen Zerstörung gegeben. Die scharfe Reaktion der Opponenten – Hohenpriester und Schriftgelehrte – wird nicht schon aus der Zeichenhandlung als solcher plausibel, sondern insbesondere auf der Basis der intertextuellen Verknüpfung mit Jer 7.

Die Tempelkritik, die in Mk 11,15-17 inszeniert wird, ist aus der jüdischen prophetischen Tradition heraus zu verstehen. Es geht nicht um die Ablehnung des Tempels und seines Kultes, sondern um dessen Wertigkeit: „Vertraut nicht auf die trügerischen Worte: Der Tempel des Herrn, der Tempel des Herrn, der Tempel des Herrn ist hier! Denn nur wenn ihr euer Verhalten und euer Tun von Grund auf bessert, wenn ihr gerecht entscheidet im Rechtsstreit, wenn ihr die Fremden, die Waisen und Witwen nicht unterdrückt, unschuldiges Blut an diesem Ort nicht vergießt und nicht anderen Göttern nachlauft zu eurem eigenen Schaden, dann will ich bei euch wohnen hier an diesem Ort, in dem Land, das ich euren Vätern gegeben habe für ewige Zeiten." (Jer 7,4-7) Die Tempelpredigt in Jer 7, der Aufruf zur Buße als Sinnesänderung in Mk 1,4, Jesu Bußruf zur Umkehr in Mk 1,15, die Zeichenhandlung im Tempel in Mk 11,15-17 und die von Jesus als trefflich bestätigte Antwort des Schriftgelehrten in 12,32f. liegen auf einer Sinnlinie. Das gottgefällige Verhalten im Zeichen von Gottes- und Nächstenliebe ist dem Opferkult vorgeordnet. Brandopfer und Schlachtopfer ohne das dazugehörige gottgefällige Verhalten in allen Bereichen der Gesellschaft gefallen Gott nicht. Es handelt sich um eine innerjüdische Selbstkritik, die mit dem Äußersten rechnet: Wenn das auserwählte Volk Gottes nicht nach den Weisungen Gottes lebt, dann nutzt auch der ordnungsgemäß durchgeführte Tempelkult nichts. Gottes Zorn kann auch strafen und dann ist auch der Tempel vor Gottes Zorn nicht sicher. In dieser Sinnlinie ist dann auch Mk 13 zu lesen.

Jesu Zeichenhandlung im Tempel ist keine Tempelreinigung, wie sie z. B. in 2Makk 10,1-8 beschrieben wird. Es geht auch nicht um eine Kultreform, die die Opfer abschaffen möchte, oder um die Abschaffung der Tempelsteuer und Opfergebühren. Die Zeichenhandlung symbolisiert die mögliche Tempelzerstörung, wenn nicht umgedacht wird. Die Zeichenhandlung Jesu im Rahmen der Erzählung des Markusevangeliums ist der ultimative Bußruf an die „Hohenpriester und Schriftgelehrten", der Aufruf zu Umkehr und Umdenken im Sinne der prophetischen Tradition.

Diese wiederum erhält durch ihre affirmative Rezeption im Markusevangelium ihre Bestätigung und wird als wahre Prophetie gewürdigt. Wie dies konkret geschieht könnte nun etwa eine Interpretation von Jer 7 aus der Perspektive des Markusevangeliums konkretisieren.

Die *rezeptionsorientierte* Perspektive, die sich einem begrenzten Intertextualitätskonzept verpflichtet weiß, fragt nach den Vernetzungen mindestens zweier Texte in historisch nachweisbaren Lektüren. Die in Kapitel 3 dieses Buches aufgewiesenen intertextuellen Verbindungen zwischen dem Comic *Hulk*, der Lazaruserzählung aus Joh 11 und anderen Texten zeigt z. B., dass und wie

rezeptionsorientierte Intertextualitätsforschung

die durch das Grundschulkind in seinem Aufsatz zum Thema „Welches von den vielen Gleichnissen Jesu gefällt Dir am besten?" hergestellten Textverbindungen maßgeblich seine Rezeption von Joh 11 bestimmt haben.

Wird mit einem eher unbegrenzten Intertextualitätskonzept gearbeitet, können auch historisch mögliche Lektüren durchgespielt werden, auch wenn es dafür keine historischen Belege gibt, z.B. wie hätte ein hellenistisch gebildeter Jude in Alexandrien in den 70er Jahren des 1. Jh.s n. Chr. die Paulusbriefe lesen können? Dies wird freilich immer mit einem hohen Maß an Hypothesen belastet sein, setzt aber andererseits die vernachlässigte historische Phantasie in ihr begrenztes Recht. Dabei wird der Rahmen durch die Enzyklopädie(n) abgesteckt, die während der tatsächlichen bzw. der hypothetischen Lektüre(n) in Kraft war(en).

Analysebeispiel   Ein lehrreiches Beispiel rezeptionsorientierter Intertextualität stellt die Genealogie in Mt 1 dar. Matthäus erweist sich hier nicht nur als kenntnisreicher Leser der Heiligen Schriften Israels. Vielmehr strukturieren die Namen mit den sparsamen Zusätzen die Rezeption der Schriften Israels und schlagen damit den Lesern des Matthäusevangeliums eine bestimmte Rezeption dieser Schriften vor.

Gerade angesichts der monotonen Syntagmatik der Genealogie ziehen die Abweichungen vom gleichförmigen Schema einige Aufmerksamkeit auf sich. Die Zusatzinformationen wecken eine Neugier, die nur intertextuell befriedigt werden kann. Sie dienen als besonders starke Signale der Leserlenkung, die den Leser dazu auffordern, sein enzyklopädisches Wissen abzurufen bzw. es mit Blick auf diese intertextuellen Dispositionen zu erwerben. Sie werden signifikant, wenn wir sie als intertextuelle Dispositionen auffassen und die intratextuelle Ebene verlassen.

Allerdings gibt es auch in intratextueller Perspektive signifikante Zusätze und zwar insbesondere für David. Allein David erhält neben Jesus eine Apposition, die ihn in besonderer Weise markiert: David, der König. Obwohl die Liste von David bis Jojachin durchgehend Könige anführt – was wir aber nur intertextuell bzw. extratextuell wissen –, bleibt in der Genealogie der Königstitel ausschließlich David vorbehalten. Er wird damit zu dem König schlechthin. Die Apposition zu /Jesus/ am Schluss von Vers 16 – /der Christus genannt wird/ – wird durch die Codierung der Appositionen mit dem Königstitel Davids semantisch korreliert.

Jesus, der der Christus genannt wird, ist der *Messias aus dem Königshaus Davids.

Der zweite Zusatz zu /David/ verhindert vom Beginn des Evangeliums an das Missverständnis, bei der Genealogie Jesu handele es sich um eine idealisierende Heldengeschichtsschreibung, die die Großartigkeit des Protagonisten begründen solle. Im Gegenteil: Bereits auf der intratextuellen Ebene kündigt sich die Sündhaftigkeit des Volkes im Stammbaum des Protagonisten an, um deretwillen Jesus mit der Erklärung seines Namens in 1,21c auch seinen Auftrag erhält: „David zeugte Salomo *aus der [Frau] des Uria*". Die Unterdrückung des Frauennamens bei gleichzeitiger Nennung der Frauennamen Tamar, Rahab, Ruth und dann auch Maria deutet darauf hin, dass es bei diesem Zusatz nicht um die Erinnerung an eine bestimmte Frau und ihre Taten geht, sondern um die Erinnerung eines Verbrechens des Königs David, das trotz aller Untercodierung in unmissverständlicher Klarheit dem Stammbaum Jesu eingeschrieben wird: David beging Ehebruch. Er zeugte Salomo mit der Frau eines anderen, mit der Frau des Uria. David, der König, ist ein Ehebrecher und der Name des Uria wird ihn auf intertextueller Ebene sogar als Mörder zu lesen geben.

Von besonderer Bedeutung ist auch der Zusatz zu Josia: „Josia zeugte Jojachin *und seine Brüder um die Zeit der babylonischen Gefangenschaft*". Obwohl nicht erläutert wird, wie es zur babylonischen Gefangenschaft kam, erzeugt das Syntagma die Information, dass es in der Familien- bzw. Volksgeschichte Jesu nicht nur die Kontinuität von Abraham bis Jesus gibt, sondern auch eine signifikante Diskontinuität, die von solcher Tragweite war, dass sie zusammen mit den Zeichen /Abraham/ und /David/ eine gliedernde Funktion dieser Geschichte übernehmen muss.

Die Genealogie des Matthäusevangeliums erfüllt nicht nur intratextuell die Funktion, Jesus als Davididen und Sohn Abrahams zu markieren und durch die Geordnetheit seines Stammbaums in dreimal vierzehn Glieder auf die göttliche Planung dieser Zeugung zu verweisen, vielmehr lenkt und strukturiert sie mit einer intertextuellen Strategie die Erinnerung der Geschichte Israels. Die Leser des Matthäusevangeliums werden mehrfach und gerade auch im Zusammenhang mit den Zeichen /Abraham/ und /David/ auf die Lektüre der Heiligen Schriften Israels verwiesen mit dem Appell: „Habt ihr nicht gelesen ..."

Das Matthäusevangelium überlässt es dabei nicht dem Zufall, *wie* gelesen werden soll. Die Genealogie des Matthäusevangeliums erinnert eine Auswahl an gedächtnisstiftenden Erzählungen, auf deren Basis sich die im Matthäusevangelium erzählte Jesus-Christus-Geschichte entfalten kann. Die intertextuelle Disposition der matthäischen Genealogie übernimmt die textpragmatische Funktion, die Lesenden *auf bestimmte Weise* zu erinnern und ihnen damit auch ein bestimmtes Verständnis der heiligen Schriften Israels nahezulegen. Konkret: Die durch die intertextuelle Disposition der Genealogie eingespielten Texte erinnern nicht nur allgemein die durch Mt 1,17 angezeigte wunderbare Geschichtsmächtigkeit Gottes, sondern insbesondere die zu seinen Bundesschlüssen und Verheißungen. Sie erinnern die Sündhaftigkeit seines erwählten Volkes und rufen auch ins Gedächtnis, dass die Zugehörigkeit zu diesem Volk nicht durch Blutsverwandtschaft, sondern durch Gottes Ruf erfolgt, der auch Fremde treffen kann. Mit dieser gelenkten Erinnerung begründen die von ihrem Leser Matthäus intertextuell aufgerufenen Heiligen Schriften Israels dann auch die in der Erklärung zum Jesusnamen herangezogene Aussage der Sündhaftigkeit des Volkes, die als zu behebendes Problem die ganze Jesus-Christus-Geschichte überhaupt erst theologisch und erzähllogisch initiiert und strukturiert. Damit werden aber die Schriften Israels gleichermaßen zum Sündenspiegel des auserwählten Volkes und zum Treuebeweis des „Gottes mit uns", der nicht nur in der Ordnung der Geschichte im Vierzehnerschema erkennbar wird, sondern sich nun in Jesus als dem *Immanuel rettend offenbart. Und schließlich begründet die Auswahl des aufgerufenen Geschichtenpools auch schon die Einbeziehung der anderen Völker, die dann zu einem entscheidenden Thema des Matthäusevangeliums wird.

die Treue Gottes

Mit dem Einsatz der Genealogie bei Abraham wird die Erinnerung auf die die Identität des Volkes Israel begründenden Bundeszusagen und Verheißungen Gottes gelenkt. Auch ein Seitenblick zur lukanischen Genealogie, die die Vorfahren Jesu bis auf Adam zurückführt und damit eine eher schöpfungstheologische Perspektive einnimmt, lässt die bundestheologische Perspektive der matthäischen Genealogie hervortreten. Gleich der zweite Name /Isaak/ erinnert die wunderbare Erfüllung einer Verheißung an Abraham, die auch das Wunder der geistlichen Zeugung Jesu im Rahmen des matthäischen Diskursuniversums plausibel werden lässt. Die kontinuierliche Generationenfolge über David und dessen Nachkommen bis zu Jesus erinnert die Erfüllung der Verheißung, dass Abrahams Same „zu einem großen Volk" gemacht werden solle (vgl. 12,2), aus dem auch Könige hervorgehen (Gen 17,6). Für alle Zeiten gilt: „Ich richte meinen Bund auf zwischen mir und dir und deinen Nachkommen von Geschlecht zu Geschlecht als einen ewigen Bund, dass ich dein und deiner Nachkommen Gott sei." (Gen 17,7) Dass die Stammtafel die babylonische Gefangenschaft an exponierter Stelle erwähnt, die Kontinuität des Geschlechts Abrahams damit aber gerade nicht abreißen lässt, sondern sie bis zu Jesus fortführt, erinnert eindrücklich die durchgehende Treue Gottes.

Aber nicht nur der Beginn bei Abraham, sondern auch die exponierte Stellung des Zeichens /David/ erinnert die Zusagen Gottes (vgl. 2Sam 7; 1Chr 17). Das Zeichen /David/ wird neben dem Zeichen /Jesus/ als einziges in der Genealogie mit einer Apposition bedacht. Damit wird das Königtum Davids in auffälliger Weise markiert, wenn man bedenkt, dass die anderen Könige in der Genealogie diesen Titel nicht erhalten, nicht einmal Salomo. David ist damit nicht nur ein König, sondern *der* König schlechthin. Durch den einmaligen Gebrauch des Königstitels wird die Erinnerung genau auf die gegenwartsrelevante Besonderheit des davidischen Königtums und damit auf 2Sam 7 gelenkt. Hinzu kommt, dass der Zahlenwert der hebräischen Buchstaben des Namens David als Summe 14 ergibt. /Jesus, der Christus genannt wird/, steht in direkter Kontinuität zu /David, dem König/.

Dass das Ereignis der babylonischen Gefangenschaft und nicht einfach ein dritter Name, z.B. Josia, die Gliederung der Genealogie bestimmt, hebt dieses einschneidende Ereignis in besonderer Weise hervor. Es erinnert das Ausmaß der Untreue des erwählten Volkes und seiner Könige, den mehrfachen Bruch des Bundes, die Sündhaftigkeit und Verfehlungen, die in diese Katastrophe führten. Diese Assoziation wird gestützt von einigen der anderen Zusätze zum Schema „a zeugte b". Markanter Weise gilt das insbesondere auch für David: „David zeugte Salomo *aus der [Frau] des Uria*" (Mt 1,16b). Hatte David in 2Sam 7 voller Bescheidenheit (V. 18) und Dankbarkeit angemessen auf die Zusage Gottes reagiert, so wird er in 2Sam 11 zum Ehebrecher, der sein von Gott geschenktes Königtum missbraucht und zum Mörder des Uria wird. Das Königtum Davids wird in der Genealogie des Matthäusevangeliums nicht als

die Genealogie als Sündenspiegel

goldenes Zeitalter erinnert, das restauriert werden sollte. Die Treue Gottes wird auch schon von David mit Sünde beantwortet.

Liest man von da aus die weiteren Zusätze, so weisen auch die Verse 2c und 3a in diese Richtung: „Jakob zeugte *Juda und seine Brüder*" (2c). Dieser Zusatz erinnert die Josephsnovelle, in der die Brüder, und unter ihnen auch Juda, schuldig an ihrem Bruder Joseph werden. Das Zeichen /Jakob/ erinnert in diesem Zusammenhang dessen Betrug, der den Vater Isaak täuscht und dem Bruder den rechtmäßigen Segen stiehlt. „Juda zeugte Perez *und Serach mit der Tamar*" (3a). Auch dieser Zusatz erinnert den Bruch des Rechts, der Tamar in den Betrug und die Position einer Prostituierten treibt.

Die Genealogie lenkt die Erinnerung nicht nur auf die Treue Gottes und die allein darin begründete Kontinuität der Linie von Abraham bis Jesus, sondern sie wird durch die wenigen Pinselstriche der die Verfehlungen erinnernden Zusätze in Koppelung mit der herausragenden Stellung der Erinnerung an die babylonische Gefangenschaft zum Sündenspiegel des Volkes, der durch diese intertextuelle Disposition erinnert, worin „ihre Sünden" (Mt 1,23) bestehen.

Wer gehört dazu?

Der Stammbaum des Matthäusevangeliums folgt der aufsteigenden Linie im Schema „a zeugte b, b zeugte c", wobei a, b und c männlich sind. Die Durchbrechung des Schemas in Mt 1,16b wurde bereits herausgestellt. Hier wird Maria erwähnt, aus der Jesus gezeugt wurde. Die dadurch erzeugte markante Stellung der weiblichen Figur /Maria/ lässt mit großer Aufmerksamkeit nach der Funktion der anderen Frauen in der Genealogie des Matthäusevangeliums fragen. Auf Tamar und die Frau des Uria bin ich bereits unter dem Aspekt des Sündenspiegels eingegangen. Wie aber steht es um die Zusätze in Vers 5: „Salomon zeugte Boas *mit der Rahab*. Boas zeugte Obed *mit der Rut*"? Bei beiden Frauen handelt es sich um Ausländerinnen, die aber durch ihr Handeln Aufnahme in Israel fanden. Ob Tamar und Bathseba, die Frau des Hethiters Uria, Ausländerinnen waren oder nicht, kann nicht mit Sicherheit gesagt werden. Jedenfalls wird über /Rahab/ und /Rut/ intertextuell eine Codierung erzeugt, die daran erinnert, dass auch Fremde in den Bund aufgenommen werden können. Gerade weil nicht die Ahnfrauen Sara, Rebekka, Lea oder Rahel, sondern die Ausländerinnen Rahab und Rut und möglicherweise Bathseba und Tamar Eingang in die Genealogie Jesu

Christi gefunden haben, erhält dieser Aspekt besonderes Gewicht und lässt auch noch einmal zurückblicken.

Von dieser semantischen Codierung her tritt nämlich auch noch ein weiterer semantischer Marker des Namens /Abraham/ in das Netz der gesteuerten Erinnerung ein: Abraham selbst ist der „Vater vieler Völker" (Gen 17,5). Er ist kein „gebürtiger Jude", kein „Israelit". Nicht aufgrund menschlicher Abstammung und auch nicht auf der Basis irgendeines charakterlichen Vorzugs schließt Gott einen Bund mit dem Aramäer und lässt ihn zum Stammvater Israels werden, sondern allein aus Gottes Initiative kommt Abraham diese Gnade zu. Es ist Gott, der in die Erwählung ruft, oder wie es Johannes der Täufer formuliert: „Gott vermag dem Abraham aus diesen Steinen Kinder zu erwecken." (Mt 3,10)

Schon der intratextuellen Analyse stellt sich die Geneaologie in Mt 1 als geschichtstheologische Verdichtung dar, die die Voraussetzungen des in Mt Erzählten in der von den Heiligen Schriften Israels erzählten Geschichte suchen lässt. Erst wenn dieser intertextuellen Disposition gefolgt wird, zeigen sich der theologische Reichtum und die narrative Raffinesse des matthäischen Evangelienanfangs. Der Leser Matthäus instruiert seine Leser nicht nur darüber, was sie zu lesen haben, sondern auch wie sie zu lesen haben, wenn sie die Story des Autors Matthäus in ihrer Komplexität verstehen wollen.

Die *experimentelle* Perspektive fragt im Sinne des unbegrenzten Intertextualitätskonzepts nach Sinneffekten, die sich aus dem gegenwärtigen Zusammenlesen zweier oder mehrerer Texte ergeben, auch wenn dies nicht produktions- oder rezeptionsgeschichtlich begründet wird. Eine Frage dabei könnte z. B. lauten, welche Sinneffekte sich aus dem Zusammenlesen von Ovids Metamorphosen und den Briefen des Apostels Paulus ergeben, unabhängig davon, ob ein antiker oder auch ein späterer Leser einen Zusammenhang zwischen diesen Texten hergestellt hat. Die Möglichkeiten der Konstruktion intertextueller Bezüge werden dabei anders als bei den beiden anderen intertextuellen Perspektiven nicht zeitlich oder kulturell begrenzt, sondern verdanken sich der jeweiligen enzyklopädischen Kompetenz und Kreativität des aktuellen Lesers. So könnte man den genannten Texten von Paulus und Ovid auch Texte wie etwa „Dr. Jekyll und Mr. Hyde" oder Comics wie „Der unglaubliche Hulk" hinzustellen und sie nach den in ihnen jeweils dargestellten Modellen von Metamorphosen befragen.

experimentelle Intertextualitätsforschung

In einem intertextuellen Experiment habe ich etwa die Erzählung von Zachäus, dem Zöllner (Lk 19,1-10), mit der Kurzgeschichte *Der Skorpion* von Christa Reinig konfrontiert. Dadurch richtet sich die Aufmerksamkeit der Rezipienten auf die anthropologische bzw. *soteriologische Frage nach der Möglichkeit heilvoller Veränderung, die die Lukaserzählung mit einem Ja, Christa Reinigs Erzählung mit einem Nein beantwortet. Diese unterschiedlichen Konzepte geraten durch das intertextuelle Experiment in einen Dialog, der die Aktualität und Perspektivität beider Texte gewinnbringend deutlich werden lässt. Dieses Experiment eignet sich vorzüglich für den Schulunterricht, den Universitätsunterricht, für Gemeindebildung und für die Predigt. Den Rahmen bildet dabei die Enzyklopädie, die zur Zeit des Lektüreexperiments in Kraft ist. Das kann aber gerade auch bedeuten, dass die gegenwärtige Enzyklopädie durch die Vernetzung mit frei gewählten anderen Enzyklopädien kritisiert, erweitert oder in Frage gestellt wird.

Literatur

S. Alkier / R. B. Hays (Hgg.), Die Bibel im Dialog der Schriften. Konzepte intertextueller Bibellektüre, NET 10, Tübingen/Basel 2005

G. Allen, Intertextuality, London / New York 2000

R. B. Hays, Echoes of Scriptures in the Letters of Paul, Yale UP, New Haven / London 1989

S. Holthuis, Intertextualität. Aspekte einer rezeptionsorientierten Konzeption, Stauffenburg Colloquium 28, Tübingen 1993

C. Reinig, Der Skorpion, in: Deutsche Kurzgeschichten 11. bis 13. Schuljahr, Arbeitstexte für den Unterricht für die Sekundarstufe 2, hrsg. W. Ulrich, Stuttgart 1973, 59f.

M. Schneider, Gottes Gegenwart in der Schrift. Intertextuelle Lektüren zur Geschichte Gottes im Ersten Korintherbrief, NET, Tübingen / Basel (im Druck)

Aufgaben

1. Lesen Sie Mk 11,15-19. Erkennen Sie eine intertextuelle Disposition dieser *Perikope?
2. Lesen Sie nacheinander Mk 11,15-19; Jes 56; Jer 7. Interpretieren Sie jeden dieser Texte aus der Sicht der beiden anderen Texte.
3. Wählen Sie eine Perikope aus dem Neuen Testament aus. Stellen Sie intertextuelle Bezüge zu anderen biblischen und außerbiblischen Texten her. Begründen Sie ihre intertextuellen Verknüpfungen und ordnen Sie diese einer der drei intertextuellen Arbeitsweisen zu (produktionsorientiert, rezeptionsorientiert, experimentell).

Extratextuelle als intermediale Interpretation | 4.4.4

Die extratextuelle bzw. *intermediale* Interpretation befasst sich mit Sinneffekten des Textes, die aus der Bezugnahme des Textes auf Zeichen entstehen, die keine verbalsprachliche Dominanz aufweisen, also im textlinguistischen Sinn keine Texte sind.

Die extratextuelle Forschung nimmt anders als die intra- und die intertextuelle Texte nicht um ihrer selbst willen wahr. Sie begreift Texte als *Quellen* für historische Informationen. Sie wertet aber nicht nur Texte aus, sondern befasst sich mit allen Überresten der materiellen Kultur. Die extratextuelle Forschung trägt damit als intermediale Forschung entscheidend zur Rekonstruktion vergangener und gegenwärtiger Enzyklopädien bei.

> **Merksatz**
>
> **MERKE:** Die intermediale Interpretation befasst sich mit Sinneffekten des Textes, die aus der Bezugnahme des Textes auf Zeichen entstehen, die keine verbalsprachliche Dominanz aufweisen.

Mit Blick auf die Zusammenarbeit von Textforschung und Archäologie haben Jürgen Zangenberg und ich gezeigt, dass die kategoriale Semiotik eine theoretische Grundlage anbietet, die der archäologischen Arbeit ihr eigenes Recht einräumen und ein theoretisches Fundament geben kann, um sie mit der Textforschung in einen gemeinsamen Arbeitszusammenhang zu bringen. „Die materiellen Überreste einer vergangenen Kultur können als Zeichen dieser Kultur gelesen werden. Als Zeichen unterliegen sie denselben formalen Bedingungen wie jedes andere Zeichen auch. Steine, Münzen oder Geräte sind nicht weniger zeichenhaft als Schriften; Schriften bedürfen nicht weniger einer materiellen Existenz als andere Zeichen. Steine und Texte verhalten sich nicht wie Realität und Abbild zueinander, als Zeichen können sich beide der Unhintergehbarkeit der Interpretation nicht entziehen und diese semiotische Erkenntnis schützt vor der schädlichen, weil verengenden und Ideologie fördernden Naivität jeder vermeintlich un-mittelbaren Begegnung mit Geschichte. Steine und Texte verhalten sich nicht wie Original und Abgeleitetes [...], wie Sicheres und Zweifelhaftes zueinander. Steine und andere Dinge stehen dem Leben nicht näher als Texte, sondern es handelt sich um verschiedene Zeichentypen, die aufgrund ihrer jeweils unter-

Aspekte der materiellen Kultur

schiedlichen Beschaffenheit auch Verschiedenes zu leisten in der Lage sind." (Alkier/Zangenberg, Zeichen aus Text und Stein, 40f.)

<small>Analysebeispiel</small>

Zur Welt der frühen Christen gehörten nicht nur Texte, sondern z.B. auch Münzen und zwar nicht nur als Zahlungsmittel, sondern auch als verdichtete Zeichen, die nicht nur von sozial- und wirtschaftsgeschichtlichem Interesse sind, sondern ebenso politische, religiöse, kulturelle und ästhetische Botschaften auf engstem Raum korrelieren und verdichten. Die Berücksichtigung numismatischer Erkenntnisse fördert aber nicht nur das bessere Verständnis der Enzyklopädie(en) der frühen Christen, sondern hat auch Konsequenzen für die Exegese neutestamentlicher Texte. Ich möchte das zumindest exemplarisch an der „Frage nach der kaiserlichen Steuer" in der Fassung des Markusevangeliums zeigen.

Spätestens seit Mk 3,6 sind die Leser des Markusevangeliums darüber informiert, dass die Pharisäer gemeinsam mit den Herodianern Jesus töten wollen. Das gemeinsame Auftreten dieser Gruppierungen in 12,13 markiert, worum es in dem dann erzählten Streitgespräch geht: um die Ausführung des bereits in Mk 3,6 Beschlossenen. Jesus soll „mit einem Wort" überführt werden, d.h., es wird ein Anklagepunkt gesucht, der Jesus den Tod einbringen soll.

Vers 14 inszeniert die Fangfrage der Gegner Jesu: Sie stellen dieser Frage eine heuchlerische Wertschätzung Jesu voran. Diese „Wertschätzung" hat drei Teile. 1. Jesus wird als „Lehrer" bezeichnet. 2. Jesus selbst wird zugebilligt „wahrhaftig" zu sein. 3. Jesu Lehre wird zugestanden „wahrhaftig" zu sein, weil sie „den Weg Gottes" lehrte und Jesus nicht auf das „Angesicht der Menschen" blicke. Da Vers 13 in aller Offenheit die Absicht der Gegner formulierte, weiß der Leser, dass die Gegner diese drei genannten Arten der Wertschätzung Jesus in Wahrheit nicht zukommen lassen.

Die Erzählstrategie des Textes besteht darin, Jesus wahrhaftig als das zu erweisen, was die heuchlerische *captatio benevolentiae* der Gegner ihm gleichzeitig zu- und abspricht. Die Verse 15-17 inszenieren Jesu Antwort, in der er sich als Lehrer, als wahrhaftig und als derjenige erweist, dessen Lehre zwischen Gott und Mensch unterscheiden kann und deshalb tatsächlich den „Weg Gottes" lehrt.

Vers 15a informiert die Lesenden darüber, dass Jesus die heuchlerische Absicht der Gegner durchschaut. Dieser Erzählhinweis an die Leser erfüllt den Zweck, vor jeder Antwort Jesu, dessen Überlegenheit auszudrücken. Für die Leser ist jetzt nur noch von Interesse, wie diese Überlegenheit Jesu inszeniert wird.

Jesus lässt auch seine Gegner in der Erzählung wissen, dass er sie durchschaut hat („Was versucht ihr mich?"). Sodann beginnt seine Strategie mit einer Anweisung: „Bringt mir einen Denar, damit ich sehe." Er sagt ihnen, was sie zu tun haben und indem sie seiner Anweisung folgen, akzeptieren sie bereits implizit seine Autorität als Lehrer. Die Formulierung der Anweisung stellt aber auch klar, dass Jesus keinen Denar besitzt, wohl aber seine Gegner. Die Formulierung „damit ich sehe" gibt zu verstehen, dass Jesus nicht nur zufällig keinen Denar bei sich hat, sondern das fragliche Objekt nicht besitzt. Die sofortige Bereitschaft der Gegner wiederum zeigt, dass sie grundsätzlich in Verbindung mit dem Objekt Denar stehen.

In der zweiten Phase der Gegenstrategie argumentiert Jesus nun mit der Prägung der Münze. Er fragt die Gegner nach dem Bild und der Aufschrift. Zur Identifizierung der Münze wird nicht das Wissen Jesu aktiviert. *Er* schaut nicht auf das „Angesicht der Menschen" und überführt damit genau die in Vers 14 heuchlerisch vorgebrachte Auszeichnung in eine wahrhaftig zutreffende. Die Gegner schauen auf das auf der Münze dargestellte Angesicht und geben die knappe Antwort: „des Kaisers" .

Jesu Antwort in Vers 17 arbeitet wie auch die dritte geheuchelte Wertschätzung in Vers 14 mit einer Opposition: Kaiser *versus* Gott. Diese Opposition nimmt dem Zeichen „Kaiser" alle semantischen Eigenschaften des Göttlichen und weist ihn in die Opposition aus Vers 14 ein: Mensch *versus* Gott. Selbst dem Kaiser gegenüber bleibt Jesus damit auf dem „Weg Gottes" und erweist dadurch, dass er tatsächlich nicht auf das „Angesicht der Menschen" sieht, auch wenn es das des Kaisers ist.

Jesus geht durch die Erzählstrategie des Textes als klarer Sieger aus diesem Streitgespräch hervor. Die Leser können sagen, dass die ihm in Vers 14 heuchlerisch zuerkannten Auszeichnungen tatsächlich zutreffen. Sie können in das Erstaunen über ihn einstimmen, das den Schluss des Textes bildet. Anders aber als die Gegner in der Erzählung brauchen sie nicht zu verstummen, sondern können ihm die Attribute aus Vers 14 zusprechen, im Wissen darum, dass seine Bestimmung damit längst nicht ausreichend formuliert wurde, weil er nicht nur dieser Lehrer, sondern der erwartete *Messias (vgl. Mk 8,29f.), ja mehr noch, der Sohn Gottes (vgl. Mk 1,1; 15,39) ist.

Ich habe zunächst eine knappe intratextuelle Skizze dieses Textes gegeben, also nur mit den Informationen und Plausibilitätsannahmen gearbeitet, die das Markusevangelium inszeniert. Lesen wir das Markusevangelium als einen Text, der um 70 n. Chr. verfasst wurde und ältere Traditionen bei seiner Verschriftlichung verarbeitete, und berücksichtigen wir, dass die Erzählung um das Jahr 30 n. Chr. spielt, so müssen verschiedene enzyklopädische Informationen aus diesen zu unterscheidenden Zeiten eingebracht werden, unter anderem auch das intermediale numismatische Wissen um die in Vers 15 auftretende Münze. Wohl gemerkt genügt es nicht, die enzyklopädischen Informationen bzgl. der erzählten Zeit einzubringen, sondern es müssen auch diejenigen der Abfassungszeit mit bedacht werden. Auch damit ist man noch nicht zu Ende, will die Exegese nicht nur einäugig produktionsästhetisch verfahren, sondern auch die rezeptionsästhetischen und -geschichtlichen Aspekte schriftlicher Kommunikation berücksichtigen. Doch gehen wir der Reihe nach vor.

enzyklopädisches Wissen zum Denar

Bringen wir zunächst die Enzyklopädie der erzählten Zeit ins Spiel. Was meint das Textzeichen /Denar/ auf der Basis des enzyklopädischen Wissens um das Jahr 30?

Intratextuell erfahren wir über den Denar, dass er ein Zahlungsmittel für die dem Kaiser zu entrichtende Steuer ist. Dass die Frage, ob Juden dem Kaiser Steuern zahlen dürfen oder nicht zu einem Streitgespräch führt, das das Ziel haben kann, einen Anklagepunkt gegen Jesus zu finden, der ihm die Todesstrafe einbringen soll, zeigt die Brisanz des Themas an. Über den Denar erfahren wir aus dem Text außerdem noch, dass er das Bildnis des Kaisers und die Aufschrift „Kaiser" trägt.

Zu der Zeit, in der das Streitgespräch spielt, war Tiberius Kaiser. Der römische Geschichtsschreiber Sueton berichtet über die Regierungszeit des Tiberius, „[...] dass schon folgendes unter die Kapitalverbrechen mit Todesfolge fiel: in der Nähe eines Bildnisses des Augustus einen Sklaven zu prügeln, seine Kleider zu wechseln, eine Münze oder einen Ring mit dem Bild des Augustus auf die Toilette oder in das Bordell mitzunehmen oder einen Ansatz von Kritik an einem Wort oder einer Tat des Augustus vernehmen zu lassen." (Sueton, Die Kaiserviten 58, hier zitiert in der Ausgabe hg. v. H. Martinet, Lat.-dt., Düsseldorf/Zürich 1997)

Es ist nicht bekannt, ob das Mitführen einer Augustusmünze auf der Toilette oder im Bordell tatsächlich jemals zu einem Gerichtsprozess wegen Majestätsbeleidigung führte. Dennoch zeigt dieses Gesetz, dessen Historizität unbestritten ist und das unter die bereits seit republikanischer Zeit überlieferten Gesetze der Majestätsbeleidigung (*maiestas minuta*) einzuordnen ist, dass die Münzen mit ihren Bildern und Aufschriften mehr als bloße Zahlungsmittel waren. Vielmehr hatten sie symbolische Kraft, die sich nur erschließt, wenn die Münzen im Rahmen ihres jeweiligen Diskursuniversums auf der Basis der sie umgreifenden Enzyklopädie systematisch erschlossen werden. Es genügt nicht, eine einzelne Münze als „die" Steuermünze zu identifizieren, vielmehr ist danach zu fragen, welche Münzen in Betracht kommen, in welche Bildprogramme sie einzuordnen sind und welche Ideologeme mit diesen Bildern und Aufschriften verbreitet wurden. Die Münze in Mk 12,15 // Mt 22,19 // Lk 20,24 muss auf der Ebene einer enzyklopädischen Lektüre als ein zweiter Zeichenzusammenhang ins Spiel gebracht werden und intermedial mit dem geschriebenen Text korreliert werden, denn die Bildwelten und Aufschriften von Münzen können als Ideogramme mit gezielten politischen und religiösen Botschaften gelesen werden.

Kann die Münze aus Mk 12,15 überhaupt eindeutig bestimmt werden? Seit F.W. Maddens *History of Jewish Coinage and of Money in the Old and New Testament* (1864), hat sich die Auffassung durchgesetzt, man könne den in Mk 12,15 genannten Denar genau identifizieren. Demzufolge handele es sich um einen Denar des Tiberius, den Bernhard Overbeck folgendermaßen beschreibt: „Denar, Silber, Münzstätte Lugdunum, 14/17 n. Chr. – V: Kopf des Tiberius nach rechts mit Lorbeerkranz; Umschrift TI CAESAR DIVI – AVG F AVGVSTVS. R.: Concordia nach rechts thronend mit Zepter in der erhobenen Rechten und Zweig in der Linken, PONTIF – MAXIM. Man hat diese sitzende Frauengestalt als Livia Drusilla oder als Pax interpretiert. Jetzt ist sicher, dass diese Prägung auf die Ereignisse des Jahres 10 n. Chr. anspielt, wo Tiberius eine Reihe von Ehrungen zuteil wurden. So weihte er am 16. Januar dieses Jahres in seinem und in seines verstorbenen Bruders Drusus Namen den Tempel der Concordia. Diese Gottheit, vielleicht sogar ihr Standbild, ist hier dargestellt." (B. Overbeck, in: J.P.C. Kent u.a., Die Römische Münze, 97, Beschreibung 151 Tafel 40. Die Münze ist abgebildet ebd., Tafel 40, Nr. 151)

Identifikation der Münze

Nicht an der Möglichkeit, wohl aber an der Ausschließlichkeit dieser Identifizierung wurde berechtigte Kritik angemeldet, weil auch jeder andere Denar in Betracht kommt, der ein Bild des Caesar Augustus oder des Tiberius trägt. Für die Identifikation mit dem beschriebenen Tiberius-Denar wird immer wieder darauf hingewiesen, dass dieser Denar besonders häufig geprägt wurde. Dabei wird aber der archäologische Befund vernachlässigt, dass in Palästina nur wenige Exemplare dieses Denars gefunden wurden.

Wie ist dieser numismatisch-archäologische Befund zu bewerten? Zunächst einmal ist Skepsis angebracht gegenüber vorschnellen und eindeutigen Identifikationen. Es ist geboten, die anderen Möglichkeiten, also die Denare des Augustus ins Spiel zu bringen, zumal diese in der gesamten Levante um das Jahr 30 n. Chr. verbreiteter waren, als die des Tiberius. Das heißt aber, dass das Bildprogramm des Augustus, das Paul Zanker in seiner Studie *Augustus und die Macht der Bilder* rekonstruiert hat, hier einzubeziehen ist.

Es gibt aber noch einen Gesichtspunkt, der angesprochen werden muss. Der römische Denar war nicht die am weitesten verbreitete Münze in der Levante und schon gar nicht in Judäa. Die Schlussfolgerung aus der Steuerperikope, der historische Jesus habe keine Silbermünzen oder sogar überhaupt kein Geld besessen, beruht auf der Ausblendung des Münzumlaufs in der Antike. In Ermangelung jüdischer Silber- oder gar Goldprägungen war nicht der römische Denar, sondern waren der tyrische Schekel und die hellenistischen Drachmen die geläufige Großwährung auch in Galiläa, Samarien und Judäa, und für den alltäglichen Bedarf wurden regionale Bronzeprägungen eingesetzt. Wenn Jesus in der Erzählung keinen Denar bei sich trägt, dann ist das gerade nicht unüblich. Vielmehr ist es erstaunlich, dass die ihn fragenden Gesandten der Pharisäer und Herodianer sofort einen Denar vorweisen können. Sie werden damit vom Erzähler als von vornherein im Bunde mit der römischen Besatzungsmacht stehend markiert und ihre Frage erscheint als für sie längst entschieden. Das unverzügliche Vorweisen dieser in Judäa gar nicht so häufigen Münze überführt sie visuell und haptisch der Heuchelei. – Um antijudaistischen Missverständnissen vorzubeugen, sei ausdrücklich vermerkt, dass es sich bei diesen /Pharisäern/ und /Herodianern/ um Erzählfiguren im Rahmen einer spezifischen Erzählstrategie handelt. Aussagen über die historischen //Pharisäer// und //Herodianer// sind damit nicht getroffen!

Doch lassen wir uns auf die enzyklopädische Möglichkeit ein, die beschriebene Tiberius-Münze sei hier gemeint. Was ergibt sich daraus für die Interpretation des fraglichen Textes?

Die Aufschrift der Vorderseite mit dem Tiberiuskopf lautet: TI CAESAR DIVI – AVG F AVGVSTVS. Das lässt sich folgendermaßen übersetzen: Tiberius Cäsar, des göttlichen Augustus Sohn, Augustus.

Die Rückseite mit der Göttin Concordia trägt die Aufschrift PONTIF – MAXIM, also Oberster Priester, ein Amt, das Tiberius neben anderen innehatte. Stellen wir eine intermediale Beziehung zwischen dem Markustext und dieser Tiberiusmünze her, so ergibt sich eine Konkurrenz von Göttersöhnen. Das Markusevangelium erzählt das sukzessive Erkennen Jesu Christi als des Sohnes Gottes, die Münze verkündet Tiberius als Sohn des Gottes Augustus. Die Pharisäer und Herodianer in der Erzählung haben sich durch ihre Absicht, Jesus eines Staatsverbrechens zu überführen und durch ihre Heuchelei als disjunkt von dem Sohn Gottes Jesus Christus erwiesen, während sie durch den Besitz der Münze visuell und haptisch konjunkt mit dem römischen Gottessohn sind. Die Aufforderung Jesu müsste dann als Aufforderung verstanden werden, die Verbindung zu dem konkurrierenden römischen Gottessohn aufzulösen und ihn lediglich als menschlichen politischen Führer zu sehen. Das heißt aber, dass die gesamte *Perikope eine Fundamentalkritik an der politisch-religiösen Botschaft der Tiberiusmünze übt.

Diese intermediale Interpretation wird kaum plausibel erscheinen, wenn man sich nur eine einzelne Münze ansieht. Die argumentative Kraft wächst ihr erst aus einem Grundverständnis des antiken Münzwesens und seiner semiotischen Funktionsweisen zu, das über die wirtschaftsgeschichtlichen Dimensionen hinaus wichtige politische und religionsgeschichtliche Bedeutungswelten auf engstem Raum auf künstlerische Weise verdichtet. Die im Hinblick auf Mk 12,15 in Betracht kommenden Münzen waren nicht nur Zahlungsmittel, sondern politisch-religiöse Kunst im Dienste römischer Machtpolitik.

Münzen und Macht

Die Münzprägungen des Augustus können als ein Höhepunkt dieser religiös-politischen Kunst in machtpolitischer Kommunikationsabsicht gelten. Paul Zanker gibt darüber Aufschluss: „Nie zuvor und selten danach ist die Errichtung einer Herrschaft von einem so umfassenden kulturpolitischen Programm und von einer so suggestiven Visualisierung der tragenden Werte begleitet gewesen. Im Laufe der nächsten zwanzig Jahre entstand eine neue Bildersprache. Nicht nur die im engeren Sinne politischen Zeichen und Bilder, sondern auch das Stadtbild Roms, der Dekor und die Ausstattung der Häuser, ja sogar die Kleider der Leute änderten sich. Es ist erstaunlich, wie umfassend bald die gesamte visuelle Kommunikation im Dienste der neuen Sache stand, wie konsequent die Leitmotive und Parolen ineinandergriffen. Dabei gab es auch hier keinen ausgeklügelten Plan, in dem so etwas wie ein Propagandafeldzug für die Erneuerung des Römertums abgesteckt gewesen wäre. Wie bei der Verbreitung der neuen Zeichen nach Actium ergab sich vieles ‚wie von selbst', nachdem der Princeps die Richtung angezeigt hatte und diese konsequent verfolgte." (Zanker, Bilder, 107) „Am Anfang stand das Programm der religiösen Erneuerung (*pietas*). Es folgten die Anstrengungen für die öffentlichen Bauten (*publica magnificentia*) und die Wiederherstellung der römischen *virtus* im Partherfeldzug (20 v. Chr.). Dem so gestärkten Selbstbewusstsein des Herrschervolkes konnten und mussten dann getrost die Gesetze zur moralischen Erneuerung zugemutet werden (18 v. Chr.). Damit war die innere Sanierung abgeschlossen. Nichts stand dem Anbruch des goldenen Zeitalters mehr im Wege." (Zanker, Bilder, 108)

Goldenes Zeitalter des Augustus

Die römische Verkündigung des „goldenen Zeitalters" unter der Herrschaft des Augustus war das Evangelium der Römer, Augustus ihr Sotér (Retter, Heiland). Die Münzprägung des Augustus stand zu einem nicht geringen Teil im Dienst dieser Ideologie. Werden die in Frage kommenden Münzen mit dem Bildnis des Augustus intermedial mit unserem Beispieltext korreliert, so stehen sich zwei Evangelien gegenüber, das „Evangelium von Jesus Christus, dem Sohn Gottes" wie es von den Propheten Israels angekündigt wurde und von Markus dann erzählt wird (vgl. Mk 1,1f.), und das Evangelium des Augustus, der als göttlicher Retter Heil für den ganzen Weltkreis zu bringen für sich in Anspruch nimmt.

Die Aufgabe einer weiteren numismatischen Interpretation des fraglichen Markustextes wäre es nun, die zur Disposition stehenden Augustusmünzen zu interpretieren und ihre intermediale Relation und deren Sinneffekte für die Textinterpretation zu konkretisieren.

Abschließend möchte ich darauf hinweisen, dass damit die Arbeit der Korrelation von Numismatik und Exegese für diesen Text noch nicht an ihr Ende gekommen wäre, denn ebenso wie die Enzyklopädie der Erzählzeit müsste nun die der Abfassungszeit des Textes ins Spiel gebracht werden, also die römischen Münzprägungen bis zum Drei-Kaiser-Jahr bzw. bis zu Vespasian.

Die Unterdeterminiertheit der Münze in Mk 12,15 erweist sich aber gerade auch unter einem rezeptionsästhetischen Gesichtspunkt als eine produktive Erzählstrategie, die es den Lesern erlaubt, sich mit ihrer Gegenwart in den Text einzuschreiben. Hätte Markus den unbestimmten Titel „Kaiser" sei es dem Tiberius oder dem Augustus zugeordnet, so hätte er dem Leser im Sinne Ecos zwar einige Arbeit erspart, dem Text aber aktualisierende Sinnmöglichkeiten genommen. Viele Lesegenerationen der synoptischen Evangelien konnten auf diese Weise ihre Erfahrungen mit den politischen und religiösen Botschaften der jeweiligen Kaiser und ihrer Münzen in den Text einlesen und für sie plausible und von der Textur ermöglichte aktualisierende Interpretationen entwerfen.

Die intermedialen Interpretationsmöglichkeiten mit Blick auf diesen einen neutestamentlichen Text sollten zeigen, dass die systematische Berücksichtigung intermedialen enzyklopädischen Wissens einen integralen Bestandteil der Aufgaben neutestamentlicher Exegese darstellt. Daher soll das folgende Kapitel nun in der gebotenen Kürze in die sachnotwendige Ausdifferenzierung enzyklopädischen Wissens der historischen Kontexte der neutestamentlichen Schriften einführen.

Literatur

S. Alkier/J. Zangenberg (Hg.), Zeichen aus Text und Stein. Studien auf dem Weg zu einer Archäologie des Neuen Testaments, TANZ 42, Tübingen/Basel 2003

S. Freyne, Galilee. From Alexander the Great to Hadrian. 323 BCE to 135 CE. A Study of Second Temple Judaism, Edinburgh 2000

K.C. Hanson/D.E. Oakman, Palestine in the Time of Jesus, 2. Aufl. Minneapolis 2008

P. Zanker, Augustus und die Macht der Bilder, München 1987 (5. Aufl. 2008)

Aufgaben

1. Machen Sie sich mittels numismatischer Bildbände und Besuche einschlägiger Museen mit den Bildwelten antiker Münzen vertraut.

2. Stöbern Sie in den Heften der Zeitschrift „Welt und Umwelt der Bibel" und lesen Sie einige Sie interessierende Artikel.
3. Surfen Sie ausgehend von www.wibilex.de im Internet nach Bildern zur materiellen Kultur der Antike. Notieren Sie informative Seiten mit wissenschaftlichem Niveau und tauschen sich diesbezüglich mit Ihren Kommilitonen aus.

Herrscher, Reiche, Religionen: Historische Kontexte der neutestamentlichen Schriften | 5

Inhalt

5.1	Politische Kontexte	190
5.1.1	Hellenismus: Alexander der Große und die Diadochenreiche	190
5.1.2	Imperium Romanum: Augustus und die römische Kaiserzeit	198
5.1.3	Das nachexilische Judentum bis Herodes	217
5.1.4	Der jüdisch-römische Krieg, die Diasporaaufstände, der Bar-Kochba-Aufstand und die Folgen..........	229
5.2	Wirtschafts- und sozialgeschichtliche Kontexte ...	236
5.3	Religionsgeschichtliche Kontexte	244
5.3.1	Der Tempelkult in Jerusalem.....................	247
5.3.2	Religionen im Hellenismus	250
5.3.3	Religionen im Römischen Reich..................	255

Kritische Bibelinterpretationen nehmen die Bibel nicht nur als ein Buch der Gegenwart wahr, sondern fragen auch nach den historischen Kontexten, in denen die biblischen Texte entstanden sind und auf die sie explizit und implizit Bezug nehmen. Daraus ergeben sich neue Möglichkeiten des Verstehens und Denkanstöße, die allein aus enzyklopädischem Gegenwartswissen nicht erwachsen; das Bibelverständnis wird vertieft und zuweilen auch korrigiert. In jedem Fall wird man andere Welten entdecken, wenn man sich auf die antiken Gesellschaften und Kulturen einlässt, mit denen die biblischen Texte in Verbindung stehen.

Dabei handelt es sich nicht nur um den Lebensraum Jesu und seiner Jünger. Vielmehr kommen schon mit den alttestamentli-

kulturelle Kontexte

chen Texten ganz andere Kulturen ins Spiel, vor allem Ägypten auf der einen und die sich in der Vormachtstellung ablösenden Reiche des Zweistromlandes – Assyrien, Babylonien und Persien – auf der anderen Seite. Mit dem Danielbuch geraten dann auch die Griechen in den Blick, die angeführt von dem makedonischen König Alexander dem Großen das persische Reich eroberten. In den beiden ersten Makkabäerbüchern, die zwar den protestantischen Kirchen nicht als heilige Schrift gelten, wohl aber in der römisch-katholischen Kirche als Bücher des Alten Testaments gelesen werden, erscheinen bereits die Römer.

Hellenismus als Grunddatum

Dass die im Neuen Testament gesammelten Schriften in griechischer Sprache geschrieben wurden, liegt daran, dass mit der griechischen Eroberung des persischen Großreiches ein neuer Kulturraum entstanden war, in dem Griechisch in den meisten Gebieten zur Amtssprache wurde. Die politische Epoche des sogenannten *Hellenismus* reicht vom Regierungsantritt Alexanders des Großen (336 v. Chr.) bis zur Umwandlung des von den Ptolemäern beherrschten Ägyptens in eine römische Provinz im Jahr 30 v. Chr., womit das letzte der hellenistischen Nachfolgereiche Alexanders endgültig seine politische Selbstständigkeit verlor. Das politische Erbe Alexanders wirkte aber auch noch in römischer Zeit fort: Das Reich des Judäerkönigs Herodes des Großen kann ebenso als hellenistisches Reich verstanden werden wie das der Parther, die das seleukidische Nachfolgereich Alexanders in Mesopotamien eroberten. Der Mythos des sagenhaften Alexander prägte auch noch die Machtphantasien römischer Herrscher wie Julius Cäsar, Augustus oder Hadrian.

kulturelles Fortleben des Hellenismus

Keineswegs aber fand die kulturgeschichtliche Epoche des Hellenismus mit dem politischen Aus des letzten *Diadochenreichs ihr Ende. In vielen Belangen des kulturellen Lebens orientierten sich die Römer an griechischer bzw. hellenistischer Kultur. Das gilt gerade auch hinsichtlich der Sprache und Literatur: Bis weit in das 1. Jh. n. Chr. hinein schrieben viele römische Gelehrte auf Griechisch. Es galt selbst römischen Stadtbürgern als Zeichen von Bildung, Griechisch zu sprechen, so wie am Preußenhof Friedrichs des Großen überwiegend Französisch und nicht etwa Deutsch gesprochen wurde. Die griechische Sprache war das einigende Band aller Teile des Römischen Reiches, die mit den neutestamentlichen Schriften in Verbindung stehen.

Auch viele Juden, die nicht in der Levante, sondern etwa in Ägypten, Kleinasien oder in Europa lebten, sprachen kein Aramäisch, das hingegen in Palästina seit persischer Zeit zur Verkehrssprache geworden war, und konnten nicht einmal mehr die hebräischen Schriften lesen. So entstanden ab dem 3. Jh. v. Chr. griechische Versionen der Heiligen Schriften Israels, deren Sammlung als *Septuaginta* bezeichnet wurde. Spätestens seit Martin Hengels Studie *Judentum und Hellenismus* hat sich die Einsicht durchgesetzt, dass aber nicht nur das sogenannte hellenistische Judentum, sondern auch das Judentum in der Levante vielfältigen kulturellen Einflüssen der hellenistischen Welt unterlag. Hengel schätzte, dass vielleicht jeder fünfte, mindestens aber jeder zehnte Jude auch in Judäa des Griechischen mächtig war.

Hellenismus und Judentum

Infobox

Geographische und politische Terminologie für jüdische Siedlungsgebiete
Die Vielfalt von Bezeichnungen für jüdische Siedlungsgebiete kann schnell verwirren. Zu beachten ist, dass es sich bei den meisten von ihnen um territorial-politische Begriffe handelt.
- **Israel/Samaria:** Im Buch Genesis erhält Jakob nach seinem Kampf mit Gott den Namen Israel, was soviel wie „Gottesstreiter" bedeutet (vgl. Gen 32,9). Israel wird dann zur Bezeichnung des auserwählten Volkes Gottes, das er aus Ägypten geführt hat. Als politischer Territorialbegriff ist Israel die Bezeichnung für das nördliche Königreich des 9. und 8. Jh.s v. Chr. Samaria ist sowohl der Name der Hauptstadt des Nordreichs Israel als auch Synonym für das Nordreich des 8. Jh.s v. Chr. Nach der assyrischen Eroberung 722 v. Chr. bezeichnet Samarien nur noch das zwischen Juda und Galiläa gelegene Gebiet, das von nicht deportierten Israeliten wie auch von Neuansiedlern aus verschiedenen Völkern bewohnt wurde. Der Begriff *Samarier* meint dann alle Bewohner Samariens. Samaritaner sind Verehrer des Gottes Israels, die das samaritanische Heiligtum am Garizim, einem Berg in Samaria, und nicht den Tempel in Jerusalem als ihr zentrales Heiligtum auffassen.
- **Juda/Jehud/Judäa:** Juda bezeichnet vom 9. bis 6. Jh. v. Chr. das südliche Königreich mit der Hauptstadt Jerusalem. Die Könige Judas führten ihre Dynastie auf König David zurück. Selbst nach der Katastrophe der Eroberung Jerusalems durch die Babylonier 586/587 v. Chr. mit der Zerstörung des Jerusalemer Tempels und der Deportation der Führungsschicht nach Babylon wurde die Erneuerung Judas an die Hoffnung an das Haus David geknüpft. Auch der erwartete *Messias musste aus dem Hause Davids stammen. In persischer Zeit wurde Juda als Jehud bezeichnet. Der Perserkönig Dareios I. Hystaspes (522–486 v. Chr.) gliederte das persische Großreich in 20 Satrapien, die wiederum in Provinzen unterteilt waren. Das Gebiet von Jerusalem bis Jericho wurde als Provinz Jehud geführt, die zur 5. Satrapie mit dem

Namen Transeuphrat gehörte. Nach der Eroberung des persischen Reiches übernahm Alexander der Große weitgehend die Verwaltungsstruktur der Perser. Die persische Provinz Jehud blieb bestehen und hieß nun auf Griechisch *Ioudaia* (Judäa). Herodes der Große herrschte dann als römischer Klientelkönig über Judäa. Später kamen noch weitere Herrschaftsgebiete hinzu. Nachdem die Römer das Reich des Herodes unter dreien seiner Söhnen aufgeteilt hatten und Archelaos, der Judäa zugesprochen bekommen hatte, abgesetzt worden war, richteten die Römer im Jahr 6 n. Chr. die römische Provinz Judäa ein, die von einem Präfekten geführt wurde.

- **Levante:** Der geographische Begriff Levante bezeichnet den schmalen Streifen fruchtbaren Landes zwischen der arabischen Wüste und dem Mittelmeer, der Afrika mit Kleinasien und Mesopotamien verbindet.
- **Palästina:** Oft wird in der Literatur der Begriff *Palästina* anachronistisch nicht nur für die Provinz Judäa benutzt, sondern als Synonym für nahezu die ganze Levante. Aber erst seit 135 n. Chr. bezeichneten die Römer die zu einer neuen Großprovinz zusammengeführten ost- und westjordanischen Gebiete als Provinz *Syria Palaestina*. Die Bezeichnung Palästina geht auf die Philister zurück, die an der Südküste der Levante um 1000 v. Chr. einen Stadtstaatenverbund errichtet hatten.

Da alle politischen Begriffe wegen des gegenwärtigen Konflikts zwischen Israel und Palästina problematisch sind, empfiehlt es sich, überwiegend den geographischen Begriff der Levante und nicht den politischen Begriff Palästina zu gebrauchen, es sei denn man meint die von den Römern nach 135 n. Chr. eingerichtete Provinz *Syria Palästina*. Meint man also Juden, die zur Zeit Jesu in Judäa oder Galiläa lebten, sollte man vom *Judentum in der Levante* und nicht vom palästinischen Judentum sprechen. Verehrer des Gottes Israels, die den Garizim und nicht den Tempel in Jerusalem als Mittelpunkt des Kultes verstanden, sollte man als *Samaritaner* bezeichnen. Juden bzw. Samaritaner außerhalb der Levante sollte man *Judentum der Diaspora* nennen.

MERKE: Israel und Juda sind territorial-politische Selbstbezeichnungen zweier Königreiche, Jehud meint die persische Provinz, die dann in griechisch-römischer Zeit gräzisierend Judäa heißt und erst im 2. Jh. n. Chr. zu einem Teil der Großprovinz Syria Palästina wurde. Levante hingegen ist kein politischer, sondern ein geographischer Begriff.

Vielgestaltigkeit religiöser und kultureller Rahmenbedingungen

Die archäologische und speziell auch die numismatische Forschung der letzten Jahrzehnte hat dazu beigetragen, zwischen den verschiedenen Regionen der Levante stärker zu differenzieren. So scheint z. B. Galiläa mehr überregionale kulturelle und wirtschaftliche Beziehungen unterhalten zu haben als Judäa. Grundsätzlich sind die sich ständig verändernden politischen Rahmenbedingungen der hellenistischen und dann der römischen Zeit ebenso zu berücksichtigen wie religions-, wirtschafts- und rechtsgeschichtliche Entwicklungen im Ptolemäischen, Seleukidischen und Römischen Reich. Die angemessene Berücksichtigung archäologischer, numismatischer und historisch-geographischer Forschungen trägt erheblich zu einem komplexeren Bild des antiken Judentums bei und korrigiert z. B. das idyllische Bild eines „bäuerlichen Galiläas", zu dem gerade auch unkritische Verwendungen der Talmudliteratur beigetragen haben, oder die rabbinische Projektion eines in sich geschlossenen jüdischen Wirtschaftsraumes. Damit werden nicht nur neutestamentliche und frühjüdische Texte erhellt, sondern die Kulturgeschichte des antiken Judentums. Grundsätzlich kann gesagt werden, dass das antike Judentum wie alle Gesellschaften und Kulturen, die im Zusammenhang der neutestamentlichen Schriften begegnen, keineswegs monolithische Blöcke bildeten, sondern kaum weniger komplex und vielfältig erscheinen als heutige pluralistische Gesellschaften.

So vergleichbar antike und gegenwärtige Gesellschaften hinsichtlich ihrer Komplexität sind, so wenig sind sie es in ihrer funktionalen Strukturierung. Religion, Politik, Ökonomie und Recht bildeten im Alltagsgeschehen der Antike ein ineinander verzahntes Geflecht aus Überzeugungen, Machtstrukturen, Wirtschaftsformen, religiösen Praktiken, Vorschriften und Gewohnheiten. Münzen waren nicht nur Zahlungsmittel, sondern auch wirkungsvolle Träger religiöser und politischer Botschaften. Politische Herrscher hatten nicht nur weltliche Macht, sondern waren zuweilen auch Priester oder galten gar als göttliche Wesen. Städte und Ethnien begriffen sich typischerweise auch als religiöse Gemeinschaften. Tempel waren nicht nur religiöse Kultstätten, sondern auch bedeutende Wirtschaftsfaktoren und Orte der Rechtsprechung. Religiöse Überzeugungen fanden nicht nur Ausdruck im Kult, sondern z. B. auch bei der Produktion von Lebensmitteln sowie der Gestaltung von Geräten und Räumen, und nicht zuletzt waren sie auch wichtige Faktoren politischer Entscheidungen.

Die Erforschung der Zusammenhänge von Religion, Recht, Politik und Wirtschaft zielt auf eine historisch angemessene Rekonstruktion der Welt, in der die biblischen Texte entstanden sind und auf die sie Bezug nehmen. Im Folgenden sind Basisinformationen zusammengestellt, die professionelle Bibelinterpretationen in Kirche, Schule und Gesellschaft unbedingt berücksichtigen müssen. Wenn sie zudem Interesse wecken, sich darüber hinausgehend mit der Antike zu beschäftigen, weil das Studium

Erforschung des soziokulturellen Kontextes

antiker Gesellschaften nicht nur das Bibelverständnis erheblich fördert, sondern zum Verständnis gegenwärtiger Kultur und ihrer geschichtlichen Bedingungen unerlässlich ist, hat dieses Kapitel sein Ziel erreicht.

Literatur

H.-J. Gehrke / H. Schneider (Hg.), Geschichte der Antike. Ein Studienbuch, 2. erw. Aufl., Stuttgart / Weimar 2006

B. Kollmann, Einführung in die Neutestamentliche Zeitgeschichte, Darmstadt 2006

H. Leppin, Einführung in die Alte Geschichte, München 2005

Tübinger Bibelatlas, auf der Grundlage des Tübinger Atlas des Vorderen Orients (TAVO) hg. v. **S. Mittmann** u. **G. Schmitt**, Deutsche Bibelgesellschaft, Stuttgart 2001

5.1 | Politische Kontexte

5.1.1 | Hellenismus: Alexander der Große und die Diadochenreiche

Hellenismus als Epochenbegriff

Die Prägung des Begriffs „Hellenismus" durch den großen Historiker Johann Gustav Droysen (1808–1884) hängt auf das engste mit der Bedeutung des makedonischen Königs Alexander zusammen, den Droysen als „das Ende einer Weltepoche, den Anfang einer neuen" (Geschichte des Hellenismus I, 1) begriff, nämlich der hellenistischen. An der Herrschaft Alexanders zeigt sich exemplarisch, wie eng Politik, Religion, Wirtschaft und weitere kulturelle Faktoren ineinander verwoben waren und Realität gestalteten.

Alexander der Große

Alexander war der Sohn des makedonischen Königs Philipp II., dem es gelungen war, das von den Griechen gering geschätzte makedonische Reich zu einen und dann sogar die Vorherrschaft über die griechischen Stadtstaaten zu erringen. Diese Vorgänge besiegelten der 337 geschlossene Korinthische Bund, der alle griechischen Städte mit Ausnahme Spartas unter Philipps Vorherrschaft zusammenfasste. Die nach militärischen Auseinandersetzungen zwischen Makedonen und Griechen vereinbarte Landfriedensordnung sah den Bundesrat in Korinth vor. Der makedonische König wurde aber als Führer (*Hegemon*) und Bundesfeldherr anerkannt. In bewusster Konkurrenz zu den Persern versprach er die Autonomie für alle Mitglieder des Bundes. Zugleich wurde ein Feldzug gegen die Perser beschlossen. Die Akzeptanz dieser für die griechischen Stadtstaaten ungewohnten makedonischen Hegemonie er-

> **Infobox**

Eckdaten zur politischen Geschichte des Hellenismus	
Griechisch-makedonische Vorgeschichte des Hellenismus	
500–448	Griechisch-persische Kriege
490	Sieg Athens gegen die Perser in der Schlacht bei Marathon
480	Plünderung Athens durch die Perser
448	Friede zwischen Persien und Athen; Ergebnis: die Griechenstädte Kleinasiens und Zyperns bewahren ihre Autonomie; gegenseitiger Verzicht auf Einmischung
431–404	Peloponnesischer Krieg zwischen Athen und Sparta, Sparta gewinnt
359–336	Regierungszeit des makedonischen Königs Philipp II.
356	Geburt Alexanders
342	Aristoteles wird zum Lehrer Alexanders berufen
338	Sieg Makedoniens über die griechischen Städte bei Chaironeia
337	Korinthischer Bund aller griechischen Städte mit Ausnahme Spartas unter Phillips Vorherrschaft; Landfriedensordnung: Bundesrat in Korinth, der makedonische König als Führer (Hegemon) und Bundesfeldherr, Autonomie für alle Mitglieder, Kriegsbeschluss gegen Persien
Epoche des politischen Hellenismus	
336–323	Regierungszeit Alexanders des Großen
331	endgültiger Sieg Alexanders über die Perser in der Schlacht bei Gaugamela
323–280	*Diadochenkämpfe
306	endgültige Auflösung der Reichseinheit; Königsproklamationen der Diadochen
281	Ende der Diadochenkämpfe; Bildung von drei großen Monarchien: Makedonien (Antigoniden), Vorderasien (Seleukiden), Ägypten und Levante (Ptolemäer)
272–246	Regierungszeit Ptolemaios' II.
223–188	Regierungszeit des Seleukiden Antiochos III. des Großen
um 200	Judäa unter seleukidischer Herrschaft
175–164	Regierungszeit des Seleukiden Antiochos IV.
165–123	Makkabäerkriege
148 v. Chr.	Ende des makedonischen Antigonidenreiches / Einrichtung der römischen Provinz *Macedonia*
129 v. Chr.	die Parther erobern Mesopotamien und damit einen Hauptteil des Seleukidenreiches
123–63 v. Chr.	Unabhängigkeit des jüdischen Königreichs der Hasmonäer
63 v. Chr.	Ende des Seleukidenreiches / Einrichtung der römischen Provinz *Syria*
30 v. Chr.	Ende des Ptolemäerreiches / Einrichtung der kaiserlichen Provinz *Ägypten*

reichte Philipp nicht zuletzt mittels der Erinnerung an die persische Gefahr und der Betonung griechischer Weltdeutung und Wertvorstellungen, wie sie vor allem in der *Ilias* Homers, der „Bibel" der Griechen, überliefert waren.

Vorgeschichte des makedonisch-persischen Konflikts

490 v. Chr. war es dem athenischen Landheer noch gelungen, den von Kleinasien aus nach Griechenland übergreifenden Persern in der Schlacht bei Marathon eine empfindliche Niederlage zu bereiten. Im Jahr 480 v. Chr. vermochten aber die Perser unter ihrem Großkönig Xerxes nicht nur tief nach Griechenland vorzudringen, sondern sogar Athen einzunehmen und zu plündern. Obwohl die Perser sich kaum ein Jahr in Griechenland halten konnten, hatte diese Schmach sich tief in das kulturelle Gedächtnis der griechischen Stadtstaaten eingeprägt. Der 448 nach wiederholten Kriegen zwischen Athen und Persien geschlossene Friede hatte die Freiheit der Griechenstädte an der Westküste Kleinasiens und Zyperns gesichert und Einflussbereiche abgegrenzt, allerdings unter Wahrung ihrer Autonomie im persischen Reich. Philipp II. beschwor demgegenüber nicht nur die Überlegenheit griechischer Kultur, sondern ließ an seinem Königshof eine militärische Führungselite reifen, die die Werte der in den Werken Homers beschriebenen Helden zum Leitfaden ihrer Ausbildung nahm, und formte aus ihnen ein diszipliniertes Heer. Inmitten der Vorbereitungen des Kriegszuges gegen die Perser wurde Phillip II. im Jahr 336 ermordet. Sein erst neunzehnjähriger, aber für seine herrschaftlichen Führungsaufgaben bestens ausgebildeter Sohn Alexander übernahm die Herrschaft.

Alexander und Homer

Alexander war in der durch die Homerlektüre ideologisch bestimmten Welt militärischer Ausbildung aufgewachsen. Verstand er sich über seine väterliche Linie als Nachkomme des Halbgottes Herakles, so führte er sich über die Familie seiner Mutter auf Achilleus zurück, den griechischen Helden im Kampf um Troja aus Homers *Ilias*. Über die militärische und homerische Bildung hinaus hatte Alexander eine herausragende rhetorische, philosophische und politische Erziehung durch den großen Philosophen Aristoteles erhalten. Auch Logik, Mathematik, Architektur und Naturkunde standen auf seinem Lehrplan. Die Führungsstärke und charismatische Ausstrahlung Alexanders können zu einem Gutteil auf seine vielfältige Bildung zurückgeführt werden, die als ein sich gegenseitig befruchtendes Ineinander von strategischem, technischem, ethischem und religiösem Wissen erscheint. Homers *Ilias* deckte dabei nicht nur den Bereich literarischer Bildung ab. Vielmehr waren die Tüchtigkeit (*areté*) und der Mut der Helden Griechenlands und Trojas auch ethisches Vorbild für Alexander. Und schließlich waren ihm die Götter und Halbgötter

Homers so nah, dass er seine eigene Existenz und seine bei Regierungsantritt nicht vorhersehbaren Erfolge nicht zuletzt aus der Verwandtschaft mit ihnen verstand. Schon bald sollte Alexander zum Sohn eines Gottes werden und damit selbst wie Herakles als Halbgott gelten. Ob aber Alexander ein kluger Herrscher oder ein schrecklicher Exzentriker oder vielleicht beides war, ist unter Althistorikern umstritten.

Nach der Sicherung des makedonischen Thrones im Jahr 336 v. Chr. führte er die Kriegspläne seines Vaters gegen Persien fort. Das fast 40 000 Mann starke Heer Alexanders setzte sich 334 v. Chr. in Richtung Kleinasien in Bewegung. Kleinasien war überwiegend persisches Herrschaftsgebiet, auch die meisten griechischen Städte Kleinasiens standen unter persischer Oberherrschaft. Obwohl einige von ihnen sich damit längst arrangiert hatten, nutzte Alexander Unruhen in Kleinasien, die nach dem Tod des persischen Großkönigs Artaxerxes III. Ochos (359–338) aufgeflammt waren, und inszenierte in der Fortführung der Pläne seines Vaters seinen Feldzug als Befreiung der griechischen Städte Kleinasiens und als längst ausstehende Antwort auf die Schmach, die Xerxes den Griechen zugefügt hatte. Der Feldzug war militärisch bestens geplant und vorbereitet und zugleich mit religiösen Opferhandlungen an die griechischen Götter verbunden, die immer wieder den Bezug zur homerischen Weltdeutung herstellten. Dort, wo das einstige Troja angenommen wurde, opferte Alexander der Göttin Athena und bekränzte das vermutete Grab des Achilleus.

der Alexanderzug

Nachdem Alexanders Heer die Perser im Mai 334 am Fluss Granikos geschlagen hatte, erklärte er die griechischen Städte für frei. Aufgrund der Akzeptanz seiner Herrschaft in weiten Teilen Kleinasiens konnte er sich als dessen König fühlen. Er gab sich aber nicht mit den erstaunlichen Erfolgen in Kleinasien zufrieden, sondern zog nach der Überwinterung in Gordion weiter in Richtung Persien. Der persische Großkönig Dareios III. hatte mittlerweile ein Heer zusammengezogen, das dreimal so groß war, wie die makedonisch-griechische Streitmacht. 333 besiegte Alexanders Heer die Perser bei Issos nicht zuletzt durch den wagemutigen Angriff Alexanders selbst auf den völlig verblüfften persischen Großkönig. Dareios floh, und sein Heer sah sich zum Rückzug gezwungen. Mit derselben Taktik gelang es dann Alexander im Oktober 331 in der Schlacht bei Gaugamela, die Perser vollends zu schlagen.

Siege über die Perser

Alexander als ägyptischer Gottkönig

Insbesondere das zuvor von den Persern besetzte Ägypten weinte der persischen Oberherrschaft keine Träne nach. Nachdem Alexander ägyptischer Tradition folgend bereits zum Pharao, also zum religiös legitimierten König, eingesetzt worden war und in Siwa, dem Kultort des ägyptischen Staatsgottes Amun-Re, den die Griechen als Zeus Ammon identifizierten, von dem dortigen höchsten Priester als Pharao anerkannt worden war, galt er gemäß ägyptischer Königsideologie als Sohn des Gottes Amun-Re bzw. Zeus Ammon. Nun konnte er sich wie Herakles als ein Sohn des Zeus verstehen.

Verschmelzung griechischer und orientalischer Herrschaftsformen

Nachdem Alexanders Streitmacht die Perser 331 endgültig besiegt hatte, wurde er in Susa, einer der persischen Hauptstädte, nach persischem Königszeremoniell zum Herrscher der Welt ausgerufen. Der immense persische Staatsschatz fiel in seine Hände, was ihm weitere enorme wirtschaftliche, städtebauliche und militärische Unternehmungen ermöglichte. Er bot den Griechen die Entlassung aus seinem Heer an, ließ 30 000 persische Soldaten in makedonischer Kampfweise ausbilden und ehrte den einstigen Feind Dareios III. nach dessen Tod mit einem Staatsbegräbnis. All das zeigt an, dass Alexander sich längst nicht mehr nur als makedonischer König und Hegemon der griechischen Städte begriff. Er identifizierte sich mit den Ehren, die ihm in Ägypten und Persien zuteil geworden waren, und agierte nun als mächtiger Gottessohn und Herrscher der Welt, als „König der Könige".

Indienexpedition und frühes Ende

Der erst 25-jährige Alexander begnügte sich allerdings nicht damit, als makedonischer König, Herrscher über Kleinasien, Pharao von Ägypten und persischer Großkönig über ein riesiges Gebiet zu herrschen. Vielmehr führte ihn sein Tatendrang in einem mehrjährigen, mühevollen und auch verlustreichen Feldzug bis nach Indien. Nachdem er nach unsäglichen Strapazen im Jahr 324 mit seinen Truppen von dort zurückgekehrt war, starb er 323 plötzlich in Babylon – vermutlich an Malaria. Bei seiner Stadt Alexandria in Ägypten wurde er symbolträchtig bestattet. Sein Grab wurde zur Pilgerstätte. Alexander hinterließ ein noch über die Grenzen des persischen Großreiches hinausgehendes, kulturell uneinheitliches und höchst fragiles Herrschaftsgebiet. Schon zu seinen Lebzeiten zu einem mythischen Helden geworden, faszinierte er die Nachwelt nachhaltig. Nicht nur nahezu alle hellenistischen Nachfolger sahen im gottgleichen Alexander ihr Vorbild, sondern auch Julius Cäsar, Augustus und weitere römische Kaiser eiferten Alexander nach. Alexander als historische Person sowie der Mythos, der sich mit ihm verband, prägten die hellenistisch-römische Geschichte noch weit über seinen Tod hinaus.

Als Alexander 334 mit seinem Heer nach Kleinasien aufgebrochen war, befand er sich in Begleitung langjähriger Weggefährten wie z.B. Seleukos, Ptolemaios und Antipater, die gemeinsam mit ihm ausgebildet worden waren. Er beauftragte den ebenso zuverlässigen wie politisch geschickten Antigonos damit, Makedonien in seiner Abwesenheit zu regieren. Als Alexander starb, war es noch am ehesten Antigonos, der seine Nachfolge hätte antreten können. Bald aber zeigte sich, dass die anderen Feldherren Alexanders keineswegs dazu bereit waren, auf eigene Herrschaftsansprüche zu verzichten. Nach vielen Kriegen bildeten sich drei Nachfolgereiche – die *Diadochenreiche – heraus, deren Dynastien nach ihren Begründern benannt wurden.

die Diadochen

> **Infobox**
>
> **Diadochenreiche: Antigoniden, Seleukiden, Ptolemäer**
> Die *Antigoniden* regierten Makedonien und den überwiegenden Teil der griechischen Stadtstaaten. 148 v. Chr. endete die politische Selbstständigkeit Griechenlands endgültig durch die Einrichtung der römischen Provinz Macedonia.
>
> Die *Seleukiden* traten Alexanders Nachfolge in Nordsyrien und in weiten Teilen Kleinasiens an. Um 200 v. Chr. eroberte Antiochos III. die Levante, die die Seleukiden gegen Ende des 2. Jh.s aber nach und nach an regionale Reiche wie das jüdische Hasmonäerreich wieder abtreten mussten. 63 v. Chr. endete ihre politische Selbstständigkeit durch die Einrichtung der römischen Provinz Syria.
>
> Die *Ptolemäer* regierten Ägypten, die Levante (bis 200 v. Chr.) und den südlichsten Teil Kleinasiens. Sie stilisierten sich in ihrem Auftreten und ihrem Herrschaftsstil als ägyptische Pharaonen. Die Führungsschicht des Reiches bestand aber fast nur aus Makedonen und Griechen. Kennzeichnend war eine straffe Verwaltung des gesamten Reiches, die durch kleine Verwaltungseinheiten und eine ausgeprägte Besiedlung auch entlegene Landstriche wirkungsvoll kontrollieren konnte. 30 v. Chr. endete ihre politische Selbstständigkeit endgültig durch die Einrichtung der kaiserlichen Provinz *Ägypten* durch den römischen Feldherrn Octavius, den späteren Kaiser Augustus. Die letzte ptolemäische Herrscherin war Kleopatra VII., die den Ruf sagenhafter Schönheit genoss und durch Hollywoodfilme wie auch durch „Asterix und Obelix" bis heute Bestandteil des enzyklopädischen Allgemeinwissens ist.

Das jüdische Kernland gehörte im 3. Jh. v. Chr. zum hellenistischen Reich der Ptolemäer. Die politische Lage änderte sich entscheidend, als es dem Seleukiden Antiochos III. gelang, nicht nur nahezu die gesamte Levante unter seine Kontrolle zu bringen,

Levante im Spannungsfeld von Ptolemäern, Seleukiden und Römern sondern auch verloren gegangene Teile im westlichen Kleinasien zurückzuerobern. Die beachtlichen militärischen Erfolge brachten Antiochos III. viel Anerkennung bis hin nach Makedonien und Griechenland, die mittlerweile unter den weit reichenden Einfluss der wachsenden neuen Großmacht der Römer geraten waren. Wie Alexander erhielt Antiochos III. den Beinamen „der Große". Mit ähnlichem Ehrgeiz wie Alexander gegen die Perser machte er sich auf, Kleinasien und Griechenland von den Römern zu befreien. 196 v. Chr. setzte er tatsächlich am Hellespont nach Griechenland über, wurde aber bald schon von den Römern zurückgedrängt. Nachdem sein Heer 189 v. Chr. in der Schlacht von Magnesia vernichtend geschlagen worden war, musste er seinen Sohn, den späteren König Antiochos IV., als Geisel nach Rom schicken und erhebliche Zahlungen an Rom leisten, die seinen eigenen Handlungsspielraum stark beschnitten. Rom war nun zur allein bestimmenden Macht in Griechenland und Kleinasien geworden, auch wenn Makedonien erst 148 als Provinz *Macedonia* und Kleinasien erst 129 als Provinz *Asia* unter direkte römische Verwaltung gerieten.

Nachdem Antiochos IV. 175 v. Chr. König des seleukidischen Reiches geworden war, konnte er zunächst einige militärische Erfolge gegen die Ptolemäer erzielen. Dass Roms Einfluss aber mittlerweile weit über Kleinasien hinausreichte, wird daran ersichtlich, dass Antiochos IV. allein aufgrund einer Drohung Roms darauf verzichtete, das geschwächte ptolemäische Ägypten zu erobern.

Niedergang des seleukidischen Reiches

Nach dieser außenpolitischen Schmach kam es bald auch zu Konflikten innerhalb der seleukidischen Gebiete. Antiochos IV. förderte die Jerusalemer Kräfte, die immer weitgehender die griechische Lebensweise annahmen. Von der Landbevölkerung ausgehend erhob sich dagegen massiver Widerstand. Als Antiochos IV. in Jerusalem einmarschierte (169/168 v. Chr.), den Jerusalemer Tempelkult zum Erliegen brachte und die Hellenisierung in nahezu allen Bereichen des öffentlichen Lebens erzwang, kam es zum Aufstand und zu einem jahrzehntelang andauernden Kleinkrieg zwischen Seleukiden und Juden, der letztlich mit der Errichtung eines unabhängigen jüdischen Staates, dem Königreich der Hasmonäer, und der Niederlage der Seleukiden endete.

Parther als Erben der Seleukiden

Auch ihr Stammland Mesopotamien verloren die Seleukiden an eine im Verlauf des 2. Jh. v. Chr. immer stärker werdende neue

Macht, die Parther. Dass Rom Kleinasien 129 v. Chr. als römische Provinz einrichtete, hängt unmittelbar damit zusammen, dass die Parther im selben Jahr Mesopotamien einnahmen und damit die Grenzen des Römischen Reiches bedrohten. Tatsächlich gelang es den Römern trotz vielfacher Versuche nicht, die Parther zu besiegen. Auf einem der römischen Feldzüge gegen die Parther wurde dann im Jahr 63 v. Chr. das mittlerweile stark geschwächte Seleukidenreich vom römischen Feldherrn Pompeius als Provinz *Syria* endgültig unter direkte römische Verwaltung gestellt, wiederum als Schutzwall gegen die Parther

Zwar wurde das ptolemäische Ägypten erst 30 v. Chr. als letztes der hellenistischen *Diadochenreiche durch Augustus zur römischen Provinz gemacht, aber schon im zweiten Jh. verlor es aufgrund von Thronstreitigkeiten zusehends an Souveränität. Mehr und mehr geriet es unter römischen Einfluss. Die letzte ptolemäische Königin, Kleopatra VII., konnte aufgrund ihrer Liebesbeziehungen zunächst zu Julius Cäsar und dann zu Antonius, dem Konkurrenten Octavians, ihre Machtstellung halten und ausbauen. Ihre Pläne waren ambitioniert: Alexandria unter der Herrschaft von Antonius und Kleopatra sollte zum neuen Machtzentrum des *Imperium Romanum* werden. Mit dem Selbstmord Kleopatras angesichts der Niederlage des Antonius in der Schlacht bei Actium (31 v. Chr.) endete aber die politische Geschichte des Hellenismus.

Machtverlust des ptolemäischen Ägypten

Aufgaben

1. Schlagen Sie im Tübinger Bibelatlas das Alexanderreich nach (Karte V 1). Suchen Sie Gaugamela, Babylon und das ägyptische Alexandreia.
2. Informieren Sie sich in Kindlers Literaturlexikon über den Inhalt der *Ilias* und der *Odyssee* Homers. Leihen Sie sich in einer Mediothek das Hörbuch „Homer: Ilias, gelesen von Rolf Boysen" aus und hören Sie ohne Unterbrechung mindestens CD 1. Wie agieren hier die Götter?
3. Informieren Sie sich über die kulturelle Bedeutung der Stadt Alexandria in Ägypten.

Literatur

J. G. Droysen, Geschichte des Hellenismus, 3 Bde., 2. Aufl. Gotha 1877/78, Neudr. 2. Aufl. Darmstadt 1998

H.-J. Gehrke, Geschichte des Hellenismus, Oldenbourg Grundriss der Geschichte, München 2008

G. Grimm, Alexandria. Die erste Königsstadt der hellenistischen Welt. Bilder aus der Nilmetropole von Alexander dem Großen bis Kleopatra VII., Zaberns Bildbände zur Archäologie, Mainz 1998

G. Hölbl, Geschichte des Ptolemäerreiches. Politik, Ideologie und religiöse Kultur von Alexander dem Großen, bis zur römischen Eroberung, Darmstadt 1994

K. Schippmann, Grundzüge der Parthischen Geschichte, Grundzüge 39, Darmstadt 1980

M. Sigismund, Art. Hellenismus, wibilex.de

J. Wiesehöfer, Das antike Persien. Von 550 v. Chr. bis 650 n. Chr., München/Zürich 1994

5.1.2 | Imperium Romanum: Augustus und die römische Kaiserzeit

Rom und das frühe Christentum

„Es begab sich aber zu der Zeit, dass ein Gebot von Cäsar Augustus ausging, dass alle Welt geschätzt würde." (Lk 2,1) Über die Weihnachtsgottesdienste ist Kaiser Augustus dem christlichen Gedächtnis bis heute präsent. Wie sehr aber nicht nur die in den Evangelien erzählte Jesus-Christus-Geschichte, sondern auch die Apostelgeschichte und darüber hinaus das ganze antike Christentum mit der Geschichte des Römischen Reiches verbunden sind, soll im Folgenden schlaglichtartig aufgezeigt werden. Nicht nur die Ereignisgeschichte, sondern selbst scheinbar genuin christliche Grundbegriffe wie der des Evangeliums sind ohne Grundkenntnis der römischen Enzyklopädie historisch nur unzureichend zu verstehen.

Aufstieg des Augustus

Als Gaius Octavius, der spätere Cäsar Augustus, am 23. September 63 v. Chr. in Rom geboren wurde, war es seinem Vater wenige Jahre zuvor gelungen, Mitglied des Römischen Senats auf Lebenszeit zu werden. Der außergewöhnliche Lebensweg des späteren Augustus war aber durch sein Elternhaus nicht vorgezeichnet. Nichts deutete daraufhin, dass Octavius einst zum Augustus, dem göttlichen Friedensbringer und Neugründer Roms werden würde.

Im Geburtsjahr des Octavius wurde sein Großonkel Julius Cäsar zum *pontifex maximus*, dem höchsten Priester Roms, gewählt. Der berühmte Feldherr Pompeius gab nach dem Krieg gegen Mithridates Kleinasien eine neue Ordnung und errichtete die Provinzen *Cilicia* und *Syria*. Im Zuge der Neuordnung des Ostens zog er 63 v. Chr. mit seinen Truppen in Jerusalem ein und gliederte das hellenistisch-jüdische Reich der Hasmonäer als Vasallenstaat

> **Infobox**

Eckdaten zur Geschichte Roms bis zur Konstantinischen Wende	
753 v. Chr.	von den Römern angenommenes Gründungsjahr der Stadt Rom
348–272	Rom gewinnt die Vorherrschaft über Mittel- und Unteritalien
264–202	Rom gewinnt gegen Karthago die Vorherrschaft über das Mittelmeer
215–168	Rom gewinnt die Vorherrschaft über Makedonien und Griechenland
192–188	Rom gewinnt durch den Sieg gegen die Seleukiden (Antiochos III.) Einfluss auf die hellenistischen *Diadochenreiche der Seleukiden und Ptolemäer bis nach Mesopotamien und Ägypten
149–146	endgültiger Sieg der Römer über Karthago im 3. Punischen Krieg, Zerstörung Karthagos, Einrichtung der römischen Provinz *Africa*
148	Einrichtung der römischen Provinz *Macedonia*, Zerstörung Korinths
133–31	Krise der Römischen Republik
131–129	Krieg in Kleinasien, 129 wird *Asia* römische Provinz
89–63	Kriege gegen Mithridates, König von Pontos; Pompeius gibt Kleinasien eine neue politische Ordnung; Einrichtung der römischen Provinzen *Cilicia* und *Syria*
30	Einrichtung der römischen Provinz *Ägypten*, die als erste römische Provinz nicht dem Senat, sondern dem *princeps* unterstellt war; Senatoren durften sie nur mit spezieller Erlaubnis betreten
(30) 27 v. Chr. – 14 n. Chr.	Prinzipat des Octavius bzw. Cäsar Augustus
14–68	Julisch-Claudische Kaiserdynastie
69–96	Flavische Kaiserdynastie
96–192	Adoptivkaiser
193–235	Kaiserdynastie der Severer
235–305	Soldatenkaiser
249–251	1. reichsweite Christenverfolgung unter Kaiser Decius
257–258	2. reichsweite Christenverfolgung unter Kaiser Valerius
303–311	3. reichsweite Christenverfolgung unter Kaiser Diokletian
313	Nach der Bekehrung Konstantins des Großen erklärt die Mailänder Vereinbarung zwischen Konstantin und Licinius („Mailänder Edikt") Religionsfreiheit unter Einbeziehung des Christentums („Konstantinische Wende").

in das Römische Reich ein. Cicero deckte im selben Jahr während seines Konsulats die *Catilinarische Verschwörung in Rom auf, die erneut den inneren Frieden Roms aufs Schwerste belastete.

Seit den römischen Bürgerkriegen ab dem Ende des 2. Jh. v. Chr. stand den außenpolitischen Erfolgen Roms eine voranschreitende innere Zerrüttung gegenüber. Pompeius, Julius Cäsar und Crassus verabredeten im Jahr 60 v. Chr. das erste Triumvirat, ein

innere Zerrüttung Roms und erstes Triumvirat

Bündnis, das jedoch die komplexe Konfliktlage nicht zu lösen vermochte. Die verschiedenen Interessen und politischen Optionen der Triumvirn traten immer stärker zutage und führten schließlich 49 v. Chr. durch Cäsars eigenmächtige Überschreitung des Rubikon erneut in einen blutigen Bürgerkrieg, den Cäsar für sich entschied. Bis zu seiner Ermordung durch eine senatorische Gruppe, die seiner Diktatur ein Ende bereiten wollte, um den Senat wieder zu stärken, konnte Cäsar seine Machtposition ausbauen und festigen.

Umso chaotischer waren die Zustände nach Cäsars Ermordung am 15. März 44 v. Chr. Die Mörder Cäsars wurden zunächst nicht zur Rechenschaft gezogen. Es war unklar, ob sie als Verteidiger der *res publica einen Tyrannen gestürzt oder als Staatsfeinde Hochverrat begangen hatten. Diese nicht miteinander vermittelbaren Beurteilungen mündeten in einen weiteren blutigen Bürgerkrieg, als M. Antonius, M. Lepidus und der von Cäsar adoptierte und zur Überraschung der römischen Öffentlichkeit zu seinem Haupterben eingesetzte, gerade erst einmal 20-jährige Octavius im Oktober des Jahres 43 v. Chr. das zweite Triumvirat bildeten. Cicero, der Octavius stets etwas verniedlichend Octavian nannte – eine Namensform, die auch in der Forschung der Gegenwart verwendet wird –, versuchte den neuen jungen Machthaber für seine eigenen politischen Optionen auszunutzen, was aber gründlich misslang und ihn dann sogar das Leben kosten sollte.

die Cäsarmörder, Octavian und das zweite Triumvirat

Der Sieg der Triumvirn über die Cäsarmörder M. Brutus und C. Cassius bei Philippi im Oktober 42 v. Chr. bedeutete keineswegs das Ende der Gewalt. Wie schon das erste Triumvirat, so stürzten auch die unterschiedlichen Interessen und Machtansprüche der Mitglieder des zweiten Triumvirats das *Imperium Romanum* in eine tiefe Krise. Auch diese führte zu einem Bürgerkrieg, den Octavian schließlich im Jahr 31 v. Chr. in der Schlacht bei Actium gegen Antonius und Kleopatra VII. für sich entscheiden konnte.

Octavian war damit auf der Höhe seiner Macht angelangt. M. Lepidus wurde zwar zum *Pontifex Maximus* und hatte dieses Amt auch bis zu seinem Tode inne, aber Einfluss hatte er nur wenig. An der Saecularfeier 17 v. Chr. wurde er nicht beteiligt. Nach Lepidus' Tod übernahm Ocatavian auch dieses Amt.

Grundlagen und Machtbasis der augusteischen Monarchie

Octavians Macht basierte bis dahin wesentlich auf seinen Legionen, die er als Haupterbe Julius Cäsars mit eigenen Geldmitteln unterhalten konnte. Diese militärische und wirtschaftliche

Basis erweiterte sich nach dem Sieg über Antonius und Kleopatra nochmals erheblich, weil Octavian das reiche Ägypten in eine ihm direkt unterstellte römische Provinz umwandelte und so über unermesslichen Reichtum verfügen konnte.

Mit seinem Einfluss in den Priesterkollegien hatte Octavian nach dem Tode seines Großonkels dessen Vergöttlichung vorangetrieben. Da er von Julius Cäsar adoptiert worden war, wurde er mit dessen Divinisierung (Vergöttlichung) offiziell zum Sohn des vergöttlichten (*divus*) Cäsar. Damit galt er zwar nicht als Gott (*deus*), überschritt aber die rein menschliche Sphäre hinein in den Bereich des Göttlichen. Die göttlichen Ehren aber, die ihm die Ägypter 30 v. Chr. ihrer Tradition folgend anboten, lehnte er – anders als Alexander der Große und seine hellenistischen Nachfolger – ab. Damit distanzierte sich Octavian deutlich von Antonius, der empfänglicher für die göttlichen Ehren der Pharaonen gewesen war. Wie aber vor ihm viele andere knüpfte auch Augustus direkt an Alexander an: „Als Octavian in Alexandria den Willen bekundete, das Grab Alexanders zu besuchen, wurde ihm auch ein Gang zu den Gräbern der Ptolemäer vorgeschlagen. Octavian lehnte mit dem Hinweis ab, er wolle einem König die Ehren erweisen, keinen Leichen. Eine ähnliche Abfuhr handelten sich die ägyptischen Priester bei seinem Weg durch Memphis ein. Octavian wies einen Besuch beim heiligen Apisstier zurück, denn er pflege Götter zu verehren, nicht das ‚Vieh' [...]". (Chauveau 12)

Anfänge der religiösen Herrschaftsideologie

Es hätte wohl niemanden überrascht, wenn Octavian sich nach seinem Sieg gegen Antonius und Kleopatra auf der Basis seiner wirtschaftlichen und militärischen Macht zum Alleinherrscher auf Lebenszeit hätte ausrufen lassen und damit den Senat von Rom endgültig entmachtet hätte. Octavian aber wählte einen anderen Weg, auf dem es gelang, das von Bürgerkriegen zerrissene Rom innerlich weitgehend zu befrieden und so zu restituieren. Er gab das *Imperium*, die ihm vom Senat verliehene Befehlsgewalt, an den Senat zurück, und dieser dankte es ihm mit der Verleihung des Ehrentitels „Augustus". In seinem Tatenbericht, den *Res Gestae*, beschreibt Augustus selbst die Bedeutung der beiden Staatsakte vom 13. und 16. Januar 27 v. Chr.: „Nachdem ich die Bürgerkriege ausgelöscht hatte, habe ich, im Besitz der (mir dafür) unter allgemeiner Zustimmung verliehenen umfassenden Vollmachten, in meinem sechsten und siebten Konsulat den Staat aus meiner Verfügungsgewalt in das freie Ermessen von Senat

Neuordnung der Machtverhältnisse

und Volk zurückgegeben. Für dieses mein Verdienst bin ich durch Senatsbeschluß Augustus genannt worden, und die Türpfosten meines Hauses wurden von Staats wegen mit Lorbeer umkleidet, ein Bürgerkranz über meine Haustür angebracht und ein goldener Schild in der Curia Iulia aufgestellt, den mir, wie durch die Inschrift des Schildes bezeugt ist, Senat und Volk aufgrund meiner Tapferkeit, Milde, Gerechtigkeit und Pflichttreue widmeten. Seit dieser Zeit überragte ich alle an Einfluß, Amtsgewalt aber besaß ich um nichts mehr als diejenigen, die meine Kollegen in den jeweiligen Ämtern gewesen sind." (Augustus, Res Gestae 34, in: Augustus, Schriften, 260) Der ihm vom Senat verliehene Name „Augustus" (der Erhabene) war mehr als eine Auszeichnung eines verdienstvollen Menschen: er hob Octavian weiter in die Sphäre des Göttlichen hinein.

Machtmittel und Befugnisse

Freilich basierte die Macht des Augustus, der als *princeps*, als erster Mann im Staate unter potentiell gleichen Standesgenossen gesehen werden wollte, nicht nur auf seinen militärischen Erfolgen, wirtschaftlichen Möglichkeiten und religiösen Ehrungen, sondern gerade auch auf seinen politischen Ämtern, die die rechtliche Basis seiner Entscheidungsgewalt bildeten. Die *tribunitia potestas* gewährte ihm wie einem Volkstribun die Unantastbarkeit seiner Person und ermöglichte zudem sein innenpolitisches Agieren. Das *imperium proconsulare* verlieh ihm Macht über die römischen Legionen und über die wichtigsten Provinzen. Gerade diese beiden Vollmachten trugen erheblich zur politischen Machtfülle des Augustus bei.

Übersetzung der politischen in religiöse Macht

Aber letztlich – ob von Octavian intendiert oder nicht kann wohl niemand mit Sicherheit sagen – verstetigte Augustus seine politische, wirtschaftliche und militärische Macht durch ihre Übersetzung in ideologische Macht. Augustus berichtet: „Mein Name wurde auf Beschluß des Senats in das Kultlied der Salier aufgenommen, und durch Gesetz wurde festegelegt, dass meine Person heilig und unantastbar ist." (Augustus, Res Gestae 10, in: Augustus, Schriften, 254.) Der Senat ordnete Spiele zu Ehren des göttlichen Retters des Staates an und weihte auf dem Marsfeld den Altar der *Pax Augusta*. Augustus, der Erhabene, wurde als Retter Roms, als Heiland, als göttlicher Friedensbringer geehrt, dem die *restitutio*, die Wiederherstellung der *res publica, also die innere und äußere Befriedung und Konsolidierung des durch die fast 100-jährigen Bürgerkriege zerrütteten römischen Staates, gelungen war.

Als nach dem Sieg über Antonius und Kleopatra VII. der äußere und innere Friede in Form von wachsendem Wohlstand, Arbeit, Bauprogrammen und öffentlichen Spielen weitgehend und für alle wahrnehmbar wurde, trieb Cäsar Augustus, der Priester und Sohn des vergöttlichten Cäsar, auch die ideologische Bearbeitung der überstandenen Krisenzeit voran: „Beim Nachdenken über die Ursachen der Krise Roms hatte sich der Glaube verfestigt, dass die Vernachlässigung der religiösen Pflichten den Götterfrieden gestört habe und dadurch die Voraussetzung für das Gedeihen von Staat und Reich verloren gegangen sei. Deshalb begann er mit einer religiösen Restauration, die vernachlässigten Tempel wurden erneuert, uralte Rituale wieder zelebriert und Sorge für die Belebung oder Erhaltung priesterlicher Institutionen getragen." (Bringmann, Augustus, 116)

religiöse Restauration und Umgestaltung

Augustus restaurierte aber nicht nur die römische Staatstheologie, sondern transformierte sie. In ihren Mittelpunkt stellte er Apollo, der immer häufiger die traditionell Jupiter zukommende Vormachtstellung übernahm. Die enge Verbindung zwischen Augustus und Apollo wird schon daran ersichtlich, dass Augustus sein eigenes Wohnhaus tempelförmig bauen und direkt neben seinem Wohnbereich einen Tempel für Apollo errichten ließ. Die Sprache dieser Gebäude brachte deutlich zum Ausdruck, dass der Friedensbringer Augustus mit den Göttern, und insbesondere mit Apollo, im Bunde stand. Paul Zanker hat in seiner Monographie *Augustus und die Macht der Bilder* aufgezeigt, wie das „Programm der kulturellen Erneuerung" gerade auch durch neue Bildprogramme in Form von Gebäuden, Statuen und Münzserien nachhaltig verbreitet wurde.

Den sinnfälligsten Ausdruck fand das neue Lebensgefühl in einer durch Frieden, Recht, Wohlstand und Sicherheit gekennzeichneten Zeit, die die zerstörerischen Bürgerkriege hinter sich gelassen hatte, in der Saecularfeier vom 31.5.–3.6. des Jahres 17 v. Chr. Mit ihr wurde nicht weniger als ein neues Zeitalter eröffnet, und zwar das goldene, von dem Vergil in seiner *Aeneis* schrieb:

Friedenszeit und neues Zeitalter

„Hierhin wende du jetzt deinen Blick, schau an dieses Volk hier, / Deine Römer: Caesar ist hier und des Julus gesamte / Nachkommenschaft, die einst aufsteigt zum Himmelsgewölbe. / Der aber hier ist der Held, der oft und oft dir verheißen, / Caesar Augustus, der Sproß des Göttlichen. Goldene Weltzeit / Bringt er wieder für Latiums Flur."

(Vergil, Aeneis, übers. v. J. Götte in Zusammenarb. m. M. Götte, Bibliothek der Antike, München 1990, 6. Buch, 788–794a)

Vergil, geb. 70 v. Chr., hatte die verheerenden Bürgerkriege des 1. und 2. Triumvirats miterlebt, und seine Proklamation des mit dem Weltheiland Augustus kommenden goldenen Zeitalters als einer von Frieden, Recht und Wohlstand geprägten Heilszeit dürfte nicht nur seiner persönlichen Sehnsucht Ausdruck verliehen haben. Als der römische Dichter Horaz beauftragt wurde, ein Lied für die Saecularfeier (*Carmen Saeculare*) zu dichten, griff er auf Vergil zurück und besang die neue Zeit als dauerhaften Frieden zwischen Göttern und Menschen, der die alten Tugenden Roms neu zum Erblühen bringe. Das *Carmen Saeculare* bekundet nicht nur die große Hoffnung auf die neue Heilszeit, sondern zeugt auch von der Transformation römischer Theologie durch Augustus, der Apoll als seinen persönlichen Schutzgott mehr und mehr in das Zentrum der öffentlichen Religion rückte.

Bedeutung der Sibyllinischen Bücher

Die Saecularfeier wurde aber nicht auf die Idee des Augustus und schon gar nicht auf den Einfall irgendeines gewöhnlichen Sterblichen zurückgeführt, sondern auf einen prophetischen Sibyllenspruch gegründet, wovon auch das *Carmen Saeculare* selbst Zeugnis ablegt:

„Da Sibyllenspruch es gebot, den Göttern / Die der sieben Hügel sich freuen, solle / Von erles'nen Mädchen und keuschen Knaben / Schallen ein Hymnus!" (5-9)

Freilich hatte Octavian seine öffentliche Laufbahn im jugendlichen Alter von 15 Jahren ausgerechnet als Priester des 15-Männer-Kollegiums begonnen, das im Auftrag des Senats über die Sibyllinischen Bücher und ihre Auslegung zu wachen hatte. Um römischer Priester zu werden, bedurfte es keiner speziellen Ausbildung. Priester waren Laien. Priesterämter waren bei den Römern überwiegend einflussreiche Ehrenämter.

erfüllte Heilszeit

Augustus griff auf die römische Hoffnung auf ein goldenes Zeitalter zurück, das alles Schlechte hinter sich lassen und Frieden, Wohlstand, Recht und ein an den alten Tugenden orientiertes, im Einklang mit den Göttern befindliches frommes Leben ermöglichen sollte. Ohne die machtpolitischen Dimensionen der römischen Staatsreligion und ihrer Ausformungen und Transformationen durch Cäsar Augustus zu vernachlässigen, besteht dennoch kein Anlass dazu, an der Frömmigkeit des Priesters Augustus und an seinem Wunsch zu zweifeln, ein im Einklang mit den Göttern befindliches Rom zu bauen, dessen Macht zugunsten von Recht, Frieden und Wohlstand für alle eingesetzt werden sollte, wobei allen Bürgern Roms im Gegenzug ein an den alten Tugenden, dem *mos maiorum*, orientiertes Leben abverlangt wurde. Die Saecularfeier des Jahres 17 v. Chr. wurde in der religiösen Überzeugung gefeiert, dass die Heilszeit für das *Imperium Romanum* gekommen sei. Nicht die Hoffnung auf etwas noch Ausstehendes, Zukünftiges, sondern die Hoffnung darauf, dass diese gegenwärtige Heilszeit nun ewig dauern möge und Glückseligkeit für alle gewähren würde, die zum *Imperium Romanum* gehörten oder sich ihm noch anschließen würden, prägte die religiöse Deutung der Zeit.

Die Ausrufung des neuen *saeculum* sollte zugleich die Schrecken und das Unrecht der vergangenen Zeit beenden. Die dreitägige kultische Feier mit zahlreichen Opferhandlungen und Gebeten war auch eine Sühnefeier, die die Verletzung des Rechts bearbeitete, damit das neue goldene Zeitalter in Unschuld begonnen werden konnte. Zugleich aber und mehr noch handelte es sich um die Gründungsfeier eines neuen Roms, das für eine Existenz im Einklang mit den Göttern und der Bewahrung des Rechts ewigen Bestand erbat.

Die Saecularfeier qualifizierte in Kontinuität und Diskontinuität zur römischen Tradition die gegenwärtig erlebte Zeit als Heilszeit und überführte damit die rechtliche, politische und wirtschaftliche Macht Roms in eine Sinn konstituierende religiöse Deutung, die aufgrund des Ineinanders von Recht, Politik, Wirtschaft und Religion weit über die kleine Gruppe der Machthabenden und weit über die Grenzen Roms hinaus Plausibilität erreichen und deshalb erheblich zur Dauer des römischen Imperiums beitragen konnte. Das *Imperium Romanum* unter der Herrschaft des Cäsars Augustus war nicht nur ein politisches, rechtliches und wirtschaftliches Gebilde, es verstand sich vielmehr nach all den Bürgerkriegswirren als das ersehnte und endlich von den Göttern gewährte und bewahrte Friedensreich, die Erfüllung Roms.

Dieses Verständnis der religiösen Qualität der neuen Zeit kann keineswegs ausschließlich als politische Propaganda des Augustus und derjenigen Römer verstanden werden, die ihn unterstützten. Vielmehr stieß das ausgerufene goldene Zeitalter auch

religiöse Deutung der Zeit

in einigen Provinzen und von Rom abhängigen Königreichen auf positive Resonanz.

das goldene Zeitalter des Augustus und der jüdische Tempel des Herodes

Gabriele Faßbeck weist mit Blick auf den Neubau des Jerusalemer Tempels durch Herodes den Großen, der wohl der einflussreichste Klientelkönig zur Zeit des Augustus war, auf den kulturellen Einfluss des römischen *novum saeculum* für „*eschatologische Tempelbauentwürfe" hin. Damit „gelang ihm der fugenlose Anschluß an die augustäische Religionspolitik mit ihrer Botschaft vom ‚novum saeculum'" (Faßbeck 246). Nun könnte man einwenden, dass die Sonderstellung des Herodes, dem Augustus seine *amicitia, seine Freundschaft, hatte zuteil werden lassen, ihn kaum als Zeugen für die These geeignet erscheinen lässt, dass die Rede vom neuen Zeitalter nicht ausschließlich machtpolitische Propaganda der Herrschenden war, sondern Ausdruck religiöser Zeitdeutung, die von Menschen aller gesellschaftlichen Gruppen in Rom und auch in vielen Provinzen getragen wurde.

Kalenderreformen als Ausdruck der neuen Zeit

Dass aber eine ganze Provinz aus eigenem Antrieb eine Kalenderreform durchführte, um Augustus für die neue Heilszeit zu danken und ihn zu ehren, sollte als Beleg für die breite Akzeptanz der präsentischen *Eschatologie des goldenen Zeitalters auch außerhalb Roms gelten können, auch wenn die im Landtag der Provinz *Asia* Vertretenen sicher auch politische und wirtschaftliche Vorteile für sich und die Provinz erwartet haben dürften. Gerade in den östlichen Gebieten des römischen Reiches hatte der Herrscherkult als Verschränkung von Macht und Religion eine lange Tradition, die nun mit den Ehren für Augustus ihre hellenistisch-römische Fortsetzung fand.

Jörg Rüpke hat in seiner Monographie *Kalender und Öffentlichkeit* auf die besondere Bedeutung von Kalendern und Kalenderreformen hingewiesen, da mit Kalendern die Zeit gegliedert und mit Bedeutung versehen wird. Dies trifft klar für die Kalenderreform in der Provinz Asia im Jahre 9 v. Chr. zu. Bereits zwanzig Jahre zuvor bat der Provinziallandtag der *Asia* darum, einen Tempel für Octavian errichten zu dürfen. Dieser stimmte unter der Bedingung zu, dass in diesem Tempel zugleich der *Dea Roma* gehuldigt werden solle. In diesem Zusammenhang lobte der Provinziallandtag einen Wettbewerb aus, der die Aufgabe stellte, den Kaiser in unüberbietbarer Weise zu ehren. Den Wettbewerb gewann der Prokonsul Paullus Fabius Maximus mit seinem Vorschlag, mit dem Geburtstag des Augustus, dem 23. September, das Jahr beginnen zu lassen.

Die Begründung dafür und die Inschriften, in denen der diesbezügliche Beschluss veröffentlicht wurde, sind von erheblicher Bedeutung für den vorliegenden Zusammenhang.

Die Inschriften von Priene (Stadt in Kleinasien, Westtürkei) überliefern sowohl das Edikt des Prokonsuls als auch die beiden Dekrete der Provinzialversammlung. Im ersten Dekret heißt es: „Es erschien den Griechen Asiens gut, auf Antrag des Oberpriesters Apollonius [...]: Da die unser Leben [auf göttliche Weise] ordnende Vorsehung Eifer [an den Tag] legte und Großmut, das Leben mit dem Vollkommensten ausschmückt[e], indem sie Augustus hervorbrachte, den sie zum Wohl der Mensch[en] mit Tugend erfüllte, wodurch sie uns und denen nach uns [einen Retter] schickte, der Krieg beendete und [alles] ordnete; da [durch sein Erscheinen] [der] Kaiser die Hoffnungen [all] derer, die zuvor [gute Nachrichten vorweg]genommen hatten, überbot, weil er nicht nur die vor ihm lebend[en Wohltäter über-]traf, sondern auch für die künftig lebenden keine Hoffnung [auf Steigerung übrigließ]; da für die Welt der Anfang der durch ihn (veranlassten) guten Nachricht[en] [der Geburts]tag des Gottes war; da – nachdem (die Provinzialversammlung) Asiens in Smyrna [...] den Beschluß gefasst hatte, demjenigen einen Kranz zuzuerkennen, dem die größten Ehrungen für den Gott einfielen – Paullus Fabius Maximus [...] das bis jetzt Unbekannte bei den Griechen zur Ehrung des Augustus fand: dass mit dessen Geburt für das Leben die Zeitrechnung beginnt: Deshalb haben zu gutem Gelingen und zum Heil die Griechen in Asien den Beschluß gefasst, dass der neue Jahresbeginn für all[e] Städte am neunten Tag vor den Kalenden des Oktober beginnt, welcher der Geburtstag des Augustus ist." (Zit. n. Claudio Ettl, 131)

die Inschriften von Priene

Deutlicher noch als das erste Dekret zeigt das zweite die dem Augustus zugeschriebene kosmologische Dimension auf: „da die ewige und unsterbliche Natur des Alls das größte Gut aus überschäumender Freundlichkeit den Menschen schenkte, indem sie Caesar Augustus hervorbrachte, den /Z.5/ Vater für ein glückseliges Leben bei uns und Vater seiner einheimischen Göttin Roma, den einheimischen Zeus und Retter des Menschengeschlechts, dessen Wünsche in allem die Vorsehung nicht nur erfüllte, sondern übertraf; denn Land und Meer leben in Frieden, Städte glänzen in gesetzlicher Ordnung, /Z. 10/ Eintracht und Überfluß, es ist ein förderlicher Höhepunkt für jedes Gut, für gute Hoffnungen auf die Zukunft, für guten Mut für die Gegenwart der Menschen, die mit Festen, Standbildern, Opfern und Liedern ... erfüllen ..." (Zit. n. Claudio Ettl, 134)

überregionale Plausibilität der augusteischen Zeitdeutung

Die Inschriften von Priene legen Zeugnis von der überregionalen Plausibilität des augusteischen Zeitalters als realisierter *Eschatologie ab. Die Geburt des Augustus wird als gute Nachricht, als *Evangelium* vom Neubeginn der Welt gefeiert. Nicht menschliche Leistung hat zum Erfolg geführt, sondern die göttliche Vorsehung hat es gut mit den Menschen gemeint und ihnen den Heiland, den Retter (*Sotér*) geschickt. Dieser hat den Krieg überwunden und einen kosmischen Frieden hergestellt, der nun Sicherheit und Wohlstand für alle in einem bisher nicht erreichten Ausmaß ermöglicht. Der feine Unterschied zwischen „vergöttlicht" (*divus*) und „Gott" (*deus*), wie ihn die römische Staatstheologie kannte, verwischt. Augustus wird als Gott und Retter des Menschengeschlechts gefeiert, die Heilszeit ist realisiert. Was noch zu hoffen bleibt, ist ihre immerwährende Dauer.

strukturelle Parallelen zum NT

Die strukturellen Parallelen zur religiösen Zeitdeutung an den Anfängen des Matthäus- und des Lukasevangeliums sind schwerlich übersehbar (vgl. Mt 1; Lk 1-3). Allerdings gibt es auch erhebliche Differenzen. Mit der Theologie vom auferweckten Gekreuzigten proklamieren die neutestamentlichen Schriften zwar auch die Eröffnung der Heilszeit, erwarten aber noch das ausstehende Endgericht, das gerade den Opfern der Geschichte zu ihrem Recht verhelfen wird (vgl. 1Thess 4; Röm 8; Mt 24-25; Lk 24; Apg 1-2; Apk 20-22).

komplexe Religions- und Machterfahrung in augusteischer Zeit

Spätestens die von Michael Mann in seinen Untersuchungen zur Geschichte der Macht zusammengetragenen und ausgewerteten Daten sollten davor bewahren, die positive Bewertung der Zeit des Augustus, die sich in den genannten Beispielen und auch in den *Res Gestae* des Augustus ausdrückt, allein als politische Propaganda der ausbeutenden Klasse zu begreifen. Das war sie sicher auch. Aber Frieden, Sicherheit und Wohlstand brachten in augusteischer Zeit für weite Bevölkerungsteile einen realen Zuwachs an Lebensqualität nach den vielen gewaltsamen Auseinandersetzungen. Erst recht sollte man aber in der Bewertung der religiösen Deutungen dieser Zeit Respekt auch denjenigen gegenüber walten lassen, die das *novum saeculum* als Geschenk der Götter, vermittelt durch den Gottessohn und Heiland Augustus, wahrnahmen. Schon um 1900 mahnte der große Altphilologe und Historiker U. von Wilamowitz-Moellendorff: „In diesen Documenten spricht sich die Religion aus, der die Tempel errichtet wurden, und niemand darf diese Religion in ihrer Aufrichtigkeit bezweifeln." (Wilamowitz-Moellendorff 293)

Infobox

Römische Kaiser der beiden ersten Jahrhunderte	
Julisch-claudische Dynastie	Augustus (Octavius/Octavian) 27 v. Chr.–14 n. Chr.; Tiberius 14–37; Caligula 37–41; Claudius 41–54; Nero 54–68
Flavische Dynastie	Vespasian 69–79; Titus 79–81; Domitian 81–96
Adoptivkaiser	Nerva 96–98; Trajan 98–117; Hadrian 117–138; Antoninus Pius 138–161; Marc Aurel 161–180; Commodus 180–192

Die Geschichte des römischen Kaisertums in den beiden ersten Jahrhunderten n. Chr. kann nicht verstanden werden, ohne die innen- und außenpolitischen Erfolge der augusteischen Zeit und ihre religiösen Deutungen im Blick zu behalten, die sich tief in das kulturelle Gedächtnis nicht nur der Römer eingeprägt hatten.

die Nachfolger des Augustus

So erfolgreich Augustus als Herrscher Roms war, so unglücklich verlief sein Familienleben. Seine leiblichen Erben starben früh, so dass seinem Adoptivsohn Tiberius das schwierige Erbe des Augustus zuteil wurde. Unmittelbar nach seinem Regierungsantritt hatte Tiberius mit Aufständen in manchen Legionen zu tun, die durch überzogene Dienstzeiten zustande gekommen waren. Zudem erhoben sich einige Germanenstämme. Auch die Parther sorgten erneut für Unruhe an Roms Grenzen. Tiberius, eher ein erfahrener Militär als ein kluger Politiker, gelang es kaum, in die großen Fußstapfen seines (Adoptiv-)Vaters zu treten. Zeitweilig zog er sich fast ganz in das Privatleben zurück und überließ das Regieren anderen. Erst als er erkannte, dass sein Vertrauter Aelius Seianus ihn hinterging und wohl selbst die Macht übernehmen wollte, nahm er die Regierungsgeschäfte wieder in die eigene Hand. Wohl auch aufgrund der Erfahrung enttäuschten Vertrauens förderte er zunehmend das Denunziantentum. Nicht wenige wurden wegen Verrats oder Majestätsbeleidigung hingerichtet, weshalb der Senat ihm immer weniger gewogen war. Immerhin gelang es ihm aufs Ganze gesehen, das immense Römische Reich zusammenzuhalten. Gemessen an seinen Nachfolgern war Tiberius ein eher nüchterner Kaiser mit Erfolgen in der Strukturierung der Verwaltung und besonders in der Finanz-

julisch-claudische Dynastie: Tiberius

politik, aber auch in der weitgehenden Sicherung des Reichsfriedens nach innen und außen. Ein charismatischer Herrscher wie Augustus, der seine Machtbefugnisse auch für die Selbstdarstellung seiner Person ausnutzte, war er nicht. Schon gar nicht hatte er das Verlangen nach göttlichen Ehren, die ihm der Senat auch nach seinem Tod nicht zuerkannte.

Judäa: Pontius Pilatus und Kreuzestod Jesu

Dass während seiner Regierungszeit Jesus von Nazareth hingerichtet wurde, nahm Tiberius sicher nicht wahr. Dagegen hatte er Pontius Pilatus, der von 25–36 Rom in Judäa repräsentierte, und dessen Vorgänger Valerius Gratus (15–25) selbst als Präfekten der 6 n. Chr. eingerichteten römischen Provinz Judäa ernannt; ihre langen Amtszeiten sorgten für Stabilität in der noch jungen Provinz. Pontius Pilatus, der entgegen der Darstellung der Evangelien die juristische Verantwortung für den Kreuzestod Jesu trug, weil nur der römische Präfekt und nicht der von ihm eingesetzte jüdische Hohepriester bzw. der jüdische Sanhedrin (griech. Synhedrion) die Todesstrafe verhängen und durchführen durfte, wurde 36 n. Chr. abberufen, weil er wiederholt mit übertriebener militärischer Gewalt Konflikte in Judäa und Samarien unterbinden ließ.

Gaius / Caligula

Gaius, der Nachfolger des Tiberius, erlebte einen Teil seiner Kindheit bei den römischen Legionen am Niederrhein, die sein berühmter Vater Germanicus führte. Er erhielt von ihnen liebevoll den Spitznamen Caligula (Stiefelchen), unter dem er dann später als herrschsüchtiger und selbstverliebter Machthaber in das Gedächtnis Roms einging. Dabei war sein Herrschaftsantritt unter den Römern mit weitgehender Freude aufgenommen worden. Bald aber begann er, seine Herrschaft durch einen intensivierten Herrscherkult abzusichern und auszubauen. Seine göttliche Verehrung, die er anders als seine Vorgänger regelrecht einforderte, war ihm ein besonderes Anliegen. Diesbezüglich machte er auch bei den Juden keine Ausnahme, was sowohl in Alexandrien als auch in der Provinz Judäa zu Unruhen führte. In Jerusalem beabsichtigte Caligula sogar, sein Kultbild im Tempel aufstellen zu lassen, was vielleicht schon im Jahr 41 n. Chr. zum Aufstand geführt hätte, wenn Caligula nicht vor der Ausführung seiner Anordnungen von Offizieren der *Prätorianergarde ermordet worden wäre.

Claudius

Sein Onkel und Nachfolger Claudius unterschied sich wohltuend von dem herrschsüchtigen Caligula. Caligula und Claudius waren Freunde Agrippas I., des Enkels Herodes des Großen, und hatten ihre Jugend gemeinsam in Rom verbracht. Nachdem Agrippa I. bereits von Caligula mit dem Herrschaftsgebiet des abgesetzten Herodes Antipas betraut worden war, setzte 41 n. Chr. Claudius Agrippa sogar zum König ein. Agrippa regierte nun bis zu seinem plötzlichen Tod (vgl. Apg 12) im Jahr 44 über ein Reich, das in etwa die Ausmaße des Königreiches seines Großvaters umfasste. Nahezu zur selben Zeit aber ließ Claudius für einen gewissen Zeitraum die gottesdienstlichen Feiern der Juden in der Stadt Rom verbieten. In vielen Städten des Ostens bemühte er sich um Maßnahmen zur Entschärfung von Konflikten, die etwa auch das zerrüttete Miteinander zwischen Juden und Griechen in Alexandria auf eine neue, friedlichere Basis stellen sollten. Im ganzen Reich sorgte er für die Rechtssicherheit der jüdischen Privilegien (z. B. Befreiung vom Kaiserkult und vom Militärdienst).

Im Jahr 49 n. Chr. erließ Claudius jedoch ein Edikt, das Juden aus Rom auswies. Der scheinbare Widerspruch dieser Handlungen ist nicht darin begründet, dass der körperlich behinderte Claudius starken psychischen Schwankungen unterlag, wie es die ältere Forschung vermutete. Vielmehr folgte er einer am Ideal der *Pax Romana* des Augustus orientierten Reichs- und Religionspolitik, die allen religiösen Gruppierungen weitgehende Toleranz abverlangte. Die Toleranz des Kaisers endete aber, wenn es zu Aufruhr und Krawallen kam und damit die öffentliche Ordnung und Sicherheit gefährdet wurden.

das „Judenedikt" des Claudius und die Christen

Unter den 49 n. Chr. aus Rom ausgewiesenen Juden befand sich auch das Ehepaar Aquila und Priscilla, die sich nach Apg 18,2 in Korinth niederließen, wo sie den Apostel Paulus beherbergten. Später kehrten sie vermutlich nach Rom zurück (vgl. Röm 16,3). Der römische Geschichtsschreiber Sueton (um 70–ca. 130/140 n. Chr.) schreibt hinsichtlich des Judenedikts des Claudius, er habe Juden vertrieben, „die mit Chrestus als Antreiber unermüdlich Tumulte erregten" (Sueton, Claudius, 25). Es wäre historisch plausibel, Konflikte zwischen Judenchristen und Juden, die die Messianität des gekreuzigten Jesus von Nazareth bestritten, als Ursache der von Sueton benannten Tumulte zu vermuten, denn Juden und Christen waren für Außenstehende noch kaum zu unterscheiden. Überhaupt können die in der Apg immer wieder genannten Anzeigen gegen Christen, die Juden bei römischen Behörden vorbrachten, als Hinweis darauf gelten, dass weite Teile der Juden in der Diaspora, aber auch in der Levante die neuerliche Gewährung der Rechtssicherheit jüdischen Lebens durch solche Christen gefährdet sahen, die nicht traditionell jüdisch lebten, und damit die Identität des Judentums zu verwischen drohten.

Claudius hatte auch außenpolitische Erfolge vorzuweisen. Auf seinen Befehl begann die Besetzung Britanniens, die zwar kostspielig und wenig einträglich, aber prestigeträchtig war. Er genoss daher insgesamt gesehen hohes Ansehen.

Nero

Doch auch er wurde ermordet, und zwar von seiner Frau, die ihn vergiftete, damit ihr Sohn Nero Kaiser werden konnte. Dieser dankte es ihr allerdings schon bald damit, dass er seine eigene Mutter wie auch andere Familienmitglieder, Freunde und enge Berater töten ließ bzw. zum Selbstmord zwang. Nero überließ zunehmend anderen das Regieren und widmete sich überwiegend der Musik und dem Wagenrennen. In den Provinzen, insbesondere in Griechenland und Kleinasien, genoss er aber einiges Ansehen aufgrund seiner Förderung griechischer Kultur durch von ihm ausgerichtete und finanzierte Spiele und der vielen damit verbundenen Baumaßnahmen.

Brand Roms und das Christenpogrom

Als beim großen Brand Roms im Jahr 64 n. Chr. das Gerücht aufkam, Nero habe die Stadt anzünden lassen, um auf ihren Ruinen einen größeren Palast nach seinen Vorstellungen zu bauen, schob Nero den Christen Roms die Schuld für den Brand zu, ließ sie verfolgen und viele von ihnen auf grausame Weise hinrichten. Den kostspieligen Wiederaufbau Roms und sein eigenes luxuriöses Leben finanzierte Nero durch die rücksichtslose Anhebung der Steuern, die auch Judäa hart traf und zu einem Auslöser des jüdisch-römischen Krieges wurde. Eine reichsweite Christenverfolgung, wie sie dann erstmals 249–251 von Kaiser Decius befohlen wurde, gab es aber unter Nero nicht. Neros Eskapaden führten schließlich dazu, dass der Senat ihn zum „Feind Roms" erklärte, woraufhin er Selbstmord beging. Christlicher Legendenbildung zufolge sollen unter Nero auch die Apostel Paulus und Petrus in Rom hingerichtet worden sein (vgl. 1Clem 5,1-4). Historisch sichere Nachrichten über den Tod der beiden Apostel gibt es aber nicht.

Aufstieg und Herrschaft der flavischen Dynastie

Mit Neros Tod endete die julisch-claudische Kaiserdynastie. Es begann die Zeit der Flavier. Rom sah zunächst im Jahr 69 n. Chr. vier konkurrierende Kaiser. Vespasian, der Feldherr im Krieg gegen die aufständischen Juden (66–70/73), setzte sich schließlich durch und beendete den römischen Bürgerkrieg, in dessen Kämpfen der römische Haupttempel, der Jupitertempel auf dem Capitol, in Flammen aufgegangen war.

Um seine mit Gewalt erstrittene Herrschaft zu legitimieren, stilisierte sich Vespasian als Nachfolger des Augustus. Er beanspruchte, wie Augustus einen Bürgerkrieg beendet zu haben, um nun an das von Augustus ausgerufene goldene Zeitalter wieder anzuknüpfen. Zudem stellte er sich als von den Göttern begnadeter Herrscher dar, der durch wundersame Vorzeichen angekündigt worden war, wie sie Josephus, der jüdische Historiker des jüdisch-römischen Krieges, ins Spiel gebracht hatte, woraufhin er von Vespasian reichlich beschenkt worden war. Dass ihm sogar wunderbare Heilkräfte zugeschrieben wurden, mit denen er z. B. in Alexandria einem Blinden das Augenlicht wiedergegeben haben soll, passte in seine Strategie der religiösen Plausibilisierung seiner Herrschaft. Es gelang ihm, das Römische Reich erneut zu festigen.

religiöse Herrschaftslegitimation unter Vespasian

Nach seinem Tod übernahm zunächst sein Sohn Titus die Regierung, der nach dem Regierungsantritt Vespasians schon dessen Nachfolge als Feldherr im jüdisch-römischen Krieg übernommen hatte. Vespasian wurde wie schon Julius Cäsar, Augustus und Claudius die Ehre zuteil, unter die römischen Staatsgötter aufgenommen zu werden.

Titus

Nach nur zweijähriger Amtszeit seines an Fieber verstorbenen Bruders Titus regiere Domitian von 81 bis 96. Anders als sein Vater und sein Bruder geriet Domitian aufgrund seines autokratischen Herrschaftsstils in immer stärkere Konflikte mit dem Senat. Er ignorierte die römische Unterscheidung zwischen Gott (*deus*) und vergöttlichten Menschen (*divus*) und ließ sich schon zu seinen Lebzeiten „Gott und Herr" (*deus et dominus*) nennen. Er sorgte auch für die Vergöttlichung seines Bruders und förderte durch den Bau von Tempeln, die seinem Vater, seinem Bruder und ihm selbst gewidmet waren, aktiv den Herrscherkult. Bereits im 2. Jh. n. Chr. wurde daher die Johannesapokalypse, die sich kritisch mit dem römischen Herrscherkult auseinandersetzt, in die Regierungszeit Domitians datiert, was historisch nach wie vor aber ebenso ungewiss ist wie die anderen Datierungvorschläge (Nero, Trajan, Hadrian). Gegen Ende der Herrschaft Domitians wurden immer mehr politische Gegner hingerichtet. Nachdem einige Philosophen grundsätzliche Kritik am Kaisertum geäußert

Domitian

hatten, ließ er 93 n. Chr. alle Philosophen aus der Stadt Rom vertreiben. 96 n. Chr. wurde er schließlich ermordet.

Nerva

Seine Nachfolge trat Nerva an, der schon unter den Flaviern eine starke Position innehatte. Die *Prätorianergarde, die über die Ermordung Domitians empört war, beruhigte Nerva durch die Adoption des Ulpius Traianus, eines in militärischen Kreisen hoch angesehenen Offiziers. Domitian aber wurden nicht nur alle göttlichen Ehren aberkannt. Vielmehr wurde er, wie zuvor schon Nero und Galba, einer der Kaiser des Vier-Kaiser-Jahres 69 n. Chr., vom Senat aus dem Gedächtnis Roms gestrichen (*damnatio memoriae*).

die Adoptivkaiser: Trajan

Mit Trajans Übernahme der Regierungsgeschäfte im Jahr 98 n. Chr. war die flavische Dynastie beendet und das Zeitalter der Adoptivkaiser eingeleitet. Trajan gelang es, das Verhältnis zwischen Kaiser und Senat auf eine bessere Basis zu stellen. Zudem sicherte er die Grenzen Roms und zeichnete sich durch große Baumaßnahmen in das Gedächtnis Roms ein. 116 n. Chr. gelang es ihm sogar, die Hauptstadt der Parther, Ktesiphon, einzunehmen, aber diese schlugen schon bald zurück. Als Trajan nach Rom zurückkehrte, übergab er die Befehlsgewalt in Syrien seinem Verwandten Hadrian, der ihm dann auch auf den Kaiserthron folgte, als Trajan 117 n. Chr. starb.

Hadrian, Antoninus Pius, Marc Aurel und Commodus

Hadrian machte sich durch die Hinrichtung einiger Senatsmitglieder gleich nach seinem Regierungsantritt unbeliebt. Es gelang ihm trotzdem, mehr als 20 Jahre lang Rom zu regieren. Wie kein anderer Kaiser war er fortwährend auf Reisen und förderte durch seine zahlreichen Bauprogramme vor allem im Osten des Reiches auch die Wirtschaft erheblich. Unter seinem Nachfolger Antoninus Pius sah das *Imperium Romanum* eine friedliche Zeit mit nur wenigen Konflikten in den Grenzgebieten. Das änderte sich dramatisch in der Regierungszeit des Marcus Aurelius, der nicht nur schwere Niederlagen gegen die Parther und die Germanen hinnehmen musste, sondern auch mit den Folgen einer Seuche zu kämpfen hatte, der große Teile der römischen Führungsschicht zum Opfer fielen. Sein leiblicher Sohn Commodus knüpfte weniger an den Regierungsstil seines gebildeten Vaters an, vielmehr erinnerte seine Herrschaft an die Herrschsucht eines Nero und die Selbstüberschätzung eines Caligula. Commodus verstand sich als Inkarnation des Gottes Hercules und verlangte göttliche Ehren. Mit seiner Ermordung am 31. Dezember

192 brachen erneute Unruhen aus, aus denen Septimius Severus als neuer Kaiser hervorging, der die Dynastie der Severer (193–235) begründen sollte.

Bis zu Beginn des 3. Jh.s konnte sich das Christentum im ganzen Römischen Reich ausbreiten und wurde zu einer einflussreichen gesellschaftlichen Größe. Nur gelegentlich kam es zu regional beschränkten Konflikten, wie z. B. in Kleinasien während der Regierungszeiten von Domitian bis Hadrian. Erst angesichts des allmählichen Zerfalls des Römischen Reiches ordneten einige der sogenannten Soldatenkaiser (235–305) reichsweite Christenverfolgungen an, die 249–251 mit der Christenverfolgung unter Kaiser Decius begannen. Die zweite reichsweite Christenverfolgung fand 257–258 unter Kaiser Valerius statt, und die dritte und letzte (303–311) befahl Kaiser Diokletian. Diese Kaiser versuchten mittels ihrer Religionspolitik die römische Staatsreligion als einigendes Band des nach und nach auseinanderbrechenden *Imperium Romanum* ideologisch zu einen. Diese religionspolitische Strategie verfolgte auch Konstantin der Große, wobei die epochale Wende aber nun darin bestand, das Christentum als Leitreligion des ganzen Römischen Reiches zu etablieren. Nach seiner Bekehrung zum Christentum schaffte Konstantin mit dem Toleranzedikt von Mailand im Jahr 313 den römischen Staatskult ab und erklärte die Religionsfreiheit unter Einbeziehung des Christentums. Diese sogenannte *Konstantinische Wende* brachte ein Interesse des römischen Kaisers mit sich, mittels *ökumenischer Konzile die massiven theologischen Streitigkeiten unter den Christen zu beenden. Das erste *ökumenische Konzil, das 325 n. Chr. in Nicäa in Kleinasien stattfand, wurde von Kaiser Konstantin einberufen. In den staatlichen Schreibstuben wurden Bibeln produziert und damit das vereinheitlichende Konzept eines überregionalen christlichen Kanons vorangetrieben. Rom wurde als Kaisersitz aufgegeben und zunächst Trier, dann aber das 330 in Konstantinopel umbenannte Byzanz – das heutige Istanbul – zur christlichen Hauptstadt des Römischen Reiches ausgebaut.

Christen im Römischen Reich bis Konstantin

In Kleinasien waren auch schon die meisten Schriften des späteren Neuen Testaments entstanden. Die maßgeblichen überregionalen wegweisenden *ökumenischen Konzile der Christenheit fanden ebenfalls in Kleinasien statt: Nicäa im Jahr 325 und seine Fortsetzung in Konstantinopel 381, wo die Grundzüge der Trinitätslehre thematisiert wurden, und 451 Chalcedon, wo die Zwei-

Kleinasien als Zentrum des frühen Christentums

Naturen-Lehre Christi Thema war. Auch das apostolische Glaubensbekenntnis geht auf die ersten ökumenischen Konzile in Kleinasien zurück. Weniger in Jerusalem und in Rom, als vielmehr in Kleinasien ereigneten sich die entscheidenden Gestaltungsprozesse des sich ausbildenden Christentums zunächst in konfliktreicher Auseinandersetzung mit den politischen Machtstrukturen und den multikulturellen religiösen *Synkretismen, dann durch explizite Förderung Konstantinopels, der Hauptstadt des christlichen Römischen Reiches.

Niedergang des Römischen Reiches und Fortbestand des Christentums

Nach dem Tod Kaiser Theodosius des Großen (395) zerfiel das *Imperium Romanum* endgültig in ein west- und ein oströmisches Reich. Das weströmische Reich fand 476 durch den germanischen Militär Odoaker sein Ende. Das Christentum aber setzte sich nach und nach auch bei den Germanen durch. Das oströmische Reich wurde von den islamischen Arabern erobert, deren Siegeszug im Verlauf des 7. Jh.s die Dominanz des Christentums von Ägypten bis nach Kleinasien beendete. Das Christentum wurde so zu einer europäischen Religion, die dem orientalischen Islam gegenüberstand. Konstantinopel aber, die letzte außereuropäische christliche Stadt, fiel erst am 29. Mai 1453. Die islamischen Türken machten Konstantinopel zur Hauptstadt des Osmanischen Reiches. Insbesondere die Römische Rechtstradition aber und das Christentum müssen als maßgebliche Formungskräfte Europas gelten.

Literatur

Augustus, Schriften, Reden und Aussprüche, hg., übers. u. komm. v. K. Bringmann u. D. Wiegandt, TzF 91, Darmstadt 2008

K. Bringmann, Augustus, Gestalten der Antike, Darmstadt 2007

M. Chauveau, Ein Land voller Widersprüche. Ägypten in römischer Zeit, WUB 1/2010, 11–13

K. Christ, Geschichte der römischen Kaiserzeit. Von Augustus bis zu Konstantin, München 1988

M. Clauss (Hg.), Die römischen Kaiser. 55 historische Portraits von Caesar bis Iustinian, 3. Aufl., München 2005

C. Ettl, Der „Anfang der Evangelien". Die Kalenderinschrift von Priene und ihre Relevanz für die Geschichte des Begriffs euagelion. Mit einer Anmerkung zur Frage nach der Gattung der Logienquelle, in:

S. H. Brandenburger / T. Hieke (Hg.), Wenn drei das gleiche sagen – Studien zu den ersten drei Evangelien, Münster 1998, 121–139

G. Faßbeck, „Unermesslicher Aufwand und unübertreffliche Pracht" (bell 1,401). Von Nutzen und Frommen des Tempelbaus unter Herodes dem Großen, in: S. Alkier, J. Zangenberg (Hg.), Zeichen aus Text und Stein. Studien auf dem Weg zu einer Archäologie des Neuen Testaments, TANZ 42, Tübingen / Basel 2003, 222–249

M. Mann, Geschichte der Macht 2. Vom Römischen Reich bis zum Vorabend der Industrialisierung, Frankfurt / Main 1994

J. Rüpke, Kalender und Öffentlichkeit: Die Geschichte der Repräsentation und religiösen Qualifikation von Zeit in Rom, RGVV 40, Berlin 1995

Literatur

U. von Wilamowitz-Moellendorff, Die Einführung des asianischen Kalenders, 293, in: T. Mommsen, U. von Wilamowitz-Moellendorff, Die Einführung des asianischen Kalenders, MDAI.A 24 (1899), 275–293

T. Witulski, Kaiserkult in Kleinasien. Die Entwicklung der kultisch-religiösen Kaiserverehrung in der römischen Provinz Asia von Augustus bis Antoninus Pius, NTOA 63, Göttingen/Fribourg 2007

Aufgaben

1. Lesen Sie die *Res Gestae* des Augustus (in: Augustus, Schriften, Reden und Aussprüche). Beschreiben Sie das Bild, das Augustus darin von sich selbst entwirft.
2. Schlagen Sie im Tübinger Bibelatlas die Karte zur Neuordnung des Orients von Pompeius bis Augustus (B V 7) auf und ermitteln Sie die dort gelegenen römischen Provinzen.
3. Schlagen Sie mittels einer *Konkordanz die neutestamentlichen Texte nach, die von römischen Kaisern sprechen. Welches Bild zeichnen die neutestamentlichen Texte von ihnen?

Das nachexilische Judentum bis Herodes | 5.1.3

Die Levante war seit dem 2. Jahrtausend v. Chr. stets umkämpft zwischen zwei Großmächten. Auf der afrikanischen Seite herrschte Ägypten, auf der mesopotamischen Seite wechselten zwar die Reiche ab, aber ihr jeweiliger Herrschaftsanspruch auf die Levante blieb bestehen. In dieser machtpolitischen Grundsituation stand Israel von Beginn seiner staatlichen Geschichte an. Ab dem 9. Jh. etablierten sich in der Levante zwei unabhängige Königreiche: Das nördliche Königreich Israel und das südliche Königreich Juda.

Das seit dem 9. Jh. v. Chr. bezeugte Nordreich Israel existierte bis zu seiner Vernichtung durch die Assyrer im Jahr 722 v. Chr. (neueren Forschungen zufolge im Jahr 720 v. Chr.), in deren Rahmen weite Teile der Bevölkerung deportiert wurden. Die siegreichen Assyrer siedelten in Israel Völkerschaften aus anderen eroberten Gebieten an, die ihre eigenen Religionen mitbrachten. Allerdings übernahmen einige der neu Angesiedelten die Verehrung des Gottes Israels. Die Kultstätten zur Verehrung des Gottes Israels wurden auch nach der assyrischen Katastrophe weiterbetrieben. In Samarien entwickelte sich eine eigene Form seiner Ver-

das Nordreich Israel

> **Infobox**

Eckdaten zur Geschichte des antiken Judentums	
722 oder 720	Eroberung des Nordreichs Israel durch die Assyrer, dezentralisierte Deportation weiter Teile der Bevölkerung
587/6	Eroberung des Südreichs Juda durch die Babylonier, Zerstörung des Jerusalemer Tempels, Deportation der Jerusalemer Führungsschicht nach Babylon
539/8	Eroberung Babyloniens durch die Perser; königliches Edikt erlaubt Rückkehr der Deportierten und Beginn des Neubaus des Jerusalemer Tempels; das ehemalige Südreich wird zur persischen Provinz *Jehud*
nach 520	Neubau des Jerusalemer Tempels
331–200	Levante unter Oberherrschaft Alexanders und dann der Ptolemäer
200–129	Levante unter Oberherrschaft der Seleukiden
167–164	Makkabäeraufstand, Makkabäer erobern Jerusalem und begründen den Jerusalemer Tempelstaat
164–129	Makkabäerkriege
129	Etablierung des makkabäisch-hasmonäischen Reiches, das ab 103 als Monarchie regiert wird
63	Ende der hasmonäischen Monarchie; Beginn der römischen Oberherrschaft in der Levante; Hyrkan II. als Jerusalemer Hoherpriester und *Ethnarch und der Idumäer Antipater verwalten den der römischen Provinz *Syria* zugeordneten Jerusalemer Tempelstaat
40–37	der Hasmonäer Antigonos restauriert im Bündnis mit den Parthern die hasmonäische Monarchie mit Sitz in Jerusalem
40	Herodes erhält in Rom den Königstitel (*rex socius et amicus populi romani*)
37	Herodes erobert Jerusalem und tritt seine Königsherrschaft an
20–10	Neubau des Jerusalemer Tempelareals durch Herodes in Kooperation mit dem Jerusalemer Synhedrion
4 v. Chr.	Tod Herodes des Großen; Aufteilung seines Reiches unter seinen Söhnen; Archelaos wird als Ethnarch, Antipas und Philippus werden als *Tetrarchen von den Römern eingesetzt
6 n. Chr.	*Judäa* wird römische Provinz, nachdem Archelaos von den Römern abgesetzt wurde; Steuerschätzung durch Quirinius
41–44	jüdisches Königreich des Herodesenkels Agrippa I. nach Absetzung des Herodes Antipas durch die Römer
44	nach dem Tod Agrippas wird dessen Königreich als römische Provinz *Judäa* geführt

ehrung, die vor allem dadurch gekennzeichnet ist, dass nur die fünf Bücher Mose als Heilige Schrift anerkannt werden, Mose als einziger Prophet Israels gilt und der Garizim gemäß der samaritanischen Textfassung der Tora als Heiliger Berg identifiziert wird. Aber nicht alle Bewohner Samariens waren Verehrer des Gottes Israels. Samaria war wie Galiläa eine Mischkultur. Der neueren Forschung zufolge sollte man daher die Bevölkerung Samariens insgesamt als Samarier bezeichnen und nur die Verehrer des Gottes Israels als Samaritaner (vgl. M. Böhm, *Art.* Samaritaner).

Das Südreich Juda (sicher bezeugt etwa seit dem 8. Jh.) behielt seine Selbstständigkeit, bis es 587 von den Babyloniern erobert wurde, die nach den Assyrern die Vormachtstellung in Mesopotamien hatten. Während die gegen Ende des 8. Jh.s aus dem Nordreich nach Mesopotamien deportierten Israeliten kaum historische Spuren hinterlassen haben, etablierte sich dort nach 587 dauerhaft jüdisches Leben. Als die Babylonier 539 von den Persern unter der Führung des Großkönigs Kyros besiegt worden waren und Kyros – bzw. seine Nachfolger – den nach Babylon Deportierten die Heimkehr in ihre Herkunftsgebiete erlaubte, folgten viele dieser Möglichkeit nicht, sondern blieben freiwillig in Babylon.

<small>das Südreich Juda</small>

Die Religions- und Kulturpolitik der Perser erlaubte es den zurückgekehrten Juden, den von den Babyloniern zerstörten Jerusalemer Tempel wieder aufzubauen und ihren Kult zu erneuern. Der Jerusalemer Tempelstaat erfreute sich in der Perserzeit einer weitgehenden Autonomie. Die höhere Priesterschaft des Jerusalemer Tempels bildete um den jeweiligen Hohenpriester herum eine aristokratische Führungselite, die wahrscheinlich aufgrund ihrer Zurückführung auf das Priestergeschlecht der Zadokiden in hellenistischer und römischer Zeit *Sadduzäer* genannt wurde. Die Jerusalemer Führungsschicht erhob nun mehr und mehr den Anspruch, der Jerusalemer Tempel sei das zentrale und einzige Heiligtum der Verehrung des Gottes Israels.

<small>das Volk Israel in der Perserzeit</small>

Auch in Ägypten gab es schon vor der hellenistischen Zeit jüdisches Leben. Der flächenmäßig kleine Jerusalemer Tempelstaat bot aufgrund von Hungersnöten und Kriegen immer wieder Anlass zur Auswanderung. Nicht wenige verdingten sich als Söldner. In der im regen Austausch mit Jerusalem stehenden ägyptischen Militärkolonie Elephantine wurde von Exiljudäern in persischer Zeit ein Tempel zur Verehrung des Gottes Israels betrieben.

<small>jüdische Diasporagruppen in Ägypten</small>

Trotz der konfliktarmen Koexistenz mit den Persern begrüßten viele Juden Alexander den Großen als neuen Herrscher, als dieser 331 auf seinem Zug nach Ägypten das widerspenstige Tyros zerstörte, wohl auch in der Hoffnung, durch das Ende der persischen Oberherrschaft noch größere Handlungsspielräume zu erlangen. Alexander dankte es den Juden mit der Gewährung weitgehender Autonomie für den Jerusalemer Tempelstaat in Fortsetzung persischer Politik.

Als Alexander in Ägypten nach eigenen Entwürfen die Stadt Alexandria bauen ließ, wurden viele Juden mit der Aussicht auf Steuererleichterungen und auf ein eigenes Stadtviertel mit weitgehender Selbstverwaltung als Bewohner der neuen Stadt gewonnen, die dann tatsächlich kaum von Ägyptern, sondern mehrheitlich von Makedonen, Griechen und Juden bewohnt wurde. In kürzester Zeit entwickelte sich Alexandria zur hellenistischen Kulturhauptstadt. Hier wurden nicht nur homerische Dichtung und griechische Philosophie in einer neuen philologischen Qualität gepflegt. Vielmehr wurde die groß angelegte Bibliothek von Alexandria zu einem für die ganze Mittelmeerwelt bedeutsamen Forschungszentrum, das Schriften der verschiedensten Kulturen und Sprachen unter einem Dach versammelte.

ptolemäische Oberherrschaft, hellenistisches Judentum und die Septuaginta

Im 3. Jh. stand die Levante unter ptolemäischer Oberherrschaft. Dabei beließen die Ptolemäer dem jüdischen Tempelstaat die Selbstverwaltung, solange er die Steuern pünktlich nach Ägypten brachte. Nicht nur als religiöse, sondern gerade auch als rechtliche Grundlage war die Tora – die fünf Bücher Mose – in Kraft. Es ist daher durchaus historisch wahrscheinlich, dass Ptolemaios II. die Tora ins Griechische übersetzen ließ, um die rechtlichen Grundlagen dieses Teils seines Herrschaftsgebietes in Erfahrung zu bringen und diese Gesetzestexte wie andere in die Bibliothek von Alexandria einzustellen. Spätestens mit dieser Übersetzung der fünf Bücher Mose, die den Anfang der Septuaginta bildete, trat das Judentum auch kulturell in den Hellenismus ein. Das alexandrinische Judentum wurde dann immer mehr zu einem kreativen Vermittler zwischen griechischer, hellenistischer, ägyptischer und jüdischer Kultur und Religion. Dies gilt in späterer Zeit auch noch für das Christentum.

Philo von Alexandrien

Der Jude Philo von Alexandrien, ein Zeitgenosse Jesu von Nazareth, der eine philosophische Interpretation des Judentums und seiner Schriften vorgelegt hatte, galt vielen bedeutenden christlichen Theologen des 2. und 3. Jh.s n. Chr. als „Kirchenvater". Die frühen editionsphilologischen und schrifthermeneutischen Überlegungen der Alten Kirche können zu einem beachtlichen Teil als Fortführung alexandrinischer *Philologie und *Hermeneutik gelten.

Diasporajudentum in den hellenistischen Königreichen

In den *Diadochenreichen der Antigoniden, Seleukiden und Ptolemäer lebten überall Juden. Das Diasporajudentum übertraf sogar die in der Levante lebenden Juden zahlenmäßig um ein

Vielfaches. Die Sympathien der Juden in der Levante waren dabei ungleich verteilt. Je nach der eigenen Auffassung jüdischen Lebens und den eigenen Beziehungen zu Juden in der Diaspora standen ihnen die Ptolemäer in Ägypten oder die Seleukiden Mesopotamiens und Syriens näher. Diese verschiedenen Präferenzen der Juden in der Levante führten auch zu innerjüdischen Konflikten. Als um 200 v. Chr. die Levante an die Seleukiden fiel, wanderten viele Juden nach Ägypten aus, davon die meisten nach Alexandria. Juden, die mit der ptolemäischen Oberherrschaft nicht einverstanden waren, erhofften sich von den Seleukiden positive wirtschaftliche und politische Effekte.

Erst als der seleukidische König Antiochos IV. (175–164) den Jerusalemer Tempel plünderte, den Tempelkult zum Erliegen brachte und eine massive Hellenisierung Judäas erzwingen wollte, bildete sich eine breite antiseleukidische Oppositionsbewegung. Bezeichnenderweise nahm diese ihren Ausgangspunkt aber nicht in der Jerusalemer Stadtbevölkerung. Vielmehr erhob sich der Landpriester Matthatias mit seinen Söhnen gegen seleukidische Steuereintreiber. Damit begann ein Aufstand, dem sich bald Juden aus allen Schichten und Regionen des Tempelstaates anschlossen.

Widerstand gegen die seleukidisch-hellenistische Oberherrschaft

Nach dem Tod des Matthatias übernahm sein Sohn Judas die Führerschaft und erhielt bald schon den Beinamen Makkabäus, der „Hammer". Nachdem sie Jerusalem erobert und den Tempel kultisch gereinigt hatten, prägten die Makkabäer zum Zeichen der neu gewonnenen Eigenstaatlichkeit eigene Münzen. Die Makkabäer wurden nach einem ihrer Vorfahren auch als Hasmonäer bezeichnet. Doch es sollte noch mehrerer Jahrzehnte stetiger kriegerischer Auseinandersetzungen mit den Seleukiden bedürfen, bis im Jahr 129 v. Chr. die Hasmonäer unter der Führung von Johannes Hyrkan (135-104) einen selbstständigen Staat etablieren konnten. Die Römer hatten im selben Jahr angesichts der Gefährdung der Grenzen durch die Parther Kleinasien zur Provinz Asia erklärt, und die Parther waren siegreich gegen den seleukidischen König Antiochos VII. zu Felde gezogen. Aristobul, der Nachfolger Johannes Hyrkans, brachte schließlich mit der Inanspruchname des Königstitels zum Ausdruck, was das Reich der Hasmonäer faktisch schon längst darstellte: ein hellenistisches Königreich.

Aufständische und Könige – die Makkabäer/Hasmonäer

Das jüdisch-hellenistische Königreich der Hasmonäer erzielte große außenpolitische Erfolge. Die eroberten Gebiete wie etwa

Außenpolitik der Hasmonäer

Idumäa, woher die Familie Herodes des Großen stammte, wurden zwangsweise judaisiert. Auch Samarien wurde von den Hasmonäern mit brutaler Gewalt überzogen. Bedeutende Städte Samariens und selbst der samaritanische Tempel am Garizim wurden 107 v. Chr. zerstört. Wie die Idumäer wurden auch die Samarier zwangsjudaisiert. Der seit Jahrhunderten bestehende ideologische Anspruch der kultischen, juridischen, wirtschaftlichen und politischen Zentralisation des Judentums um den Jerusalemer Tempel herum wurde von den Hasmonäern nun gewaltsam vorangetrieben.

Innenpolitik im hasmonäischen Königreich

Innenpolitisch kam es immer wieder zu erheblichen Auseinandersetzungen nicht nur anlässlich von Thronfolgestreitigkeiten. Vielmehr verhielten sich die hasmonäischen Könige nicht viel anders als die Könige der *Diadochenreiche, freilich mit dem Unterschied, dass sie keine ausdrückliche göttliche Verehrung verlangten. Dies kompensierten sie aber mit der unrechtmäßigen Inanspruchnahme des Amtes des Hohenpriesters, was viele Juden ablehnten, da die Hasmonäer nicht aus dem Priestergeschlecht Aarons stammten, aus dem die Hohenpriester zu stammen hatten.

innerjüdischer Widerstand gegen die hasmonäische Herrschaft

Das hasmonäische Königtum entsprach jedenfalls kaum dem Traum eines frommen, an der Tora ausgerichteten Lebens, zentriert um die reine Verrichtung des Tempelkultes. Nicht wenige Juden wandten sich enttäuscht ab und sprachen dem Jerusalemer Tempelkult die Legitimität ab. Darin sind wohl die Wurzeln der essenischen Bewegung zu suchen, die mit den in Qumran gefundenen Schriften in Verbindung gebracht wurde. Auch die Laienbewegung der Pharisäer formierte sich nicht zuletzt als Oppositionsbewegung zum hasmonäischen Königtum des ausgehenden 2. Jh.s v. Chr. Ihre strenge Befolgung kultischer Praktiken auch im Alltagsleben versuchte dem hellenistischen Königtum der Hasmonäer, das den Frommen als nicht toragemäß erschien, die Heiligung des alltäglichen Lebens entgegenzusetzen. Und schließlich wurde auch die gänzliche Separierung des samaritanischen Judentums als eigener, bis auf den heutigen Tag existierenden Glaubensgemeinschaft besiegelt.

Niedergang der Hasmonäer und römische Oberherrschaft

Im Jahr 63 v. Chr., als der römische Feldherr Pompeius erneut gegen die Parther zog und dem Seleukidenreich mit der Gründung der römischen Provinz Syria ein Ende bereitete, begaben sich gleich mehrere Jerusalemer Gesandtschaften in das Lager

> **Infobox**
>
> **Jüdische Gruppen**
> *Samaritaner*: Samaritaner sind Verehrer des Gottes Israels, die nicht den Tempel von Jerusalem, sondern das in Samarien gelegene Heiligtum am Garizim als zentralen Kultort ansehen. Sie akzeptieren als Propheten nur Mose und als Heilige Schrift nur die schriftliche Tora, also die fünf Bücher Mose.
> *Sadduzäer*: Die Sadduzäer bildeten die Priesteraristokratie in Jerusalem. Sie waren theologisch traditionell orientiert und lehnten etwa die sich erst ab dem 3. Jh. v. Chr. etablierende Lehre von der Auferstehung der Toten ab (vgl. Mk 12). Politisch aber neigten sie dem Hellenismus zu und kooperierten dann auch mit den Römern. Zusammen mit den Pharisäern bildeten sie den Hohen Rat, den Sanhedrin (griech. Synhedrion).
> *Pharisäer*: Die Pharisäer waren eine Laienbewegung, die sich im Zusammenhang mit der Kritik am hasmonäischen Königtum bildete. Die Pharisäer weiteten die Reinheitsvorschriften auf den Alltag aus, um ein besonders gottgefälliges Leben zu führen. Sie genossen im Volk hohes Ansehen.
> *Essener*: Die Gruppe der Essener zu beschreiben bereitet besondere Schwierigkeiten. Es handelt sich dabei um die einzige jüdische Gruppe, die in keiner neutestamentlichen Schrift auftaucht, sondern u.a. aus den Schriften des Josephus bekannt ist. Nach der Entdeckung der Schriften und der Siedlung von Qumran sah man in ihnen eine Art jüdischer „Mönche", die sich vom Jerusalemer Tempelkult abgewendet hatten, weil die hasmonäischen Priesterkönige diesen verunreinigt hätten. Neuerdings setzt sich aber die These durch, Qumran habe mit den Essenern nichts zu tun und sei ein Wirtschaftsbetrieb gewesen. Selbst die Verbindung zwischen Essenern und den in den Höhlen von Qumran gefundenen Schriften ist mittlerweile strittig. Josephus zufolge handelte es sich um eine Gruppe, die den Pharisäern ähnlich auch den Alltag heiligen wollte.
> *Schriftgelehrte*: Schriftgelehrte waren vor allem Rechtsgelehrte, die auf der Basis der Torainterpretation aktuelle Rechtsfälle klärten. Unter den Schriftgelehrten gab es Sadduzäer, Pharisäer und Essener.
> *Zeloten und Sikarier*: Aus radikalen Pharisäern entwickelte sich als Oppositionsbewegung zu den Römern ab dem Jahr 6 n. Chr., also ab der Einrichtung der römischen Provinz Judäa, die auch vor Gewalt nicht zurückschreckende Widerstandsbewegung der Zeloten (von griech. zelotaí „eifern"). Aus dieser Gruppe rekrutierten sich die nach einem Dolch benannten Sikarier.

des Römers. Wieder einmal war es zu Thronstreitigkeiten unter den Hasmonäern gekommen. Beide Parteien warben um eine Koalition mit Rom, um ihre Interessen durchzusetzen. Eine dritte Partei aber bat den Feldherrn, dem Königtum der Hasmonäer ein Ende zu bereiten. Diese dritte Partei träumte wohl den einstigen makkabäischen Traum eines unabhängigen frommen Tempelstaates ohne Königtum, der dann zum Alptraum römischer Besatzung wurde: Pompeius zog mit seinen Kohorten in Jerusalem ein. Mit der taktlosen Neugier des Eroberers betrat er das Allerheiligste des Jerusalemer Tempels und verletzte damit nachhaltig die religiösen Gefühle der Juden. Aus jüdischer Perspektive verhielt sich der römische Feldherr kaum anders als 100 Jahre zuvor der verhasste Seleukidenkönig Antiochos IV. Die Römer hatten damit von Beginn ihrer Besetzung an alle Sympathien verspielt. Schon bald sehnte man sich nach der hasmonäischen Eigenstaatlichkeit zurück, und im kulturellen Gedächtnis der Juden – die Samaritaner ausgenommen – wurden vor allem die Makkabäer als untadelige, vorbildliche Märtyrer im Kampf gegen die Gegenmächte des einzigen Gottes verklärt.

Herodes und seine Erben

Dass man die neutestamentlichen Schriften keineswegs als unparteiische historische Abhandlungen lesen darf, zeigt sich sehr gut an der Darstellung der Herodianer in den neutestamentlichen Evangelien und der Apostelgeschichte im Vergleich zu ihrer ausführlichen Darstellung in den Geschichtswerken des jüdischen Historikers Josephus. Diesem verdanken wir einen Großteil des Wissens um die jüdische Geschichte bis zum jüdisch-römischen Krieg, und seine Werke sind Pflichtlektüre für alle professionellen Theologen und Althistoriker. Zwar finden sich auch einige Nachrichten über den bedeutenden Klientelkönig des Augustus in römischen Geschichtswerken. Keines aber berichtet so detailliert und ausführlich über die Herodianer wie die Schriften des Josephus.

Thronstreitigkeiten

Demzufolge stand der Idumäer Antipater, der Vater des Herodes, im Dienst Hyrkans II., eines der beiden hasmonäischen Anwärter auf den jüdischen Thron, die die Römer als Entscheidungsinstanz angerufen hatten. Zunächst hatte sich Pompeius für Aristobul entschieden, der sich aber nicht als Herrscher von Roms Gnaden aufführte, sondern durch eigenmächtige Entscheidungen und Truppenbewegungen sogleich den Unmut des Pompeius auf sich zog. Nachdem Aristobul, der sich nach Jerusalem zurückgezogen hatte und dort vor den anmarschierenden römischen Truppen kapitulierte, in römische Gefangenschaft geraten war, übergaben die Anhänger Hyrkans II. den Römern die Stadt. Die Anhänger Aristobuls, die sich auf dem Tempelbezirk verbarrikadiert hatten, wurden von den Römern niedergemetzelt. Pompeius betrat das Allerheiligste. Zusammen mit seinen beiden Söhnen, Alexander und Antigonos, wurde Aristobul im Triumphzug des Pompeius durch Rom geführt.

Nachdem Antipater, der die politische und militärische Gewalt unter Hyrkan II. ausübte, Julius Cäsar in Ägypten gegen die Ptolemäer unterstützt hatte, setzte Cäsar den Idumäer zum *Epistates* von Judäa ein, während Hyrkan II. im Amt des Hohenpriesters verblieb und weiter den Titel des *Ethnarchen* tragen durfte. Antipater erhielt sogar das römische Bürgerrecht. Seine beiden Söhne Phasael und Herodes betraute er mit militärischen Aufgaben gegen Antigonos, der eine Restaurierung der hasmonäischen Herrschaft anstrebte. Antipater wurde 43 v. Chr. ermordet. Seine Politik der Ergebenheit gegenüber der römischen Weltmacht setzten seine Söhne fort.

Aufstieg des Antipater und seiner Söhne

Bald schon war den letzten Hasmonäerprinzen die Flucht aus Rom gelungen. Ein zermürbender Kleinkrieg gegen die römische Besatzung führte sogar von 40–37 v. Chr. noch einmal zu einem Intermezzo jüdischer Eigenstaatlichkeit, als Antigonos, ein Sohn des Aristobul, durch ein Bündnis mit den Parthern König und Hohepriester in Jerusalem wurde. Nachdem Antigonos 40 v. Chr. Hyrkan II. und Phasael, den Bruder des Herodes, in eine Falle gelockt hatte, floh Herodes nach Rom. Der Senat verlieh ihm den Titel eines Königs, ohne ihm aber die militärischen Mittel zur Verfügung zu stellen, Antigonos aus Jerusalem zu verjagen. Dies gelang Herodes schließlich erst im Jahr 37 v. Chr. mit eigenen Truppen gegen den Willen der überwiegenden Mehrheit der Juden, deren Sympathien nicht bei den Römern und den von ihnen als König eingesetzten Idumäer Herodes, sondern bei dem Erben des hasmonäischen Reiches Antigonos lagen. Herodes heiratete die Enkelin des Hohenpriesters Hyrkan II., um seine Herrschaft zu legitimieren.

Aufstieg Herodes des Großen

Doch die Ehe mit der Hasmonäerin brachte ihm keinen Rückhalt in der jüdischen Bevölkerung seines Reiches, denn er pflegte ganz den Stil eines hellenistischen Herrschers. Aus seiner Bewunderung gegenüber Rom machte er keinen Hehl. Zum Hohenpriester setzte er ohne Rücksicht auf die verschiedenen Priestergeschlechter ein, wen er wollte.

innerjüdische Vorbehalte gegen Herodes

Als es zum Zwist zwischen Octavian und Antonius kam, stand Herodes auf der Seite des Antonius, obwohl dieser ihn genötigt hatte, einige Gebiete seines Herrschaftsbereiches an die Ptolemäerin Kleopatra VII. abzutreten, die Geliebte und Verbündete des Antonius. Nachdem Octavian 31 v. Chr. als Sieger aus der Entscheidungsschlacht bei Actium hervorgegangen war, bot ihm Herodes

Bestätigung durch Augustus

die Rückgabe des von Rom verliehenen Königstitels an. Dabei stellte er seine Parteinahme für Antonius so überzeugend als Dienst an Rom dar, dass Octavian ihn in seinem Amt bestätigte. Er hatte damit seinen treuesten Klientelkönig gefunden. Herodes verhielt sich bis hin zu seinem Testament loyal zu Augustus.

expansive Außenpolitik und Tempelbau in Jerusalem

In den darauf folgenden Jahren gelang es Herodes, sein Königreich um weite Teile der Levante zu erweitern und durch eine immense Bautätigkeit auch wirtschaftlich blühen zu lassen. Vor allem der Neubau des Tempels in Jerusalem, dessen Areal er durch aufwendige Baumaßnahmen verdoppelte, und zahlreiche Stadtgründungen sind hier zu nennen. Für den Jerusalemer Tempel ging er sogar auf die Forderung des Hohen Rats ein, Priester für die Bautätigkeiten am eigentlichen Tempelgebäude ausbilden zu lassen, damit der neue Tempel jüdischen Reinheitsvorschriften entspräche. Die Baukosten bezahlte Herodes zur Gänze aus seiner königlichen Kasse. Selbst scharfe Kritiker des Herodes lobten das neue Heiligtum und auch seinen Stifter. Dabei kann die Gesamtanlage als Zusammenspiel hellenistisch-römischer und traditioneller jüdischer Baukultur verstanden werden. Während das eigentliche Tempelgebäude der Tradition verpflichtet blieb, folgten der Teil zur Unterbringung der für den Tempelkult notwendigen Opfertierhändler und Geldwechsler und weitere Bauten des Tempelbezirks hellenistisch-römischen Vorgaben.

Herodes als Mäzen

Herodes machte sich auch überregional einen Namen als Förderer der olympischen Spiele und vor allem als erfolgreicher Klientelkönig des Augustus. Einige seiner Söhne ließ er in Rom erziehen. Insbesondere seine außenpolitischen und baulichen Erfolge brachten ihm den Ehrentitel „der Große" ein.

ambivalentes Charakterbild

Dennoch blieb Herodes ein umstrittener Herrscher. Trotz seiner Beteuerungen, er fühle sich als Jude, förderte er Tempel hellenistisch-römischer Götter und widmete dem römischen Kaiserhaus ganze Städte. Das Bild der Grausamkeit des Herodes, welches durch die matthäische Erzählung vom Kindermord in Bethlehem seine Erinnerung im kulturellen Gedächtnis bis heute prägt, hat vor allem Anhalt an seiner pathologischen Familienpolitik. So kostete seine Hassliebe seine Frau Mariamme ihr Leben. Zudem ließ er mehrere seiner Söhne hinrichten, weil er die Angst verspürte, diese würden vorzeitig seinen Thron beanspruchen. Der Kindermord in Bethlehem beschreibt zwar kein historisches Ereignis, bringt aber wohl die grausame Seite Herodes des Großen zum Ausdruck, dessen Machtwille und Eifersucht ihn zum Mörder seiner eigenen Kinder werden ließen.

Als Herodes 4 v. Chr. starb, bat er Augustus in seinem Testament, sein Königreich unter seinen Söhnen Archelaos, Antipas und Philippus aufzuteilen. Auch seine Schwester Salome bedachte er. Augustus folgte dem letzten Willen seines Klientelkönigs nur teilweise: Er ernannte Archelaos zum *Ethnarchen von Judäa, Idumäa, Samaria und der Küste mit Cäsarea. Antipas, der im NT als Herodes Antipas erscheint, ließ er als *Tetrarchen über Galiläa und Peräa (ohne die *Dekapolis) und Philippus ebenfalls als Tetrarchen über die nordöstlichen Gebiete herrschen, in denen nur wenige Juden lebten. Zum König aber ernannte er keinen von Herodes' Söhnen.

die Erben des Herodes und die Aufteilung des Reiches

Archelaos (4 v.–6 n. Chr.) benahm sich seit seinem Amtsantritt gegenüber der Bevölkerung so selbstherrlich und ausbeuterisch, dass Augustus ihn 6 n. Chr. absetzte und verbannte. Judäa geriet nun unter direkte römische Verwaltung. Es kam zu Auseinandersetzungen zwischen römischen Truppen und aufständischen Juden, die dem römischen Kaiser keine Steuern zahlen wollten. In diesen Ereignissen hat die lukanische Erzählung von der Steuerschätzung ihren historischen Anhalt, denn die Römer begutachteten stets die Steuerkraft eines Gebietes, wenn es erstmals unter direkte römische Verwaltung geriet. Im Jahre 6 n. Chr. wurde also nicht alle Welt, wohl aber wurden die Einwohner der neu eingerichteten römischen Provinz Judäa geschätzt (vgl. Lk 2). Diese Aufgabe wurde dem Senator Quirinius zuteil. Auch noch die Fangfrage, ob man dem römischen Kaiser Steuern zahlen solle oder nicht, ist auf dem Hintergrund der Ereignisse des Jahres 6 n. Chr. zu lesen (vgl. Mk 12). Dass also Pontius Pilatus von 25–36 n. Chr. *Prokurator in Judäa war, lag letztlich an der Unfähigkeit des Archelaos, Judäa für seine Bewohner erträglich zu regieren.

Herodes Archelaos

Herodes Antipas (4 v.–39 n. Chr.) wollte wie sein Vater König werden, was ihm aber nicht gelang. Trotz seines über sein eigenes Herrschaftsgebiet hinausreichenden Eintretens für die Juden, gelang es ihm nicht, die Sympathien der Mehrheit der Juden zu gewinnen. Als er sich von seiner nabatäischen Frau scheiden ließ, zog das nicht nur einen Krieg nach sich, sondern auch große Empörung bei den Juden, weil er nun Herodias, die Frau seines Halbbruders, heiratete. Im Neuen Testament wird die Kritik daran durch Johannes den Täufer erzählt (vgl. Mk 6), die zu dessen Hinrichtung beigetragen haben soll. Als Agrippa, ein Neffe des

Herodes Antipas

Herodes Antipas, von einem Waffenlager erfuhr, das dieser heimlich angelegt hatte, und die Information an Kaiser Caligula weitergab, wurde Herodes Antipas wie zuvor schon sein Bruder Archelaos seines Amtes enthoben.

Herodes Agrippa I.

Agrippa aber erhielt aufgrund seiner guten Beziehungen zu Caligula und später auch zu Claudius zwischen 37 und 41 alle Gebiete, über die die drei Herodessöhne geherrscht hatten. Kaiser Claudius setzte Herodes Agrippa I. im Jahr 41 dann wie seinen Großvater Herodes den Großen zum König von römischen Gnaden ein. Der plötzliche Tod Agrippas im Jahr 44, der dieses jüdische Königreich nach wenigen Jahren gleich wieder beendete, wurde von Juden und Christen als Strafe Gottes interpretiert, weil Agrippa sich wie ein hellenistischer König verehren ließ. Das sehr negative Urteil über Herodes Agrippa I. in Apg 12 ist zudem dem Umstand geschuldet, dass dieses Kapitel ihn als Christenverfolger kennzeichnet.

Herodes Agrippa II.

Als Agrippa starb, war sein 17-jähriger Sohn zu jung, um die Amtsgeschäfte zu übernehmen. Daher stellte Kaiser Claudius diese Gebiete unter direkte römische Verwaltung und besetzte sie mit römischen *Prokuratoren, die aufgrund ungeschickter Amtsführung wesentlich dazu beitrugen, dass es 66 n. Chr. zum Aufstand der Juden gegen die römische Besatzung und damit zum 1. jüdisch-römischen Krieg kam. Als Agrippa II. erhielt der Sohn Agrippas I. später das ehemalige Herrschaftsgebiet seines Onkels Philippus, des Sohnes Herodes des Großen, und auch das Recht, den Hohenpriester in Jerusalem zu bestimmen. Zwar verfügte er nicht über große politische Macht, genoss aber für einen Herodianer gutes Ansehen auch in den jüdischen Bevölkerungsteilen, so dass sein Wort nicht ganz ohne Einfluss war.

Literatur

M. Böhm, *Art.* Samaritaner, www.wibilex.de

Flavius Josephus, Jüdische Altertümer, übers. u. m. Einl u. Anm. vers. v. H. Clementz, 12. Aufl., Wiesbaden 1994

Flavius Josephus, Der jüdische Krieg, Griechisch und Deutsch, Band 1: Buch I-III, hg. v. u. m. e. Einl. vers. v. O. Michel u. O. Bauernfeind, 3. Aufl., Darmstadt 1982

J. Maier, Grundzüge der Geschichte des Judentums im Altertum, Grundzüge 40, Darmstadt 1981

M. E. Stone (Hg.), Jewish Writings of the Second Temple Period. Apocrypha, Pseudepigrapha, Qumran Sectarian Writings, Philo, Josephus. CRINT Section 2. The Literature of the Jewish People of the Second Temple and the Talmud, Assen / Philadelphia 1984

M. Vogel, Herodes. König der Juden, Freund der Römer, Biblische Gestalten 5, Leipzig 2002

Aufgaben

1. Suchen Sie im lukanischen Doppelwerk (Lk und Apg) alle Texte heraus, die von Herodianern sprechen. Machen Sie sich klar, um welchen Herodes es sich jeweils handelt.
2. Lesen Sie die Darstellung des herodianischen Tempelneubaus in Josephus, *Jüdische Altertümer*, 15. Buch, 11. Kap. Welches Herodesbild zeichnet Josephus in diesem Kapitel? Kontrastieren Sie dieses Bild mit Mt 2.
3. Lesen Sie den Artikel „Samaritaner" von Martina Böhm. Interpretieren Sie unter Berücksichtigung dieser Informationen die Beispielerzählung vom Barmherzigen Samariter (Lk 10).

Der jüdisch-römische Krieg, die Diasporaaufstände, der Bar-Kochba-Aufstand und die Folgen | 5.1.4

Infobox

Eckdaten zu den beiden jüdisch-römischen Kriegen und den Diasporaaufständen	
66–70 / 73	1. jüdisch-römischer Krieg
70	Titus erobert Jerusalem; am 30 August – nach jüdischem Kalender dem 9. Ab – geht der Tempel in Flammen auf; Einrichtung des *fiscus iudaicus*
nach 70	pharisäische Schriftgelehrte etablieren jüdische Rechtsschulen zunächst in Jabne, später im galiläischen Uscha; besondere Bedeutung erlangen die Schulen Schammais und Hillels
73	mit der Einnahme der am Toten Meer gelegenen Festung Masada, auf die sich die Zeloten zurückgezogen hatten, endet der 1. jüdisch-römische Krieg; Triumphzug des Titus in Rom mit Jerusalemer Tempelgerät und jüdischen Gefangenen
97	Kaiser Nerva (96–98) schafft *fiscus iudaicus* ab
98–117	Trajan festigt die Rechtssicherheit der Juden
115–117	Diasporaaufstände (Ägypten, Libyen bzw. Kyrenaika, Zypern, Mesopotamien) greifen nicht auf die Levante über
132–135	Bar-Kochba-Aufstand bleibt auf Judäa beschränkt, führt aber zu reichsweiten Repressalien gegen Juden
135	Einrichtung der römischen Provinz Syria und Palästina
nach 138	Kaiser Antoninus Pius stellt erneut Rechtssicherheit für die Juden her; die von den meisten Juden – aber nicht von den Samaritanern – anerkannte rabbinische Autorität des *Nasi'* wird von den Römern als *Ethnarch der Juden anerkannt wie auch der von ihm geführte neue Sanhedrin

Der jüdisch-römische Krieg (66–70 / 73) hatte wirtschaftliche, religiöse und kulturelle Ursachen. Nach dem plötzlichen Tod Herodes Agrippa I. kam es zu unerträglicher wirtschaftlicher Ausbeutung durch einige der römischen *Prokuratoren. Zu deren persönlicher Raffgier kam die reichsweite Steuererhöhung durch Nero nach dem Brand Roms, der damit Rom in neuer Pracht aufbaute und zudem ein überaus teures Luxusleben führte. Es ist der historischen Komplexität aber nicht angemessen, allein darin die Ursachen für das jüdische Aufbegehren gegen die römischen Besatzer zu sehen.

Judäa unter den römischen Statthaltern im 1. Jh.

Von 46–48 amtierte als römischer *Prokurator Tiberius Julius Alexander, der Neffe des bereits erwähnten bedeutenden jüdischen Religionsphilosophen Philo von Alexandrien. Auch dieser jüdische Prokurator geriet in schwere Konflikte zwischen Judäern und Samaritanern, die seit Jahrhunderten schwelten und durch das einstige brutale Vorgehen des hasmonäischen Königtums in Samarien tief im kulturellen Gedächtnis verankert waren. Immer wieder kam es zu gegenseitigen Übergriffen und Massakern. Die römische Ordnungsmacht, repräsentiert durch den Juden Tiberius Julius Alexander, war gezwungen einzugreifen und führte dies mit aller Härte durch. Samarien und ebenso Galiläa waren immer wieder Schauplätze ethnisch und religiös bedingter Konflikte, die die Römer umso weniger duldeten, als sie angesichts der ständig empfundenen Bedrohung durch die Parther vor allem Ruhe und Ordnung wünschten.

messianisch-apokalyptische Grundströmungen

Innerhalb des Judentums hatte sich seit der Zeit der Makkabäer eine starke Sensibilität für apokalyptische Szenarien entwickelt, die die Hoffnung auf ein neues davidisches Königreich der Juden mit der Erwartung des Endes der herrschenden Großmacht verband. Mehrfach traten charismatische Gestalten in Erscheinung, die sich selbst als politischen *Messias inszenierten und mehr oder weniger offen gegen Rom wetterten. Gleich der erste *Prokurator nach dem Tode Herodes Agrippas I., Cuspius Fadus (44–46), hatte es mit dem Messiasprätendenten Theudas zu tun, dessen Anhänger auch zu gewaltsamen Auseinandersetzungen bereit schienen und dann von Cuspius Fadus mit Gewalt niedergemacht wurden.

Wenn Herodes Agrippa I. in Apg 12 mit historischem Anhalt als Christenverfolger dargestellt wird, so muss auch das auf dem Hintergrund der politischen Messiaserwartungen des Judentums des 1. Jh.s gesehen werden. Der Messiastitel war auch politisch konnotiert. Man erwartete von dem *Messias die Vertreibung der

Römer und die Restauration des davidischen Großreiches, zentriert um Tora, Tempel und Erwählungsbewusstsein. Die Christen waren den Römern suspekt, weil ihr Anführer Jesus von Nazareth als politischer *Messias, als Aufrührer gegen die Staatsgewalt hingerichtet worden war.

Von erheblichem Gewicht war auch die schon mit Pompeius beginnende Rücksichtslosigkeit vieler römischer Repräsentanten gegenüber dem religiösen Empfinden und dem Ehrgefühl der Juden. 66 n. Chr. plünderte der römische *Prokurator Florus den Jerusalemer Tempelschatz und ließ den Protest dagegen mit Waffengewalt brutal niederschlagen. In der Darstellung des Josephus trägt Florus ebensoviel Schuld am Ausbruch des Krieges wie die radikalisierten Zeloten auf jüdischer Seite. Nach wiederholten Provokationen des römischen *Prokurators gewannen die Kräfte in Jerusalem die Oberhand, die schon längst nur noch in der Alternative zwischen jüdischem Gottesstaat oder römischer Fremdherrschaft denken konnten und wollten. Agrippa II. versuchte vergeblich, die Juden von ihrem wahnwitzigen Vorhaben abzubringen, gegen Rom Krieg zu führen (vgl. Josephus, Der jüdische Krieg I, 2 Kap., 15-17).

wiederholtes Fehlverhalten der Römer und Beginn des Aufruhrs

Die Zeloten errangen von Galiläa aus einige Erfolge. Unter der Führung Menachems eroberten sie die Bergfestung Masada am Toten Meer. Auch in der vornehmen Priesterschaft brach nun Romfeindlichkeit durch: Die täglichen Opfer für Kaiser und Reich wurden eingestellt. Der amtierende Hohepriester, der gegen den Aufstand gegen Rom votiert hatte, wurde ermordet. Wer wie die Judenchristen gegen den Krieg mit Rom war, verließ Jerusalem. Viele der Kriegsgegner siedelten sich im ostjordanischen Pella an.

die Zeloten und die Radikalisierung des Aufstandes

Die in Jerusalem stationierten römischen Soldaten handelten freien Abzug aus, den die Zeloten aber nicht gewährten. Vielmehr ermordeten sie die unbewaffneten römischen Soldaten. Schon im Oktober 66 gelang den Römern die weitgehende Rückeroberung Jerusalems mit Ausnahme der Burg Antonia und des Tempelbergs. Wegen des einbrechenden Winters und der heftigen Gegenwehr der Rebellen zog sich das Heer aber wieder zurück. Dabei wurde es von jüdischen Truppen fast vollständig aufgerieben. Unter den Aufständischen aber wuchs der Streit um die Führung. Nachdem die kriegerischen Priester und Pharisäer die Herrschaft in Jerusalem zurückerlangt hatten, wurden die Zeloten aus Jerusalem vertrieben. Sie verschanzten sich auf Masada.

Kampf um Jerusalem und Führungsstreit unter den Juden

Niederschlagung des Aufstandes durch Vespasian

Trotz der anfänglichen Erfolge konnten die aufständischen Juden der militärischen Weltmacht Rom nicht standhalten. Rom wollte und konnte sich schon aus Prestigegründen eine Niederlage gegen einen politisch so unbedeutenden Gegner nicht leisten, da man allen Ortens Nachahmer hätte befürchten müssen. Schließlich lagen die Römer mit ihrem Feldherrn Vespasian 69 v. Chr. vor Jerusalem, doch aufgrund der Bürgerkriegsunruhen nach dem Tod Neros in Rom wurde die Eroberung Jerusalems verschoben. Der frisch gekürte Kaiser Vespasian betraute seinen Sohn Titus mit der Eroberung Jerusalems, und vielleicht gab er ihm auch den Befehl, den prächtigen Jerusalemer Tempel anzuzünden, um von dem Vorwurf, er selbst habe bei den Kämpfen in Rom den Jupitertempel angezündet, abzulenken.

Tempelzerstörung und Strafmaßnahmen

Jedenfalls fiel im Jahr 70 n. Chr. Jerusalem. Der Tempel, und damit das religiöse, juridische, wirtschaftliche und politische Zentrum des größten Teils des Judentums, wurde zerstört und von den römischen Truppen geplündert. Die wertvollsten Beutestücke wurden auf einem Triumphzug durch Rom öffentlich zur Schau gestellt. Die Tempelsteuer für den Jerusalemer Tempel wurde weiter eingezogen, aber nun floss dieses Geld, das alle männlichen Juden nach Vollendung des 20. Lebensjahrs in Palästina und in der Diaspora zahlen mussten, in den *fiscus iudaicus*, eine eigens für den Wiederaufbau des römischen Tempels des Jupiter Capitolinus gegründete Kasse in Rom. Damit wurden die Juden symbolisch zur Anerkennung des römischen Gottes Jupiter als überlegenem Gott gezwungen – eine Demütigung, wie sie für fromme Juden kaum schlimmer hätte ausfallen können. Kaiser Domitian weitete den *fiscus iudaicus* sogar noch aus. Erst Kaiser Nerva (96–98) hob diese Schmach durch die Abschaffung der Sondersteuer wieder auf und gewährte den Juden ihre unter Augustus zugesprochenen und von Kaiser Claudius bestätigten Sonderrechte, die die Ausübung ihrer monotheistischen Gottesverehrung erforderlich machte.

der Fall Masadas und die Transformation des levantinischen Judentums

Nachdem mit dem kollektiven Selbstmord der letzten Zeloten auf der Festung Masada 73 n. Chr. auch die letzte Bastion aufständischer Juden gefallen war, begann im Judentum der Levante ein Transformationsprozess, der schließlich zu dem rabbinisch geprägten Judentum führte, das nicht nur die talmudischen Schriften hervorbrachte, sondern das Bild des Judentums bis auf den heutigen Tag maßgeblich bestimmte. Die apokalyptisch-messianischen Kräfte hatten das Judentum an den Rand des Abgrunds gebracht und waren in den Kämpfen mit Rom entweder gefallen oder gefangen genommen worden. Als Sklaven wurden sie deportiert und in verschiedene Provinzen verkauft. Viele von ihnen wurden von jüdischen Gemeinden in der Diaspora gekauft und dann freigelassen. Die meisten von ihnen siedelten sich am Ort ihres Freikaufs an, was noch verheerende Auswirkungen zeitigen sollte.

Mit der Zerstörung des Tempels verlor aber nicht nur das apokalyptisch-messianische Zelotentum an Einfluss im jüdischen Kernland, sondern auch die Priesteraristokratie der Sadduzäer hatte ihre Grundlage, nämlich den Tempelkult, verloren. Da es den Juden nicht erlaubt war, einen neuen Sanhedrin zu wählen, in dem Sadduzäer und Pharisäer die beiden entscheidenden Gruppen gebildet hatten, verloren die Sadduzäer jegliche Bedeutung, da sie anders als die Pharisäer nicht in der Bevölkerung verwurzelt waren.

Bedeutungsverlust traditioneller Gruppen und pharisäische Erneuerung

Allein aus der Gruppierung der Pharisäer erwuchs die Kraft zu neuer Gestaltung jüdischen Lebens. Da Jerusalem nach der Eroberung als römisches Militärlager genutzt wurde, bildeten sich an verschiedenen Orten Judäas und Galiläas zunächst kleinere pharisäische Zentren, in denen vor allem mittels Schriftauslegung jüdische Lebens- und Rechtspraxis jenseits apokalyptischer Visionen gepflegt wurden. Bald schon zeichneten sich zwei Schulen ab, die besondere Autorität erringen konnten: die Schule Hillels und die Schule Schammais. Mehr und mehr wurde dann die Schule Hillels zur maßgeblichen Autorität in dem Ort Jabne (griech. *Iamneia*) an der palästinischen Mittelmeerküste, das sich zum Zentrum rabbinischer Gelehrsamkeit entwickelte.

Nach der mit Kaiser Nerva beginnenden und von seinem Nachfolger Trajan fortgeführten Rücknahme der Diskriminierung der Juden wurde diese rabbinische Führung von den Römern später sogar als neuer Sanhedrin der Juden in Palästina anerkannt, nachdem die Schule Hillels ihr Zentrum von Jabne/Iamneia nach Uscha in Galiläa verlagert hatte. Wie sehr sich das pharisäisch-rabbinische Judentum von den messianisch-apokalyptischen Kreisen abgesetzt hatte, wird auch daran ersichtlich, dass es sich weder an den von der Diaspora ausgehenden Aufständen in den Jahren 115–117 beteiligte, noch sich von der Bar-Kochba-Bewegung in Judäa in ein neues militärisches Abenteuer gegen Rom hineinziehen ließ.

Etablierung des Rabbinats

die Diasporaaufstände	Die Mehrzahl der Juden lebte zu dieser Zeit außerhalb der Levante. Obwohl es in vielen Städten, in denen es große jüdische Gemeinden mit einer weitgehenden jüdischen Selbstverwaltung gab, auch immer wieder zu gewaltsamen Konflikten gekommen war, beteiligten sich die Juden in der Diaspora nicht am Krieg gegen Rom in den Jahren 66–70/73. Als aber Kaiser Trajan 114 n. Chr. einen Großteil der römischen Truppen im Osten zum Krieg gegen die Parther zusammenzog, kam es kurze Zeit später von Ägypten bis Kleinasien in vielen Städten zu bürgerkriegsartigen Auseinandersetzungen mit tausenden von Todesopfern auf beiden Seiten. Die Quellenlage reicht kaum aus, um diese Aufstände historisch zu analysieren. Fehlverhalten gab es wohl auf beiden Seiten. Vielleicht hatten auch die von den Diasporajuden losgekauften messianisch-apokalyptischen Juden, die sich in der Diaspora angesiedelten hatten, zunehmend an Einfluss gewonnen. Insgesamt aber scheint es sich weniger um Aufstände gegen Rom gehandelt zu haben, als vielmehr um lokale Konflikte zwischen einflussreichen und zum Teil sogar steuerlich begünstigten jüdischen Gemeinden und ihren Neidern, die Jahrzehnte lang ungelöst geblieben waren. Was auch immer die Gründe für die Diasporaaufstände gewesen sein mögen, die Folgen stehen in ihrer Bedeutung denen der beiden jüdisch-römischen Kriege nicht nach. Nachdem nämlich der römisch-parthische Krieg mit einem Patt zu Ende gegangen war und sich die Römer 116 n. Chr. mit der Sicherung der alten Grenzen begnügten, gingen die freigewordenen römischen Truppenkontingente mit aller Härte gegen die Aufständischen vor. Das hellenistische Judentum der Diaspora wurde dadurch erheblich geschwächt. Einfluss auf die weitere Geschichte des Judentums hatte es kaum mehr.

der Bar-Kochba-Aufstand in Judäa	Die letzte militante Erhebung von Juden gegen Rom bildete der Bar-Kochba-Aufstand in Judäa (132–135). Kaiser Hadrian plante, auf den Ruinen Jerusalems die militärische Kolonie *Aelia Capitolina* aufzubauen. Damit erfuhren die jüdischen Hoffnungen auf einen Neubau des Tempels in Jerusalem einen Schlag ins Gesicht. Ein Mann namens Ben Kosiba errang unter den Juden Judäas die Führerschaft und wurde als politischer *Messias verehrt, dem man nun mit Gottes Hilfe die Befreiung von den Römern zutraute. Dem einflussreichen Rabbi Aqiba wird zugeschrieben, er habe Ben Kosiba aufgrund einer Deutung von Num 24,19 („es geht ein Stern aus Jakob auf") als Bar Kochba (Sternensohn) bezeichnet und als *Messias anerkannt. Bar Kochba und seinen Truppen gelang es im Jahr 132, Jerusalem einzunehmen. Doch der anfängliche Erfolg währte nicht lange. Hadrian unterschätzte den Kampfeswillen der Juden nicht und beauftragte seinen besten Feldherrn mit der Niederschlagung des Aufstands, die dann auch mit der erneuten Einnahme Jerusalems gelang. Nun wurde Jerusalem zur römischen Militärbasis *Aelia Capitolina*, und nicht nur die Beschneidung, sondern sämtliche jüdischen Symbole in der Levante wurden verboten. Juden wurde es bei Androhung der Todesstrafe verboten, Jerusalem zu betreten.

Obwohl sich das mittlerweile in Galiläa befindliche pharisäisch-rabbinische Judentum um die Schule Hillels nicht an den Aufständen in Judäa beteiligt hatte und es auch in der Diaspora zu keinen Konflikten gekommen war, hatten alle Juden durch das faktische Verbot jüdischen Lebens unter den Folgen des Bar-Kochba-Aufstands zu leiden. Allerdings nahm die judenfeindliche Regierung Hadrians bereits drei Jahre später ein Ende. Der tolerantere und friedliebende Kaiser Antoninus Pius stellte die althergebrachten Rechte und Privilegien der Juden erneut her.

Nach den beiden katastrophalen jüdisch-römischen Kriegen und den ebenso desaströsen Diasporaaufständen wurde fast ausschließlich das pharisäisch-rabbinische Judentum zum Träger einer selektiven Tradition. Weder die jüdisch-apokalyptische noch die jüdisch-hellenistische Literatur wurde von den Rabbinen tradiert. Nicht nur der Versuch, griechische Philosophie und jüdischen Glauben zusammenzudenken, wie er vor allem in den Werken des alexandrinischen Juden Philo zu finden ist, sondern nicht einmal mehr die griechischen Versionen der Heiligen Schriften Israels fanden die Anerkennung der Rabbinen. Dazu trug sicherlich auch bei, dass die Christen diese für sich entdeckt hatten. So ist es nahezu ausschließlich christlicher Überlieferung zu danken, dass die Schriften der sogenannten Septuaginta, die Schriften Philos und viele jüdische Apokalypsen überliefert wurden. Das Gesicht des Judentums wurde nun mehr und mehr durch das rabbinische Judentum geprägt, die Erben der pharisäischen Bewegung.

Folgen der Aufstände

Literatur

E. Baltrusch, Die Juden und das Römische Reich. Geschichte einer konfliktreichen Beziehung, Darmstadt 2002

T. L. Donaldson, Judaism and the Gentiles. Jewish Patterns of Universalism (to 135 CE), Waco, Texas 2007

Literatur

J. Maier, Grundzüge der Geschichte des Judentums im Altertum, Darmstadt 1981

W. Stenger, „Gebt dem Kaiser, was des Kaisers ist ...!" Eine sozialgeschichtliche Untersuchung zur Besteuerung Palästinas in neutestamentlicher Zeit, BBB 68, Frankfurt a. M. 1988

Aufgaben

1. Lesen Sie die Rede Agrippas in Flavius Josephus, *Der jüdische Krieg* I, 2, Kap. 16. Welches Rombild entwirft Josephus durch die Rede Agrippas?
2. Vergleichen Sie das Bild Agrippas in Apg 25-26 mit dem aus Josephus, *Der jüdische Krieg* I, 2, Kap 16. Um welchen Agrippa handelt es sich?
3. Interpretieren Sie Mk 13 unter Berücksichtigung der Ereignisse des 1. jüdisch-römischen Krieges.

5.2 | Wirtschafts- und sozialgeschichtliche Kontexte

Grundzüge antiker Wirtschaftsformen

Die multikulturelle hellenistisch-römische Welt bestand vorwiegend aus entwickelten Agrargesellschaften. Der überwiegende Teil der Arbeitskraft wurde in die Landwirtschaft und die Veredelung ihrer Produkte investiert. Der über Wohlstand und Macht entscheidende Besitz war der von Land. Das Wirtschaftsleben – die Produktion und Verteilung von Sachgütern sowie Dienstleistungen – wurde dabei von überregionalen und regionalen Faktoren bestimmt, aus deren Zusammenspiel verschiedene und zum Teil recht komplexe Produktions- und Distributionsformen hervorgingen. Königswirtschaft, Poliswirtschaft, Tempelwirtschaft und private Hauswirtschaft waren zwar unvermeidlich ineinander verwoben, stellten aber verschiedene wirtschaftliche Organisationsformen mit je eigenen Handlungsspielräumen dar. Die jeweiligen wirtschaftlichen Sachverhalte entwickelten sich vornehmlich als Effekte der Machtpolitik einerseits und der notwendigen Befriedigung der Grundbedürfnisse der jeweiligen Bevölkerung andererseits. Eine Trennung von Religion und Politik gab es dabei nicht und folgerichtig auch keine Trennung von religiösen und wirtschaftlichen Institutionen. So kamen etwa den Tempeln nicht selten auch bedeutende wirtschaftliche Funktionen zu.

Der Siegeszug des makedonischen Königs Alexander des Großen hatte nicht nur machtpolitische und kulturgeschichtliche Konsequenzen, sondern brachte auch erhebliche wirtschaftliche Veränderungen mit sich, die ausführlich Michael Rostovtzeff in seinem immer noch unersetzten Werk *Gesellschafts- und Wirtschaftsgeschichte der hellenistischen Welt* dargelegt hat. Das Heer Alexanders, das Rostovtzeff eindrücklich als bewegliche Stadt charakterisiert, war selbst ein bedeutender Wirtschaftsfaktor und spielte bei der Intensivierung der Geldwirtschaft und dem Straßenbau eine bedeutende Rolle. Als Faktoren von herausragender wirtschaftlicher Bedeutung sind darüber hinaus zu nennen die wirtschaftliche Schlüsselfunktion des Monarchen, der intensive Ausbau der Geldwirtschaft wie auch des Handelsnetzes sowie der Städtebau.

<small>Grundzüge hellenistischer Wirtschaft</small>

Ein wichtiger Aspekt des Königtums Alexanders und seiner Nachfolger in den hellenistischen *Diadochenreichen bestand in der Auffassung, dem König gehöre das Land, das er beherrschte. Die kommunikations- und agrartechnischen Möglichkeiten der antiken Gesellschaften ließen aber eine direkte landwirtschaftliche Nutzung des gesamten Landes durch das Königshaus nicht zu. Durch verschiedene Formen der Nutzungsüberlassung organisierte eine privilegierte Oberschicht die weitere Ausbeutung des Landes, wobei die Städte eine relative Autonomie genossen und zum Teil ebenfalls über erhebliche Landmengen verfügen konnten. Ein komplexes Abgabensystem sorgte dabei für den Rücklauf eines großen Teils des Erwirtschafteten an den Königshof. Neben der direkten Nutzung von königlichem Land und der indirekten durch die Nutzungsüberlassung war die Monopolisierung eine erhebliche Einnahmequelle der hellenistischen Könige. Sie war besonders ausgeprägt im Ptolemäerreich mit Ägypten als Kernland: Dort hatte der König die Monopole über Salz, Bier, Gewürze, Münzprägung und Banken inne.

<small>Zentralstellung des Königs</small>

Insgesamt förderten die hellenistischen Könige ein wirtschaftliches Denken, das auf Gewinnmaximierung aus war. Die unmittelbare Versorgung der Bevölkerung mit lebensnotwendigen Gütern war zwar überwiegend gewährleistet, stand aber nicht mehr im Vordergrund der königlichen und aristokratischen Landbebauung. Ein entscheidendes Instrument dieser wirtschaftlichen Verschiebung bestand im Ausbau der Geldwirtschaft, denn diese erlaubte nicht nur eine stärkere staatliche Kontrolle, sondern

<small>die hellenistische Geldwirtschaft</small>

eignete sich auch weit besser zur Anhäufung von Reichtum. Alexander hatte aus dem erbeuteten Staatsschatz der Perser Münzen prägen lassen und damit unter anderem seine Soldaten bezahlt. Durch diese enorme Neuemission griechischen Geldes beabsichtigte er die Durchsetzung einer einheitlichen Währung und damit die überregionale Förderung des Handels. Allerdings behielten die regionalen Münzen ihren Wert, so dass de facto mehrere Münzsysteme gleichzeitig im Umlauf waren. Diese Politik Alexanders führten seine Nachfolger in den *Diadochenreichen mit unterschiedlicher Intensität und Ausrichtung und später auch noch die Römer fort. Besonders intensiv waren auch hier die Ptolemäer durch die bereits erwähnte Monopolisierung auf die Durchsetzung einer einheitlichen Währung als Grundlage einer florierenden Wirtschaft bedacht. Während sich Alexander und die Seleukiden an der attischen Münzprägung orientierten, folgten die Ptolemäer zunächst der rhodischen und dann der tyrischen Münzprägung. Diese Unterschiede führten zu zwei verschiedenen Wirtschaftszonen in der hellenistischen Welt.

Städtebau als Wirtschaftsfaktor

Der umfassend ausgebildete Alexander hatte sich nicht nur als Kriegsherr betätigt, sondern auch seine Stadt Alexandria in Ägypten zu großen Teilen als Modellstadt selbst entworfen. Dem Bau neuer Städte und dem Ausbau älterer Städte und Handelsstraßen nach griechischem Muster widmeten auch seine Nachfolger Zeit und Geld. Die antike Großstadt war ein Produkt des Hellenismus, wobei insbesondere Pergamon mit über 100 000, Seleukia mit über 200 000 und Alexandria mit gut 500 000 Einwohnern zu nennen sind. Die Baumaßnahmen selbst waren ein innovativer Anschub der hellenistischen Wirtschaft, daneben schufen die neuen großstädtischen Lebensformen auch neue wirtschaftliche Spielräume und Märkte. In den Großstädten entstanden ganz neue Möglichkeiten für Geschäfte und Dienstleistungen. Sie brachten aber auch erhebliche soziale Probleme mit sich. Gegenüber dem persischen Verwaltungssystem verkleinerten die *Diadochenreiche die Verwaltungsgebiete. Auch in diesem Zusammenhang entstand eine Reihe neuer Städte bzw. wuchsen ältere Siedlungen durch die neuen Verwaltungsaufgaben zu meist kleineren Städten an.

Grundzüge der Wirtschaft im Römischen Reich

Während die hellenistischen Staaten Königreiche waren und dies auch bis zu ihrem jeweiligen Ende blieben, begann Rom seine Geschichte als monarchischer Stadtstaat, wurde dann aber zur aristokratisch geprägten Republik. Erst mit Augustus begann die Kaiserzeit, die sich anfänglich noch einen republikanischen Anstrich gab. Diese politischen Veränderungen vollzogen sich Hand in Hand mit wirtschaftlichen Transformationsprozessen. War die Wirtschaft der frühen Republik vornehmlich auf die regionale Selbstversorgung durch Landwirtschaft ausgerichtet, so trat Rom mit seiner Expansion ab dem 3. Jh. v. Chr. als internationale Wirtschaftsmacht in Erscheinung, die auf Profitmaximierung ausgerichtet war. Rom verfügte zwar in der Nähe von Ostia über reichliche Salzvorkommen, war aber ansonsten arm an Bodenschätzen. Nachdem im Verlauf des 2. Jh.s v. Chr. Karthago, der schärfste Handelskonkurrent Roms, besiegt worden war und sich das Römische Reich auch nach Osten hin ausdehnte und schließlich das Erbe der hellenistischen Monarchien antrat, war es zum Weltreich geworden. Materielle Güter wie Lebensmittel, Luxuswaren, Geld-, Gold- und Bodenschätze, aber auch abertausende versklavte Menschen aus den eroberten Gebieten wurden nach Rom gebracht. Die Sklaverei spielte für die Wirtschaft des expandierenden Roms insgesamt eine größere Rolle als für die der hellenistischen Königreiche.

Trat Rom kulturell in die Fußstapfen Griechenlands, so steuerte es als eigene Leistung die ständige Ausarbeitung einer professionalisierten Gesetzgebung bei, die auch die Verwaltung des Reiches und weite Teile des Wirtschaftslebens durch komplexe Abgabensysteme gesetzlich regelte. *Rechtssicherheit als Garant stabiler Wirtschaftsformen*

Obwohl Rom erst ab dem Ende des 4. Jh.s v. Chr. eigene Münzen prägte, sollte bald schon die Geldwirtschaft eine noch größere Rolle spielen als in den hellenistischen Monarchien. Die Ausbeutung der zum Teil weit entlegenen Provinzen wurde durch die Geldwirtschaft wesentlich gefördert und erleichtert, wenngleich auch weiterhin Abgaben in Naturalien erhoben wurden. *Geldwirtschaft und Provinzialsystem*

Einen ganz eigenen Wirtschaftsfaktor stellte die Versorgung der Stadt Rom dar. Zur Zeit der Republik wurden gelegentlich Getreide und zum Teil auch andere Grundnahrungsmittel kostenlos an notdürftige Bürger ausgegeben. Zur Machtpolitik des Augustus gehörte es, sich die Massen der Bürger als Wohltäter gewogen zu machen. Er führte daher in der Stadt Rom die ständige freie Versorgung mit Getreide und zum Teil sogar mit Fleisch, Olivenöl und Wein ein. Die kaiserliche Provinz Ägypten etwa wurde nach seiner Eroberung zur Kornkammer Roms wie vorher schon die Provinz Afrika und die Provinzen am Schwarzen Meer. Dabei mussten die Provinzen nicht nur das benötigte Korn kostenlos zur Verfügung stellen, sondern auch noch den Transport selbst organisieren und bezahlen. Die Provinzen dienten aus der Sicht Roms vornehmlich der wirtschaftlichen Ausbeutung. Dennoch gab es auch hier Spielräume und große regionale Unterschiede, die auch von den jeweiligen Statthaltern unterschiedlich gehandhabt wurden. Diese waren zumeist durch hohen Aufwand an Bestechungsgeldern an ihre Ämter gekommen und waren nicht selten verschuldet. Dieses Geld mussten sie nun wiederum in den Provinzen abschöpfen, so dass es immer wieder zu unerträglichen Belastungen für die provinziale Bevölkerung kam, wovon ein von Sueton überliefertes Zitat des Tiberius aus einem Sendschreiben an die Provinzstatthalter Zeugnis gibt. „Als die Statthalter ihm dazu rieten, in den Provinzen die Steuern anzuheben, schrieb er ihnen zurück, ein Hirte erweise sich als guter Hirte, wenn er das Vieh schere und ihm nicht die Haut über die Ohren ziehe." (Sueton, Tiberius 32,2)

Städte- und Straßenbau

Mit dem Reichtum der Provinzen wurden zahlreiche Städte ausgebaut und wichtige Handels- bzw. Heeresstraßen angelegt und gepflegt. Doch auch die ausgebeuteten Provinzen profitierten von der von den Römern ausgebauten Infrastruktur und der größeren Rechtssicherheit, die die Ordnungsmacht Rom durchsetzte.

Die Stadt Rom wies in ihrer Blütezeit ca. 1 Million Einwohner auf. Wie schon hinsichtlich der hellenistischen Großstädte angemerkt, waren damit auch neue Märkte und Dienstleistungen entstanden. Insbesondere fanden hier auch kostbare Luxuswaren aus allen Provinzen ihren Absatz. Insgesamt trieben die Römer die hellenistische Politik der Urbanisierung intensiviert fort.

soziales und ökonomisches Ungleichgewicht

Trotz des unermesslichen Reichtums Roms gab es auch im Stammland erhebliche Armut. Reich waren bzw. wurden insbesondere die Angehörigen des Senatoren-, des Ritter- und des Dekurionenstandes, die aber insgesamt weniger als ein Prozent der Bevölkerung ausmachten. Aber auch einige geschäftstüchtige Sklaven nutzten den ihnen gewährten wirtschaftlichen Handlungsspielraum. Manche von ihnen konnten sich auf diese Weise freikaufen. Unter den Sklaven gab es gravierende Unterschiede; ihre Stellung hing zu einem Großteil von den jeweiligen Sklavenbesitzern ab sowie von den Aufgaben, die die Sklaven für ihre

Besitzer zu erledigen hatten. Manche Sklaven waren quasi Familienmitglieder, andere wurden wie Vieh behandelt.

Infobox

Geld im Neuen Testament

Die Terminologie des Geldes im Neuen Testament ist nicht nur verwirrend, weil verschiedene Währungen gleichzeitig im Umlauf waren, sondern weil die Terminologie Gewichtseinheiten und Münzen mischt. Ein Talent (Mt 18,24; Apk 16,21; vgl. auch Ex 38,25) z. B. ist ebensowenig eine Münze wie eine „Mine" (Lk 19,13; vgl. Ez 45,12) oder ein „Litra" (Joh 12,3; 19,39).

Die im Neuen Testament erwähnten Münzen gehören folgenden Münzsystemen an, wobei ich die reinen Gewichtstermini, die keine Münzen bezeichnen, mit einem hochgestellten Kreis° versehe°:

Griechisch	1 Talent (°)= 60 Minen (°)
	1 Mine (°) = 50 Statere (°)
	1 Stater = 1 Didrachme
	1 Didrachme = 2 Drachmen
	1 Drachme = 6 Obolen
	1 Obol = 2 Hemiobolen
	1 Hemiobol = 4 Chalkoi
	1 Chalkos = 3 Leptoi
	Hinzu kommen: - Dekadrachme = 10 Drachmen
	- Tetradrachme = 4 Drachmen
	- Hemidrachme = Halbdrachme
Römisch	1 Aureus (Golddenar) = 25 (Silber-)Denare
	1 Denar = 4 Sesterze
	1 Sesterz = 2 Dupondien
	1 Dupondius = 2 Asse
	1 As = 2 Semis
	1 Semis = 2 Quadranten
	In der Literatur findet sich die Auffassung, dass es sich bei dem Lepton in Mk 12,42 um eine römische Kleinstmünze aus Bronze handelt, deren Wert aber nicht bestimmbar sei.
Tyros	Schekel entspricht Tetradrachme
	Halbschekel entspricht Doppeldrachme
	Viertelschekel entspricht Drachme
	Auffälligerweise werden im Neuen Testament die regional geprägten Bronzemünzen, z. B. die der Herodianer, nicht genannt. Solche regionalen Bronzemünzen spielten im Alltag aber eine wesentlich größere Rolle als der Denar, die Drachme oder der tyrische Silberschekel.
Judäa	1 Hadris = 2 Hanzin
	1 Hanzin = 2 Shamin
	1 Shamin = 2 Prutot

Die Macht der römischen Kaiser hatte nicht zuletzt eine ökonomische Grundlage. Durch die von Augustus eingeführte Unterscheidung von kaiserlichen und senatorischen Provinzen flossen beispielsweise die Einkünfte aus Ägypten in seine Kassen. Die Wohltätigkeit der Kaiser gegenüber den Bürgern Roms bezahlten zum großen Teil die Bewohner der kaiserlichen Provinzen.

Grundzüge der Wirtschaft in der Levante

Die Wirtschaft der Levante partizipierte – mit zum Teil recht markanten regionalen Unterschieden – aufgrund ihrer besonderen geographischen Lage als Bindeglied zwischen Asien und Afrika von jeher am interkontinentalen Handel. Die phönizischen Städte am Mittelmeer, insbesondere Tyros, unterhielten zudem intensive Seehandelsbeziehungen mit Karthago, Marseille (Marsilia), Kleinasien, Griechenland und Sizilien. Nicht erst Alexander und seine Nachfolger, vielmehr bereits schon vorher die Phönizier müssen als kulturelle Vermittler zwischen Ost und West gerade durch ihre interkontinentalen Wirtschaftsbeziehungen gelten. Die Levante war von jeher ein multikulturelles Gebiet mit erheblichen geographischen, kulturellen und wirtschaftlichen Unterschieden und blieb das auch zur Zeit der römischen Provinzen Syria und Palästina. Archäologische Funde zeigen an, dass Galiläa weit mehr an diesen internationalen und interkulturellen Handelsbeziehungen beteiligt war als Judäa.

tyrisches Geld als „harte Währung"

Das tyrische Geld, das in der gesamten Levante – mit einer kurzen Unterbrechung infolge der Zerstörung von Tyros durch Alexander – als beständige Leitwährung bis weit in die Römerzeit fungierte, spielte eine erhebliche überregionale wirtschaftliche Rolle. Lange Zeit durfte nur mit dem tyrischen Schekel die Tempelsteuer in Jerusalem bezahlt werden. Der auf seinem hohen Silbergehalt beruhende gute Ruf des tyrischen Geldes blieb auch noch erhalten, als es längst nicht mehr geprägt wurde. Tyrisches Geld wurde in der zweiten Hälfte des 1. Jh.s n. Chr. zur Metapher für solide Währungen.

Judäa in wirtschaftlicher Perspektive

Nach der Eroberung durch Alexander änderte sich für das ehemals persische Jehud zunächst nicht viel. Im Verlauf der Diadochenkämpfe fiel das Land zunächst den Ptolemäern zu und genoss im 3. Jh. v. Chr. eine relative Stabilität. Die Ptolemäer verkleinerten die Verwaltungseinheiten zwecks besserer Kontrolle. Das führte nicht zuletzt zu einer Urbanisierung der Gebiete. Zu Beginn des 2. Jh.s eroberten die Seleukiden die Levante. Die Juden waren also nacheinander in beide hellenistischen Wirtschaftssphären eingebunden, und die Beurteilung von Ptolemäern und Seleukiden war unter den Juden keineswegs einheitlich. Die einflussreiche jüdische Familie der Tobiaden trat als Generalpächter der Steuern und Abgaben in Erscheinung, die die geforderten Einkünfte zunächst an die Ptolemäer und ab 198 v. Chr. an die Seleukiden abliefern mussten, dabei aber selbst großen Gewinn machen konnten. Die aufschlussreichen Briefe des ptolemäischen Verwalters Zenon aus der Mitte des 3. Jh.s geben Einblick, wie umfassend die wirtschaftlichen Aktivitäten solcher Pächter waren.

Nach den Makkabäeraufständen und der Etablierung des hasmonäischen Königtums gewannen die Juden noch einmal für ein knappes Jahrhundert staatliche Autonomie. Obwohl der Makkabäeraufstand sich gerade gegen eine übermäßige Hellenisierung richtete, wurde das hasmonäische Königtum wirtschafts- und machtpolitisch zu einer hellenistischen Herrschafts- und Wirtschaftsform.

Die wechselhaften einschneidenden politischen Ereignisse hatten zur Folge, dass die jüdische Wirtschaft eingebunden wurde in die Wirtschaftssysteme der jeweiligen politischen Vormacht. Durch die hellenistischen und dann die römischen Vorgaben wurde auch die jüdische Wirtschaft notwendig zu einem großen Teil profitorientiert, damit die erforderlichen Abgaben erwirtschaftet werden konnten. Aber auch die Urbanisierung sorgte für einige Veränderungen analog zu den oben beschriebenen Phänomenen, und schließlich gewann durch die Hellenisierung auch die Geldwirtschaft an Bedeutung für die Strukturen judäischer Wirtschaft, die zuvor nicht monetär ausgerichtet war. Als wichtige Faktoren für die jüdische Wirtschaft der im Neuen Testament erzählten Zeit sind weiter zu nennen die immense Bautätigkeit Herodes des Großen sowie die wirtschaftliche Funktion des Jerusalemer Tempels.

Teilhabe und Abhängigkeit

Literatur

J. Ådna, Jerusalemer Tempel und Tempelmarkt im 1. Jahrhundert nach Christus, ADPV 25, Wiesbaden 1999

S. Alkier / J. Zangenberg (Hg.), Zeichen aus Text und Stein. Studien auf dem Weg zu einer Archäologie des Neuen Testaments, unter Mitarb. v. K. Dronsch u. M. Schneider, TANZ 42, Tübingen / Basel 2003

S. Freyne, Galilee. From Alexander the Great to Hadrian. 323 BCE to 135 CE. A Study of Second Temple Judaism, Edinburgh 1980

K. C. Hanson / Douglas E. Oakman, Palestine in the Time of Jesus. Social structures and social conflicts, Minneapolis 1998

Literatur

C. Howgego, Geld in der Antiken Welt. Was Münzen über Geschichte verraten, übers. v. J. u. M. K. Nollé, Darmstadt 2000, i.O.: Ancient History from Coins, London 1995
H. Kloft, Die Wirtschaft der Griechisch-Römischen Welt. Eine Einführung, Darmstadt 1992
M. Rostovtzeff, Gesellschafts- und Wirtschaftsgeschichte der hellenistischen Welt, 3 Bde., unter Mitarb. v. M. Wodrich übers. v. G. u. E. Bayer, um e. Einl. v. H. Heinen erw. reprogr. Nachdr. Dt. Ausg. Darmstadt 1955, 1998, i.O.: The Social and Economic History of the Hellenistic World

Aufgaben

1. Lesen Sie das Markusevangelium. Welche Informationen über die Landwirtschaft sind hier zu entnehmen?
2. Schreiben Sie einen Essay zum Thema „Jesu Jünger waren Fischer". Lesen Sie nun das Matthäusevangelium und notieren Sie dabei alle Informationen über Fische, Fischfang und Fischer. Lesen Sie dann Hanson/Oakman, Palestine in the time of Jesus, 106–110. Vergleichen Sie ihren Essay mit den Informationen aus Hanson/Oakman.
3. Lesen Sie das Lukasevangelium. Welche Informationen über die Geldwirtschaft sind hier zu erschließen?

5.3 | Religionsgeschichtliche Kontexte

Austausch zwischen Europa und dem Orient

Die antike Welt, in der die christliche Überlieferung entstand, war eine multikulturelle Gesellschaft mit erheblichen regionalen Unterschieden. Diese betrafen gerade auch das religiöse Leben. Das hellenistische Reich Alexanders und die *Diadochenreiche seiner Erben wie auch das Römische Reich hatten den Austausch der Kulturen, der lange vor Alexander auch zwischen Europa und dem Vorderen Orient eingesetzt hatte, erheblich begünstigt. So kam es nicht nur zu einer Hellenisierung des Vorderen Orients, sondern gerade auch in der Form von religiösen Impulsen zu kulturellen Transformationsprozessen in Griechenland und dann auch in Rom. Vor allem Kleinasien aber kann als Schmelztiegel des Kulturaustausches zwischen Europa und dem Vorderen Orient gelten.

Religion als prägender Faktor

Religion war in allen Teilen der hellenistischen Reiche wie dann auch im Römischen Reich ein bestimmender Faktor gesellschaftlichen und privaten Lebens, der Auswirkungen auf alle anderen Bereiche der Kultur hatte, weil Religion, Politik, Wirtschaft und Recht aufs engste miteinander verflochten waren. Eine knappe Skizze hellenistischer wie auch römischer Religionen im Rahmen eines Arbeitsbuches zum Neuen Testament muss aber zunächst ein terminologisches, ein ideologisches und ein religionsgeschichtliches Problem ansprechen.

Das *terminologische Problem* besteht darin, dass es in der griechischen Sprache – ebenso wie im Hebräischen und Aramäischen – keinen Begriff für Religion gibt. Der römische Begriff der *religio* deckt zudem nur einen Ausschnitt dessen ab, was in gegenwärtiger Religionswissenschaft als Religion bzw. als „religiös" angesehen wird. Nicht nur die Religionen haben eine Geschichte, sondern auch der religionswissenschaftliche Blick ist nicht vom Himmel gefallen und steht in der Tradition eines christlich-aufgeklärten Wissensdiskurses. Jede religionsgeschichtliche Darstellung muss daher das religionstheoretische Problem bedenken, dass die meisten Sprachen der Welt kein Wort für „Religion" haben. Die Entscheidung darüber, was dann der Untersuchungsgegenstand der Religionswissenschaft bzw. -geschichte sein soll, liegt nicht allein auf der Ebene der Phänomene, sondern entspringt mehr noch der jeweiligen Religionstheorie bzw. der Empfindung der Religionswissenschaftler dafür, was sie für „religiös" halten.

terminologisches Problem

Damit verbunden ist eine *ideologische Problematik*. Jede religionsgeschichtliche Darstellung bewertet die dargestellten Phänomene explizit oder implizit von der je eigenen ideologischen Perspektive aus. Das kann man besonders gut an der Gegenüberstellung von Monotheismus und Polytheismus sehen. Aus einer jüdisch-christlich-islamischen Perspektive gilt der Monotheismus als die entwickeltere Religionsform. Polytheisten werden dann mit dem Begriff der „Heiden" abqualifiziert. Monotheismuskritiker aber von Edward Gibbon bis Jan Assmann sehen im Polytheismus die freiere, weil pluralere Religionsform und verdächtigen den Monotheismus grundsätzlich der Uniformierung und der unterdrückenden Gewalt. Historisch gesehen ist das eine so unhaltbar wie das andere.

ideologisches Problem

In diesem Buch vermeide ich grundsätzlich das Wort „Heiden", weil es unweigerlich mit der Assoziation des Minderwertigen verbunden ist. Ebenso wenig ist aber einer neoromantischen Idealisierung polytheistischer Religionen das Wort zu reden. Eine religionsgeschichtliche Perspektive verfügt über keine Diskursform, die Wahrheitsfrage hinsichtlich der Religion(en) angemessen zu bearbeiten. Die theoretischen Mittel dafür stellt die konfessionell bestimmte theologische Wissenschaft bereit. Die impliziten Theologien der Religionswissenschaftler können diese theoretische Arbeit nicht ersetzen. Wohl aber sollte jede religionsgeschichtliche Darstellung mit Respekt vor den religiösen Empfindungen der in den kritischen Blick der Wissenschaft geratenen Menschen und Kulturen erarbeitet und abgefasst werden.

religionsgeschichtliches Problem

Das *religionsgeschichtliche Missverständnis*, das es zu vermeiden gilt, ergibt sich aus der gesonderten Darstellung des Jerusalemer Tempelkultes als Mittelpunkt der Mehrheit des Judentums in der Levante und in der Diaspora. Schnell erwächst daraus der Eindruck, das Judentum sei vollkommen isoliert von den anderen Religionen im Hellenismus bzw. im Römischen Reich gewesen. Dem war aber keineswegs so. Das Judentum war eine einflussreiche und als altehrwürdig akzeptierte Religion im religiösen Pluralismus der hellenistischen Reiche und ebenso im Römischen Reich. Es gab sogar eine nicht zu unterschätzende Zahl von Sympathisanten, die als „Gottesfürchtige" den Gott Israels verehrten, aber nicht den Schritt des Eintritts in die Kultgemeinschaft durch den Akt der Beschneidung vollzogen. Manche scheuten auch diesen Schritt nicht. Ohne die grundsätzliche Wertschätzung der jüdischen Gottesverehrung wären die fünf Bücher Mose nicht auf Wunsch bzw. Duldung Ptolemaios II. ins Griechische übersetzt und in die Bibliothek von Alexandria eingestellt worden, und ohne diese grundsätzliche Wertschätzung hätten Juden dann auch später im Römischen Reich nicht die Sondererlaubnis erhalten, vom Militärdienst befreit zu werden, um nicht an für Juden verbotenen kultischen Feiern teilnehmen zu müssen. Das Judentum hat seine Ausgestaltung in der kulturellen Begegnung mit Griechen und Römern und davor schon mit Babyloniern und Persern gefunden. Nicht nur das sogenannte hellenistische Judentum, sondern das gesamte antike Judentum war Teil der orientalischen, hellenistischen und römischen Religionskultur.

Merksatz

MERKE: Es gibt keinen übergeschichtlichen und für alle Kulturen zutreffenden Begriff der Religion. Jeder Religionsbegriff abstrahiert von den Phänomenen und bezieht ihnen gegenüber Position.

Der Tempelkult in Jerusalem | 5.3.1

Die Auslegung der Tora und auch der prophetischen Schriften stellte die diskursive Grundlage des antiken Judentums dar und der darin narrativ explizierte Erwählungsgedanke des Volkes Israels den Kern jüdischer Identität. Der Jerusalemer Tempel bildete den Mittelpunkt jüdischen Lebens weit über die Grenzen Judäas hinaus. Der Aristeasbrief, eine alexandrinisch-jüdische Schrift aus der zweiten Hälfte des 2. Jh.s v. Chr., erzählt nicht nur, wie es zur Septuaginta, der Übersetzung der Tora ins Griechische, kam. Vielmehr bekundet er eindrücklich die fromme Bewunderung des durch Opferriten geprägten Tempelkultes. Nachdem der Tempel, der dortige Opferkult, der Priesterdienst und das Gewand des Hohenpriesters beschrieben worden sind, heißt es abschließend: „Der Anblick dieser Dinge aber flößt Ehrfurcht und Entsetzen ein, so dass man glauben könnte, an einen anderen Ort außerhalb der Welt gelangt zu sein. Und ich versichere, dass jeder Mensch, der die oben beschriebenen Dinge sehen kann, in Erstaunen und unbeschreibliche Verwunderung geraten und tief bewegt sein wird durch die heilige Vorkehrung in jedem einzelnen Punkt." (Ausg. Meisner, JSHRZ II, § 98)

Tora und Tempel

Die Instandhaltung des Tempelareals und der Opferkult selbst waren kostspielig. Mit der Tempelsteuer wurden die dafür benötigten Sach- und Personalmittel beglichen. Der Aristeasbrief spricht von 700 Priestern, die dort ihren Dienst verrichteten. An Festtagen ging die Zahl der Opfertiere in die Tausende.

der Tempel als wirtschaftlicher Knotenpunkt

Das Tempelareal in Jerusalem war der größte direkte und durch die benötigten Lieferungen an Opfertieren, Baumaterialien etc. auch der größte indirekte Arbeitgeber Judäas. Auf dem Tempelareal tagte auch die vom Hohenpriester geleitete Ältestenversammlung (Sanhedrin, griech. Synhedrion), die aus religiösen und politischen Repräsentanten des römisch besetzten Judäas gebildet wurde. Hier wurde auch auf der Basis der schriftlichen Tora – der fünf Bücher Mose – jüdisches Recht gesprochen.

Darüber hinaus diente der Jerusalemer Tempel als Bank. Die Ersparnisse der kleinen Leute wurden hier ebenso aufbewahrt wie der Überschuss der Tempelsteuer, der für gemeinnützige Baumaßnahmen und andere Zwecke verwendet wurde. Zudem fungierte der Jerusalemer Tempel als „Börse", denn die Tempelsteuer durfte lange Zeit nur mit dem wertbeständigen tyrischen Silbergeld bezahlt werden. Die aus der berühmten sogenannten Erzählung von Jesu „Tempelreinigung" (Mk 11,15-19 par) bekannten Geldwechsler waren wohl Angestellte des Tempels. Ihre Aufgabe war es, die von den Tempelbesuchern mitgebrachten verschiedenen Währungen in tyrisches Silbergeld umzutauschen. Die Wechselkurse dafür wurden vom Hohenpriester festgelegt.

überregionale Bedeutung des Tempels

Der Jerusalemer Tempel war der religiöse und kulturelle Mittelpunkt nicht nur der Juden in Judäa, sondern auch weit darüber hinaus. Die Pilgerfeste, die dreimal jährlich eine große Zahl von Juden nach Jerusalem strömen ließen, waren aber nicht nur religiöse und kulturelle, sondern auch wirtschaftliche Ereignisse. Die Pilger kauften ihre Opfertiere am Tempelmarkt in Jerusalem, denn der weite Weg nach Jerusalem war viel zu beschwerlich, um alles Nötige mitzubringen. Die zentrale Rolle des Opferkultes und der religiös wie politisch bedeutenden Jerusalemer Priesterschaft ließ den Jerusalemer Tempel zum religiösen, politischen und wirtschaftlichen Mittelpunkt und ebenso zum Ort der Rechtsprechung werden.

Diese Multifunktionalität war aber kein Spezifikum des Jerusalemer Tempels. Auch der römische Staatsschatz, das *aerarium*, wurde in einem Tempel aufbewahrt, und zwar im Saturntempel der Stadt Rom. Viele Tempel dienten als Bank, in der auch kleine Vermögen hinterlegt wurden, in der Hoffnung, Diebe würden die Aura des heiligen Bezirkes respektieren – was übrigens längst nicht immer der Fall war.

der Tempelbau Herodes des Großen

Die Bedeutung des Jerusalemer Tempels wurde durch die Bautätigkeit der Herodianer nochmals gesteigert. Herodes der Große, dem 40 v. Chr. in Rom vom Senat der Titel „König der Juden" zugesprochen wurde, überzeugte die Ratsversammlung in Jerusalem von der Aufrichtigkeit seiner Pläne, das Jerusalemer Tempelareal von Grund auf zu erneuern, zu vergrößern und „in nie da gewesener Pracht" neu aufzubauen. Dafür musste der bestehende Tempel aber zunächst einmal abgerissen werden. Die Jerusalemer Entscheidungsträger gaben erst ihre Zustimmung, nachdem Herodes zugesichert hatte, alles benötigte Baumaterial vor dem Abriss des alten Tempels auf eigene Kosten nach Jerusalem bringen zu lassen. Für die Bauarbeiten am neuen Tempelgebäude wurden hunderte von Priestern zu Bauhandwerkern ausgebildet. Mit dem Tempelneubau wurde 20 v. Chr. begonnen, und 10 v. Chr. wurde der Neubau eingeweiht, obwohl bei weitem noch nicht alle Baumaßnahmen abgeschlossen waren. Herodes der Große, der 4 v. Chr. starb, erlebte den Abschluss der Bauarbeiten nicht mehr. Bei dem nach Mk 13,1 auch von Jesu Jüngern bewunderten Tempelbau handelte es sich also um den herodianischen Tempel. Seine „unübertreffliche Pracht" (Josephus, *bell* 1,401) wurde vielfach bestaunt. Erst im Jahr 64 n. Chr. kam es zum Abschluss der letzten Bauarbeiten am Tempelareal, und bereits 70 n. Chr. wurde der Tempel im Rahmen des jüdisch-römischen Krieges (66–70/73 n. Chr.) weitgehend zerstört.

Das enorme Engagement Herodes des Großen für den Tempelneubau zeigt in eindrücklicher Weise, wie Politik, Religion, Wirtschaft und Recht ineinander verwoben waren und wie geschickt er diese Gemengelage zu nutzen wusste.

Die Maße des neuen Tempelareals waren jüdischen *eschatologischen Traditionen verpflichtet, die beim Propheten Ezechiel niedergelegt sind (vgl. Ez 40-48, insbes. 42,15-20). Andererseits griff die Architektur des Neubaus hellenistisch-römische Vorbilder auf, und einzelne Gebäude der Tempelanlage wurden nach der römischen Kaiserfamilie benannt. Dem Tempelneubau des Herodes gelang in eindrucksvoller Weise die kulturelle Synthese zwischen jüdischen, hellenistischen und römischen Traditionen, die auch Herodes selbst kennzeichnet. Der Idumäer Herodes stiftete als von den Römern eingesetzter König der Juden dem jüdischen Zentralkult an alter Stelle ein neues Heiligtum, das jüdische *eschatologische Traditionen aufgriff, römische Herrschernamen in das Zentralheiligtum einschrieb, traditionelle jüdische und hellenistisch-römische Architektur stilvoll kombinierte und mit der Neuweihung des Tempels die hasmonäische Tempeltradition auslöschte, die zuletzt durch Bauarbeiten im Tempelareal entstanden war. Durch die Einholung der Zustimmung des Hohenpriesters zu diesen umfangreichen Baumaßnahmen beachtete er zudem jüdisches Recht, und nicht zuletzt brachte die Bautätigkeit auch wirtschaftlichen Aufschwung ins Land.

Verschmelzung jüdischer und römisch-hellenistischer Elemente

Gabriele Faßbeck wird zuzustimmen sein, wenn sie diesen Neuanfang des Jerusalemer Tempelkultes auch in den Rahmen des von Augustus angesagten neuen goldenen Zeitalters einträgt und Herodes damit nicht nur jüdische, sondern auch römische *Eschatologie symbolisch manifestieren lässt. Der Tempelneubau des Herodes brachte ihm jedenfalls von allen Seiten Anerkennung und wurde als Ausdruck seiner Frömmigkeit wertgeschätzt.

> **Merksatz**
>
> **MERKE:** Die zentrale Rolle des Opferkultes im antiken Judentum ließ den Jerusalemer Tempel zum religiösen, politischen und wirtschaftlichen Mittelpunkt und ebenso zum Ort der Rechtsprechung werden.

Literatur

J. Ådna, Jerusalemer Tempel und Tempelmarkt im 1. Jahrhundert n. Chr., Abhandlungen des Deutschen Palästina-Vereins 25, Wiesbaden 1999

G. Faßbeck, „Unermesslicher Aufwand und unübertreffliche Pracht" (bell 1,401). Von Nutzen und Frommen des Tempelneubaus unter Herodes dem Großen, in: S. Alkier/J. Zangenberg (Hg.) Zeichen aus Text und Stein. Studien auf dem Weg zu einer Archäologie des Neuen Testaments, TANZ 42, Tübingen / Basel 2003, 222–249

S. Karweick / S. Alkier, „So hab ich Jesus ja noch nie erlebt!" Die sogenannte „Tempelreinigung" in der 6. Klasse einer Realschule, in: G. Büttner, M. Schreiner (Hg.), „Man hat immer ein Stück Gott in sich". Mit Kindern biblische Geschichten deuten. Teil 2: Neues Testament, Jahrbuch für Kindertheologie, Sonderband, Stuttgart 2006, 150–167

P. Schollmeyer, Römische Tempel. Kult und Architektur im Imperium Romanum, Darmstadt 2008

5.3.2 Religionen im Hellenismus

Götter Griechenlands

Die Namen der wichtigsten Götter Griechenlands gehören auch noch in der Gegenwart zum kulturellen Allgemeinwissen. Ihre durch die Darstellungen bei Hesiod (um 700 v. Chr.) und vor allem bei Homer (8. Jh. v. Chr.) geprägten Charakteristika sind hingegen weniger bekannt. Die narrative Theologie der griechischen Götter erfreute sich noch vor wenigen Jahrzehnten durch die im Schulunterricht vermittelten Sagen des klassischen Altertums so großer Beliebtheit, dass sie sogar als Zeichentrickserie im Vorabendprogramm Erfolg hatte. Zeus, Poseidon, Hades, Hera, Athene, Aphrodite und Hermes sind zwar immer noch in gegenwärtigen Kreuzworträtseln gefragt, aber ihre Geschichten kennen nur noch wenige. Die enge Verbindung von griechischer Dichtung und kultischer Praxis führt vor Augen, wie sehr Kunst und Religion ineinander verwoben waren. Wahrscheinlich ist das griechische Drama aus Kultspielen hervorgegangen. In die Dichtung Homers und Hesiods fanden längst vor dem Hellenismus orientalische Mythen Eingang und prägten die griechischen Gottesbilder mit.

Ob die Götter Griechenlands eher als Kraftsphären oder als handelnde Personen vorgestellt wurden, ist umstritten. Vermutlich sollte man diese Alternative auch nicht überspitzen. Beides war möglich. Schon früh gibt es sogar Zeugnisse für eine atheistische Entmythologisierung griechischer Göttergeschichten.

Wichtiger aber ist es zu beachten, dass es keine überregional gültige griechische Religion gab. Der Kult war Sache des jeweiligen Stadtstaates. Keineswegs fanden sich in allen griechischen Städten Europas und Kleinasiens dieselben Kulte. Schon gar nicht gab es eine überregionale Theologie, die etwa festlegte, was man von Zeus zu erzählen hatte und was nicht. Allerdings prägten insbesondere Homers *Ilias* sowie die *Theogonie* Hesiods die griechische und dann auch noch die hellenistische Enzyklopädie der Göttergeschichten.

Die Götter anderer Völker versuchten die Griechen und Makedonen, gerade auch in hellenistischer Zeit, mit ihren eigenen Göttern zu identifizieren. So wurde etwa der tyrische Gott Baal

interpretatio graeca

Infobox

Interpretatio Romana / Interpretatio Graeca
Die Begriffe der *interpretatio Romana* bzw. *Graeca* sind neuzeitliche Prägungen unter Bezug auf den römischen Historiker Tacitus. Tacitus versuchte seinen römischen Lesern germanische Gottheiten zu erläutern, indem er die ihnen zugeschriebene Wirkkraft und den Bereich ihres Wirkens beschreibt. Sodann überlegt er, welche römische Gottheit diesen Wirkkräften und Bereichen am nächsten kommt. Schließlich identifiziert er die fremde germanische mit der bekannten römischen Gottheit. So identifiziert er „nach römischer Interpretation" die germanische Gottheit Alcis mit den römischen Göttern Castor und Pollux (vgl. Germania 43). Auf vergleichbare Weise aber hatten die Römer zuvor schon ihre Götter mit denen der von ihnen bewunderten Griechen identifiziert. Auch die Griechen identifizierten die Götter anderer auf ähnliche Weise mit ihren Göttern, weshalb man abgeleitet von dem Begriff der *interpretatio Romana* dann auch von der *interpretatio Graeca* spricht. Sowohl die *interpretatio Graeca* als auch die *interpretatio Romana* zeugen gleichermaßen von Toleranz und Akzeptanz wie von der Vereinnahmung des Fremden durch die Interpretationshoheit der herrschenden Kultur. Nicht selten veränderte dieser interkulturelle Interpretationsvorgang das Erscheinungsbild der aus griechischer bzw. römischer Sicht fremden Gottheit. Aber auch die interpretierte Gottheit hatte durchaus Rückwirkung auf das Verständnis der interpretierenden Gottesauffassung. So trugen *interpretatio Graeca* wie *Romana* erheblich zur Ausbildung interkultureller Verstehensprozesse und interkultureller Transformationen bei.

Melkarth mit Herakles verglichen. Auf dem tyrischen Schekel, mit denen die Jerusalemer Tempelsteuer zu bezahlen war, war dieser tyrische Stadtgott in der Darstellungstradition des Herakles abgebildet. Diese *interpretatio Graeca*, die in Form von Götterlisten und der Übertragung von Mythen von einem Gott auf den anderen ihre Vorläufer in Mesopotamien und Syrien-Palästina hat, gehört wohl zu den kulturgeschichtlich effektivsten hermeneutischen Leistungen auf dem Gebiet der Religion.

Im Folgenden soll anhand einiger Schlaglichter der Phänomenbereich näher beleuchtet werden, den wir neuzeitlich unter „Religion" subsumieren. Sowohl die Vielgestaltigkeit religiösen Lebens als auch die Verschränkung öffentlicher und privater Religiosität stehen dabei im Zentrum des Interesses. Auch soll wiederum gezeigt werden, wie eng Religion, Wirtschaft und Politik in der antiken Welt miteinander verflochten waren.

Votivreligion   War der Tempelkult eine Angelegenheit öffentlicher Religion der Stadtstaaten, so finden sich Zeugnisse individueller Religiosität insbesondere auf den zahlreichen *Votivtafeln. Hier wurden individuelle Wünsche nach Gesundheit, Glück und Erfolg notiert und in dieser Form von den Göttern erbeten.

Orakel   Die Orakelstätten hatten großen Einfluss auf politische Vorgänge. Insbesondere dem berühmten Orakel zu Delphi kam überregionale Bedeutung zu. „Sein Rat war gefragt, wenn sich eine Stadt eine neue Verfassung gab, Kultreformen vornahm oder eine Neugründung plante." (Giebel 29, vgl. ebd., 52. 68. 96.) Gesandtschaften trugen ihre Anfragen vor und überbrachten die interpretationsbedürftigen Rätselsprüche an ihre Städte. Dieser religiöse Interpretationsdiskurs trug nicht selten zur notwendigen politischen Entscheidungsfindung hinsichtlich von Kriegs-, Handels- oder Reiseplänen bei. Die Orakelstätten waren also weniger Wahrsagezentren als vielmehr Orte einer religiös-politischen Diskurskultur, die die Unabwägbarkeit und Unverfügbarkeit des Zukünftigen verarbeitete.

Gemeinsam sind der Orakel- wie der Votivreligion ihre hohe soziale Plausibilität sowie ihre kontingenzbewältigende Funktion. Orakel und Votivgaben waren in der Antike wichtige Faktoren individueller und gesellschaftlicher Stabilität.

Mysterien   Zwischen den verpflichtenden öffentlichen Kulten des jeweiligen Stadtstaates und der privaten Religion der Votivtafeln stehen die Kultvereine, die auf freiwilliger Mitgliedschaft beruhen. Sie hatten keinerlei exklusive Ansprüche. Man konnte gleichzeitig Mitglied in verschiedenen Kultvereinen werden. Hatte es schon seit alters Kultvereine für bestimmte Gottheiten gegeben, so entwickelte sich in Form der Mysterienvereine eine neue spezifische Spielart hellenistisch-römischer Religiosität. Die ältesten Mysterien waren die eleusinischen. „Das Wort *mysteria* war ursprünglich der athenische Ausdruck für das Fest der Demeter und der Kore in Eleusis, wurde später aber für eine Vielzahl von Kulten von Isis bis Mithras verwendet, deren hauptsächliche Gemeinsamkeiten aus Einweihung, Geheimhaltung und [...] einem gewissen Interesse am Leben nach dem Tode bestand." (Bremmer, 94)

Die bedeutendste Mysterienfeier in Kleinasien galt der ursprünglich anatolischen Muttergöttin Kybele, die in hellenistischer Zeit als Artemis verehrt wurde (vgl. Apg 19). Schon gegen Ende des 3. Jh.s wurde sie auch in Rom als *Mater Magna* (Große Mutter) verehrt. Rom wurde bald schon zum Zentrum des Kultes der *Mater Magna*. Die Mysterien erzählten den Mythos von Kybeles Geliebten Attis, der nach seiner Kastration starb.

Kult der „Großen Mutter"

Die *interpretatio Graeca* erblickte in dem ägyptischen Götterpaar Isis und Osiris Demeter und Dionysos. Die Ptolemäer förderten die Verehrung der Isis und schufen mit Sarapis sogar einen ihr zugeordneten weiteren Gott. Isis und Sarapis waren insbesondere für Krankenheilungen zuständig. Oft wurde Isis auch zusammen mit dem Heilgott Asklepios verehrt. Der Isiskult breitete sich rasch über die ganze Mittelmeerwelt aus. In zahlreichen Isishymnen wird die Göttin als Retterin („Heiland") angerufen. Vor dem Ausspruch des Heilungswunsches wurde ein Sündenbekenntnis gesprochen.

Isis, Osiris und hellenistische Heilgottheiten

Zwar wurde die frühere religionsgeschichtliche Hypothese, das Christentum sei eine Art Mysterienreligion gewesen, zu Recht falsifiziert, aber es gab durchaus Berührungspunkte zwischen den Mysten und den frühen Christen. Beide religiösen Gruppen thematisieren Heilung und Heil über den Tod hinaus. Sowohl die Mysten als auch die Christen erzählen Geschichten von der Überwindung des Todes und inszenieren dies in kultischen Handlungen. Stärker als in den christlichen Gemeinden richtete sich die Hoffnung der Mysten aber auch auf konkrete irdische Güter: Wohlstand, beruflicher Erfolg und gesellschaftliche Anerkennung wurden ebenso von der Gottheit erbeten wie Gemeinschaft, Gesundheit und Gottesnähe.

Christentum und Mysterienkulte

Wie in den christlichen Gemeinden waren in den Mysterienvereinen Frauen auch mit Leitungsaufgaben betraut. Überhaupt galten für beide die sozialen Unterschiede zwischen ihren Mitgliedern zumindest während der kultischen Feiern als ausgesetzt. Inwieweit das auch auf die politische Gestaltung des gesellschaftlichen Lebens Auswirkungen hatte bzw. haben sollte, ist in der Forschung umstritten. Der maßgebliche Unterschied zwischen beiden Religionsformen besteht aber vor allem darin, dass das christliche Wort vom Kreuz keinen Göttermythos erzählt, sondern die Geschichte der Hinrichtung eines politischen Gefangenen inmitten realer Geschichte und ihrer heilvollen Wende in Gestalt der Auferweckung des Gekreuzigten durch den Gott Israels. Diese Geschichte ist in ihrer Grundstruktur analogielos.

Herrscherkult

Im Hellenismus waren Religion und Herrschaft aufs engste miteinander verbunden. Dies zeigte sich bereits bei Alexander dem Großen, dessen religiöse Vorstellungen maßgeblich von Homers *Ilias* geprägt waren und der seinen Zuwachs an Macht nicht nur als Gunst der Götter interpretierte, sondern sich selbst in der Aufnahme ägyptischer Königsideologie als Sohn Gottes inszenierte und seine göttliche Verehrung einforderte. Diesen Herrscherkult übernahmen sowohl die ptolemäischen als auch die seleukidischen Könige und brachten dies auch durch Beinamen wie „Retter", „der erscheinende Gott" oder auch einfach nur „Gott" zum Ausdruck. Es führt ein ideologiegeschichtlicher Weg von der ägyptischen Auffassung vom Königtum über das hellenistische Herrschaftsverständnis hin zum römischen Kaiserkult, mit dem sich viele neutestamentliche Schriften, vor allem die Johannesapokalypse, auseinandersetzen.

Literatur

J. N. Bremmer, Götter, Mythen und Heiligtümer im antiken Griechenland, Darmstadt 1996

W. Burkert, Antike Mysterien. Funktionen und Gehalt, 2. Aufl., München 1991

M. Giebel, Das Orakel von Delphi. Geschichte und Texte, Gr. / Dt, Stuttgart 2001

V. Rosenburger, Griechische Orakel. Eine Kulturgeschichte, Darmstadt 2001

Aufgaben

1. Lesen Sie den homerischen Demeter-Hymnos: Was wird den Eingeweihten versprochen?

2. Bringen Sie den Kontext des folgenden Orakelspruches in Erfahrung: „Du bist unüberwindlich, Knabe." (Giebel, Das Orakel von Delphi, 98)
3. Lesen Sie die Kapitel 16-20 der Apostelgeschichte des Lukas. Welche Götter, Kulte und religiösen Praktiken begegnen Paulus während seiner Missionstätigkeit in Kleinasien und Griechenland?

Religionen im Römischen Reich | 5.3.3

Was mit Blick auf die griechischen Götter und Kulte gesagt wurde, gilt in grundsätzlicher Weise auch für die der Römer. Jupiter, Juno, Minerva, Mars und Venus wurden von den Römern mit den entsprechenden griechischen Gottheiten identifiziert, wie sie überhaupt griechische Kultur und Religion in vielfacher Hinsicht als Leitbilder nutzten. Allerdings gibt es auch erhebliche Unterschiede zwischen der griechischen und der römischen Götterwelt. So waren etwa die römischen Götter untereinander weniger stark verbunden als die griechischen. | römische Götter

Römische Religion auf die bekannten Götter des Pantheons zu reduzieren würde den Blick darauf versperren, dass alle Bereiche des politischen, gesellschaftlichen und individuellen Lebens religiös eingebunden waren. Handelte es sich um Beratungen über Krieg oder Frieden, musste die Senatssitzung im Marstempel abgehalten werden. Nicht nur jede Senatssitzung, sondern jede Mahlzeit wurde mit einem Opfer begonnen.

Wie sehr politische Macht und religiöse Deutungsmacht in Rom miteinander verwoben waren, zeigt auch der Umgang der Römer mit ihren religiösen Schriften, insbesondere den Sibyllinischen Büchern: „Nichts bewahren die Römer als so göttlichen und heiligen Besitz auf wie die sibyllinischen Sprüche. Sie bedienen sich ihrer, so oft der Senat es beschließt, wenn innerer Aufruhr im Staat ausbricht, wenn sie ein großes Unglück im Kriege trifft, oder wenn gewisse Wunder und andere große, unerklärliche Zeichen ihnen erscheinen, wie dies oft geschah." (Dionys von Halikarnass, Ant, 4,62 (5), zit. nach Sibyllinische Weissagungen, 397) Die Sibyllinischen Bücher der Römer waren zunächst einmal Anweisungen für den Kult angesichts jeglichen Unglücks, das die römische Gesellschaft treffen konnte. Sie hatten weniger mit Prophezeiungen als vielmehr mit Sühnehandlungen *ex eventu* | Sibyllinische Bücher

(*vaticinium ex eventu) zu tun. Dies änderte sich aber, nachdem 83 v. Chr. beim Brand des Kapitols die Sibyllinischen Bücher verloren gingen. Der Senat schickte Gesandte aus, um aus anderen Überlieferungen und aus dem Gedächtnis zumindest einiges wiederherzustellen. Auch diese neue Sammlung kam unter Verschluss, was jedoch nicht davor schützte, dass in den inneren politischen Wirren Roms immer wieder vermeintliche Sprüche der Sibyllinischen Bücher als geheime Weissagungen zur Stützung politischer Interessen in Umlauf gebracht wurden. Nur die vom Senat ernannten Priester des 15-Männer-Kollegiums durften die Sibyllinischen Bücher lesen und auslegen. Wie oben dargelegt, wurde auch die von Augustus angeordnete Saecularfeier zur Eröffnung des goldenen Zeitalters mit einem Sibyllenspruch religiös begründet. Die Sibyllinischen Bücher hatten über Rom hinaus eine enorme Ausstrahlungskraft, so dass Weissagungen der Prophetin Sibylle auch in späterer jüdischer und christlicher Tradition begegnen.

Wunderzeichen und Magie

Wunder und Magie waren in der gesamten Antike kein schichtenspezifischer Aberglaube. Die seit David Hume immer wieder zu lesende Behauptung, Wunderglaube habe mit Unbildung und Armut zu tun, wird nicht nur von religionssoziologischen Untersuchungen klar widerlegt, sondern gerade auch von der gesamten antiken Überlieferung. Das Wirken menschliche Möglichkeiten übersteigender Kräfte war für die gesamte Antike eine plausible Annahme zur Interpretation realer Erfahrungen, so wie seit Sigmund Freud das Unbewusste eine enzyklopädisch verankerte Realitätsannahme der westlichen Welt der Gegenwart darstellt. Zauberbücher stellten einen beachtlichen Wirtschaftsfaktor dar (vgl. Apg. 19,19).

Wunderzeichen wurden auch im Römischen Senat diskutiert und mit Hilfe der Sibyllinischen Bücher interpretiert. Mit Wunderzeichen legitimierten Kaiser von Augustus bis Konstantin ihre Macht als göttlich gegeben. Magie in Form des Schadenzaubers war sogar ein Bestandteil des Römischen Rechts. Das Römische Zwölftafelgesetz verbietet „fremde Saat durch Zauberei an dich" (Tafel VIII. 8b) herüberzuziehen. Der im 2. Jh. n. Chr. lebende römische Rhetor und Schriftsteller Apuleius berichtet in seiner Schrift *Über die Magie* eindrücklich darüber, wie er sich in einem förmlichen Rechtsprozess gegen den Vorwurf der Magie argumentativ verteidigen musste. Man stritt nicht darüber, ob es menschliche Möglichkeiten übersteigende Kräfte im Kosmos gab, sondern ob sie im jeweils konkreten Fall wirkten oder ob es sich um Tricks und Täuschungen handelte.

Weil die Römer durch und durch mit außermenschlichen Wirkkräften rechneten, legten sie für das ganze Jahr Festzeiten fest. Die von ihnen angenommene kosmische Ordnung sollte damit alle Geschäfte und Handlungen bestimmen. Diese enorme Bedeutung der Kalender hat wie kein anderer der Religionsgeschichtler Jörg Rüpke erforscht. Von seiner Beobachtung aus wird die religiöse Dimension der Kalenderreformen, die bereits mit Blick auf den asiatischen Kalender angesprochen wurde, nochmals unterstrichen.

Kalender

Unterschieden Juden klar zwischen Gott und Mensch, zwischen Schöpfer und Geschöpf, so überbrückten wie in den hellenistischen Reichen auch die Römer diese Grenzziehung durch Halbgötter und göttliche Menschen. Die bereits oben angeführte Unterscheidung zwischen *deus* (Gott) und *divus* (göttlich) gibt dafür eindrückliches Zeugnis. Mit Kaiser Domitian droht diese Unterscheidung vollends zu verwischen – ein Sachverhalt, der sicher dazu beitrug, dass Domitian nach seinem Tod vom Senat nicht nur nicht geehrt, sondern sogar aus dem römischen Staatsgedächtnis gestrichen wurde. Bis zu Domitian konnte auch ein Kaiser wie Augustus erst nach seinem Tod zum Gott erklärt werden, aber schon während ihrer Lebzeiten konnten Menschen göttliche Ehren zuteil werden. Diese sollten zum Ausdruck bringen, dass der so Geehrte nicht allein in der Sphäre des Menschlichen, sondern auch bereits in der des Göttlichen verankert war.

Kaiserkult

Lange vor dem römischen Kaiserkult wurden auch in der republikanischen Zeit besonders herausragende Römer als *divus* geehrt. Der hellenistische Herrscherkult, der sehr viel weiter ging und eher von ägyptischen Herrschaftstraditionen geleitet Könige als Götter auffasste, war den Römern bis zu Augustus eher befremdlich. Es ist daher kein Zufall, dass der römische Kaiserkult von Kleinasien aus seinen Siegeszug antrat.

Der römische Kaiserkult hatte einen Schwerpunkt in den römischen Legionen. Diese waren auch höchst empfänglich für den Mithraskult, der neben dem Kult der *Mater Magna* einen der beiden wichtigsten Mysterienkulte der Römer bildete. Obwohl es sich bei Mithras um einen indoiranischen Gott handelte, der bereits im 2. Jahrtausend v. Chr. bezeugt ist, ist der römische Mithraskult

Mithraskult

der späteste der Mysterienkulte. Der Bezug auf Mithras ist unklar, weil der dem Kult zugrunde liegende Mythos nicht überliefert wurde. Im 2. Jh. n. Chr. wurde der Mithraskult geradezu zum Kennzeichen römischer Legionen. Es handelte sich anders als bei den anderen Mysterien um einen reinen Männerkult. „Als Kultraum für Mithras-Mysterien dienen unterirdische Räume, ‚Höhlen' genannt, wo kleine Männergruppen sich zur Einweihungsfeier und zum Opfermahl versammeln. Es gibt sieben Grade der Einweihung und eine sehr feste und einheitliche Symbolik und Ikonographie." (Burkert, 14)

Literatur

H. Cancik / J. Rüpke (Hg.), Römische Reichsreligion und Provinzialreligion, Tübingen 1997
M. Clauss, Kaiser und Gott. Herrscherkult im römischen Reich, Stuttgart / Leipzig 1999
J. Rüpke, Kalender und Öffentlichkeit: Die Geschichte der Repräsentation und religiösen Qualifikation von Zeit in Rom, RGVV 40, Berlin 1995

Ders., Die Religion der Römer, München 2001
Sibyllinische Weissagungen, griech.-dt., neu übers. u. hg. v. J.-D. Gauger, Samml. Tusc., Düsseldorf / Zürich 1998

Aufgaben

1. Forschen Sie nach: Was bedeuten unsere Monatsnamen von Januar bis Dezember?
2. Vergleichen Sie Ovid, *Metamorphosen*, 1. Buch, 1-90, mit Gen 1,1-2,4a. Notieren Sie Gemeinsamkeiten und Unterschiede.
3. Lesen Sie aus der Schrift *De Magia* von Apuleius den Abschnitt 25,5-27. Welche verschiedenen Magieverständnisse führt Apuleius hier vor?

Auf dem Weg zu einer Theologie des Neuen Testaments | 6

	Inhalt	
6.1	Die historische Verortung der neutestamentlichen Schriften....................	263
6.2	Die theologische Interpretation des Neuen Testaments	283
6.2.1	Das Wort vom Kreuz als Ausgangspunkt und Zusammenhang der Theologie des Neuen Testaments	283
6.2.2	Der Gott der Heiligen Schriften Israels als intertextuelle Voraussetzung der Theologie des Neuen Testaments	288
6.2.3	Das Wirken des Geistes Gottes als Selbstinterpretation christlichen Glaubens	292
6.2.4	Die Vergegenwärtigung des Wortes vom Kreuz im Abendmahl	294

Nachdem das erste Kapitel in Aufgaben, Ziele und wissenschaftliche Kontexte dieses Buches eingeführt hatte, zeigte sein zweites Kapitel auf, dass die Bibel nicht vom Himmel gefallen ist. Ihr kanonisches Konzept, verschiedene Schriften aus unterschiedlichen Zeiten und Kulturen in ein Altes und ein Neues Testament einzustellen und beides nur zusammen gelesen als schriftliche Basis christlichen Glaubens zu betrachten, versteht sich nicht von selbst. Es handelt sich um theologische Entscheidungen, um Positionen, die sich durchgesetzt haben gegen andere Optionen. Die Bibel selbst hat eine Geschichte.

Positionalität des Kanons

Das zweite Kapitel zeigte aber auch auf, dass die Bibel verschiedene Stimmen in sich versammelt, die nicht nur Unterschiedliches, sondern auch Widersprüchliches sagen. Die *Dialogizität

Dialogizität, Intertextualität, Narrativität

(M. Bachtin) der Bibel verhindert es, sie für eine monologische Ideologie zu halten. Den Zusammenhang der biblischen Schriften stiftet daher nicht eine wie auch immer dogmatisch bestimmte „Mitte der Schrift", sondern die große Erzählung vom Anfang bis zum Ende dieser Welt und darüber hinaus vom Kommen der neuen endgültigen Schöpfung Gottes, die zumeist mit der Metapher des Reichs Gottes (*basileía toũ theoũ*) zur Sprache gebracht wird. Das Neue Testament trägt Entscheidendes zu dieser Geschichte Gottes (vgl. M. Schneider) mit seiner Schöpfung bei, erzählt doch seine Jesus-Christus-Geschichte in intertextueller Verschränkung mit den Schriften des Alten Testaments den endgültigen Einbruch der ewigen Wirklichkeit Gottes in die Jetztzeit durch das alles neu bestimmende Kreuzesereignis. Ohne die Wahrnehmung der *Dialogizität, der Intertextualität und der Narrativität der Bibel wird die Theologie dieses Buches der Bücher missverstanden.

Aktualität der Bibel

Das dritte Kapitel führte exemplarisch vor, dass die Bibel nicht nur in der Kirche, sondern in vielen anderen gesellschaftlichen Zusammenhängen auch heute noch gelesen, interpretiert und verarbeitet wird, und zwar auf höchst verschiedene Art und Weise. „Mit der Bibel kann man alles begründen." Dieser Satz trifft rezeptionsgeschichtlich durchaus zu, aber theologisch ist er grundfalsch.

enzyklopädische Notwendigkeit kritischer Methoden

Deshalb zeigte das vierte Kapitel Methoden der Bibelauslegung und ihre hermeneutischen Voraussetzungen bzw. Implikationen auf, die zu begründeten Interpretationen führen und damit religiöser und politischer Willkür entgegenwirken. Der historisch-kritische und der semiotisch-kritische Ansatz treffen sich darin, die Enzyklopädien der Produktion und der Rezeption der biblischen Schriften zu unterscheiden. Deshalb informierte das fünfte Kapitel über die historischen Kontexte der neutestamentlichen Schriften als Enzyklopädien der Kulturen, unter deren Bedingungen die neutestamentlichen Schriften produziert wurden.

erzählte Zeit und Erzählzeit

Die Schriften des Neuen Testaments wurden nicht für den christlichen Kanon geschrieben. Ihre ursprünglichen Kommunikationssituationen gehören in die im fünften Kapitel dargestellten historischen Kontexte. Dabei ist insbesondere mit Blick auf die Evangelien, die Apostelgeschichte und die Apokalypse die erzählte Zeit von der Erzählzeit (vgl. H. Weinrich, Tempus) zu unterscheiden. So erzählt etwa das Lukasevangelium von der Jesuszeit, die es in den Regierungsjahren des Augustus und des Tiberius verortet: das ist die vom Lukasevangelium erzählte Zeit. Abgefasst wurden die Evangelien aber vermutlich zur Zeit der flavischen Dynastie: das ist ihre Erzählzeit. Diese doppelte Kommunikationssituation ist bei jeder Auslegung zu berücksichtigen. Grundsätzlich gilt diese Unterscheidung für alle Schriften. Sie fällt aber von Fall zu Fall unterschiedlich stark ins Gewicht. Für die Evangelienexegese ist sie von grundlegender Bedeutung.

Die historische Verortung der neutestamentlichen Schriften wird von der sogenannten Einleitungswissenschaft betrieben. Diese fragt vornehmlich nach Verfasser, Adressaten, Abfassungsorten und -zeiten der Einzelschriften. Sie skizziert aber auch bereits Aufbau, Themen und Grundanliegen des jeweiligen Textes. Die Leitfrage produktionsgeschichtlich orientierter Exegese lautet: Was bedeuteten die Einzelschriften in ihren ursprünglichen Kommunikationssituationen, in ihrer Erzählzeit?

Einleitungswissenschaft

Die Einbindung der vier Evangelien, der Apostelgeschichte, der Briefe und der Johannesapokalypse in den christlichen Kanon als dessen neutestamentlicher Teil, dem ein alttestamentlicher vorangeht, transzendiert die ursprünglichen Kommunikationssituationen der Einzelschriften. Ihre Transposition in die als Richtschnur christlichen Glaubens geltende Bibel erlaubt eine theologisch angemessene Interpretation nur noch im intertextuellen Kontext des narrativ strukturierten Kanons. Damit einher geht die theologische Bewertung, dass die neutestamentlichen Schriften Grundlage des Glaubens auch für diejenigen Rezipienten sein können, die in ganz anderen Zeiten und ganz anderen Kulturen leben als ihre Verfasser. Die Leitfrage theologischer Interpretation lautet: Was bedeuten die neutestamentlichen Schriften in ihrem narrativen Zusammenhang des Neuen Testaments im intertextuellen Raum des jeweiligen Kanons für gegenwärtige Kommunikationssituationen?

Kanon als Grundschrift des Glaubens

Historische Exegese liefert einen Beitrag zur antiken Religionsgeschichte. Theologische Interpretation dient gegenwärtiger konfessionell bestimmter Praxis in Kirche, Schule und Gesellschaft. Sie fragt nach der Bedeutung der biblischen Schriften für die Praxis der Kirche der Gegenwart, für den konfessionellen schulischen Religionsunterricht und nach dem Beitrag des Glaubens für die Deutung und Gestaltung individuellen und gesellschaftlichen Lebens hier und heute. Historische Exegese möchte vergan-

die Wahrheit der Bibel

gene Sachverhalte plausibel erschließen. Theologische Interpretation der Bibel und ihrer Schriften sucht nach lebenstauglicher, Gegenwart wie Vergangenheit erschließender und Zukunft gestaltender Wahrheit. Die Wahrheit, die sie interpretierend zur Geltung bringt, ist keine Satzwahrheit, sondern die Wahrheit der in der Bibel erzählten Geschichte Gottes mit seinen Geschöpfen, die aus der Perspektive des Kreuzesgeschehens in den Blick genommen wird.

kontingentes Geschehen – ewige Wahrheit

Es gehört zu den unaufgebbaren Grundsätzen evangelischer Schrifttheologie, dass tragfähige theologische Interpretation nur im Zusammenspiel mit historischer Rekonstruktion sachgemäß erarbeitet werden kann, weil das Wort vom Kreuz keinen Mythos aus Utopia erzählt, sondern ein einmaliges, kontingentes Geschehen und letztgültige, ewige Wahrheit ineinander verschränkt. Das eine ist ohne das andere nicht zu haben. Wer nur Historiker sein will, ist kein Theologe. Wer die historische *Kontingenz der Erzählung von Kreuz und Auferweckung des Gekreuzigten und die historische Bedingtheit christlicher Kirchen und christlichen Glaubens vernachlässigt, wird zum ideologischen Mythologen. Die Überzeugungskraft christlicher Theologie erwächst aus dem narrativ organisierten Zusammendenken von Individuellem und Allgemeinem, von Zeit und Ewigkeit. Dabei bildet die große Erzählung der Bibel nicht lediglich historische Sachverhalte ab, sondern dringt metaphorisch in die Wirklichkeit des Unaussprechlichen, des ganz Anderen vor, von dem sie nicht nur sich, sondern alles und jeden getragen weiß.

Literatur

S. Alkier, Die Vielfalt der Zeichen und die Aufgabe einer Theologie des Neuen Testaments, in: M. Witte (Hg.), Religionskultur – zur Beziehung von Religion und Kultur in der Gesellschaft, Würzburg 2001, 177–198

R. Bultmann, Theologie des Neuen Testaments, 9. Aufl., durchg. u. erg. v. O. Merk, Tübingen 1984

E. Güttgemanns, Semiotische Methode und „Darstellung" einer „Theologie des Neuen Testaments", LingBib 68 (1993), 5–94

E. Reinmuth, Hermeneutik des Neuen Testaments. Eine Einführung in die Lektüre des Neuen Testaments, UTB 2310, Göttingen 2002

M. Schneider, Gottes Gegenwart in der Schrift. Intertextuelle Lektüren zur Geschichte Gottes im Ersten Korintherbrief, NET, Tübingen/Basel (im Druck)

H. Weinrich, Tempus. Besprochene und erzählte Welt, Sprache und Literatur 16, 5. Aufl., Stuttgart u.a. 1994

Aufgaben

1. Lesen Sie die „Epilegomena" in Bultmanns Theologie des NT, 585–600. Wie bestimmt Bultmann hier die Aufgabe der Theologie des NT?
2. Lesen Sie Reinmuths Hermeneutik, 11-28. Welche Bedeutung hat nach E. Reinmuth die Geschichte Jesu für die Theologie des Neuen Testaments?
3. Vergleichen Sie Bultmanns und Reinmuths Bestimmung der Aufgabe der Theologie des NT. Beziehen Sie Stellung dazu.

Die historische Verortung der neutestamentlichen Schriften | 6.1

Christliche Zeichenproduktion in mündlicher und schriftlicher Kommunikation entstand als Ausdruck der Überzeugung, dass mit dem Tod Jesu von Nazareth am Kreuz nicht das letzte Wort über den Gekreuzigten gesprochen ist, sondern dass seine Geschichte in Kontinuität und Differenz zu seiner Lebensgeschichte, die ihn ans Kreuz führte, durch eine Machttat des von ihm verkündigten Gottes Israels fortgesetzt wurde.

Ausgangspunkt christlicher Zeichenbildung

Die überwiegend in der 2. Hälfte des 1. Jh.s n. Chr. verfassten christlichen Schriften setzen mündliche Traditionen voraus, die mit der Verkündigung Jesu von Nazareth einsetzten. Auch noch zur Zeit der Entstehung christlicher Schriften bildeten sich weiterhin mündliche Traditionen. Diese sind aber in ihrem Wortlaut nicht rekonstruierbar (vgl. E. Güttgemanns, Offene Fragen). Wenn Jesus in den Evangelien spricht, dann hören wir nicht die an seinen menschlichen Körper gebundene „ureigenste *Stimme*" Jesu (*ipsissima vox*), sondern *lesen* „Erinnerungen an Jesu Worte" (J. Schroeter), die mit einem Abstand von ca. 40–60 Jahren im Medium der Schrift fixiert wurden.

mündliche Traditionen

Sehr vereinzelt lassen sich auch aus der Briefliteratur schlaglichtartig früheste christliche Sprachzeugnisse isolieren, wie etwa 1Kor 15,3ff. Gerade dieses durch Paulus überlieferte Bekenntnis ist höchst bedeutsam, weil es zeigt, dass das Wort von der Auferweckung des Gekreuzigten durch den Gott Israels die Grunderzählung frühchristlicher Theologie bestimmte, an die auch Paulus anknüpfte.

verlorene frühchristliche Schriften

Die neutestamentlichen Schriften verweisen auf weitere Texte des frühen Christentums, die aber nicht bis heute überliefert wurden. Das Lukasevangelium spricht von „Vielen" (*polloí*), die vor Lukas Erzählungen über die Ereignisse abgefasst hätten, von denen auch das Lukasevangelium handelt. Allerdings beansprucht Lukas, dieselbe Geschichte wahrheitsgemäß überprüft zu haben und in besserer Anordnung vorzulegen (vgl. Lk 1,1-4). Mit den „Vielen" vor ihm wird er kaum nur das Markus- und das Matthäusevangelium (gemäß der Benutzungshypothese) bzw. „Q" und Markus (gemäß der 2-Quellen-Theorie) gemeint haben.

Auch die Paulusbriefe lassen auf verlorene Schriften des frühen Christentums schließen. Paulus geht im 1Kor mehrfach auf schriftliche Anfragen aus Korinth ein. Keines von diesen Schreiben ist überliefert. Überhaupt ist davon auszugehen, dass es eine umfangreiche Korrespondenz zwischen Paulus und den von ihm gegründeten Gemeinden gegeben hat.

die neutestamentlichen Schriften als Auswahl

Die überlieferten Paulusbriefe bilden nur die eine Seite der Korrespondenz ab und diese sicherlich bruchstückhaft, denn Paulus wird viel mehr Briefe geschrieben haben als nur die sieben vom überwiegenden Teil der Forscher als echt anerkannten Paulusbriefe, die wohl zwischen 49 und 56 n. Ch. abgefasst wurden. Die neutestamentlichen Schriften bilden eine kleine Auswahl aus

Infobox

Die Schriften des Neuen Testaments nach Textsorten geordnet	
A. Briefe	Corpus Paulinum • Die Paulusbriefe: 1Thess, Gal, 1Kor, 2Kor, Röm, Phil, Phlm • Die deuteropaulinischen, nicht von Paulus selbst verfassten Briefe: Kol, Eph, 2 Thess, Pastoralbriefe (1Tim, 2Tim, Tit) Hebräerbrief (wurde in der Alten Kirche zum Corpus Paulinum gerechnet) Katholische Briefe: Jak; 1/2Petr; Jud Johanneische Briefe (wurden früher zu den kath. Briefen gezählt): 1-3Joh
B. Evangelien	Synoptiker: Mk, Mt, Lk Joh
C. Apostelgeschichte	
D. Apokalypse	

einer Vielzahl frühchristlicher Schriften, die erstmals im letzten Drittel des 4. Jh.s in dem Umfang belegt ist, den wir in den protestantischen Kirchen und der römisch-katholischen Kirche auch heute noch finden (vgl. Kapitel 2). Es handelt sich insgesamt um 27 neutestamentliche Schriften: 21 Briefe, 4 Evangelien, 1 Apostelgeschichte, 1 Apokalypse. Die ältesten unter ihnen und zugleich die ältesten erhaltenen Schriften des Christentums überhaupt sind die echten Paulusbriefe. Der jüngste Text im Neuen Testament ist wahrscheinlich der 2. Petrusbrief.

Die komplexen Probleme der historischen Kontextualisierung der neutestamentlichen Schriften bearbeitet die Einleitungswissenschaft. Wann und wo die im Neuen Testament versammelten Schriften abgefasst wurden, kann nur aus der Interpretation der Schriften selbst erschlossen werden. Dabei kommt die Forschung zum Teil zu erheblichen Differenzen. Die Infobox „Abfassungszeiten und -orte der neutestamentlichen Schriften" informiert darüber, welche Zeiten und -orte für die Abfassung der einzelnen Schriften in der gegenwärtigen Forschung diskutiert werden. Für die jeweiligen Begründungen sind die verschiedenen *Einleitungen in das Neue Testament* heranzuziehen.

Unsicherheit der Datierungen und Verortungen

Die Angaben zu den „Abfassungszeiten und -orten der neutestamentlichen Schriften" lassen ahnen, wie schwierig die Lokalisierung und Datierung der neutestamentlichen Schriften ist. Klar ist aber, dass die im Neuen Testament gesammelten Schriften erst aus der zweiten, dritten und wenige aus der vierten christlichen Generation stammen. Die als echt angesehenen Paulusbriefe, die in den 50er Jahren des 1. Jh.s n. Chr. geschrieben wurden, sind bis auf weiteres als älteste überlieferte Schriften des Christentums anzusehen. Das bedeutet, dass die erhaltene christliche schriftliche Zeichenbildung mit einem Abstand von ca. 20 Jahren zum Auftreten Jesu und zu seinem Kreuzestod einsetzt. Die Evangelien und die Apostelgeschichte wurden deutlich nach den Paulusbriefen verfasst und zwar im Zeitraum zwischen 70 und 100 n. Chr. Die johanneischen Schriften werden überwiegend in die Jahre zwischen 90 und 120 datiert.

gesicherte Ergebnisse der Einleitungswissenschaft

Signifikant ist die große Unsicherheit der Forschung mit Blick auf die Abfassungsorte der meisten Schriften. Zwar tauchen alle Regionen zwischen Rom und Ägypten auf, überwiegend aber werden Kleinasien, dann Griechenland und gelegentlich Rom und Syrien/Palästina sowie sehr selten Alexandria in Ägypten als

> **Infobox**
>
> | Abfassungszeiten und -orte der neutestamentlichen Schriften | |
> |---|---|
> | 49–56 | echte Paulusbriefe, in Kleinasien und Griechenland verfasst |
> | um 70 | Mk, vermutlich in Rom, , Syrien, Galiläa oder *Dekapolis verfasst, Kol vermutlich in Kleinasien verfasst |
> | 80–90 | Eph, vermutlich in Kleinasien verfasst
Hebr (wenige datieren vor 70), vermutlich in Rom oder im Osten des *Imperium Romanum* verfasst
Mt, vermutlich in Kleinasien, Syrien oder Palästina verfasst
Lk, vermutlich in Rom, Griechenland, Kleinasien (Ephesus), Syrien oder Palästina verfasst
1Petr (manche datieren zwischen 65–80 oder 70–100; Vertreter seiner Echtheit datieren den Brief in die 50er Jahre), vermutlich in Kleinasien oder Rom verfasst
Jud (einige datieren ihn zwischen 80 und 120), vermutlich in Kleinasien, Syrien, Palästina oder Ägypten (Alexandria) verfasst |
> | um 90 | Joh (wenige datieren zwischen 100 und 110), vermutlich in Kleinasien (vielleicht Ephesus), Syrien oder Palästina verfasst |
> | nach 90 | 1Joh (einige datieren zwischen 100 und 110), vermutlich in Ephesus verfasst
2Joh, vermutlich in Ephesus verfasst
3Joh, vermutlich in Kleinasien (möglicherweise ebenfalls Ephesus) verfasst |
> | 90–95 | Apk (andere datieren in die Regierungszeiten Neros, Trajans oder Hadrians), wahrscheinlich in Kleinasien (wohl Ephesus oder Insel Patmos) verfasst |
> | 90–100 | Apg, vermutlich in Griechenland oder in Rom verfasst
2Thess (wenige halten 2Thess zwar für deuteropaulinisch, vermuten aber Abfassung noch zu Lebzeiten des Paulus, also in den 50er Jahren; wenige andere halten 2Thess für einen echten Paulusbrief, der kurz nach 1Thess, also um 50 abgefasst wurde), vermutlich in Kleinasien oder Makedonien verfasst
Jak (Vertreter der Echtheit des Jak, also als echter Brief des Bruders Jesu, datieren ihn um 50), vermutlich in Rom, Syrien oder Ägypten (Alexandria) verfasst; Vertreter der Echtheit des Jak verorten ihn in Jerusalem |
> | um 100 | Pastoralbriefe, vermutlich in Kleinasien (wahrscheinlich Ephesus) verfasst |
> | um 110 | 2Petr (andere vermuten zwischen 100 und 130), vermutlich in Rom, Kleinasien oder Ägypten verfasst |

Abfassungsorte erwogen. Für das *Corpus Paulinum* wird mit größerer Sicherheit als bei den anderen neutestamentlichen Schriften überwiegend Kleinasien und Griechenland und für das *Corpus Johanneum* inklusive der Apokalypse ebenfalls mit größerer Sicherheit das westliche Kleinasien angenommen.

> **Merksatz**
>
> **MERKE:** Die im Neuen Testament gesammelten Schriften wurden ca. zwischen 49 und 130 n. Chr. im *Imperium Romanum* in den Gebieten zwischen Rom und Alexandria, überwiegend in Städten Kleinasiens und Griechenlands, abgefasst.

Der 1Thess gilt als der älteste erhaltene Brief des Paulus und zugleich als älteste überlieferte Schrift des Christentums. Auf der Basis der sogenannten *Gallio-Inschrift kann er auf das Jahr 49 n. Chr. datiert werden. Dem Schreiben lässt sich entnehmen, dass Paulus die Gemeinde in Thessaloniki kurz zuvor gegründet hatte. Offensichtlich hatte Paulus eine intensive Erwartungshaltung erzeugt, die vom unmittelbaren Ende dieser Welt und dem Anbruch des Reiches Gottes als Konsequenz aus dem Kreuzesgeschehen ausging. Dem Schreiben zufolge hatten sich die Adressaten des Briefes von den hellenistisch-römischen Göttern abgewandt, weil sie die Botschaft von dem machtvollen Schöpfergott überzeugte, der den gekreuzigten Jesus Christus in sein ewiges göttliches Leben hinein auferweckt hat. Ungeklärt blieb aber wohl die Frage, ob auch diejenigen am kommenden Reich Gottes partizipieren würden, die verstorben waren, nachdem sie dem von Paulus verkündeten Evangelium Glauben geschenkt hatten. Offensichtlich war die Naherwartung so intensiv, dass niemand in Thessaloniki damit rechnete, jemand aus ihren Reihen könnte noch vor dem endgültigen Anbruch des Gottesreiches sterben. Paulus hatte im Denkhorizont seiner jüdischen Weltsicht die neue Gemeinschaft in Thessaloniki in Analogie zu Israel als von Gott Erwählte begriffen. Was aber geschieht mit den Erwählten, die vor dem endgültigen Kommen des Reiches Gottes sterben? Todesfälle in Thessaloniki hatten die um die Auferweckung des Gekreuzigten zentrierte Erwählungstheologie des Paulus ins Wanken gebracht. In seinem Schreiben begegnet Paulus der in Thessaloniki entstandenen Verunsicherung mit der Bestätigung der Erwählung der Thessalonicher, die als dem Evangelium angemessene Stimmung eine Grundfreude erzeugt, die sich aus der Dankbarkeit gegenüber Gottes mächtigem Heilshandeln am Gekreuzigten ergibt. Mittels traditioneller jüdischer apokalyptischer Vorstellungen über den Anbruch der Endzeit tröstet er die verunsicherten Adressaten damit, dass Gott so wie er den Gekreuzigten auferweckt hat, auch an den Toten handeln wird, die im Glauben an den auferweckten Gekreuzigten gestorben sind.

Paulusbriefe: 1Thess

1Thess als Gelegenheitsschreiben

Der 1Thess zeigt exemplarisch, was die echten Paulusbriefe in ihrer ursprünglichen Kommunikationssituation waren: Gelegenheitsschreiben, die grundlegende Fragen und konkrete Probleme junger christlicher Gemeinden auf der Basis der Grundüberzeugung der Auferweckung des Gekreuzigten klären wollten. Die Paulusbriefe präsentieren Theologie im Dialog. Sie sind keine systematisch-theologischen Monographien. Sie ringen um die Konsequenzen aus dem Evangelium vom auferweckten Gekreuzigten als Wort vom Kreuz.

Ein grundsätzliches Problem der Auslegung dieser Briefe in ihrer ursprünglichen Kommunikationssituation besteht darin, dass sie nur die Stimme des Paulus, nicht die der von ihm gegründeten Gemeinden und weder die seiner Mitarbeiter noch die seiner Gegner repräsentieren.

das Diskursuniversum der Einzelbriefe

Als methodische Konsequenz aus dem Interesse, die Briefe in ihrer ursprünglichen Kommunikationssituation zu verstehen, ist jeder einzelne Brief in seinem spezifischen Diskursuniversum zunächst ohne Hinzuziehung eines anderen Paulusbriefes zu interpretieren, denn Sammlungen der Paulusbriefe sind zwar schon im 2Petr bezeugt, stellen aber nicht die ursprüngliche Kommunikationssituation dieser Gelegenheitsschreiben dar. Erst nachdem jeder Brief mit seiner eigenen Argumentationslogik in seinem jeweiligen Diskursuniversum analysiert wurde, kann in behutsamer Systematisierung die Frage nach Konstanten der theologischen Argumentation des Paulus gefragt werden (vgl. Alkier, Wunder und Wirklichkeit).

frühe Konflikte

Die Analyse der Briefe lässt sehr verschiedene Kommunikationssituationen erkennen. Die beiden Korintherbriefe zeigen, wie zerstritten schon die frühen christlichen Gemeinden waren. Das idyllische Bild eines harmonischen Urchristentums, das in Anlehnung an die Apostelgeschichte des Lukas immer noch vor allem von christlichen Freikirchen vorausgesetzt wird, die an diese vermeintliche Harmonie anschließen wollen, entbehrt jeder historischen Grundlage.

New Perspective on Paul

Paulus selbst war ein höchst umstrittener Apostel, und er ist es bis in die Forschung der Gegenwart hinein geblieben, wenn auch in je verschiedener Hinsicht. Paulus war Jude, und er ist es seinen Briefen zufolge auch immer geblieben. Die amerikanische Forschung der letzten drei Jahrzehnte hat diese Sicht der Dinge unter dem Motto „New Perspective" (vgl. E.P. Sanders, Paulus) nachhaltig in die Diskussion eingebracht und damit auch das traditionelle protestantische Paulusverständnis, das in Paulus vornehmlich einen systematischen Theologen sah, der die Rechtfertigungslehre entwickelt habe, ins Wanken gebracht. Unterscheidet man aber religionsgeschichtliche und theologische Interpretationsebenen, lassen sich beide Standpunkte durchaus vermitteln.

Im Galaterbrief erzählt Paulus im Stil einer Wundergeschichte (vgl. Alkier, Wunder und Wirklichkeit, 131–138), wie Gott aus dem Verfolger christlicher Gemeinden ihren erfolgreichsten Apostel gemacht hat, indem er ihm eine andere, grundlegende Machttat vor Augen führte: Gott ließ Paulus den auferweckten Gekreuzigten sehen. Paulus zog die diesem Machtereignis angemessenen Konsequenzen. Er ging nicht nach Jerusalem, um erst einmal zu überprüfen, ob das Grab des Gekreuzigten auch wirklich leer war. Er maßte sich nicht an, Gottes menschliche Möglichkeiten übersteigendes Evangelium vom auferweckten Gekreuzigten in den engen Grenzen dieser Welt zu evaluieren. Vielmehr stellt er sich in seinen Briefen selbst als Zeichen dieser Neuschöpfungskraft Gottes dar. Er führt sein Apostolat nicht auf seinen eigenen Entschluss, sondern allein auf das Handeln des Gottes zurück, den er als Jude durch die Heiligen Schriften Israels kennengelernt hat und als den einzigen wahren Gott verehrt. Er interpretiert das Kreuzesgeschehen und seine eigenen neuen Erfahrungen aus der Perspektive jüdisch-pharisäischen Denkens. Paulus ist nie vom Judentum zum Christentum konvertiert. Zum einen gab es noch gar kein „Christentum". Vielmehr war das früheste „Christentum" im Judentum verankert und etablierte sich erst nach dem ersten jüdisch-römischen Krieg als separate Religionsform. Paulus war als Jude davon überzeugt, dass mit der Auferweckung des gekreuzigten Jesus die von vielen Juden erwartete Endzeit angebrochen sei, weil dieses Ereignis nicht nur eine ansonsten folgenlose Wiederbelebung eines Toten, sondern den Anfang der *eschatologischen Totenerweckung zum letzten Gericht über diese Welt darstellte, wie sie etwa auch von Pharisäern erwartet wurde.

Galaterbrief

Diesen Zusammenhang legt er besonders in den Korintherbriefen aus. Dass das „Wort vom Kreuz", das Evangelium vom auferweckten Gekreuzigten, den Dreh- und Angelpunkt der in seinen Briefen erkennbaren theologischen Argumentation bildet, wird besonders in 1Kor 15 klar. Weil Gott Jesus von den Toten in sein göttliches Leben erweckt hat, muss er als der erwartete *Messias,

Wort vom Kreuz

der Sohn Gottes, der Herr der christlichen Gemeinden gelten. Paulus interpretiert auf der Basis jüdischer Schöpfungstheologie und *Apokalyptik das Kreuzesgeschehen, und vom „Wort vom Kreuz" (*ho lógos ho toũ staurou̇*, 1Kor 1,18a) aus gelangt er zu einer Neuinterpretation des Alten Bundes, den er aber nicht als „veraltet" oder gar beendet begreift. Röm 9-11 zeigt, dass Paulus Jude blieb und als solcher mit der Treue Gottes zu seinem Volk rechnete, mit der Gott trotz aller Irrwege Israels immer an Israel festhielt und weiterhin festhalten wird. Der Neue Bund, der von Gottes Machttat am Kreuz gestiftet wurde, bestätigt die Gültigkeit des Alten Bundes und taucht diesen zugleich in ein neues Licht. Der Neue Bund ist dem Alten als Zusage bereits eingeschrieben (vgl. Jer 31,31-34) und wurde, neue Wirklichkeit schaffend, vom Gott Israels am Kreuz letztgültig (*eschatologisch) verwirklicht.

intertextuelle Disposition der Einzelschriften

In den paulinischen Briefen manifestiert sich vor jeder christlichen Kanonbildung der Sachgrund für das christliche Kanonkonzept und die Leitlinie kanonischer Interpretation. Ohne die Schriften Israels ist das Kreuzesgeschehen nicht zu begreifen, und erst das Wort vom Kreuz erschließt das unverstellte Verständnis der Heiligen Schriften Israels. Von da aus lassen sich die kleinen und großen Themen der Paulusbriefe, ihre situationsbedingten Unstimmigkeiten und Widersprüche wie ihre genialen theologischen Entwürfe begreifen.

Rechtfertigungslehre

Das existenziell ertragreichste Konzept der Paulusbriefe ist wohl die sogenannte *Rechtfertigungslehre*, die ihren Anhalt vor allem im Galater- und im Römerbrief gefunden hat. In Röm 1,16f. schreibt Paulus: „Ich schäme mich des Evangeliums nicht, denn es ist eine Kraft Gottes zur Rettung für jeden, der glaubt, dem Juden zuerst und dann auch dem Griechen. In ihm nämlich wird die Gerechtigkeit Gottes offen gezeigt (*apokalyptetai*) aus Glauben und hin zum Glauben, wie geschrieben steht: Der Gerechte wird aus Glauben leben." Das Evangelium, die gute Nachricht von dem zu Unrecht als politischer Verbrecher von Römern und jüdischer Priesteraristokratie hingerichteten und von Gott auferweckten Jesus Christus, kann demzufolge überall und auch in Rom, dem Mittelpunkt der Welt und dem Zentrum irdischer Macht, ohne Scham erzählt werden. Man kann von dem Gekreuzigten selbst in Rom offen reden, weil es nicht um eine beschämende Geschichte eines weiteren im Kampf gegen die römischen Besatzer gescheiterten selbsternannten *Messias geht. Vielmehr erzählt das Evangelium die Geschichte von der heilvollen, jede politische Willkür und menschliche Gewalt überwindenden, Leben stiftenden Schöpfungskraft des barmherzigen und gerechten Gottes Israels. Diese Geschichte hat so viel Kraft, weil sie sich selbst kraft Gottes ereignet hat und nun als gute Nachricht vom rettenden Handeln Gottes selbst Kraft Gottes ist, die keinerlei externer Beweise bedarf, sondern nur im Glauben begriffen werden kann und auch zu nichts anderem führt als zum Glauben an diese gute Nachricht von der Machttat Gottes am Kreuz.

Gott ist Paulus zufolge zu Recht zornig über all das Unrecht dieser Welt, und sein Gericht über Juden und alle anderen Völker steht deshalb unmittelbar bevor (vgl. Röm 1,18-3,21). Jeder Mensch ist beteiligt am Unrecht dieser Welt. Alle sind schuld daran, dass es ist, wie es nicht sein soll. Vor dem Zorn Gottes kann sich Paulus zufolge niemand selbst retten, nicht einmal durch die strenge Bewahrung von Gesetzesvorschriften, wie sie die frommen Pharisäer praktizierten. Gott hat aber in seiner Güte, in seiner Liebe zu seinen Geschöpfen durch das Kreuzesgeschehen einen letzten Heilsweg eröffnet. Dieser besteht in nichts anderem als darin, sich von der Geschichte, die das Wort vom Kreuz erzählt, ergreifen zu lassen und im Geist dieser Geschichte alles neu sehen zu lernen. Wer glauben kann, dass der Gott Israels den von den Römern hingerichteten Jesus Christus nicht im Tod gelassen hat, sondern ihn in sein göttliches Leben hineingenommen, ihn neu geschaffen hat, der gibt Gott die Ehre, die ihm als Schöpfer und Neuschöpfer gebührt.

der Zorn Gottes

Diesen vom Geist des Evangeliums entfachten Glauben an die wunderbare Schöpferkraft Gottes, wie sie sich letztgültig am Kreuz als die Macht der Mächte erwiesen hat, rechnet Gott dem Menschen, der durch sein Verhalten die Solidarität der Geschöpfe Gottes verfehlt hat und damit zum Sünder gegen Gott wurde, als Gerechtigkeit an. Der sündige Mensch kann sich so endlich wieder als von Gott Beschenkter begreifen und Gott ein Loblied singen.

Gottes Gerechtigkeit

Damit wird dem Recht des Schöpfers Genüge getan und das Geschöpf vor dem berechtigten Zorn Gottes gerettet. Das Wort vom Kreuz erweist sich als wirkmächtiges Evangelium, das seinen Rezipienten zum Gottvertrauen bewegen kann und ihn so vor dem Zorn Gottes rettet. Diese gute Nachricht von der endgültigen Machttat Gottes will Paulus ohne jede Scham auch im

Rettung vor dem Zorn Gottes

Machtzentrum Rom erzählen und so die römische Gemeinde unterstützen, die er nicht gegründet hat und die er noch nicht persönlich kennt. Nicht die sogenannte Rechtfertigungslehre, sondern das Wort vom Kreuz bildet die Basis der theologischen Argumentation des Juden Paulus. Die Rechtfertigungslehre ist aber ihre existenziell wohl bedeutendste Konsequenz.

Man kann den ganzen Römerbrief danach gliedern, wie diese Kernthese von der rettenden Gerechtigkeit Gottes – gemäß rhetorischer Terminologie die *propositio* – entfaltet wird.

Deuteropaulinen

Im *Corpus Paulinum* finden sich einige Briefe, die ihre theologischen Grundüberzeugungen im Namen des Paulus formulieren, ohne aber von Paulus verfasst zu sein. Manche vermuten sogar eine „Paulusschule", die die Theologie des Paulus gepflegt und aktualisiert habe. Allerdings ist hier keine historische Gewissheit zu erreichen. Immer wieder gibt es auch in der gegenwärtigen Forschung Stimmen dafür, dass der Kolosserbrief, der Epheserbrief und sogar der 2. Thessalonicherbrief Alterswerke des Paulus seien. In der Beantwortung der Einleitungsfragen nach Verfasser, Zeit und Ort kommen nicht selten auch dogmatische Positionen der Ausleger zum Ausdruck, weil es keine „objektive", interessenlose Forschung gibt. Gerade deshalb sind historische – hier literaturgeschichtliche – und theologische Urteile streng zu unterscheiden. Die theologische *Dignität etwa des Epheserbriefes hängt ebenso wenig an der Frage nach seinem Verfasser wie die des Römerbriefes. Freilich wird man zu unterschiedlichen religionsgeschichtlichen Hypothesen gelangen, je nachdem ob man den Epheserbrief als Brief des Apostels Paulus oder als Brief eines Späteren begreift, der in einer anderen historischen Situation paulinisch argumentieren wollte.

Hebräerbrief

Wie schwierig eine Datierung sein kann, zeigt sich besonders am Hebräerbrief. Der Hebräerbrief stammt sicher nicht von Paulus. Mit seiner metaphorischen Verwendung der Priester- und Tempeltradition schafft er ein ganz eigenes theologisches Diskursuniversum. Weil er aber in manchen Formulierungen eine große Nähe zu paulinischer Theologie aufweist, ist er wohl nach den paulinischen Briefen entstanden. Andererseits verbindet ihn etwa die Vorstellung eines Tempels im Himmel mit der Johannesapokalypse. Freilich zeugt das nicht unbedingt von einer literarischen Abhängigkeit, sondern von einer gemeinsamen jüdischen Tradition. Wann und wo der Verfasser des Hebräerbriefes aber

Rhetorische Gliederung des Römerbriefes

\multicolumn{3}{c}{**Briefeingang(1,1-17)**}		
1,1-7	\multicolumn{2}{c}{**Präskript(Orientalische Form)**}		
	1,1-7a	*superscriptio*
	1,1-6	*intitulatio*
	1,7a	*adscriptio*
	1,7b	*salutatio*
1,8	\multicolumn{2}{c}{**Proömium(Danksagung)**}	
1,9-17	\multicolumn{2}{c}{Selbstempfehlung 1,16f. propositio}	
\multicolumn{3}{c}{**Briefkorpus(1,18-15,13)**}		
1,18-3,26	\multicolumn{2}{c}{Entfaltung der in der propositio implizierten Wirklichkeit mit Blick auf das Verhältnis Gott (Schöpfer) und Mensch (Geschöpf)}	
	1,18-3,20	Vor dem / ohne das Christusereignis
	3,21-26	Seit / durch Christusereignis
3,27-31	\multicolumn{2}{c}{Folgerung aus der propositio: Gerechtigkeit durch Glauben}	
4	\multicolumn{2}{c}{Schriftbeweis: Zuschreibung der Gerechtigkeit aus Glauben für Abraham um unseretwillen}	
5-8	\multicolumn{2}{c}{Folgen der in der propositio implizierten Verwandlung}	
	5,1-11	Versöhnung („Was wurde bewirkt?") Wir sind gerechtfertigt → Frieden mit Gott Liebe Gottes in unsere Herzen durch Hl. Geist
	5,12-21	Adam / Christus („Durch wen wurde es bewirkt?")
6	\multicolumn{2}{c}{Die sich aus der propositio ergebende Handlungsmaxime des neuen Lebens: Orientierung an Tod und Auferweckung Jesu Christi (Taufe in den Tod Jesu Christi)}	
7	\multicolumn{2}{c}{Das sich aus der propositio ergebende Gesetzesverständnis}	
8,1-17	\multicolumn{2}{c}{Das „Gesetz des Geistes" – die sich aus der propositio ergebende präsentische *Eschatologie}	
8,18-39	\multicolumn{2}{c}{Die „Neue Schöpfung" – die sich aus der propositio ergebende futurische Eschatologie}	
9-11	\multicolumn{2}{c}{Folgen der propositio für Israel (10,9 *soteriologisches Glaubensbekenntnis)}	
12,1-15,13	\multicolumn{2}{c}{Konkretisierungen – Leben als „vernünftiger Gottesdienst" (12 Geistesgaben; 13 Obrigkeit, Zehn Gebote, Naherwartung; 14 Götzenopferfleisch; 15,1-12 Proexistenz; 15,13 Doxologie)}	
\multicolumn{3}{c}{**Briefschluss(15,14-16,27)**}		
15,14-15,33	\multicolumn{2}{c}{Schlussparänese (Beispiel des Apostels; Reisepläne Jerusalem/ Rom/Spanien; Aufforderung zur Fürbitte für den Apostel)}	
16,1-24	\multicolumn{2}{c}{Postskript}	
16,25-27	\multicolumn{2}{c}{Schlussdoxologie}	

paulinische Briefe rezipiert oder ob er vielleicht Paulus noch selbst erlebt hat, bleibt im Dunkel des Vergessens. Der Brief kann schon in den 60er Jahren oder sogar noch früher entstanden sein. Er könnte aber auch wie die Johannesapokalypse ein Produkt der dritten christlichen Generation sein. Es ist nicht einmal historisch auszuschließen – wenn auch m.E. weniger wahrscheinlich als die späteren Datierungen –, dass die Johannesapokalypse und der Hebräerbrief beide in der Regierungszeit Neros geschrieben wurden und unterschiedliche judenchristliche Theologien angesichts der Gefahr der Tempelzerstörung durch den jüdisch-römischen Krieg repräsentieren.

briefliche Kommunikation als Ursprung christlicher Schrifttheologie

Gleich wie die einzelnen Briefe des Neuen Testaments datiert werden, ist folgender Befund in der Forschung unumstritten: Alle Evangelien sind jünger als die echten Paulusbriefe. Am Anfang der überlieferten christlichen Textproduktion stehen Briefe, die auf gegenseitige Kommunikation hin angelegt sind.

Kein neutestamentlicher Brief erzählt die Lebensgeschichte des Menschen Jesus von Nazareth. Ob etwa Paulus bei seinen Missionspredigten Episoden aus dem Wirken Jesu von Nazareth vor dessen Kreuzestod erzählt hat, kann man nur vermuten. Zumindest einige Details der Passionsgeschichte wird Paulus erzählt haben, weiß er doch mit den Abendmahlsworten daran zu erinnern, dass Jesus nachts verraten wurde (vgl. 1Kor 10,23) und er ein letztes Gemeinschaftsmahl gefeiert hat. Paulus weiß auch, dass Jesus aus dem Haus Davids stammte (vgl. Röm 1,3). Zumindest in seinen Briefen interessiert ihn die Lebensgeschichte Jesu aber in keiner Weise. Mit theologischer Klarheit argumentiert er vom Ereignis der Auferweckung des Gekreuzigten aus: „Wir aber verkünden Christus, den Gekreuzigten, den Juden ist das ein Skandal, den anderen Völkern eine Torheit." (1Kor 1,23) Dieses Wort vom Kreuz erzählt nicht vom Leben Jesu vor der Kreuzigung, sondern vom Leben Jesu (2Kor 4,10b), wie es nach Tod und Auferweckung des Gekreuzigten in der Wirksamkeit der Evangeliumsverkündigung wahrgenommen wurde.

synoptische Evangelien

Die synoptischen Evangelien befriedigten in späterer Zeit das Bedürfnis zu erfahren, wer denn dieser war, der von den Römern gekreuzigt und vom Gott Israels auferweckt wurde. Sie erzählen auf der Grundlage der mit Paulus und den (in 1Kor 15,3ff erkennbaren) ältesten christlichen Traditionen geteilten Überzeugung von der Auferweckung des Gekreuzigten durch den Gott Israels die Geschichte, wie es von der Verkündigung des Galiläers Jesus zu seinem Tod am Kreuz kam. Dass diese tragische Geschichte vom Scheitern eines göttlichen Boten als Evangelium, als gute Nachricht, verstanden werden muss, wird damit begründet, dass derselbe Gott, den Jesus von Nazareth mit seinen Reich-Gottes-Gleichnissen, seinen theologischen Positionen in den Streitgesprächen mit seinen Kritikern und seinen Zeichenhandlungen gepredigt hatte, ihn aus dem Tod auferweckt hat.

Das Markusevangelium erzählt diese Geschichte in beeindruckender Kürze und literarischer Präzision und erreicht damit eine faszinierende theologische Dichte. Das Markusevangelium

Markusevangelium

Infobox

Gliederung des Markusevangeliums	
1,1-15:	**Einleitung: Vorbereitung der Erzählung**
1,1-4:	intertextuelle und transtemporale Anbindung der Erzählung des Markusevangeliums an die Prophetie Jesajas nach dem Schema Verheißung – Erfüllung
1,5-8:	Auftreten und Stimme des Boten als Eröffnung des euphorischen Erzählstrangs
1,9-11:	die Vorbereitung des Protagonisten
1,12ff.:	Prüfung des Protagonisten
1,14f.:	Auftreten und Stimme des Protagonisten als Zeitansage nach der Verhaftung seines Boten; Verhaftung als Eröffnung des dysphorischen Erzählstrangs
1,16–15,47:	**Tragischer Hauptteil**
1,16-45:	erste Erfolge des Protagonisten als Wirkung seiner Vollmacht (*exousia*)
2,1–3,35:	*exousia* oder Blasphemie? die Einführung der Antagonisten und die Schürung des Konflikts durch Blasphemievorwurf (2,7) und Tötungsbeschluss (3,6)
4,1-41:	drinnen oder draußen? fruchtbringendes Hören *versus* verstocktes Missverstehen
5,1-8,26:	von drinnen nach draußen: zunehmende Wirkungen der *exousia* des Protagonisten (euphorischer Erzählstrang), Auseinandersetzungen mit den Antagonisten und Unverständnis seiner Jünger (dysphorischer Erzählstrang)
8,27-10,52:	die scheiternde Belehrung der unbelehrbaren Jünger und die Verschränkung der Erzählstränge als *Peripetie der Erzählung in 8,34-9,1
11,1-12,44:	die Schürung des Konflikts mit den Antagonisten
13,1-36:	die Verschränkung der erzählten Zeit mit der Zeit der Rezipienten
14,1-15,47:	der tragische Foltertod des verratenen und verleumdeten Helden
16,1-7:	**Komischer Hauptteil**
	die Wende zur guten Nachricht von der Auferweckung des Gekreuzigten durch die Botschaft am Grab
16,8:	**Offener Schluss**
	das Schweigen und die Flucht der furchterstarrten Frauen

bildet durch seine Erzählung die Lesenden zur Annahme der Botschaft und zur Befolgung des Missionsauftrags in 16,6f. aus. Anhand dieser textpragmatischen These lässt sich das ganze Markusevangelium gliedern.

Nachdem die ersten Verse die von Markus erzählte Geschichte intertextuell mit der Prophetie Jesajas als „Anfang des Evangeliums" (1,1) verknüpft haben (vgl. dazu Alkier, Realität der Auferweckung), beginnt die Erzählung sofort mit dem angekündigten Boten Johannes, dem Jesu Auftreten unmittelbar folgt. Wie eine moderne Kurzgeschichte wirft das Evangelium den Leser direkt in die Handlung und verlässt ihn mit einem offenen Schluss, der ihn selbst in die Geschichte verwickelt. Wird der Leser wie die verschreckten Frauen am Grab schweigen oder anders als sie die gute Nachricht von der Auferweckung des Gekreuzigten erzählen? Markus erzählt die Jesus-Christus-Geschichte konsequent aus dem Blickwinkel der *Kreuzestheologie (*theologia crucis*). Die Figuren in der Geschichte können nicht verstehen, wer Jesus wirklich ist. Erst das Kreuz in seiner intertextuellen Verknüpfung mit der Prophetie Jesajas wie den Heiligen Schriften Israels überhaupt erschließt die Jesus-Christus-Geschichte als Fortsetzung und heilseröffnende endgültige Machttat des Gottes Israels, wie ihn auch Jesus in seinen Gleichnissen verkündet hat. Diesen Zusammenhang müssen aber die durch das ganze Markusevangelium gebildeten Leser selbst erschließen, damit sie sich angesichts der Auferweckungsbotschaft anders als die unverständigen Jünger und die furchterstarrten Frauen verhalten können. Die Leser sollen diese Botschaft weitersagen und damit selbst zu Zeichen des Evangeliums von der Auferweckung werden.

Matthäusevangelium

Gerade in der intertextuellen Verknüpfung des Evangeliums mit den Schriften Israels sind die anderen Evangelisten dem Markusevangelium gefolgt und haben diese sogar noch ausgebaut. Dem Matthäusevangelium behagte aber die Offenheit des Anfangs und Endes des Markusevangeliums ebenso wenig wie dessen kritisches Jüngerbild. Der unbekannte Verfasser des Mt schuf also anders als Mk eine geschlossene Komposition mit einer Vorgeschichte und mit Geschichten über Erscheinungen des auferweckten Gekreuzigten. Mit Hilfe der Erscheinungsgeschichten und durch den klar formulierten Missionsbefehl belässt er seine Leser nicht im Unklaren darüber, was nun zu tun ist. Mit Jesu Stammbaum einsetzend stellt er die Kontinuität zur Geschichte

Israels her und zeichnet seinen Helden in diese ein. Das Matthäusevangelium erzählt, wie aus dem in Jesaja angekündigten *Immanuel (Gott mit uns) die zuversichtliche Ansprache des auferweckten Gottessohnes wird: „Ich bin bei Euch alle Tage bis an der Welt Ende." (Mt 28,20b) Matthäus ist mit seinen beeindruckenden Redekompositionen daran interessiert zu erzählen, was Jesus in Kontinuität zum Sinn der Tora als Wegweisung Gottes verkündet hat. Seine Bergpredigt gehört zu den Denkmälern nicht nur christlicher Theologie, sondern des menschlichen Kulturschaffens überhaupt. Zu Recht wird diese von Matthäus komponierte Rede als „Rede der Reden" bezeichnet.

Das Lukasevangelium weiß nicht nur wie das Matthäusevangelium zu erzählen, dass Jesus auf wunderbare Weise gezeugt wurde und ganz und gar vom Heiligen Geist Gottes durchdrungen ist. Es erzählt darüber hinaus, dass sich bereits das Leben seines Ankündigers Johannes in Analogie zum Leben Isaaks einem Wunder Gottes verdankt. Lukas gestaltet die Jesus-Christus-Geschichte und in seiner Apostelgeschichte auch die der entstehenden Kirche als Wirkungsgeschichte des Heiligen Geistes Gottes. Nicht Jesus ist der eigentliche Protagonist der lukanischen Erzählungen, sondern der Heilige Geist Gottes. Lukas zeigt mit seinen beiden Vorworten (Proömien) in seinem Evangelium wie in der Apostelgeschichte, dass er der griechisch-römischen Geschichtsschreibung verpflichtet ist. Er möchte die weltgeschichtliche Bedeutung des Lebens Jesu, seiner Auferweckung und der daraus entstehenden Kirche für ein gebildetes Publikum aufzeigen. Dabei ist er an materiellen Konkretisierungen der Reich-Gottes-Botschaft interessiert. Nicht die Magier aus dem Morgenland, die im Matthäusevangelium die Weisheit dieser Welt symbolisieren, sondern die Tagelöhner während ihrer Nachtschicht erfahren Lukas zufolge zuerst die gute Nachricht von der Geburt des lang ersehnten *Messias. Dessen Botschaft ist dann auch nicht eine geistige Botschaft, sondern die zutiefst politische Botschaft von der Befreiung der materiell Armen und der Rettung der Erniedrigten. Gleich zu Beginn heißt es im programmatischen Lobgesang der Maria (1,46-55, hier: 52ff.): „Er stößt die Gewaltigen vom Thron und erhebt die Niedrigen. Die Hungrigen füllt er mit Gütern auf und lässt die Reichen leer ausgehen. Er gedenkt der Barmherzigkeit und hilft seinem Diener Israel auf, wie er geredet hat zu seinen Vätern, Abraham und seinen Kindern in Ewigkeit."

Lukasevangelium und Apostelgeschichte

Die Quintessenz des Lukasevangeliums ist die Barmherzigkeit: „Seid barmherzig, wie auch euer Vater barmherzig ist." (Lk 6,36) Vor allem darum geht es Lukas auch in den vielen Gleichniserzählungen, die er konzipiert hat. Fast die Hälfte des Lukasevangeliums zeigt Lukas als Schriftsteller, denn gut 40 % seines Evangeliums besteht aus sogenanntem Sondergut des Lukas, das am hypothesenärmsten und deswegen wahrscheinlichsten als schriftstellerische Leistung des Verfassers des Lukasevangeliums gelten kann.

Wie Matthäus lehnt Lukas die Darstellung des Markusevangeliums ab. Das zeigt sich insbesondere an der Darstellung der Jünger und Jüngerinnen, die Markus als negative Helden in ihrem Nichtverstehen dargestellt hatte. Nahezu jede Jüngerkritik wird von Lukas gestrichen. Besonders krass wird das Bild der Frauen am Grab des Gekreuzigten, wie es Markus zeichnete, in sein Gegenteil verkehrt, wie überhaupt Frauen in der Darstellung des Lukas überwiegend positiv dargestellt werden.

Johannesevangelium Folgen Matthäus und Lukas bei aller Kritik im Einzelnen weitgehend ihrer Vorlage des Markusevangeliums in seinem dramaturgischen Handlungsverlauf, so geht das Johannesevangelium eigene Wege. Den Synoptikern zufolge trat Jesus etwa ein Jahr lang öffentlich auf. Sein Weg führte ihn von Galiläa nach Jerusalem und dort ans Kreuz. Streng folgt die Erzähllogik der Synoptiker dem Nacheinander von Reich-Gottes-Verkündigung Jesu von Nazareth, Kreuzigung und Auferweckung. Das Johannesevangelium hingegen verflicht das Bild des Menschen Jesu vor seinem Tod und das des auferweckten Gekreuzigten untrennbar ineinander. Programmatisch stellt es einen Prolog als schöpfungstheologische Lektüreanweisung (vgl. H. Thyen) seinen episodenhaften Erzählungen voran, die aber nicht mehr wie die der Synoptiker durch einen dramaturgischen Spannungsbogen organisiert sind.

In seinem epochalen Johanneskommentar erklärt Hartwig Thyen die andere Gestaltungsweise des Johannesevangeliums mit dessen intertextueller Strategie, den synoptischen Evangelien eine Lektüreanweisung hinzuzufügen, die jeden Blick auf den Jesus vor seiner Auferweckung als Fehlblick kennzeichnen möchte. Thyen zufolge kannte der Verfasser des Johannesevangeliums seine synoptischen Vorgänger. Ihnen gegenüber radikalisiert er die Kreuzesperspektive. Das Johannesevangelium wird damit zum theologischen Korrektiv jedes historischen Zugangs zu Jesus, der dessen Geschichte nicht ganz und gar aus der Perspektive des auf-

> **Infobox**
>
> | Gliederung des Johannesevangeliums | |
> |---|---|
> | 1,1-18: | Prolog – oder: vom theo-logischen Anfang der Jesus-Christus Geschichte, oder: was man vorab wissen muss, um die Jesus-Christus Geschichte zu verstehen |
> | 1,19-11,44: | Zeugnis und Zeichen Jesu in der Welt |
> | 1,19-2,11: | vom weltlichen Anfang der Jesus-Christus-Geschichte oder: die drei ersten Tage
    1,19-34: der erste Tag oder das Zeugnis des Johannes
    1,35-51: der zweite Tag: die Jünger finden sich |
> | 2,1-12: | der dritte Tag: das erste Zeichen geschieht (Wasser und Wein, vgl. 19,34b) |
> | 2,13-3,21: | Jesu erster Jerusalembesuch |
> | 3,22-36: | das Testament des Johannes |
> | 4,1-42: | Jesus in Samarien |
> | 4,43-54: | Jesus in Galiläa oder: das zweite Zeichen (Heilung des Sohnes eines königlichen Beamten in Kapernaum) |
> | 5,1-47: | Jesu zweiter Jerusalembesuch oder: das dritte Zeichen (Heilung eines Gelähmten am Teich Bethesda) |
> | 6,1-71: | Jesus am und auf dem See von Tiberias oder: das vierte (Speisung der 5000) und fünfte Zeichen (Jesu Gang auf dem Wasser) |
> | 7,1-10,42: | Jesu dritter und längster Jerusalembesuch (vom Laubhüttenfest bis zum Tempelweihfest im Winter) oder: das sechste Zeichen (Heilung des Blinden am Teich Siloah) |
> | 11,1-44: | das siebte Zeichen (Wiederbelebung des Lazarus) |
> | 11,45-57: | Tragische *Peripetie: Der wirksame Tötungsbeschluss des Hohen Rats als Antwort auf das siebte Zeichen |
> | 12-17: | die Selbstbezeugung Jesu als erste esoterische Jüngerbelehrung |
> | 18,1-19,37: | die Ausführung des Tötungsbeschlusses |
> | 19,38-20,9: | Komische *Peripetie |
> | 20,10-21,23: | Zeugnis und Zeichen des auferweckten Gekreuzigten als zweite esoterische Jüngerbelehrung |
> | 21,24f.: | Epilog – oder: die Versicherung der Wahrheit des Joh und die intertextuelle Öffnung des Diskursuniversums des Joh |

erweckten und erhöhten Christus zu begreifen in der Lage ist. Nicht nur die offensichtlichen Unterschiede im Einzelnen zwischen Johannesevangelium und Synoptikern, sondern vor allem die Durchdringung des erzähllogischen Nacheinanders der synoptischen Darstellung durch den Einbruch des *Eschatologischen auch in die Darstellung der Jesusgeschichten machen den theologischen Unterschied zwischen Johannes und den Synoptikern aus. Freilich ist es in der Forschung umstritten, ob Johannes die synoptischen Evangelien kannte oder lediglich einiges

Erzählgut mit ihnen gemeinsam hat. Der großartige Entwurf Thyens hat aber das Potential, mittels weiterer Detailforschungen verifiziert zu werden.

Johannesbriefe und Johannesapokalypse

Dass die drei Johannesbriefe aufs engste mit dem Johannesevangelium theologisch verbunden sind, ist in der Forschung unumstritten. Umso heftiger wird darüber diskutiert, ob auch die Johannesapokalypse in den Umkreis der johanneischen Schriften gehört oder ob sie eine so andere Theologie vertritt, dass sie zwar den Namen des Johannes teilen, aber ansonsten keinen Zusammenhang zeigen. Vor allem Forscher, die große ideologische und theologische Probleme mit den Gewaltszenarien der Johannesapokalypse haben, weisen einen Zusammenhang mit dem Johannesevangelium und den Johannesbriefen zurück. Eine vermittelnde Position hat Jörg Frey erarbeitet. Zwar sieht er in der Johannesapokalypse einen eigenständigen Theologen am Werk, der aber durchaus von der Theologie des Johannesevangeliums und der Briefe angeregt worden sei. Frey vermag dies an zahlreichen philologischen Gemeinsamkeiten festzumachen. Darüber hinaus sprechen aber für die Einbeziehung der Apokalypse in das johanneische Schrifttum besonders die gemeinsame kosmologische Perspektive und ihre konsequente Argumentation aus der Perspektive der erfolgten Auferweckung und Erhöhung des Gekreuzigten. Die Rezipienten des Johannesevangeliums wie die der Apokalypse werden zu Zeugen des Zeugens (vgl. Joh 21,24; Apk 1,2). Zeugenschaft von der kosmologischen Wirkkraft der Auferweckung und Erhöhung des Gekreuzigten als der *eschatologischen Machttat Gottes kann als gemeinsames Thema der johanneischen Schriften betrachtet werden. „Ihr werdet den Himmel offen sehen" prophezeit Jesus in Joh 1,51b. Die Johannesapokalypse inszeniert diese Prophezeiung. Ihr Seher schreibt: „und ich sah den Himmel geöffnet ..." (Apk 19,11a).

katholische Briefe

Schon in der Alten Kirche wurden einige Briefe, die sich nicht an eine bestimmte Gemeinde richten, sondern an die Allgemeinheit der Glaubenden, als *katholische* Briefe bezeichnet. Darunter wurden seit der *Synode von Laodicea (um 360 n. Chr.) der Jakobusbrief, beide Petrusbriefe, die drei Johannesbriefe und der Judasbrief gefasst. Eine gemeinsame theologische Linie dieser sogenannten katholischen Briefe lässt sich nicht ausmachen, wenn es auch deutliche Berührungspunkte zwischen Jak und 1Petr und zwischen Jud und 2Petr gibt.

> **Infobox**
>
> | Gliederung der Johannesapokalypse | |
> |---|---|
> | 1,1-3: | Leserinstruktionen für den Lektürevertrag |
> | 1,4-3,22: | **Ausgangssituation – Darstellung der Mangelsituation** |
> | 1,4-20: | kollektives Anschreiben |
> | 2,1-3,22: | offene Briefe an die sieben kleinasiatischen Gemeinden |
> | 4-20: | **Transformation – Darstellung der Handlungen, die den Mangel beseitigen** |
> | 4–13: | *das Gericht wird vorbereitet* |
> | 4-6,1: | Thronvision |
> | 4: | Gott als Quelle der Macht |
> | 5: | die Beauftragung des Protagonisten: Übergabe des versiegelten Buches und Inthronisation Christi |
> | 6-11: | *Anzeichen des kommenden Gerichts: 7 Siegel und 7 Posaunen* |
> | 6,1-17: | die ersten sechs Siegel |
> | 7: | Versiegelung der Stämme Israels |
> | 8,1-5: | das siebte Siegel |
> | 8,6-9,21: | die ersten 6 Posaunen |
> | 10: | der Engel und das kleine Buch |
> | 11,1f.: | die Vermessung des Tempels |
> | 11,3-14: | die beiden Zeugen |
> | 11,15-19: | die siebte Posaune |
> | 12-13: | *Peripetie: die Vertreibung Satans aus dem Himmel und sein Wirken auf der Erde |
> | 14-20: | *das Gericht wird durchgeführt: 7 Zornesschalen* |
> | 14: | die Eröffnung des Gerichts |
> | 15-18: | *Ausführung des Gerichts* durch die Zornesschalen und Vernichtung Babylons |
> | 19,1-10: | Hochzeit des Lammes |
> | 19,11-21: | Sieg über das Tier (Satan) und seine Verehrer |
> | 20: | Tausendjähriges Reich, endgültige Vernichtung Satans, letztes Gericht, Buch des Lebens |
> | 21,1-22,5: | **Neue Situation – Darstellung des mangelfreien neuen Lebens:** neuer Himmel, neue Erde, neues Jerusalem mit dem Thron Gottes und des Lammes, Sehen des Angesichts Gottes, Baum des Lebens zur Heilung aller Völker, Herrschaft der Knechte Gottes |
> | 22,6-20: | **Leserinstruktionen für den Lektürevertrag** |

Deshalb wurden in der Einleitungswissenschaft der Gegenwart die drei Johannesbriefe, die dem Johannesevangelium sehr viel näher stehen als den katholischen Briefen, zum *Corpus Johanneum* gezählt und nur die beiden Petrusbriefe, der Jakobusbrief und der Judasbrief als katholische Briefe zusammengefasst. Die Datierung dieser Briefe steht vor großen Problemen, denn die Schreiben bieten nur wenige historische Bezüge, die als Anhaltspunkte für die Datierung dienen könnten. Obwohl manche Exegeten etwa den Jakobusbrief für einen echten Brief des Herrenbruders halten und deswegen das Schreiben vor dessen Tod in die frühen 60er Jahre des 1. Jh.s n. Chr. datieren, spricht mehr für die üblichere Spätdatierung der katholischen Briefe. Sie sind vornehmlich mit Fragen der Gestaltung christlichen Lebens in der pluralen Religions- und politischen Kultur des *Imperium Romanum* befasst. Die Metapher der „Fremdheit" aus dem 1. Petrusbrief ist dafür ebenso charakteristisch wie die ethischen Mahnungen des Jakobusbriefes, der die Übereinstimmung von Glauben und Handeln einfordert.

Literatur

J. **Becker**, Paulus. Der Apostel der Völker, Tübingen 1989

M. **Ebner** / S. **Schreiber (Hg.)**, Einleitung in das Neue Testament, KST 6, Stuttgart 2008

J. **Frey**, Erwägungen zum Verhältnis der Johannesapokalypse zu den übrigen Schriften des Corpus Johanneum, in: M. Hengel, Die johanneische Frage. Ein Lösungsversuch, m. e. Beitrag zur Apokalypse v. J. Frey, WUNT 67, Tübingen 1993

E. **Güttgemanns**, Offene Fragen zur Formgeschichte des Evangeliums. Eine methodologische Skizze der Grundlagenproblematik der Form- und Redaktionsgeschichte, BeTh 54, 2. verb. Aufl., München 1971

H. C. **Kee**, Was wissen wir über Jesus? Aus dem Engl. übers. v. U. Jung-Grell, Universal-Bibliothek 8920, Stuttgart 1993

W. G. **Kümmel**, Einleitung in das Neue Testament, 21. erneut erg. Aufl., Heidelberg 1983

K.-W. **Niebuhr (Hg.)**, Grundinformationen Neues Testament. Eine bibelkundlich-theologische Einführung, in Zusammenarb. m. M. Bachmann/R. Feldmeier/F. W. Horn / M. Rein, UTB 2108, Göttingen 2000

E. P. **Sanders**, Paulus. Eine Einführung, aus dem Engl. übers. v. E. Schöller, Universal-Bibliothek 9365, Stuttgart 1995

U. **Schnelle**, Einleitung in das Neue Testament, UTB 1830, 3. neub. Aufl., Göttingen 1999

J. **Schroeter**, Erinnerungen an Jesu Worte. Studien zur Rezeption der Logienüberlieferung in Markus, Q und Thomas, WMANT 76, Neukirchen-Vluyn 1997

C. **Strecker**, Paulus aus einer „neuen Perspektive". Der Paradigmenwechsel in der jüngeren Paulusforschung, in: Kirche und Israel 11 (1996), 3–18

H. **Thyen**, Das Johannesevangelium, HNT 6, Tübingen 2005

O. **Wischmeyer (Hg.)**, Paulus. Leben – Umwelt – Werk – Briefe, UTB 2767, Tübingen / Basel 2006

Aufgaben

1. Erstellen Sie eine Gliederung des Matthäusevangeliums.
2. Lesen Sie nacheinander das Johannesevangelium und die Johannesapokalypse. Wie beurteilen Sie die Frage nach der gegenseitigen Nähe und Ferne dieser Schriften aufgrund ihres Leseempfindens?

3. Vergleichen Sie zu einer neutestamentlichen Schrift ihrer Wahl die Ausführungen zur Einleitung in diese Schrift in Ebner/Schreiber, Kümmel, Niebuhr und Schnelle. Was stellen Sie fest?

Die theologische Interpretation des Neuen Testaments | 6.2

Das Wort vom Kreuz als Ausgangspunkt und Zusammenhang der Theologie des Neuen Testaments | 6.2.1

Die Schriften des Neuen Testaments interpretieren ihren Ausgangspunkt als *eschatologisches Ereignis: die Auferweckung des gekreuzigten Jesus von Nazareth. Nicht alle neutestamentlichen Schriften nennen diesen Ausgangspunkt explizit. Aber alle setzen die Auferweckung des Gekreuzigten in das göttliche Leben für ihre Argumentationen voraus, denn nur so kann der Gekreuzigte als der lebendige und wirkmächtige *Kyrios (Herr) der Gemeinde gelten. Nur so kann von der Realisierung des Neuen Bundes die Rede sein, den schon das Jeremiabuch ankündigte (vgl. Jer 31,31-34).

<small>die Auferweckung des Gekreuzigten als theologischer Ausgangspunkt</small>

Die Vorstellung, Jesus sei vor seinem Kreuzestod entrückt worden, oder er sei nur scheintot gewesen, oder nur ein Scheinleib sei gekreuzigt worden, während der wahre göttliche Christus triumphierend seiner eigenen vermeintlichen Hinrichtung zugeschaut habe, findet sich in den neutestamentlichen Schriften nicht. Solche Konstruktionen kamen erst im späten 2. und 3. Jh. n. Chr. auf (vgl. Kapitel 2.5.). Sie suchen zu verdrängen, dass die Hinrichtung eines politischen Gefangenen den historischen Ausgangspunkt des christlichen Glaubens und der christlichen Kirchen bildet.

Den historisch überprüfbaren Erzählfaden der Jesus-Christus-Geschichte bildet nämlich die Geschichte von einem Galiläer, der auf seine Weise vom Kommen des Königreiches Gottes erzählte und dementsprechend handelte und so mit den jüdischen Führungseliten Jerusalems und der römischen Besatzungsmacht in Konflikt geriet. Jesus von Nazareth wurde nach römischem Recht von den Römern als politischer Verbrecher hingerichtet. Der Jerusalemer Sanhedrin hat diese Hinrichtung mindestens gebilligt, vielleicht sogar vorangetrieben, weil er das messianische

<small>Jesus als politischer Verbrecher</small>

Auftreten des Galiläers als Gotteslästerung interpretierte und wohl auch aus Sorge um politische Unruhen den Tod des Unruhestifters begrüßte.

der Tod Jesu

Nicht erst die Schriften des Neuen Testaments, sondern schon die ihnen vorausgehenden Bekenntnisbildungen, wie sie in 1Kor 15,3ff. erkennbar werden, betonen den Tod Jesu als unhintergehbares Grunddatum des Kreuzesereignisses. Paulus kennzeichnet die Einsetzungsworte der Mahlfeier als vom auferweckten *Kyrios* Jesus empfangene Worte und stattet sie damit mit der im paulinischen Diskursuniversum höchsten Autorität aus. In 1Kor 11,26 heißt es: „Denn sooft ihr von diesem Brot esst und aus dem Kelch trinkt, verkündet ihr den Tod des *Kyrios*, bis er kommt." Dieser Tod des Menschen Jesus darf in keiner Weise beschönigt oder verharmlost werden, wenn man die Spitze christlichen Glaubens und christlicher Gottes-, Welt- und Menschenauffassung nicht abbrechen will. Auch die Evangelien gehen vom Ganztod Jesu aus. In Mk 15,37 heißt es in intertextueller Anknüpfung an Gen 2,7: „Jesus aber schrie laut auf und hauchte seinen Geist aus."

die Radikalität des Todes

Das in Mk 15,37 verwendete Wort *exépneusen* gibt zu verstehen, dass kein Lebensatem mehr in Jesus war. Nur mit diesem Lebensatem aber ist Leben möglich (vgl. Gen 2,7). Der hingerichtete Jesus war den biblischen Schriften zufolge ganz tot. Der Tod ist biblischem Denken zufolge radikal. Nichts entgeht ihm; am Menschen ist nichts, was den Tod überdauert. Der Mensch kann nichts zu seiner Auferweckung beitragen – Auferweckung ist biblisch gesehen kein Thema der Anthropologie.

Weiterleben der Seele

Die im späteren und gegenwärtigen Christentum weit verbreitete Vorstellung von einer Seele, die nach dem Tod weiterlebt, ist eine griechische Vorstellung und kann sich nicht auf die Bibel berufen (vgl. Cullmann, Unsterblichkeit der Seele oder Auferstehung der Toten?). Die radikale Todesauffassung der Bibel aber muss bedacht werden, wenn man die Auferweckungstheologie des Neuen Testaments verstehen will. Der Bielefelder Neutestamentler Andreas Lindemann brachte diesen theologischen Sachverhalt mit einem persönlichen Bekenntnis treffend zum Ausdruck: „*Ich* könnte an Jesu Auferweckung dann nicht mehr glauben, wenn nachgewiesen würde, dass Jesus nicht am Kreuz gestorben ist." (Lindemann, Auferstehung, 23)

das Kreuz macht stumm

Das Kreuz als solches war ein grauenhaftes Hinrichtungswerkzeug. Es zeugt von der grenzenlosen Brutalität der Menschheit.

Der Verurteilte wird nicht nur getötet, er soll vielmehr lange qualvoll leiden, bevor der Tod seinen Schmerzen, seiner Verzweiflung, seiner Erniedrigung, seiner Entmenschlichung ein Ende setzt. Der Gekreuzigte ist ein Opfer menschlicher Grausamkeit. Der systematische Theologe Ingolf Dalferth schreibt daher zu Recht: „Das Kreuz ist stumm und macht stumm. Gott schwieg. Jesus verschied. Die Jünger liefen weg. Mehr gibt das Kreuz im Kontext menschlicher Lebenserfahrung nicht zu verstehen. Von hier führt kein Weg zur Auferweckungsbotschaft. Das Kreuz ist *soteriologisch stumm. Sprechend wird es erst in einem ganz anderen Kontext, wenn es nämlich zunächst *mitten im Leben Gottes* und *erst so* dann auch *mitten in unserem Leben* platziert wird." (Dalferth, Der auferweckte Gekreuzigte, 44)

Im Kontext menschlicher Lebenserfahrung war das Kreuz ein Folterwerkzeug, das die Römer und vor der römischen Besatzung bereits die jüdischen Hasmonäer (vgl. Kapitel 5) als Instrument ihrer Herrschaft nutzten. Die Platzierung des Kreuzes im Leben Gottes geschah, als Menschen nach der Kreuzigung und Grablegung Jesu von Nazareth davon überzeugt wurden, diesen Gekreuzigten als Lebendigen gesehen zu haben, und diesen Erfahrungswiderspruch so interpretierten, dass der Gott Israels, den der getötete Galiläer verkündet hatte, diesen Gekreuzigten in sein göttliches Leben hinein auferweckt habe. Gottes Leben schaffende Macht erwies sich ihnen dadurch als stärker als die kreuzigende Herrschaftsmacht. Nicht das leere Grab zwang zur Annahme der Auferweckung des Gekreuzigten, sondern die dissonante Erfahrung vom Kreuzestod einerseits und dem Wahrnehmen dieses Gekreuzigten als Lebendigem führte zur Auferweckungstheologie (vgl. Dalferth, Der auferweckte Gekreuzigte 76f.; Alkier, Die Realität der Auferweckung).

Paulus erinnert den Ursprung seines Umdenkens in Gal 1,10-24. Er betont, dass es keine Veranlassung für ihn gab, der Überzeugung der christlichen Gemeinden Glauben zu schenken. Sollte Paulus die Tradition vom leeren Grab gekannt haben – er führt sie nirgends als „Beweis" der Auferweckung des Gekreuzigten an –, so hat sie den pharisäischen Eiferer nicht überzeugt. Er verfolgte daher die neuen Gemeinden und wollte sie sogar zerstören. Dann ereignete sich etwas, was Paulus als ein Handeln Gottes an ihm beschreibt: Gott zeigte ihm den gekreuzigten Jesus Christus als Lebendigen (vgl. Gal 1,16; 1Kor 9,1). Paulus interpretierte sein

das Umdenken des Paulus

Erleben gleichursprünglich als Offenbarung Gottes, als göttliche Umgestaltung seiner Identität und als apostolischen Auftrag, das Evangelium als Wort vom Kreuz sofort den Völkern mitzuteilen. Diese einschneidende Veränderung vom Verfolger zum Verkündiger des neuen Glaubens gibt er nicht als „Bekehrung" oder „Entscheidung", sondern als Machttat Gottes zu verstehen. Paulus ging daher nicht erst nach Jerusalem und überprüfte mit menschlichen Mitteln, ob das Grab Jesu auch wirklich leer war. Er zog überhaupt keine Untersuchungen in Erwägung, die sein Wahrheitsgefühl von der Offenbarung des auferweckten Gekreuzigten empirisch oder theologisch kritisch prüfen sollten. Vielmehr begann er unmittelbar als Antwort auf sein Erlebnis damit, das Wort vom Kreuz als rettendes Handeln Gottes, als Evangelium, zu verkünden (vgl. Gal 1,10-24). Paulus handelte so, wie es der Engel am Grab in Mk 16,7 den erschreckten Frauen aufgibt: die Nachricht von der Auferweckung des Gekreuzigten weitersagen. Die Frauen am Grab verstummen, Paulus spricht.

das dynamische Objekt der Auferweckungstheologie

Sicherlich dürfen wir nicht den Fehler machen, die fiktionale Szene in Mk 16 auf derselben Realitätsebene wie die autobiographischen Aussagen des Paulus in Gal 1 anzusiedeln. Die anderen Evangelisten nutzen dieselbe Szenerie ganz anders. Es wäre auch unangemessen, Gal 1 einfach als historischen Bericht zu lesen: Autobiographische Erinnerung und theologische Interpretation sind hier wie in den anderen Briefen des Paulus ineinander verwoben. So entspricht Gal 1,10-24 der Erzählstruktur einer Wundergeschichte (vgl. Alkier, Wunder und Wirklichkeit). Dennoch lässt sich aus den verschiedenen Inszenierungen der neutestamentlichen Schriften schlussfolgern: Den Anstoß – das dynamische Objekt – zu christlicher Zeichenproduktion überhaupt und damit auch den Anstoß zu der Theologie des Neuen Testaments bildete die Hinrichtung Jesu von Nazareth am Kreuz in der Verbindung mit dem spontanen Gefühl von verschiedenen Menschen zu unterschiedlichen Zeiten und Orten, diesen Hingerichteten als Lebendigen wahrgenommen zu haben. Die Verschränkung dieser beiden historischen Ereignisse liegt der Produktion der frühchristlichen Schriften nicht nur zeitlich voraus, sondern hatte überhaupt die Kraft (*dýnamis*), diese als Interpretationen des Kreuzesereignisses zu veranlassen. Die frühchristlichen Schriften beziehen sich daher nicht wie fiktionale Literatur auf sich selbst (Autoreferentialität), sondern auf einen außerhalb ihrer selbst und vor ihnen liegenden Ereigniszusammenhang (Heteroreferentialität). Dieses Kreuzesereignis bildet das dynamische Objekt der neutestamentlichen Schriften. Es kommt erst durch die Interpretation der überlieferten Texte in den Blick. Die neutestamentlichen Schriften sind wie andere christliche Zeichenproduktionen Interpretanten dieses sie veranlassenden dynamischen Objekts, von dem sie durch ihre jeweilige Darstellung gewisse Aspekte sehen lassen.

Bei aller Verschiedenheit der neutestamentlichen Schriften ergibt sich der folgende Interpretationszusammenhang des Kreuzesereignisses (vgl. zur näheren Begründung, Alkier, Realität der Auferweckung): Während der Regierungszeit des Augustus wurde Jesus von Nazareth aus dem Stamm Davids geboren. Während der Regierungszeit des Tiberius agierte Jesus als Wanderprediger in Galiläa, Samarien und Judäa. Sein wichtigstes Thema war das notwendige Umdenken der Juden angesichts des unmittelbar bevorstehenden Hereinbrechens des Reiches Gottes. Endlich sollten sie der Tora gemäß, d. h. im Geist der Nächstenliebe (vgl. Lev 16,18) gerecht und barmherzig leben, um so vorbereitet auf das letzte Gericht und das Leben im Reich Gottes zu sein. Das Agieren Jesu wurde vom Jerusalemer Sanhedrin wie nach der Rechtsauffassung der römischen Besatzer als Verbrechen interpretiert. Jesus wurde von den Römern mit der Kreuzigung bestraft. Seine Anhänger verrieten, verließen, verleumdeten ihn. Jesus starb einen einsamen, qualvollen Tod am Kreuz. Derselbe Gott, den Jesus verkündet hatte, nämlich der Gott Israels, machte den Tod Jesu zu seiner eigenen Sache, schenkte ihm neues, ewiges, göttliches Leben. Er blies nicht der Leiche Jesu den alten, bereits ausgehauchten Lebensatem wieder ein. Jesu Auferweckung gestaltete er nicht als Wiederbelebung eines Toten, sondern als letztgültige (*eschatologische) Zeitenwende.

der Interpretationszusammenhang der Auferweckungstheologie

Der auferweckte Gekreuzigte wurde nicht in sein altes Leben zurückgeschickt. Er ging vielmehr in neuer Gestalt in das Leben Gottes ein. Gottes Solidarität mit dem am Kreuz Hingerichteten und das neue Leben des Auferweckten sind so sehr ineinander, dass nach Gottes Machttat der Auferweckung von Jesus nur noch als dem Christus, dem Sohn Gottes, gesprochen werden kann. Vom Gott Israels kann nun nur noch als von dem Gott gesprochen werden, der seinen Sohn von den Toten auferweckt und ihn zum *Kyrios (Herrn) aller Glaubenden, ja des ganzen Kosmos gemacht hat.

die unermessliche Macht des Kyrios *Jesus Christus*

Der ohnmächtig am Kreuz von den Herrschern dieser Welt Hingerichtete wurde vom Gott Israels, dem Schöpfer und Neuschöpfer, auferweckt und erhielt von Gott unermessliche Macht. Nicht Alexander der Große, nicht Augustus, nicht Tiberius und keiner ihrer Nachfolger, sondern der auferweckte Gekreuzigte ist der „Herrscher über die Könige der Erde" (Apk 1,5). Mit der *eschatologischen Auferweckung Jesu Christi hat Gottes Ewigkeit die Machtstrukturen und die endliche Zeitlichkeit dieser Welt durchkreuzt. Jede Divinisierung, sei es die Alexanders, Julius Cäsars, Augustus oder wessen auch immer, wird dadurch als menschliche Hybris entlarvt und abgelehnt: „Gebt dem Kaiser, was des Kaisers ist und Gott, was Gottes ist." (Mk 12,17)

6.2.2 | Der Gott der Heiligen Schriften Israels als intertextuelle Voraussetzung der Theologie des Neuen Testaments

ein hermeneutischer Zirkel

In der Jesus-Christus-Geschichte, die nur vom Kreuzesereignis aus angemessen verstanden werden kann, zeigt sich die kreative, allmächtige, gnädige Weisheit Gottes. Diese Interpretation Gottes durch die Jesus-Christus-Geschichte ist aber nur möglich mittels ihrer intertextuellen Vernetzung mit den Heiligen Schriften Israels, die als Schriften des Alten Testaments Eingang in den christlichen Kanon gefunden haben. Der allgegenwärtige Bezug neutestamentlicher auf alttestamentliche Schriften gerade in ihren bedeutendsten theologischen Aussagen ist kein zufälliges Beiwerk, sondern konstitutiv für ihre Argumentationen.

die Unverfügbarkeit Gottes

Die Geschichte Gottes, die die Heiligen Schriften Israels erzählen, entwirft einen emotional fundierten Denkrahmen für die Deutung des ganzen Kosmos (vgl. Kapitel 2.4.1). Der Kosmos und alles Leben verdanken sich allein einer schöpferischen Kraft, die Gefallen an ihren Werken hat. Kein Name und kein Sprachspiel und auch keine Heilige Schrift können diese kreative Kraft und ihre zweckfreie Liebe begrenzen. Die Unaussprechlichkeit des Namens Gottes wird in den Schriften Israels durch das Tetragramm *jhwh* graphisch dargestellt. Wenn Juden dieses geschriebene Tetragramm sehen, lesen sie *adonaj*. *Adonaj* ist aber kein Name, sondern Stellvertreter für den unaussprechlichen Namen, der Gottes barmherzige und gerechte Herrschaft zur Sprache bringt: mein Herr. Einige christliche Leser haben aus dem Tetragramm den Namen „Jahwe" gemacht; die Zeugen Jehovas haben aus mangelhafter Kenntnis des Hebräischen dafür den Namen Jehova aufgebracht. Die theologische Weisheit der Schriften Israels aber geht damit verloren: Die jüdische Unterscheidung zwischen Geschriebenem und Gelesenem prägt nämlich den Verehrern des Gottes Israels die Unverfügbarkeit Gottes ein. Gott lässt sich durch kein Sprachzeichen angemessen bezeichnen. Die Wirklichkeit, die mit dem biblischen Zeichen „Gott" in den Blick gerät, entzieht sich jeder begrenzenden Zuschreibung, die ein Name, jeder Name, in Geltung setzt. Namen machen das, was sie benennen, verfügbar. Über den Gott Israels aber verfügt niemand. Er kann nicht begrenzt werden, weil er selbst die Grenze ist. Er kann nicht mit den Denkmitteln und Argumentationsstrategien dieser Welt ermessen werden, weil er, der Unermessliche, nicht Teil dieser Welt ist, sondern ihr kreativer Grund.

Die Unaussprechlichkeit Gottes gilt für jedes Zeichen. Gott darf nicht mit einer seiner Interpretationen verwechselt werden, weil er reicher ist, anders ist, als nur eine Perspektive auf ihn, sei es auch eine fromme, glaubende. Auch die Bibel und erst recht alle Bekenntnisse und Dogmen sind defizitäre Zeichen für das Unfassbare. Gott ist keine Mutter, sondern *wie* eine Mutter (vgl. Jes 66,13), und er ist mehr und anderes als das. Gott ist kein König, sondern *wie* ein König, und er ist mehr und anderes als das. Gott ist kein Vater, sondern *wie* ein Vater, und er ist mehr und anderes als das. Jede Rede über Gott ist notwendig und unhintergehbar metaphorisch.

Die gemeinsame jüdische, christliche und muslimische Grundüberzeugung besteht darin, dass Menschen überhaupt nur etwas Treffendes über diesen Unsagbaren äußern können, weil er sich selbst mitgeteilt hat. *Deus dixit: Gott hat gesprochen.* Gott hat demzufolge nicht nur alles Leben geschaffen, sondern kommuniziert auch mit seinen Geschöpfen. Der menschlichem Vermessen entzogene Gott zeigt sich durch sein mitteilendes Wort. Er wird nicht durch menschliches Forschen entdeckt, wie sich immer noch neue Lebensarten auf unserem Planeten und fremde Sterne in anderen Galaxien durch empirische Forschung entdecken lassen. Gott wird nicht entdeckt, er zeigt sich. Er offenbart sich seinen Geschöpfen in den Geschichten, die Menschen von ihm erzählen. Die wohl angemessenste Antwort auf die Offenbarung Gottes ist der Lobgesang.

deus dixit

Die große Geschichte Gottes, wie sie von den Heiligen Schriften Israels erzählt wird, sieht die Welt als Gottes Schöpfung und

Gott, der Schöpfer

die Menschen und die Tiere als Gottes geliebte und gewollte Geschöpfe. Die Schöpfungserzählungen sind keine historischen Berichte über den Anfang der Welt. Auch wenn sie damaliges Weltwissen verarbeitet haben, sind sie keine naturwissenschaftlichen Weltentstehungstheorien. Es sind metaphorische Darstellungen der Überzeugung, dass diese Welt und ihre Bewohner keine Zufallsprodukte sind, seien es Zufallsprodukte urzeitlicher Götterkämpfe oder – wie es kausalistische Ideologien der Neuzeit glauben machen wollen – Zufallsprodukte blinder Kräfte. Die Schöpfungstheologie der Heiligen Schriften Israels stellt vor jede empirische Welterfahrung das große JA Gottes. Diese Welt ist gut, ja sehr gut geschaffen (vgl. Gen 1,31), und sie ist von dem gerechten und barmherzigen Gott erschaffen allein deshalb, weil er es so wollte. Gott ist der Grund der Schöpfung; die Schöpfung verdankt sich der kreativen Liebe Gottes. Der die Bibel verstehende Glaube behauptet nicht, dass Gott die Welt genau auf die Weise geschaffen hat, wie es in Gen 1 und 2 dargestellt wird. Die *Dialogizität der Bibel verhindert dies, denn zwei verschiedene, in den Abläufen und Tätigkeiten des Schöpfers nicht miteinander harmonisierbare Stimmen kommen in Gen 1,1-2,4a und Gen 2,4a-25 zum Ausdruck. Nicht wer gegen jeden Verstand die Bibel als quasi-naturwissenschaftliches und quasi-historisches Dokument liest, versteht die biblische Rede vom Schöpfergott, sondern nur, wer von sich mit Luthers Worten aus seinem „Kleinen Katechismus" sagen und empfinden kann: „Ich glaube, daß mich Gott geschaffen hat samt allen Kreaturen." (Evangelisches Gesangbuch 855.2)

Gott fordert Recht

Mit dem Vorzeichen des großen JAs Gottes zu der geschöpflichen Realität kann dann auch alles andere unverstellt, unbeschönigt, fragwürdig zur Sprache kommen. „Bin ich denn der Hüter meines Bruders?" (Gen 4,9c) Diese Frage des Mörders Kain beantwortet die ganze Bibel mit einem unmissverständlichen Ja. Genau dieses Recht fordern alle Rechtssätze des Alten Testaments wie auch ihre Zuspitzungen in der Bergpredigt ein. Das Grundrecht, das alles andere bestimmt, ist im Alten und Neuen Testament das Doppelgebot der Liebe (vgl. Mk 12,28-34). Das mit intertextuellem Verweis auf Lev 19,18 und Dtn 6,4f. formulierte Doppelgebot der Liebe ergibt sich aus der Schöpfungstheologie: Wer Gott, seinen Schöpfer, liebt, der liebt auch Gottes Geschöpfe. Wer Gottes Geschöpfen Unrecht tut und Leid zufügt, der fügt Gott Unrecht und

Leid zu. Gottes Gerechtigkeit besteht darin, diesen Zusammenhang einzufordern, indem er sich auf die Seite der Entrechteten und Erniedrigten stellt. Er mahnt zur Achtung seines Rechts, indem er sich als Richter zeigt. Aufgrund seiner Barmherzigkeit, seines Mitleidens mit den Schwachen, lässt er die Täter nicht ungestraft davonkommen. Davon handelt die Sintflutgeschichte, und das setzen auch die prophetischen Mahnreden von Amos, Jesaja, Jeremia und den anderen Propheten in Szene.

Gott fordert aber nicht nur Recht, er gibt es auch. Gott schließt einen Bund mit Abraham. Auf wunderbare Weise macht er Abraham und Sara zu Eltern des von Gott erwählten Volkes Israel. Als die Israeliten in Ägypten versklavt werden, befreit er sie und bestraft Ägypten. Der Gott Israels ist der Gott der Befreiung aus Sklaverei, Unterdrückung und materieller Not. Er gibt den Armen, den Ausgebeuteten, den Schwachen Recht. Nicht dem mächtigen Pharao, der für sich beansprucht, Sohn Gottes zu sein, sondern den aus Ägypten geflohenen Sklaven schenkt Gott die Tora, deren Kern die Zehn Gebote darstellen, als Weisung für ein gutes, erfülltes Leben in der Solidarität der von Gott Geschaffenen. Israel und mit ihm alle Welt weiß, wie ein gottgefälliges Leben aussieht.

Gott gibt Recht

Doch selbst Israel, Gottes Volk, verschmäht immer wieder und schon unmittelbar nach seiner Befreiung aus Ägypten den barmherzigen Gott, über den sie nicht verfügen können. Während Gott Moses seine Gebote als Weisungen für ein gutes gemeinschaftliches Leben gibt, machen sich die von Gott Befreiten zu Sklaven ihrer eigenen Phantasien: Sie schaffen ein goldenes Kalb und tanzen gottvergessen darum herum (vgl. Ex 32). Gott hält seinen Bund, seine Geschöpfe brechen ihn. Es ist ausschließlich der Barmherzigkeit Gottes zu danken, dass sein Zorn als Folge seiner Gerechtigkeit nicht alle Bundesbrecher vernichtet. Der Gott Israels ist ein mächtiger Gott, ein allmächtiger Gott, Zebaoth, der Herr der Heerscharen. Unrecht erzürnt ihn. Er ist kein „Schwammdrüber-Gott", denn der Schwamm würde über die Opfer der Ungerechtigkeit wischen und ihnen erneutes Unrecht zufügen.

der zornige Gott

Gott aber bleibt trotz allen Unrechts seinem Bund treu, denn nur damit bleibt er auch, wer er ist, war und sein wird. Das Unrecht Israels führt in die Katastrophen der Vernichtung. Es führt in das Exil bis nach Babylon. Aber Gott bleibt der Gott Israels, der barmherzige und gerechte, der kreative und zornige, der Tröster und der Richter.

Gott bleibt treu

Mit diesen Gottesgeschichten interpretierten die neutestamentlichen Schriftsteller das Kreuzesgeschehen. Im Laufe der Ausbildung christlicher Zeichen wurde aus den Heiligen Schriften Israels das christliche Alte Testament. Die Treue Gottes zu seinem Volk Israel und zu seiner Verheißung eines von ihm gesandten *Messias bildet die Basis christlicher Deutung der Jesus-Christus-Geschichte. Gott ist auch für die Schriften des Neuen Testaments der barmherzige und gerechte Schöpfer, der gnädige und zornige Gott, Tröster und Richter, der treue und allmächtige Gott Israels. Die Theologie des Neuen Testaments steht gerade in ihrem Gottesbild in Kontinuität zum Gott des Alten Testaments.

6.2.3 | Das Wirken des Geistes Gottes als Selbstinterpretation christlichen Glaubens

Glaube als Geistesgabe

Die Zusammenhänge der Jesus-Christus-Geschichte in ihrem intertextuellen Zusammenspiel mit der Gottesgeschichte der Heiligen Schriften Israels können auch ohne Glauben rekonstruiert werden. Die Jesus-Christus-Geschichte als *story* zu verstehen ist unabhängig von der Positionierung zu dieser Geschichte erlernbar. Sich von ihr ergreifen und bestimmt sein zu lassen, das eigene Leben ganz im Geist dieser Geschichte zu verstehen, kann hingegen nicht gemacht werden. Man kann sich nicht dazu entscheiden, sich getroffen, sich betroffen von dieser Geschichte zu fühlen. Glaube ist der Machbarkeit entzogen. Andernfalls bliebe man immer selbstbestimmter Souverän des Glaubens und verstünde sich nach wie vor aus sich selbst heraus. Von der Kraft des Evangeliums zu sprechen, macht nur Sinn, wenn diese Kraft im Leser bzw. Hörer wirkt. Man kann dann nur dankbar feststellen, dass diese Geschichte unter die eigene Haut gegangen ist und einem die Augen geöffnet hat, sich selbst und die Welt mit ihrem Geist neu zu sehen und zu verstehen.

Evangelium als Ausleger der Lesenden

Wenn die Jesus-Christus-Geschichte als Evangelium gelesen werden kann, wird sie zum Ausleger der Lesenden und entfaltet in ihnen ihre heilvolle Kraft. Der Geist der Jesus-Christus-Geschichte wirkt auf den Geist des Lesers ein und verändert ihn auf kreative Weise. Der Glaube versteht sich daher nicht allein als angemessene Antwort auf die ihm vorausliegende Jesus-Christus-Geschichte, sondern als Weise des Miteinbezogenwerdens in diese Geschichte durch das Wirken des Geistes Gottes als derselben

Kraft, die die Jesus-Christus-Geschichte, ihre Zeichen und den Glauben als angemessene Interpretanten erzeugte und damit in alle Komplexität und Diversität die Kontinuität der kreativen Kraft Gottes hinetinträgt.

Wer Gott, die Welt und sich selbst im Geist dieser Geschichte sehen kann, wird Gott, dem Schöpfer und Neuschöpfer, danken und ihn lobpreisen. Wer den Schöpfer so ehrt, versteht sich selbst in rechtmäßiger Weise als Geschöpf Gottes und findet sich in der unverstellten Beziehung zwischen Schöpfer und Geschöpf neu wieder. Diese durch den Geist der Jesus-Christus-Geschichte ermöglichte neue angemessene Verhältnisbestimmung zwischen Schöpfer und Geschöpf vollzieht sich im Glauben an den auferweckten Gekreuzigten als *Kyrios der Gemeinde und an seinen Vater, den Gott Israels. Dieser Glaube vermag vor dem berechtigten Zorn Gottes zu retten, weil er Gott Recht gibt. Dieser geistgewirkte Glaube selbst ist Gnadengabe des barmherzigen Gottes, die gleichursprünglich mit dem Glauben den Glaubenden rechtfertigt, weil die Sicht des Glaubens angemessen zwischen Schöpfer und Geschöpf unterscheidet und in die Solidarität der Geschöpfe führt.

Rechtfertigung der Glaubenden

Diese erfahrene Wirkkraft wird in den neutestamentlichen Schriften als Geist Gottes, Geist Christi und Heiliger Geist bezeichnet. Hierbei ist aber nicht etwa die Rede von drei verschiedenen Geistern; vielmehr sind die Begriffe synonym. Dieser Geist lässt verstehen und motiviert zum gottgefälligen Handeln im Alltag der Welt. Er ermöglicht ebenso Unerwartetes, für unmöglich Gehaltenes, Wunderbares.

Leben im Geist Gottes

Die *eschatologische Realität der Macht des auferweckten Gekreuzigten vermögen nur die durch den Geist Gottes geöffneten Augen des Glaubens wahrzunehmen. Die so Glaubenden leben in zwei durch das Kreuzesereignis miteinander verschränkten Welten. Sie warten auf das letzte Gericht Gottes, das Gottes Gerechtigkeit aller Welt und allen Geschöpfen Gottes erweisen wird, weil es das Leid aller Opfer zur Sprache bringen wird. Das Recht Gottes ist das Recht der Opfer. Das Reich Gottes ist das Reich, in dem es keine Opfer mehr gibt, weil in ihm Gottes Liebe und Barmherzigkeit herrschen werden und nicht die einen durch die anderen Geschöpfe Gottes ausgebeutet werden. Das Wort vom Kreuz wird als Geistesgabe zum Wissen um die anderen. Es motiviert dazu, konkret Liebe zu den Geschöpfen Gottes zu leben, und zwar genau da und so, wie sie jeweils begegnen.

6.2.4 | Die Vergegenwärtigung des Wortes vom Kreuz im Abendmahl

das Abendmahl als Teil der Jesus-Christus-Geschichte

Wenn Christinnen und Christen das Abendmahl feiern, dann geht es ums Ganze: Sie feiern den Sieg des Lebens über den Tod. So zutreffend diese allgemeine Aussage auch sein mag und so ansprechend zeitgemäß und politisch unverbindlich sie in ihrer wohligen Allgemeinheit auch klingen mag, erhält sie ihr christliches Gesicht erst über ihre Einbindung in eine Geschichte und zwar nicht in irgendeine allgemeine Menschheits- oder Religionsgeschichte, sondern in eine ganz spezifisch christliche Geschichte, nämlich die Jesus-Christus-Geschichte. Das Abendmahl selbst ist Teil dieser Geschichte, und wenn es gefeiert wird, erzählt und verkündet es in seinem Vollzug das „Wort vom Kreuz" (1 Kor 1,18a). Die Jesus-Christus-Geschichte wiederum erhält ihre Plausibilität durch ihre Einbindung in die große biblische Erzählung von Schöpfung und Neuschöpfung, deren Logik nicht von Mittel und Zweck, sondern von der kontingenten, kreativen Liebe Gottes bestimmt ist. Gott schafft und erhält seine Schöpfung und Geschöpfe nicht als Mittel zu irgendeinem Zweck, sondern weil es ihm gefällt, weil wir ihm gefallen, weil er uns, die Erde, die Gestirne, die Pflanzen, die Tiere, die Menschen, liebt – zweckfrei liebt.

die Macht der Sünde

Doch Menschen aus Fleisch und Blut vergießen Blut zu ihren eigenen Zwecken. Sie teilen die Güter der Schöpfung nicht in geschwisterlicher zweckfreier Liebe, sondern benutzen die Schöpfung nach eigenem Belieben und nehmen es in Kauf, aus Geschöpfen Gottes Opfer ihrer Wünsche und Zwecke zu machen. Aber nichts, weder Mächte noch Gewalten und nicht einmal die Sünder selbst, können der Liebe Gottes, der zweckfreien, allen Mächten trotzenden Liebe Gottes Abbruch tun (vgl. Röm 8,31-39). Davon erzählt das Abendmahl: von einem Opfer menschlicher Gewalt und von der kreativen Liebe Gottes, die aus einer menschlichen Tragödie eine Geschichte mit gutem Ausgang macht, deren Witz und Geist allen, die sich auf diese Geschichte einlassen, ein liebevolles, befreites und befreiendes Lachen schenkt – zweckfrei und bedingungslos.

Zum *eschatologischen und kosmologischen Heilsgeschehen wird das Wort vom Kreuz über Gottes barmherziges Angebot zur Teilhabe an der Jesus-Christus-Geschichte an alle, die sich durch den liebevollen Geist dieser Geschichte mit diesem Opfer menschlicher Gewalt identifizieren und damit die Verkündigung Jesu, seinen Tod und sein Leben zu ihrer eigenen Sache werden lassen. Damit vertrauen sie darauf, dass Gottes gerechte und barmherzige Schöpfermacht und nicht die gnadenlose und erbarmungslose Macht der Sünde Recht behält.

Taufe und Abendmahl sind zwei Weisen, in denen die angebotene Teilhabe erfahren und ergriffen werden kann. Keine organisatorische Form oder Reform der Kirche – so notwendig sie auch sein mögen –, sondern das biblisch bezeugte Wort Gottes und diese beiden Sakramente bilden nach protestantischem Verständnis die Grundlage, aus der die Kirche lebt.

Teilhabe an Jesus Christus

Das Abendmahl bietet die leibhaftig erinnernde Teilhabe an der Jesus-Christus-Geschichte an. Die Feier des Abendmahls verkündet erinnernd erzählend den Tod des auferweckten Gekreuzigten: „Denn sooft ihr von diesem Brot esst und aus dem Kelch trinkt, verkündigt ihr den Tod des Herrn, bis er kommt." (1Kor 11,26) Diese Erinnerung verleibt durch den Genuss von Brot und Wein die Jesus-Christus-Geschichte den Mitfeiernden derart ein, dass sie zur je eigenen Geschichte wird. In 1Kor 10,16 schreibt Paulus: „Der gesegnete Kelch, den wir segnen, ist der nicht die Gemeinschaft des Blutes Christi? Das Brot, das wir brechen, ist das nicht die Gemeinschaft des Leibes Christi?" Wie Gott sich mit dem Opfer von Macht und Gewalt identifizierte und damit dessen Sache zur eigenen Sache erklärte, so ergreift der liebevolle und kreative Geist der Jesus-Christus-Geschichte die am Abendmahl Teilnehmenden und lässt das Geschick des Opfers Jesu zur eigenen Erfahrung werden. Jesus starb nicht in zweckmäßiger opfertheologischer Logik stellvertretend den Tod für die schuldig gewordenen Menschen, sondern jeder einzelne selbst, der das Abendmahl feiert, erfährt Anteil am Tod des Opfers Jesus von Nazareth. Die durch den Geist der Jesus-Christus-Geschichte konstituierte solidarische Gemeinschaft mit dem Opfer Jesus von Nazareth führt in die Solidarität mit allen Opfern von Unrecht und Gewalt, in die liebevolle Solidarität mit allen Opfern der Verzweckung.

Die politische Botschaft des Abendmahls besteht in dem Appell, sich in diese Solidarität mit den Opfern hineingeben zu lassen. Der Gekreuzigte war Opfer einer Unrechtstat, die von Individuen und Institutionen, von Innen und Außen gemeinsam begangen wurde. Die politische Botschaft des Abendmahls erinnert den Tod des Gekreuzigten als Metonymie für Unrecht und

die politische Botschaft des Abendmahls

Gewalt, in die alle, auch die Abendmahlsgäste, mit Leib und Seele verstrickt sind, und sie verpflichtet die am Tisch des *Kyrios Teilnehmenden, sich jetzt und im Alltag des Lebens auf die Seite der Opfer zu stellen und deshalb in allen Lebensentscheidungen und politischen Optionen den Anderen als gleichermaßen geliebtes Geschöpf Gottes so in den Blick zu nehmen, dass er bzw. sie nicht zu einem Opfer menschlicher Gewalt und politischer Machtstrukturen wird.

Hoffnung auf die neue Schöpfung

Diese ethische Handlungsmaxime des Abendmahls gründet in der Hoffnung auf den Gott, der alles aus dem Nichts schafft und neu schaffen wird. Sie vertraut auf den liebevollen Schöpfer allen Lebens, der die Toten erwecken wird und den Gekreuzigten bereits auferweckt hat (vgl. Röm 4,17). Sie hofft darauf, dass der barmherzige und gerechte Gott den gekreuzigten Jesus nicht als singulären Ausnahmefall in sein göttliches Leben hinein auferweckt und ihm einen neuen Leib geschaffen hat, der nicht mehr aus Fleisch und Blut besteht (vgl. 1 Kor 15,50). Sie hofft vielmehr darauf, dass mit dieser bereits geschehenen Auferweckung erst der Anfang der Neuen Schöpfung Gottes gemacht ist, mit der Gott sein Recht und seine Gerechtigkeit universal, die ganze Schöpfung durchdringend durchsetzt. Sie hofft nicht auf eine bloße Wiederbelebung der Toten und die damit gegebene Fortsetzung des status quo. Sie hofft auf eine neue Welt, in der Gottes unbedingte Liebe unbeschränkt wirkt, wodurch Frieden und Gerechtigkeit für alle gelten.

Wenn die politische Botschaft des Abendmahls nicht in diese universale *eschatologische Hoffnung eingebunden bleibt, verkommt sie entweder zum sonntäglichen Lippenbekenntnis oder zum moralischen Aktivismus der Selbstgerechten oder zur unheilvollen Leidensbereitschaft, die sich am eigenen Leiden ergötzt. Ohne die Theologie der Auferweckung bleibt das Kreuz stumm und macht stumm. Ohne die Theologie der Auferweckung feiert die Abendmahlsgemeinschaft nicht das Hereinbrechen des Reiches Gottes, sondern richtet sich auf Dauer in der Hölle der eigenen Selbstgerechtigkeit oder des eigenen Selbstmitleides ein.

das Abendmahl als Ereignis des Reiches Gottes

Feiert sie aber das Abendmahl im biblischen Wissen um die leibhaftige Gemeinschaft mit dem auferweckten Gekreuzigten, so steht die Abendmahlsgemeinde in der Kontinuität des letzten Mahles Jesu und seiner Jünger und wird dadurch zum Ereignis des Reiches Gottes. Das so gefeierte Abendmahl praktiziert die

Gerechtigkeit, die im Reich Gottes gilt. Jeder bekommt soviel, wie er zum Leben braucht; es gibt keine Hierarchie mehr zwischen Armen und Reichen, zwischen Frauen und Männern, zwischen Managern und Empfängern von Arbeitslosengeld II, zwischen Amtsträgern und Laien.

Dieses Erleben der Gemeinschaft der von Gott zu seinem Tisch Eingeladenen wird auch im Alltag Wirkung zeigen, und dieser Satz lässt sich auch umkehren: Nur wenn dieses Erleben im Alltag Wirkung zeitigt, wurde das Abendmahl würdig gefeiert. Wer durch den liebevollen und kreativen Geist der Jesus-Christus-Geschichte im Abendmahl den Tod des Opfers Jesus am eigenen Leib erfährt und durch das Kauen und Schlucken Brot und Wein als Teilhabe am Leib Christi schmeckt und sich einverleibt, spürt die Kraft neuen, vom gerechten und barmherzigen Gott geschenkten Lebens in sich. Wer in diesem verdichteten Kultgeschehen die Macht der Sünde und die größere Macht der liebevollen Kreativität Gottes erlebt, geht aufmerksam und kritisch nach innen und außen in den politischen und privaten Alltag, gestärkt durch die am eigenen Leib erfahrene Gemeinschaft mit dem auferweckten Gekreuzigten.

Wer sich so, nämlich glaubend, in die Jesus-Christus-Geschichte hineingeben lässt und das Abendmahl auf die beschriebene Art und Weise feiert, nämlich würdig dieser Jesus-Christus-Geschichte, dem rechnet Gott diesen Glauben als Vergebung der eigenen Verfehlungen, der eigenen Sünden an (vgl. Röm 1,16f.). Der gekreuzigte Jesus starb „also nicht für Gott und um Gottes willen, sondern einzig und allein *für uns Menschen* und *um unsertwillen.*" (Hofius, 327) Seine Geschichte wird so zum Ort, an dem sich Sühne ereignet (vgl. Röm 3,25f.), indem wir in unserer geistgewirkten Identifikation mit dem Gekreuzigten unsere eigenen Verfehlungen erkennen und gleichursprünglich Gott unsere Sünden vergibt. Wen die Jesus-Christus-Geschichte ergreift, den lässt ihr Geist aufatmen. Befreit von der erbarmungslosen Logik der Verzweckung und Selbstverzweckung, befreit vom Druck der eigenen Schuld, befreit von der Angst vor der Erbarmungslosigkeit individueller und struktureller Gewalt, befreit von der eigenen lähmenden Gleichgültigkeit, befreit vom Erfolgsdruck werden Blick, Haltung, Handlung sichtbar und spürbar schon jetzt verwandelt: „Wo der Geist des Herrn wirkt, da ist Freiheit. Wir alle aber schauen mit unverhülltem Angesicht die Herrlichkeit des

Vergebung (margin, next to paragraph starting "Wer sich so")

Herrn in spiegelnder Art und Weise und werden deshalb in sein eigenes Bild verwandelt von Herrlichkeit zu Herrlichkeit durch den Herrn, auf geistvolle Weise." (2 Kor 3,17bf.)

Vergegenwärtigung des Wortes vom Kreuz

Das Abendmahl lädt dazu ein, den liebevollen und kreativen Geist der Jesus-Christus-Geschichte in sich wirken zu lassen, die Welt und sich selbst mit den Augen dieser Geschichte zu sehen, sich betreffen zu lassen, sich in das Leben werfen zu lassen und Stellung zu beziehen. Das ist die politische Botschaft des Abendmahls. Sie hat ihren tragfähigen theologischen Grund in der Vergegenwärtigung des Evangeliums, des Wortes vom Kreuz: Gott hat in seiner barmherzigen Weisheit den ungerechten Tod Jesu Christi am Kreuz zum Heil für seine ganze Schöpfung gewendet.

Literatur

S. Alkier, Die Realität der Auferweckung in, nach und mit den Schriften des Neuen Testaments, NET 12, Tübingen / Basel 2009

Ders., Wunder und Wirklichkeit in den Briefen des Apostels Paulus. Ein Beitrag zu einem Wunderverständnis jenseits von Entmythologisierung und Rehistorisierung, WUNT 134, Tübingen 2001

I. U. Dalferth, Der auferweckte Gekreuzigte. Zur Grammatik der Christologie, Tübingen 1994

J. Frey, J. Schröter (Hg.), Deutungen des Todes Jesu, unveränd. Studienausg., UTB 2593, Tübingen 2007

R. B. Hays, The Faith of Jesus Christ. The Narrative Substructure of Galatians 3:1-4:11, second Edition Foreword by L.T. Johnson, The Biblical Resource Series, Grand Rapids / Michigan, Cambridge U.K. 2002

O. Hofius, Paulusstudien, WUNT 51, Tübingen 1981

M. Karrer, Jesus Christus im Neuen Testament, GNT 11, Göttingen 1998

E. Reinmuth, Anthropologie im Neuen Testament, UTB 2768, Tübingen / Basel 2006

M. Welker, Was geht vor beim Abendmahl? 3. Aufl. Gütersloh 2005

Aufgaben

1. Lesen Sie 1Kor 10,1-13. Welche Geschichten aus dem Alten Testament werden hier von Paulus erinnert?
2. Untersuchen Sie die intertextuellen Beziehungen von 1Kor 15 und Gen 1,1-24a.
3. Forschen Sie nach: Welche alttestamentliche Gottesbezeichnung übersetzt Apk 1,8 mit dem griechischen Wort „Pantokrator" (der Allmächtige)?

Glossar

Ad fontes: „Zu den Quellen". Motto der Humanisten, die damit der Autorität der Tradition und ihrer institutionellen Hüter die Autorität der schriftlichen Quellen entgegensetzte. Die Texte selbst und nicht ihre spätere Auslegung galten ihnen als Quellen der Erkenntnis.

Amicus/amicitia: Freund/Freundschaft. Die amicitia zwischen dem römischen Kaiser und einem Herrscher eines nicht unter direkter römischer Verwaltung stehenden Gebietes war eine römische Rechtsform, die Rom als Schutzmacht gewährt und garantiert. Im Gegenzug erwartete man die mit „Geschenken" an Rom verbundene Anerkennung der römischen Oberherrschaft.

Anathema: Aus dem Galaterbrief entlehnte Bezeichnung für einen wirksamen Fluch gegen anders Denkende (vgl. Gal 1,8f.).

Apokalyptik: Im 19. Jh. etablierter religionsgeschichtlicher Begriff, der von der Johannesapokalypse ausgehend religiöse Bewegungen bezeichnet, die sich vom baldigen Ende dieser Welt, das für alle offensichtliche Kommen der neuen, vollkommenen Welt erhofft.

Apokryphen: Seit Karlstadt werden Schriften, die nicht in den Kanon aufgenommen, aber mit den kanonischen Schriften Gemeinsamkeiten aufweisen und als durchaus lesenswert eingeschätzt werden, als Apokryphen bezeichnet. In der Alten Kirche und im Mittelalter wurden damit verworfene Schriften bezeichnet, die nicht gelesen werden sollten.

Aufklärung: Philosophische und politische Bewegung, die in Folge der Verarbeitung der verheerenden Folgen des konfessionell bedingten Dreißigjährigen Krieges (1618–1648) Konflikte nicht mehr durch politische oder religiöse Autoritäten entscheiden lassen, sondern durch im Diskurs gewonnene vernunftgemäße Argumente friedlich (auf)klären will. Die westlichen Universitäten sind seit dem 19.Jh. ganz und gar dem Erbe der Aufklärung verpflichtet.

Biblia Hebraica: „Hebräische Bibel". Christliche Bezeichnung für das Alte Testament in seiner ursprünglichen hebräischen Sprache.

Catilinarische Verschwörung: Dem Patrizier Lucius Sergius Catilina gelang es, insgeheim viele verschuldete Römer aus allen Ständen zu einen. Ihr Ziel war ein allgemeiner Schuldenerlass. Nachdem Cicero im Jahr 63 als amtierender Konsul davon erfuhr, griff er Catilina im Senat scharf an. Dieser floh nach Etrurien. Einige seiner Verbündeten wurden hingerichtet. Nicht nur die Catilinarier, sondern auch andere sozial motivierte Aufstandsbewegungen wurden 62 v. Chr. niedergeschlagen. Die sogenannte Catilinarische Verschwörung zeugt von der enormen Verarmung und Verschuldung und dem damit verbundenen sozialen Unfrieden im Kernland des Römischen Reiches.

Dekapolis: Zehn-Städte-Bund östlich des Jordans

Diadochen: Nachfolger Alexanders des Großen, die sein Reich in mehrere Teilreiche – die Diadochenreiche – aufsplitteten.

Dialogizität: Begriff des Literaturwissenschaftlers und Philosophen Michail Bachtin, der mündliche und schriftliche Dialoge bezeichnet, die verschiedene Stimmen in ihrer Verschiedenheit wahrnehmen und respektieren, ohne sie harmonisch in eine einzige Stimme aufzulösen.

Dignität: Wert

Dualismus: Der Dualismus geht davon aus, dass alle Wirklichkeit von zwei unabhängigen, zumeist konkurrierenden Kräften bestimmt wird, wie etwa Licht und Finsternis, von denen die eine meist eine gute und die andere eine böse Macht darstellt.

Epistates: griech. Vorsteher. Leiter staatlicher oder auch privater Institutionen.

Eschatologie: Rede von den letzten Dingen, die am Ende der Zeit geschehen werden, wie etwa die Auferweckung der Toten und das letzte Gericht Gottes.

Ethnarch: wörtl. „Volksherrscher". Bezeichnung für einen Fürsten, der über eine Ethnie regiert. So galt den Römern der Hohepriester von Jerusalem als Ethnarch der Judäer.

Evangelienharmonie: Zusammenstellung der Evangelien, die die Widersprüche der Evangelien untereinander vernachlässigt zugunsten einer einzigen, möglichst widerspruchsfreien Evangelienschrift.

Fundamentalistisch/Fundamentalismus: Sammelbezeichnung für religiöse und politische Ideologien, die eine eklektische Auswahl von Dogmen als unumstößliche, von Zeit und Kultur unabhängige Wahrheiten ausgeben und dazu aufrufen, diese mit politischer und auch physischer Gewalt durchzusetzen.

Gallio-Inschrift: Es handelt sich um eine Inschrift aus Delphi, die Auszüge eines Briefes von Kaiser Claudius enthält. Demzufolge war Gallio, ein Bruder Senecas des Jüngeren, entweder 51/52 oder 52/53 Prokonsul in Achaia. Mit diesem Datum kann dann der in Apg 18,12-17 erzählte Vorfall datiert werden. Von diesem Datum aus wiederum lassen sich weitere chronologische Rückschlüsse ziehen.

Gnosis: Das griechische Wort Gnosis bedeutet im philosophischen Diskurs „Erkenntnis". Im religiösen Kontext bezeichnet es Lehren, die davon ausgehen, dass Erlösung durch Erkenntnis erreicht wird. Oft ist Gnosis mit dualistischen Welterklärungsmodellen gekoppelt.

Hebraica veritas: Schon in der Alten Kirche und dann wieder von den Reformatoren vertretenes Prinzip, nach dem die hebräischen Fassungen der alttestamentlichen Texte Vorrang vor den griechischen und lateinischen Fassungen haben.

Hermeneutik: Lehre vom Verstehen

Immanuel: Hebräischer Name mit der Wortbedeutung „Gott mit uns", der mit zeichenhafter Bedeutung in Jes 7,14 zu finden ist und intertextuell in Mt 1,23 wieder aufgegriffen wird.

Kirchenväter: Wichtige christliche Theologen des 2. bis 5. Jh.s, die zur Gründung und Entfaltung der allgemeinen christlichen Kirche beigetragen haben.

Kolonialisierung/Kolonialismus: Die durch europäische Staaten seit dem 15. Jh. betriebene Besetzung außereuropäischer Gebiete, die als Kolonien von den europäischen Machthabern vor allem wirtschaftlich ausgebeutet wurden. In direkter Verbindung mit der Zwangskolonialisierung fremder Länder stand ihre zumeist aggressive christliche Missionierung, mit der wiederum das kulturelle Erbe der kolonialisierten Länder weitgehend zerstört wurde.

Konjektur: lat. *coniectura*, Vermutung, *terminus technicus* der Textkritik, gemeint ist die Verbesserung der handschriftlichen Überlieferung nach Mutmaßungen des Editors.

Konkordanz: lat. *concordantia*, Übereinstimmung. Auflistung von Belegstellen zu einzelnen Worten oder Inhalten. Mit einer Konkordanz kann schnell ermittelt werden, wo etwa das Wort „Geist" in der Bibel benutzt wird.

Kontingenz: Ereignisse, die nicht der Notwendigkeit von Ursache und Wirkung geschuldet sind. Nur auf Grund von Kontingenz kann sich Neues ereignen.

Konzil: siehe Synode

Koran: Im islamischen Glauben gilt der Koran als das von Gott an Muhammad zwischen 610 und 632 n. Chr. offenbarte und von ihm an die Menschen übermittelte Wort Gottes.

Kreuzestheologie: Theologie, in der die Rede vom Kreuz den Ausgangspunkt des theologischen Denkens bildet. Bibeltheologisch wird damit vor allem die Theologie des Paulus, aber auch die des Markusevangeliums bezeichnet.

Kyrios: griech. „Herr". Bezeichnung Gottes in der Septuaginta und dann auch im Neuen Testament für Gott und Jesus Christus.

Messias: Das Wort stammt aus dem Hebräischen und bedeutet „Gesalbter", griech.: *Christos*, lat. *Christus*.

Messiasgeheimnis (im MkEv): Im Anschluss an William Wrede deuten die Schweigegebote Jesu an die Dämonen und an Geheilte sowie das Unverständnis der Jünger auf die Konzeption des Messiasgeheimnisses hin, nach der Jesus erst nach seiner Kreuzigung als Messias und Sohn Gottes erkannt werden kann.

Nag Hammadi: Ort in Ägypten, bei dem eine durch den Wüstensand erhaltene Bibliothek aus dem 2. Jh. n. Chr. gefunden wurde. Zusammen mit den Qumranfunden die bedeutendste Quellenerweiterung der Geschichte des Christentums.

Normativ: verbindlich

Ökumenisches Konzil: Überregionale, „weltweite" Versammlung der bedeutendsten Repräsentanten des Christentums zur verbindlichen Regelung von Glaubensfragen und -praxis.

Ordo auctoritatis: Reihenfolge der Autoritäten. Damit erhalten die einzelnen biblischen Schriften unterschiedliches Gewicht.

Perikope: Textabschnitt

Peripetie: Gemäß aristotelischer Poetik ist die Peripetie des Dramas der entscheidende Wendepunkt in einem Handlungsablauf.

Philologie: griech. „Liebe zum Wort". Der wissenschaftlichen Philologie geht es um die vorwiegend grammatische Erforschung und kritische Tradierung von Texten. Eine ihrer Hauptaufgaben besteht in der Erarbeitung kritischer Textausgaben.

Prätorianergarde: Stadtrömische Garnison, die sich als Eliteeinheit aus bewährten Legionären zusammensetzte und als Leibwache der römischen Kaiser von Augustus bis Konstantin fungierte.

Princeps: der Erste unter Gleichen. Daraus leitete die Disziplin der Alten Geschichte die Bezeichnung „Prinzipat" für die Herrschaftsform Roms von 27 v. Chr. bis 284/285 n. Chr. ab, die eigentlich eine Monarchie war, aber dem Kaiser formal gesehen nicht mehr Rechte als den anderen Senatsmitgliedern zuerkannte.

Prokurator: Röm. Bezeichnung für einen in den Provinzen eingesetzten Beamten, der vornehmlich mit Finanzfragen beauftragt war.

Protevangelium: „Vorevangelium". Erzählt Geschichten über die unmittelbare Zeit vor der Jesus-Christus-Geschichte. Das Protevangelium des Jakobus z. B. erzählt die Geburts- und Kindheitsgeschichte der Maria.

Proto-, Deutero- und Tritojesaja: Aufgrund literarkritischer Analysen sieht die alttestamentliche Wissenschaft im Jesajabuch drei prophetische Bücher aus verschiedenen Zeiten zusammengestellt, nämlich Protojesaja (Jes 1-39), Deuterojesaja (Jes. 40-55), Tritojesaja (Jes 56-66).

Regula fidei: Seit dem 2. Jh. n. Chr. nachweisbare Sammelbezeichnung für mit überregionalen Geltungsansprüchen auftretende christliche Lehren und Praktiken.

Res Publica: lat. öffentliche Angelegenheit (im Unterschied zu *res privata*, der Privatangelegenheit). Res Publica als zusammenfassender Begriff für die Angelegenheiten der Öffentlichkeit insgesamt, also der Sache des Volkes, entspricht weitgehend dem deutschen Begriff „Staat", ohne ihn ganz abzudecken.

Sekundärer Markusschluss: Das Markusevangelium endet ursprünglich mit Mk 16,8. Die Verse 16,9-20 wurden später hinzugefügt.

Semantische Einheit: semantisches Merkmal, Sem: Semantische Einheiten, Merkmale bzw. Sememe sind Bedeutungseinheiten, die ein Zeichen in sich integriert. Das Zeichen /Mann/ beinhaltet stets die Sememe <<menschlich>> und <<erwachsen>>.

Sola Scriptura: Grundlage des reformatorischen Schriftprinzips, wie es Martin Luther formulierte. „Allein die Schrift" und nicht mehr die Tradition der Kirchenväter und Konzilsentscheidungen soll die Grundlage des Glaubens und seiner Reflexion sein.

Soteriologie: Die Rede von der Rettung des Menschen durch Gott bzw. durch Jesus Christus.

Subversiv: bestehende Machtstrukturen unterlaufen, lat. *subverto* (umkehren, umstürzen)

Synästhesie: Das gleichzeitige Erleben bzw. Ansprechen verschiedener Sinne.

Synkretismus: Religiöse Bewegungen, die Vorstellungen und Überzeugungen aus verschiedenen Religionen übernehmen und sie miteinander zu etwas Neuem verschmelzen.

Synode / Konzil: Das Wort Synode stammt aus dem Griechischen und kann mit „Zusammenkunft" übersetzt werden. Es wurde schon in der Alten Kirche zur Bezeichnung von regionalen und überregionalen Zusammenkünften von Repräsentanten verschiedener christlicher Gemeinden benutzt, um theologische Fragen wie Konzepte christlicher Organisationsformen zu beraten. Das Wort Konzil (*concilium*) ist in der Alten Kirche lediglich die lateinische Übersetzung des griechischen Wortes Synode (*synodos*). Erst seit der Reformationszeit wird der Begriff Synode für regelmäßige Zusammenkünfte kirchlicher Leitungsorgane verwendet, während der Begriff des Konzils unregelmäßig Zusammenkünfte aus besonderen Anlässen meint, auf denen gewichtige theologische Fragen geklärt werden sollen.

Talmud: Juden gilt der Tanach als das schriftliche Wort Gottes, und der die Lehre der Rabbinen nach dem Bar-Kochba-Aufstand (132–138 n. Chr.) überliefernde Talmud als das mündliche Wort Gottes. Es gibt einen babylonischen und einen jerusalemischen (auch palästinisch genannten) Talmud. Der umfangreichere babylonische Talmud fand breitere und häufigere Verwendung.

Tetrarch: wörtl. „Vierherrscher", auch mit „Vierfürst" übersetzt. Gemeint ist ein Herrscher über ein begrenztes Teilgebiet. Herodes Antipas etwa war Tetrarch von Galiläa.

Vaticinium ex eventu: Prophezeiung, nachdem das prophezeite Ereignis bereits eingetroffen ist. Wenn das Mk nach der Tempelzerstörung verfasst wurde und Jesus in Mk 13 die Zerstörung des Tempels ankündigt, handelt es sich um ein *vaticinium ex eventu*.

Verbalinspiration: Im Unterschied zur älteren Inspirationslehre, die die biblischen Schriftsteller vom Heiligen Geist inspiriert aber selbstständig formulieren lässt, behauptet die Lehre von der Verbalinspiration, dass jedes Wort der Bibel vom Heiligen Geist diktiert sei.
Veritas hebraica s. hebraica veritas
Vierevangelien-Kanon: Eine bereits im 2.Jh. n. Chr. nachweisbare Zusammenstellung der vier Evangelien Mt, Mk, Lk und Joh.
Votiv: Tontafeln oder andere Weihegaben, die mit individuellen Wünschen an die Götter beschriftet waren und in Tempeln oder anderen Kultorten niedergelegt wurden.

Sach- und Personenregister

Abduktion 141
Abendmahl 294–298
Aberglaube 76, 256
Achternbusch, Herbert 97–100
Agrippa I. / Herodes Agrippa I. 210f., 218, 227f., 230
Agrippa II. 228, 231
Aktantenanalyse 156–158
Akt des Lesens 40, 48, 61f., 81, 101, 141
Aland, Kurt 37, 64
Alexander d.Gr. 186–188, 190–196, 201, 218–220, 237f., 242, 244, 254, 288
Alkuin 25
Allegorie 132f.
allmächtiger Gott 291f.
Alte Kirche 9, 15, 19–22, 26, 28, 42, 115, 120, 220, 264, 280
Altes Testament 4, 21f., 24, 26, 28, 36, 40, 45, 48, 52, 292
Antigoniden 191, 195, 220
Antigonos 195, 218, 224f.
Antiochos III. 191, 195f., 199
Antiochos IV. 191, 196, 221, 224
Antiochos VII. 221
Antipater 195, 218, 224f.
Antoninus Pius 209, 214, 229, 235
Antonius, Marcus 197, 200f., 203, 225f.
Apokryphen 2, 58, 60
Apostolische Väter 58, 60
Apuleius 256
Aqiba, Rabbi 234
Arbeiten, wissenschaftliches 11, 104f., 110f.
Aristeasbrief 16, 247
Aristides, Publius Aelius 76f.
Aristobul 221, 224f.
Aristoteles 150, 191f.
Armut 240, 256
Artaxerxes III. Ochos 193
Asklepios 76, 253
Assmann, Jan 245
Ästhetik 6, 8, 130
Athanasius 21–23

Auferweckung / Auferstehung 4, 51, 55–57, 93, 102, 114, 137f., 223, 254, 262f., 267–269, 273–278, 280, 283–288, 296
Aufklärung 30, 41–43, 100, 111f.
Augustinus 22, 24
Augustus / Octavian 178, 180–183, 186, 194f., 197–213, 224–227, 232, 239, 242, 249, 256f., 261, 287f.
Auslegung 5, 11, 66, 70f., 101, 105–107, 109, 111f., 115, 132, 165, 272, 292
Auslegungsgemeinschaft 141
Autonomie 71, 190–192, 219, 237, 243
Autor 29, 108–110, 128, 165, 173
Autorintention 42, 108, 110, 118, 135, 140

Bachtin, Michail 260
Bar-Kochba-Aufstand 229, 234f.
Barmherzigkeit 53, 56, 277f., 291, 293
Barth, Gerhard 136
Baur, Ferdinand Christian 75, 137
Bedeutungspotential 15, 47–49, 109, 162, 165
Bedeutungswelten 147, 181
Bedeutungszuschreibung 130
Befreiungstheologie 32, 68f.
Beispielerzählung 132f.
Beliebigkeit 20, 24, 61, 108
Benutzungshypothese 124–128, 264
Besitz 108, 181, 201
Bibeldrucke 19
Bibel, Einheit der 29
Bibel in gerechter Sprache 32
Bibelkunde 73
Bibel, lateinische 18
Bibellektüre 2, 5, 8, 10, 61f., 67–70, 73, 81, 105
Bibelübersetzung 30, 36
Bibelwissenschaft 7, 45f., 68–70, 113, 141, 143
Bibliothek von Alexandria 220
Biblische Theologie 44–48
Bildhälfte 132f.
Black, Matthew 37
Bornkamm, Günther 136

Bosse, Heinrich 108
Brand Roms 212, 230
Breytenbach, Cilliers 137
Briefe / Briefliteratur 6, 21, 28f., 31, 39, 43, 47, 56, 58, 123f., 243, 261, 263–270, 272, 274, 280–282, 286
Bringmann, Klaus 203
Brutus, Marcus 200
Bultmann, Rudolf 46, 129–132, 136f.
Bund 19, 46, 53f., 75, 78, 171–173, 270, 291
Bürgerrecht, römisches 225
Burkert, Walter 258

Cajetan 30
Caligula 209–211, 214, 228
Campenhausen, Hans von 19f.
Canonical Approach 44, 46f.
Cäsar, Gaius Julius 186, 194, 197–201, 203f., 213, 225, 288
Chalcedon 9, 215
Childs, Brevard S. 44
Christenverfolgung 199, 212, 215
Cicero 199f.
Claudius 209–213, 228, 232
Commodus 209, 214
Conzelmann, Hans 122, 136
Crassus, Marcus 199
Crossan, John Dominic 59
cultural turn 3, 6

Dalferth, Ingolf 285
Damasus I. 22, 25
Dareios I. Hystaspes 187
Dareios III. 193f.
Decius 199, 212, 215
deduktiver Schluss 141
Dekonstruktion 97f.
Denar 177–180, 241
Denken, aufgeklärtes 115
Derrida, Jacques 98, 140
deus dixit 78, 289
Deutungshoheit 108
Dezentralisierung von Sinn 163
Diachronie 115f.
Diadochenkämpfe 191, 242
Diadochenreiche 186, 195, 197, 199, 220, 222, 237f., 244
Dialog 3, 49, 51, 74, 76–78, 93, 96, 174
Dialogizität 51, 259f., 290
Diasporaaufstände 229, 234f.
Diasporajudentum 188, 211, 220f., 232–235, 246

Dichtung, griechische 220, 250, 251
Dionys von Halikarnass 255
Diskursuniversum 76f., 80, 87–90, 93, 96f., 146, 148–150, 159f., 179, 268, 279
Diskursuniversum, matthäisches 170
Diskursuniversum, paulinisches 284
Diskursuniversum, theologisches 272
Divinisierung 201, 288
Doppelgebot der Liebe 290
Drachme 180, 241
Dronsch, Kristina 161, 243
Droysen, Johann Gustav 190

Ebner, Martin 116, 255
Eco, Umberto 5, 141, 146, 158, 183
Eichhorn, Johann Gottfried 124f.
Einheitsübersetzung 31f.
Einleitungsfragen 3, 8, 272
Einleitungswissenschaft / Einleitungsfragen 3, 8, 261, 265, 272, 281
Elberfelder Bibel 32
Entmythologisierung 251
Enzensberger, Hans Magnus 107–109
Enzyklopädie 3, 46, 55, 82, 94, 140, 146–149, 158, 164, 168, 174–176, 178f., 183, 198, 251, 260, 287
Erasmus von Rotterdam 26f., 29
Erschließung der Welt 10, 12, 70f.
Erschließung religiöser Kommunikation 10
Erwählung 173, 231, 247, 267
Erzählung, große 51, 260, 262
Erzähllogik 98, 155, 278
Erzählstruktur 121, 150, 157, 286
Erzählzeit 183, 260f.
Eschatologie 206, 208, 249, 267, 269, 273
Essener 223
Ethik der Bibelwissenschaften 70
Eusebius von Cäsarea 21
Exegese, feministische 32, 58, 68f.
Exegese, historisch-kritische 11, 42–44, 46, 112, 114–118, 135, 140
Exegese im Filmblick 101
Exegese, intratextuelle 149
Exegese, linguistische 115
Exegese, semiotisch-kritische 106, 111f., 140–143, 148, 260
Exil 54, 291
Exodus 53
Faber Stapulensis, Jakobus 25
Fabius Maximus, Paullus 206f.
Fadus, Cuspius 230
Faßbeck, Gabriele 206, 249

Florus, Gessius 231
Formensprache 129–132
Formgeschichte 6, 116–118, 128–131, 135, 137, 164
Fragmente eines Ungenannten 114, 124
Freiheit 73, 84, 90, 109, 192, 297
fremde Welten 11, 74, 76, 82
Fremdheit 11, 282
Freud, Sigmund 256
Frühchristentum 2, 9, 57, 147
Fundamentalismus 49, 61f.

Garizim 187f., 218, 222f.
Gattung 116, 129–132
Gegenwartskultur 8, 190
Geist Gottes 40, 54, 292f.
Geldwechsler 165f., 226, 248
Genealogie 164, 168–172
Georgi, Dieter 67
Gericht 208, 269, 271, 281, 287
Geschichte Gottes 51, 260, 262, 288f.
Geschichtsschreibung 7, 61, 277
Gese, Hartmut 45
Gesellschaft 7, 8, 42, 66, 68, 106, 146, 167, 189, 261
Gesellschaften, antike 185, 189, 255
Gesellschaft, plurale 3, 75, 142, 189, 244
Gewalt 12, 69, 200, 210, 213, 222f., 225, 230, 245, 271, 294–297
Gibbon, Edward 245
Glauben 2f., 7, 14f., 20f., 39–41, 43, 55, 61f., 65f., 73f., 77f., 91–93, 105, 114, 160, 203, 235, 259, 261f., 267, 270f., 273, 282–284, 286, 290, 292f., 297
Glaubensbekenntnis, apostolisches 216
Gleichnis / Gleichnisauslegung 131–134, 157, 168, 276
Gliederungsverfahren 150–152
Gnosis 21, 59
goldenes Zeitalter 182, 203–206, 213, 249, 256
Götter, antike 192f., 205, 208, 226, 250f., 255, 267
Göttliche Menschen 213, 257
Gottesdienst 14, 17, 20f., 24, 30, 44, 145, 192, 273
Gott Israels 187f., 217–219, 246, 254, 263, 270f., 274, 276, 285, 287–289, 291–293
Goulder, Michael D. 126
Grab 83, 93f., 120, 138, 193f., 201, 269, 276, 278, 285f.

Gratus, Valerius 210
Greimas, Algirdas Julien 140, 152, 156
Gunkel, Hermann 130
Gute Nachricht Bibel 32
Güttgemanns, Erhardt 115, 129f., 152f.

Habermas, Jürgen 72
Hadrian 186, 209, 213–215, 234f., 266
Halbgötter 192, 257
Handeln Gottes 4, 61, 269, 271, 285f.
Hardenberg, Georg Philipp Friedrich Freiherr von. Siehe Novalis
Harnack, Adolf von 19f.
Hasmonäer 191, 195f., 198, 218, 221–223, 225, 285
Hays, Richard B. 47, 50, 57, 165, 174, 298
Hebräische Bibel 15–17, 22, 26–28, 49
Heiland / Retter 100, 182, 202, 204, 207f., 253f.
Heil, Christoph 126
Heiliger Geist 41, 56, 87, 273, 277, 293
Heilige Schriften 15, 17, 22, 48
Heilige Schriften Israels 15f., 47f., 51f., 55, 168–170, 173, 187, 235, 269f., 276, 288–290, 292
Heilszeit 204–206, 208
Heininger, Bernhard 116
Held, Heinz Joachim 136
Hellenismus 75, 186f., 190f., 197, 220, 223, 238, 246, 250, 254
Hengel, Martin 75, 187
Hennecke, Edgar 58
Herder-Bibel 31
Hermeneutik 10, 24, 70, 71, 110, 111
Hermeneutik, alexandrinische 220
Hermeneutik, bibelwissenschaftliche 10
Hermeneutik der Befreiung 69
Hermeneutik der Behutsamkeit 76
Hermeneutik, frühromantische 108
Hermeneutik, historisch-kritische 10, 146
Hermeneutik, intertextuelle 47, 49, 50
Hermeneutik, kritische 112
Hermeneutik, literaturwissenschaftliche 9
Hermeneutik, philosophische 9
Hermeneutik, theologische 42
Herodes d.Gr. 186, 188, 206, 210, 218, 222, 224–228, 243, 248f.
Herodias 227
Herrscherkult 206, 210, 213, 254, 257
Hesiod 250f.
Hieronymus 22, 24–27

Sach- und Personenregister

Hinrichtung 4, 55, 214, 227, 254, 283, 286
historische Kontexte 145, 183, 185, 260
Hoffmann, Paul 126
Hoffnung 54, 57, 61, 64, 75, 91, 187, 204f., 207, 230, 234, 253, 296
Hohepriester 166f., 210, 218f., 222, 225, 228, 231, 247–249
Holthuis, Susanne 164
Homer 191–193, 250f., 254
Horaz 204
Hübner, Hans 45
Humanismus 25
Hume, David 114, 256
Hyrkan II. 218, 224f.

Ideologie 61, 69, 159, 175, 182, 260, 290
Imperium 201f.
Inschriften von Priene 207f.
Inspirationslehre 25, 29, 41f.
Interaktion von Text und Leser 71
Interesse 2, 6f., 42f., 66, 69f., 72, 105, 112f., 115, 117, 162, 272
Intermedialität 148
Interpretant 141, 143f., 287, 293
interpretatio Graeca / Romana 251–253
Intertextualität 6, 8, 41, 46–49, 140, 148, 162–165, 167–170, 172f., 260, 278
Israel 51, 53–55, 61, 165, 169f., 172f., 187f., 217f., 267, 270, 273, 277, 291f.

Jehud 187f., 218, 242
Jerusalemer Bibel 31f.
Jesus-Christus-Geschichte 4, 47f., 51, 55, 61, 85, 139, 165, 170, 198, 260, 276f., 279, 283, 288, 292–295, 297f.
Jesus, historischer 51, 59f., 116, 150, 180
Jünger 99f., 114, 137–139, 155–158, 160, 185, 249, 275f., 278f., 285, 296
Johannes Chrysostomos 14
Johannes Hyrkan 221
Josephus, Flavius 15, 213, 223f., 231
Juda 172, 187f., 217–219
Judäa 180, 187f., 191, 210, 212, 218, 221, 223, 225, 227, 229, 233–235, 241f., 247f., 287
Judenedikt des Claudius 211
Judentum 16f., 49, 75, 187f., 212, 220, 222, 230, 232–235, 246, 269
Judentum, alexandrinisches 220
Judentum, antikes 6, 15f., 189, 246f., 250
Judentum der Levante 232
Judentum, hellenistisches 75, 187, 234, 246

Judentum, palästinisches 75, 188
Judentum, pharisäisch-rabbinisches 232f., 235
jüdisch-römischer Krieg 212f., 224, 228f., 234f., 249, 269, 274
Jülicher, Adolf 132–134
Jungheinrich, Hans-Klaus 95
Jupitertempel 213, 232

Kaiser 41, 177f., 183, 194f., 206f., 209, 211, 214f., 227, 231, 242, 256f., 288
Kalenderreform 206, 257
Kanon 14f., 17–30, 39–49, 51, 57f., 60f., 115, 147, 215, 260f., 270, 288
Kant, Immanuel 112
Karl der Große 25
Karlstadt 27f.
Kategorienlehre 141
Katholizität 20
Kent, J.P.C. 179
Kinder- und Schulbibel 10, 33, 51, 65, 82f.
Kirche / Kirchen 2, 7f., 14, 17–20, 22–30, 32, 36, 45, 56, 58, 69, 72f., 85, 98, 105, 107, 114, 186, 189, 260–262, 265, 277, 283, 295
Kleinasien 187f., 191–199, 207, 212, 215f., 221, 234, 242, 244, 251, 253, 257, 265–267
Kleopatra VII. 195, 197, 200f., 203, 225
Klientelkönig 188, 206, 224, 226f.
Koch, Klaus 118
Köhler, Horst 64
Kommunikation 10, 78f., 143, 146, 158, 178, 182, 263, 274
Kommunikationssituation 39, 143f., 260f., 268
Kompositionskritik 117f., 137
Konfession(en) 8, 32, 48, 65
Königtum, hasmonäisches 218, 222f., 225, 230, 243
Konstantinische Wende 6, 199, 215
Konstantinopel / Byzanz 9, 23f., 215f.
Kontextualitätskriterium 71, 109, 111, 142
Kontrolle, staatliche 237, 242
Koran 48, 78f.
Kort, Kees de 33
Kraft 286
Kraft, schöpferische 108, 269, 271, 280, 286, 288, 292f.
Kreativität 52f., 80f., 109, 141, 297
Kreativität der Lesenden 62, 108, 173
Kreuz 4, 138, 262f., 270f., 276, 278, 284–288, 296

Kreuzesereignis 260, 284, 286–288, 293
Kreuzestheologie 138, 276
Kreuzestod Jesu 51, 114, 210, 263, 265, 274f., 283, 285, 287, 298
Kristeva, Julia 140, 163
Kritik 11, 111f.
Kritik, historische 83, 148
Kritik, literarische 114
Kritik, philologische 26
Kultur / Kulturen 2, 8, 10f., 14, 40, 46, 62, 67, 74, 76, 78, 142, 146, 175, 185f., 189, 192, 212, 219f., 244–246, 251, 255, 259, 261
Kultvereine / Mysterienvereine 252–254
Kümmel, Werner Georg 19f.
Kunst / Kunstgeschichte 5, 8, 10, 91, 181, 250
Kyrios 55f., 283f., 287, 293, 296
Kyros 54, 219

Landwirtschaft 236f., 239
Leben, göttliches 269, 271, 283, 285, 287, 296
Leben Jesu 65, 125, 274, 277
lectio brevior 36f.
lectio difficilior 36, 38
Lehrer 42, 77, 105f., 108f., 176f.
Leib (Christi) 56, 295–297
Lepidus, Marcus 200
Leseanweisung 15, 164, 168
Lessing, Gotthold Ephraim 114, 124
Levante 180, 187f., 191, 195, 211, 217f., 220f., 226, 229, 234f., 242, 246
Liebe Gottes 56, 133, 273, 290, 294
Lindemann, Andreas 58, 122, 126, 284
linguistic turn 3, 6
Literarkritik 6, 116–124, 128f., 135
Literaturgeschichte 6f., 107, 115
Literaturwissenschaft 5–8, 46, 105, 163
Livia Drusilla 179
Lutherbibel 19, 28–30, 32, 34
Luther, Martin 25, 27f., 40f., 48, 290

Macht 53, 56, 67f., 86, 114, 160, 181, 186, 189, 200–202, 205f., 208, 216, 228, 236, 239, 242, 254–256, 270, 285, 288, 293, 295–297
Machttat 263, 269–271, 276, 280, 286f.
Madden, Frederic W. 179
Madonna 85
Makkabäer 31, 218, 221, 224, 230
Makrotext 40, 150
Man, Paul de 98

Marcus Aurelius 209, 214
Maria 59, 169, 172, 277
Mariamme 226
Markion 19–21, 39, 51
Martinet, Hans 178
Martini, Carlo M. 37
Marxsen, Willi 136
Masada 229, 231f.
materielle Kultur 8, 147, 175
Matthatias 221
Meiser, Martin 116
Méliès, Georges 89
Menachem 231
Messias 54f., 93f., 169, 178, 187, 230f., 234f., 269f., 277, 292
Metapher 6, 133f., 242, 260, 282
Methoden 3, 70f., 106, 109–111, 113–118, 121, 140f., 152, 260
Metzger, Bruce M. 19, 37
Mikrotext 150f., 159
Mithrasmysterien 253, 257f.
Mitte der Schrift 48, 260
Moore, Stephen 67
mos maiorum 205
Motifemanalyse 152f., 155, 156, 158
Mündlichkeit und Schriftlichkeit 129f.
Münzen 108, 146f., 175–183, 189, 203, 221, 238f., 241
Mythos 4, 150, 186, 195, 250, 252–254, 258, 262

Nächstenliebe 66, 167, 287
Nag Hammadi 59
Naherwartung 267, 273
Naidoo, Xavier 85
Narrativität 260
Narratologie 6, 137
Nero 209, 212–214, 230, 232, 266, 274
Nerva 209, 214, 229, 232f.
Nethöfel, Wolfgang 157
Neuschöpfung 271, 288, 293f.
neutestamentliche Wissenschaft 2, 8, 10f., 67, 89, 130, 139, 141, 144, 148
New Perspective (on Paul) 268
Nicäa 9, 215
Nikephorus 24
Normativität 45f., 50, 60
Novalis 107–109
Nuhr, Dieter 85
Numismatik 176, 178, 180, 182f., 188f.

# Sach- und Personenregister

Objekt 71, 141, 143, 144f., 156, 177
Objekt, dynamisches 286f.
Odoaker 216
Offenbarung Gottes 17f., 20, 23, 28, 286, 289
Ökumene 37, 65
ökumenische Konzile 9, 23, 215f.
Opfer 166f., 205, 208, 226, 231, 247f., 250, 255, 285, 291, 293–297
Origenes 21
Overbeck, Bernhard 179
Overbeck, Franz 130

Palästina 180, 187f., 229, 232f., 242, 265f.
Parabel 132f.
Paradigma, entwicklungsgeschichtliches 112f., 118, 121, 140
Paradigma, kommunikationstheoretisches 10, 134, 140
Parther 186, 191, 197, 209, 214, 218, 221f., 225, 230, 234
Pasolini, Pier Paolo 81, 87, 95, 97
Passionsgeschichte 59, 274
Paulusbriefe 18, 39, 47, 124, 168, 173, 264–266, 268, 270, 274
Paulusschule 272
Pax Augusta 202
Peirce, Charles Sanders 141, 143, 146
Pergamon 238
Petöfi, János S. 145
Pharisäer 176, 180f., 222f., 231, 233, 269, 271
Phasael 225
Philipp II. 190–192
Philologie, alexandrinische 220
Philo von Alexandrien 220, 230
plot 87, 150
Pluralismus 20, 72f., 246
Poetik 6, 51
Poetik, aristotelische 150, 153
Politik 49, 66, 189f., 205, 219, 225, 236, 238, 245, 249, 252
Pompeius 197–199, 222–224, 231
Postcolonial Biblical Studies / Criticism 67–69
Präfekt 188, 210
Pragmatik 138, 145
Praxis, kirchliche und schulische 7–10, 72f., 261
Praxis, frühchristliche 8f.
Priester 30, 66, 96, 181, 189, 194, 198, 201, 203–205, 226, 231, 247f., 256

princeps 199, 202
Prophetie 40, 48, 165, 167, 275f.
Propp, Vladimir 152f.
Provinzen 186–188, 191, 195–199, 201f., 206, 210, 212, 217f., 221–223, 227, 229, 233, 239f., 242
Ptolemaios I. 195
Ptolemaios II. 16, 220, 246

Quellen 17, 44, 83, 115, 123–129, 175
Quellenkritik 117, 119, 123
Quirinius 218, 227
Qumran 222f.

Rabbinen 17, 235
Rat der evangelischen Kirchen 32
Realitätskriterium 71, 109, 111f.
Recht 53f., 189, 203–205, 211f., 216, 229, 240, 245, 247, 249, 256, 283, 290f., 293, 296
Rechte und Privilegien, jüdische 211, 235
Rechtfertigungslehre 47, 269f., 272
Redaktion 121–123, 128, 135f.
Redaktionsgeschichte / Redaktionskritik 6, 116–118, 128, 135–137
Reformation 26f.
Reich Gottes 133f., 138, 267, 275, 277f., 283, 287, 293, 296f.
Reimarus, Hermann Samuel 114, 124
Reinig, Christa 174
Rekonstruktion 16, 112, 119, 128, 130, 135, 145, 175, 189, 262
Religion, europäische 216
Religion, gelebte 8, 42
Religionen, nicht-christliche 76
Religionsbegriff 245f.
Religionsfreiheit 199, 215
Religionsgeschichte 7, 60, 116, 294
Religionsgeschichte, antike 7, 245, 261
Religionsgeschichtliche Schule 7
Religionspolitik, römische 206, 211, 215
Religionsunterricht 7, 9, 81, 86, 105, 261
Religionswissenschaft 7–9, 245f.
res publica 200, 202
Reuchlin, Johannes 26
Rezeption 8, 10, 45, 88, 97, 108, 130f., 140f., 147, 163, 167f., 260
Rezeptionsästhetik 6, 62, 108, 178, 183
Rhetorik 6, 131
Rostovtzeff, Michael 237
Rüpke, Jörg 206, 257

Sadduzäer 219, 223, 233
Saecularfeier / Carmen Saeculare 200, 203–205, 256
Sakramente 87, 295
Salome 227
Samaria / Samaritaner 187f., 218f., 222–224, 227, 230
Sanhedrin 210, 223, 229, 233, 247, 283, 287
Saturntempel 248
Saussure, Ferdinand de 116, 140
Scham 270f.
Schekel, tyrischer 180, 241f., 252
Schlegel, Friedrich 108
Schmidt, Karl Ludwig 129
Schneemelcher, Wilhelm 22, 58
Schneider, Michael 174, 243, 260, 262
Schnelle, Udo 115, 126
Schöpfung 52, 56, 61, 260, 270, 273, 289, 290, 294, 296, 298
Schriftgelehrte 91, 166f., 223, 229
Schrifttheologie 29, 41, 262
Schroeter, Jens 263
Schule 7f., 85, 107, 189, 261
Schule Hillels 229, 233, 235
Schule Schammais 229, 233
Schüssler Fiorenza, Elisabeth 70
Schüssler, Hermann 25
scriptio sui interpres 40
Seele 23, 91, 284, 296
Seeßlen, Georg 89
Segovia, Francis 67
Seianus, Aelius 209
Seleukos 195
Semantik 140, 145, 159, 164
Semiotik 10, 116f., 140f., 158
Semiotik, kategoriale 140f., 143f., 175
Semler, Johann Salomo 42f., 75, 124
Senat 198–202, 209, 212–214, 225, 248, 255–257
Septimius Severus 215
Septuaginta 16f., 22–25, 28, 48, 187, 220, 235, 247
Sibyllinische Bücher 204, 255f.
Signifikant 140, 158
Signifikat 140
Sikarier 223
Sinn 40, 42, 47f., 61f., 64f., 76, 78f., 80f., 88, 108, 112, 114, 121, 141, 145, 160, 162–165, 173, 175, 182, 205, 277
Sitz im Leben 116, 131
Sklaverei 53, 70, 178, 233, 239f., 291

Sohn eines Gottes 181, 193f., 201, 203, 254, 291
Sohn Gottes 56, 99f., 138, 160, 178, 181f., 270, 287
sola scriptura 25, 27f., 41, 73
Solidarität, geschöpfliche 271, 293
Sondergut 126, 278
Sozietätskriterium 71, 109, 111, 142
Staatstheologie, römische 203, 208
Stadt Rom 199, 211, 214, 239f., 248
Stein, Tine 66
Steuer 176, 178, 212, 218, 220, 227, 240, 243
Stimme 2, 10, 39, 51, 80, 92, 94, 259, 268, 290
Stimme, ureigene 129, 263
Strecker, Georg 126
Stuhlmacher, Peter 45
Sueton 178, 211, 240
Sünde 56, 91, 172, 253, 295, 297
Synchronie 115f.
Synhedrion 210, 218, 223, 247
Synoptiker / synoptische Evangelien 59, 124f., 127f., 135–137, 183, 264, 274, 278f.
synoptischer Vergleich 127, 144
Syntagmatik 145, 150f., 156, 168
Syrien-Palästina 188, 252

Tacitus 251
Talmud 78f.
Tanach 16, 78f.
Taufe 273, 295
Tempel / Tempelkult / Jerusalemer Tempel 54, 147, 166f., 179, 187–189, 196, 203, 206, 209f., 213, 218f., 221–224, 226, 229, 231–234, 236, 243, 246–250, 252, 272, 281
Textgenese 135, 140
Textkritik 34, 36–38, 116f., 120–122
Textlinguistik 6, 175
Textpartitur 151, 158
Texttheorie 115, 117, 144, 183
Textwelten 49, 73, 82, 164
Theodosius d.Gr. 216
Theologie, Biblische 45
Theologie des Neuen Testaments 19, 45, 136, 286, 292
Theologie des Wortes 97
Theologie im Dialog 268
Theologie, narrative 137
Theudas 230
Thomasevangelium 59f.
Thyen, Hartwig 278, 280

Tiberius   178–181, 183, 209f., 240, 261, 287f.
Titus   209, 213, 229, 232
Tod   53, 56f., 160, 253, 271, 274f., 278, 284f., 294f.
Todesstrafe   178, 210, 235
Tod Jesu   19, 55f., 176, 273, 284, 287, 295, 297
Tora   15f., 37, 53, 78, 218, 220, 222f., 231, 247, 277, 287, 291
Tradition   21, 24, 27, 38, 49, 78, 95, 101, 106, 112, 115, 121–123, 127–129, 135, 166f., 178, 205, 226, 235, 249, 256, 263, 272, 274, 285
Transformationsprozesse   153, 232, 239, 244
Transposition   39, 47, 261
Treue Gottes   55, 171f., 270, 292
Trobisch, David   19f.

Übersetzung   15, 17, 22, 26f., 31–33, 37, 58, 65, 220, 247
Umkehr / Umdenken   54, 130, 167, 285, 287
Unrecht   205, 271, 290f., 295
Unverfügbarkeit   252, 288f.
Urbanisierung   240, 242f.
Urchristentum   9, 43f., 115, 123, 128f., 268
Urevangeliumshypothese   124f.
Ursprungsontologie   49

Verantwortung   52, 63, 69f., 210
Vergil   203f.
Verheißung   54f., 170f., 275, 292
veritas hebraica   24, 26–28
Verkündigung   44f., 105, 182
Verkündigung Jesu   9, 147, 263, 275, 278, 294
Verstehen   10f., 51, 110, 185
Verwaltung, antike   195–197, 209, 227f., 238
Vespasian   183, 209, 212f., 232
Vier-Kaiser-Jahr   214
Vollmachten   201f.
Vulgata   18, 22, 24f., 28, 30, 32

Wahrheit   8, 10, 41, 246, 262
Weinrich, Harald   260

Weisheit   277, 288f., 298
Werkherrschaft   108f.
Wikgren, Allen   37
Wilamowitz-Moellendorff, Ulrich von   209
Wilckens, Ulrich   32
Wimbush, Vincent   67f.
Wirkkraft   5, 41, 57, 251, 280, 293
Wirklichkeit / Wirklichkeitsannahmen   11f., 55, 74f., 96, 260, 262, 268, 270, 273, 289
Wirtschaft, antike   189f., 205, 214, 236, 238f., 242f., 245, 249, 252
Wissen, konventionalisiertes   3, 146
Wissenschaft / Wissensdiskurs   7, 11f., 43, 70, 73, 105, 110, 113, 141, 245f.
Wohltätigkeit   207, 239
Wort Gottes   41f., 78f., 105
Wort vom Kreuz   51, 254, 262, 268–272, 274, 286, 293f., 298
Wrede, William   20, 43, 137
Wunder   6, 77, 83, 86–90, 92–98, 100–102, 123, 131, 170, 255f., 277
Wunderinszenierung   85, 88, 90–93, 95–97, 100–102

Xerxes   192f.
X-Methode   158, 162

Zanker, Paul   180f., 203
Zeichen   10, 41, 47, 62, 71, 79–81, 89, 98, 112, 116, 141, 143–147, 151, 157–159, 169, 171f., 175–177, 182, 265, 269, 276, 279, 289, 292f.
Zeit / Zeitdeutung   55, 205f., 262, 287f.
Zeit, erzählte   178, 243, 260f., 275
Zeloten   223, 229, 231–233
Zenon   243
Zeuge / Zeugenschaft   92, 94, 138, 280f.
Zorn Gottes   53, 56, 167, 271, 291, 293
Zürcher Bibel   29, 32, 34
Zwei-Naturen-Lehre   216
Zwei-Quellen-Theorie   59, 125–128
Zwick, Reinhold   101

Stefan Alkier

Die Realität der Auferweckung in, nach und mit den Schriften des Neuen Testaments

Neutestamentliche Entwürfe zur Theologie, Band 12
2009, XVI, 281 Seiten,
€[D] 59,00/SFr 93,00
ISBN 978-3-7720-8227-6

Die Rede von der Auferweckung des gekreuzigten Jesus von Nazareth bestimmt maßgeblich die Textsammlung des Neuen Testaments. Mit ihr verknüpft ist die Rede von der Auferweckung der Toten.

Der erste Teil der Untersuchung geht der Frage nach, wo und wie Auferweckung bzw. Auferstehung in den neutestamentlichen Texten thematisiert wird und unter welchen Realitätsannahmen und rhetorischen Strategien die neutestamentliche Rede von der Auferweckung bzw. der Auferstehung ihre Plausibilität entfaltet. Der zweite Teil der Untersuchung interpretiert die exegetischen Ergebnisse unter der Fragestellung, wie christliche Theologie die Auferweckung der Toten heute denken kann. Der dritte Teil versucht exemplarisch nach der existentiellen Tragfähigkeit der erzielten exegetischen und systematischen Ergebnisse zu fragen.

Narr Francke Attempto Verlag GmbH + Co. KG
Postfach 25 60 · D-72015 Tübingen · Fax (0 7071) 97 97-11
Internet: www.francke.de · E-Mail: info@francke.de

NEUERSCHEINUNG SEPTEMBER 2010

narr VERLAG   **francke** VERLAG   **attempto** VERLAG

Joachim Kunstmann

Religionspädagogik

Religionspädagogik

UTB
2., überarb. Aufl. 2010, XIV, 382 Seiten, zahlr. Abb.,
€[D] 24,90/SFr 37,90
ISBN 978-3-8252-2500-1

Kunstmanns nun in aktualisierter Auflage vorliegende Einführung bietet einen umfassenden Überblick über sämtliche Arbeitsfelder einer zeitgemäßen Religionspädagogik.
Der Band behandelt die Grundfragen und traditionellen Themen des Faches, trägt aber auch neuen Entwicklungen Rechnung, so der zunehmenden Hinwendung der Religionspädagogik zu Gegenwartsthemen wie der Individualisierung und Kulturbezogenheit von Religion ferner zu ästhetischen Themen. Eine als strukturierend für alle klassischen Orte christlich-religiöser Erziehung, Sozialisation und Bildung ausgewiesene Religionsdidaktik ist ebenso in das Konzept integriert wie die Gemeindepädagogik. Das Buch ist somit ein unentbehrlicher Begleiter für Studium, Lehre und Gemeindearbeit.

Narr Francke Attempto Verlag GmbH+Co. KG · Dischingerweg 5 · D-72070 Tübingen
Tel. +49 (07071) 9797-0 · Fax +49 (07071) 97 97-11 · info@francke.de · **www.francke.de**

Ulrich Huttner

Römische Antike

Studium Geschichte

UTB M
2008, X, 444 Seiten, zahlreiche Abb.
und Tab.,
€[D] 24,90/SFr 44,00
ISBN 978-3-8252-3122-4

Das Studienbuch bietet eine fundierte und gut verständliche Darstellung der römischen Geschichte von der Frühzeit bis zur Reichskrise im 3. Jh. n.Chr. Im Rahmen der Abhandlung der politischen Ereignisgeschichte kommen auch wichtige Themen der Forschungsdiskussion zur Sprache. Ein Charakteristikum des Bandes – und gleichzeitig eine Schlüsselqualifikation historischen Arbeitens – ist die intensive Auseinandersetzung mit den literarischen und archäologischen Quellen.
Der Band kann ebenso begleitend zu Lehrveranstaltungen eingesetzt werden wie für das Selbststudium oder die Prüfungsvorbereitung.

Narr Francke Attempto Verlag GmbH + Co. KG
Postfach 2560 · D-72015 Tübingen · Fax (07071) 9797-11
Internet: www.francke.de · E-Mail: info@francke.de